황금, 설탕, 이자(金糖利; Gold, Sukkar, Máš)

- 바빌로니아의 수수께끼 編 (下-2) 券 -

Babylonian Enigma

오른손을 들어 아쉬라툼(Ashratum) 신에게 경배하는 함무라비 왕

황금, 설탕, 이자(金糖利: Gold, Sukkar, Máš)

바빌로니아의 수수께끼 編 (下-2) 券

초판 1쇄 발행 2024년 8월 15일

지은이: 이원희
펴낸곳: (주)하움출판사
펴낸이: 문현광
출판등록 제 2019-000004호
주소: 전북 군산시 소송로 315, MJ빌딩 3층 하움출판사
전화: 070-4281-7160
블로그: blog.naver.com/haum1007, 인스타: @haum1007

표지 및 내지 디자인: 이원희
편집: 이원희
교정: 이원희
마케팅, 지원: 김혜지
ISBN 979-11-6440-887-0(03900)
값 22,000원

황금, 설탕, 이자
金糖利

이 원 희 지음

황금, 설탕, 이자를 동시에 장악하는 자가 세상을 지배한다!!!

서양은 왜 동양을 지배하게 되었는가? 세계 질서는 왜 등장했는가?
미국, 중국 대결의 승자는? 황금, 설탕, 이자의 역사 탐구를 통해 그 대답을 찾다!!!

SI VIS PACEM. PARA BELLUM

머리말

황금, 설탕, 이자. 제목이 뭔가 이상하다? 하지만 제목이 상징하는 것은 책을 읽다 보면 자연스럽게 알게 될 것이다. 나아가 황금, 설탕, 이자, 이 세 가지가 결합하면 무슨 일이 일어났는지도 알게 될 것이다. 예컨대 헨리 키신저는 『세계 질서』에서 1948년 이후 세계 질서가 등장한 사실은 지적했었지만, 왜 이 질서가 등장했는지는 설명하지 않았다. 하지만 필자는 1948년 이후 세계 질서가 왜 등장했는지 황금, 설탕, 이자의 결합을 통해 설명할 것이다.

특히 책을 읽다 보면 이 세 가지의 결합은 왜 서양이 동양을 지배하게 되었는지, 미국과 중국 충돌의 승자는 누가 될 것인지, 미래 인류의 발전 방향은 어떻게 흘러가야 하는지도 알려 주는 중요한 요인이라는 것을 알게 될 것이라 생각한다. 예컨대 재러드 다이아몬드는 『총, 균, 쇠』가 서양이 동양을 지배한 요인이라고 주장했지만, 필자는 총, 균, 쇠가 아니라 『금, 당, 리^(金, 糖, 利)』의 결합이야말로 서양이 동양을 지배한 원인이라고 감히 주장할 것이다.

이 책은 역사책이다. 하지만 단순히 과거에 무슨 일이 일어났는지를 기록한 역사책은 아니다. 따라서 역사적 사실을 기록하는 과정에서 약간의 오류 가능성은 있을 수 있다. 단지 필자는 황금, 설탕, 이자라는 특정 관점에서 과거 인간 사회의 역사를 추적하고, 이를 통해 현재의 시사점을 찾아내려고 노력했다. 필요한 부분에서는 간단히 미래의 발전 방향까지 제시하려고 하였다. 이제 그 험난하고 오랜 여정을 시작해 볼까 한다.

저자 및 저서

이원희(李元熙)

서울대학교 경제학과, 서울대학교 행정대학원
JD at University of New Hampshire School of Law, Attorney at Law (N.Y. State)
행정고시 41회, 산업자원부 자원정책과, 투자진흥과,
국무총리실 심사평가심의관실, 지식경제부 부품소재총괄과
대한무역투자진흥공사 파견근무, 우정사업본부 예금사업단 대체투자팀장, 산업통상자원부
수출입과장, 산업통상자원부 무역규범과장, 무역위원회 덤핑조사과장
現 산업통상자원부 서기관

저서

외국인직접투자, 얼마나 알고 계십니까? (2002, 공저)
한일투자협정 해설 (2003, 공저)
대체투자 파헤치기(상) - 세계 경제동향, 헤지펀드 編 (2014)
대체투자 파헤치기(중), 타이타노마키의 서막 - PEF 編 (2015)
대체투자 파헤치기(하), 타이타노마키의 2막 - 주주행동주의, 주요 대기업 그룹 해부 編 (2015)
황금, 설탕, 이자(金糖利; **Gold, Sukkar, Máš**) - 바빌로니아의 수수께끼 編 (上-1) 券(2024)
황금, 설탕, 이자(金糖利; **Gold, Sukkar, Máš**) - 바빌로니아의 수수께끼 編 (上-2) 券(2024)
황금, 설탕, 이자(金糖利; **Gold, Sukkar, Máš**) - 바빌로니아의 수수께끼 編 (下-1) 券(2024)
황금, 설탕, 이자(金糖利; **Gold, Sukkar, Máš**) - 바빌로니아의 수수께끼 編 (下-2) 券(2024)

차례

〈바빌로니아의 수수께끼 編: (下-2) 券〉

III

황금, 국제교역, 뱅킹의 역사
크레타, 리디아, 페르시아, 그리스

Codex Atlanticus

Codex Atlanticus: In Vino Veritas (계속)

그런데 프랑스의 와인 생산이 감소한 이유가 EU의 농업 보조금 때문이라는 주장이 있다. 즉 와인 생산이 줄면 EU로부터 현금 보조금을 받을 수 있는데, 와인을 생산하는 것보다 보조금을 받는 것이 더 낫다고 생각하는 농민들이 많기 때문에 와인 생산량이 점진적으로 줄어든다는 것이다. 프랑스는 전 국토에서 농업이 발달한 농업 강국으로, 역사적으로는 서유럽에서 그리스, 이탈리아에 이어 세 번째로 와인을 생산한 국가이다. 프랑스는 와인의 프리미엄화를 위해 국가 차원의 적극적인 지원을 아끼지 않은 나라이기도 하다. 대표적으로 프랑스 황제 나폴레옹 3세는 파리 만국박람회를 활용하여 프랑스 와인의 고급 이미지를 전 세계에 알렸다.

프랑스 고급 와인의 대명사가 된 샤토 라피트의 정문. 보르도 소재

물량 기준으로 와인을 전 세계에서 가장 많이 수출하는 국가는 대체로 스페인이다.[1] 스페인은 2020년, 2022년, 2023년 근소한 차이로 이탈리아에 1위를 내준 것 외에는 대체로 1위를 차지한다. 스페인은 포도를 재배하는 면적 기준으로 평가할 경우에도 전 세계 1위이다. 하지만 금액 기준으로 평가하면 와인의 최대 수출 국가는 단연 프랑스이다. 프랑스는 2016년 말 기준으로 82억 유로, 이탈리아는 56억 유로, 스페인은 27억 유로의 와인을 수출했다. 2023년에는 이보다 더 늘어 프랑스는 128억 유로, 이탈리아는 84억 유로, 스페인은 32억 유로를 수출했다. 2023년 전 세계 와인 수출 금액이 398억 유로이므로, 프랑스는 전 세계 수출 금액의 32.2%를 장악한 와인 수출의 절대 강자이다. 2016년 프랑스 비중은 28.5%였는데, 갈수록 금액 기준 수출 비

1 Italian Wine Central, https://italianwinecentral.com/top-ten-wine-exporting-countries/

중이 상승하는 추세이다. 스페인은 물량 기준으로 프랑스의 1.5배나 많은 물량을 수출했지만, 금액 기준은 프랑스의 약 25% 수준에 불과하다. 이는 프랑스가 와인 프리미엄 전략을 얼마나 잘 구사했는지 보여 주는 단적인 사례이다.

2022년 기준으로 1인당 와인 소비가 가장 많은 나라는 포르투갈이다. 포르투갈은 1년 동안 67.5 리터, 약 90병의 와인을 마셨다. 47.4리터를 마신 프랑스가 2위를 차지했고, 이탈리아, 스위스, 오스트리아가 그 뒤를 이었다. 2023년 1위는 53.7리터를 마신 프랑스이고, 포르투갈, 이탈리아, 스위스가 그 뒤를 이었다. 1인당 와인 소비가 아니라 전체 와인 소비 기준으로 2022년 기준 1위 소비국은 미국이다. 미국은 2022년에 34억 리터를 소비하여 전체 와인 생산량의 13%를 차지했다. 미국에 이어 프랑스 25.3억 리터, 이탈리아 23억 리터, 독일 19.4억 리터, 영국 12.9억 리터 순이다. 2019년에는 중국이 17.8억 리터로 5위였으나, 2022년에는 8.8억 리터로 소비가 급감했다.[2]

와인 소비 구도를 근본적으로 뒤흔들고 있는 나라는 중국이다. 다만 중국의 최근 와인 소비는 감소하는 추세이다. 즉 물량 기준으로 2019년에 와인 소비 5위를 차지했지만, 제로 코로나 정책을 고수한 중국 정부의 정책 때문인지 2022년에는 8위로 떨어졌다. 그러나 고급 와인 시장에서 중국의 지위는 아직까지는 확고하다. 금액 기준으로 2017년에 중국은 164.1억 달러의 와인을 소비하여, 360.8억 달러를 소비한 1위 미국, 173억 달러를 소비한 2위의 영국에 이어 전 세계 3위를 차지했다. 2017년 전 세계 와인 시장 규모는 1,883.7억 달러로, 미국의 시장 점유율이 19.15%, 영국은 9.19%, 중국은 8.71%였다.[3]

특히 중국인들은 프랑스 와인을 좋아한다. 2016년 기준으로, 중국이 수입한 와인의 40%가량은 프랑스 와인이었다.[4] 2000년에 보르도 와인의 중국 수

---

2 ttps://www.decanter.com/wine-news/which-countries-drink-the-most-wine-ask-decanter-456922/

3 VINEXPO, "China will become the 2nd most valuable market"

4 Telegraph, "Why Chinese investors are snapping up Bordeaux vineyards," June 11, 2016

출량은 대략 40만 병이었으나, 2016년 기준으로는 그 200배인 매년 약 8,000만 병이다. 프랑스 와인에 대한 수요가 폭발적으로 증가하면서, 중국인들은 프랑스의 보르도 지방 와이너리 매수에 뛰어들고 있다. 텔레그래프에 따르면 보르도 지역에 있는 7,500여 와이너리 중 중국인이 소유한 와이어너리는 2%에 이르는 150여 곳 정도 된다고 한다.[5] 아울러 중국은 와인의 자체 생산을 늘리기 위해 중국 중북부 닝샤 후이족 자치구에 대규모 와이너리를 아예 조성하고 있다. 닝샤는 원래 자갈이 많은 황무지인데 일조량이 많고 일교차가

커서 와인의 최적 산지이기도 하다. 세계 최대 샴페인 회사 모엣샹동도 이곳에 와이너리를 운영하고 있을 정도이다. 2016년에는 시진핑 주석이 닝샤의 와이너리를 시찰한 후 "그대로 전진하라"는 유명한 말도 남겼다. 중국은 닝샤에서만 매년 6억 병의 와인을 생산한다는 계획이다. 다만 최근 코로나 사태와 시진핑의 3연임 확정 등으로 중국의 와인 소비 증가 추세가 앞으로도 더 지속될지는 지켜봐야 할 것 같다.

국내에 유통되는 해외 와인은 수입되자마자 관세+주세(30%)+교육세(10%)+부가세(10%)가 부가된다. 와인의 관세는 국가마다 천차만별이지만, 대략 5~30% 범위내에 있다. 관세를 15%로 가정하면 10,000원 와인이 수입 시 세금 부과 가격은 11,500원이 된다. 여기에 주세, 교육세, 부가세를 순서대로 부가되면 16,825원이 된다. 다만 요즘은 FTA 체결 국가가 많아서 와인에 대한 관세가 더욱 다양해졌다. 칠레는 2008년, 미국은 2011년, EU는 2012년부터 와인에 관세를 붙이지 않는다. 따라서 10,000원 와인을 수입하면 수입 원가가 15,730원이 된다. 대략 57.3%가 더 부과되는 것이다.

수입된 와인은 주세와 관련된 세법 규정상 수입업자가 직접 판매할 수 없다. 이 때문에 와인은 국내 유통 체계가 매우 복잡하다. 수입된 와인의 유통 경로도 매우 복잡해서, 판매가는 보통 주세를 붙인 수입 원가 16,825원의 약

5   Telegraph, "Chinese buyers own two percent of Bordeaux Chteaux", May 10, 2017

2.5~3배가 된다. 즉, 10,000원 와인의 판매가가 대략 42,062~50,475원이 되는 것이다. 무관세인 경우에는 판매 가격이 대략 39,325~47,190원이 된다.

우리나라의 와인 수입액은 2019년에 2억 5,926만 불, 2022년에는 두 배 이상 증가한 5억 8,128억 불로 사상 최대치를 기록했다. 10년 전인 2009년의 1억 1,245만 불보다 2배 이상 늘었는데, 물량보다 금액 증가율이 커서 고급 와인 수요가 지속적으로 증가하고 있음을 보여 준다. 다만 2023년에는 5억 602만 불로 전년보다 대략 △20%나 줄었는데, 엔데믹 영향으로 혼술이 줄어든 탓이라고 한다. 불행히도 우리나라에서는 현행법상 와인을 비롯한 주류는 이-메일, 전화, 인터넷 등을 통한 통신판매가 금지되어 있다. 필자는 수요가 늘면 주류 판매 방식에 대한 제도도 진지하게 개선해야 한다고 생각한다.

마지막으로 일본 만화 "신의 물방울"은 와인에 대한 대중적 인기를 폭발적으로 끌어올린 중요한 계기가 되었다. 신의 물방울에서 가장 인상 깊었던 대목은 와인을 마시면 특별한 노래나 장면을 떠올려야 한다는 것이다. 개인적으로 가장 기억에 남는 문구는 "목욕하는 클레오파트라"였다. 이 문구를 떠 올리게 하는 와인의 주인공은 1등급 와인 중 한 병에 소매가가 2~3백만 원에 이르는 샤토 마고(Château Margaux)였다.

샤토 마고는 1787년산 가격이 22만 5천 달러에 이르는 최고 기록을 가지고 있는 와인이다.[6] 실제로 와인이 팔린 것이 아니고, 이 와인 가격은 보험회사가 보험금으로 지급한 가격이다. 1787년산 샤토 마고 와인은 뉴욕의 와인 상인인 윌리엄 소콜린(William Sokolin)이 소유하고 있었는데, 소콜린이 이 와인을 마시기 위해 뉴욕 맨해튼의 포시즌 호텔(Four Season Hotel) 레스토랑을 1989년에 4월에 방문했다. 이때 레스토랑 직원의 실수로 이 와인 병을 깨뜨렸다. 이후 보험회사가 보험금으로 22만 5천 달러를 물어주었다고 한다. 이 가격이 샤토 마고

---

6 와인 전체 중 가장 비싼 가격으로 실제 팔린 와인은 로마네 콩티 1945년 산으로, 2018년 10월 13일 소더비 경매에서 55만 8천 달러에 팔렸다. 로마네 콩티는 한 병이 보통 3,000만 원 내외이다.

에 대해 실제로 지급된 가격이다. 1989년에 평가한 이 와인 한 병의 가치는 무려 519,750달러였다. 1787년산이 가장 비싼 이유는 미국 3대 대통령 토마스 제퍼슨(1743~1826) 때문이다. 즉, 토마스 제퍼슨은 1787년에 보르도를 방문하여 샤토 마고를 마시고는 이보다 더 좋은 와인은 보르도에 없다고 언급했다고 한다. 이 때문에 1787년산 와인값이 최고 기록을 가지게 되었다는 것인데, 약간 작위적이라는 느낌이 든다. 헤밍웨이도 내 삶에서 변하지 않았던 것은 손녀와 샤토 마고에 대한 사랑뿐이라고 하였다고 한다. 삼성전자 이재용 부회장도 샤토 마고를 즐기는 것으로 알려져 있다.

마지막으로 와인의 효능이다. 와인은 우선 혈액 순환을 돕는다. 이 때문에 심장병과 혈관 질환에 좋다. 지방 섭취가 훨씬 많은 프랑스인들의 콜레스테롤 수치가 낮고 심장병 발병 확률이 낮은 것도 프랑스인들이 와인을 즐겨 마시기 때문이다. 사람들은 이를 프랑스인의 역설(French Paradox)이라고 부른다. 둘째, 레드 와인에는 독특한 산화 억제 물질이 있는데, 이 물질이 치매를 예방하는 것으로 알려져 있다.[7] 셋째, 와인은 복통과 변비에도 효과가 있다. 실제로 레오나르도 다 빈치는 그의 책 『코덱스 로마노프』에서 '그레고리오 파치올리'라는 베네치아 출신 조각가가 변비로 고생하다가, 꿀이나 물도 섞지 않은 와인을 먹으면서 두 번 다시 변비에 걸리지 않았다고 기록했다. 레오나르도에 따르면 파치올리는 죽기 전 조금이라도 와인의 효능을 일찍 알았더라면 변비의 고통을 줄일 수 있었을 것이라면서 아쉬워했다고 한다. 넷째 와인은 위를 적당히 자극하여 식욕을 돕고 소화도 잘되게 한다. 식사에 와인을 곁들여 먹는 이유가 이것이다. 아울러 와인은 철의 흡수를 도와 빈혈을 예방한다고 한다. 하지만 와인의 이런 긍정적인 효능에도 불구하고 엄연히 술이기 때문에 너무 많이 마시는 것은 건강에 해롭다. 적당히 마시는 것이 좋다.

---

7 ▨ 화이트 와인은 오래 두면 변질되어 식초처럼 맛이 새큼하게 변하기 쉽다. 보통 1년 이상은 두지 않는다. 오래된 와인인 빈티지 와인은 레드 와인만 가능하다. 하지만 레드 와인도 보관을 잘해야 오래 보관할 수 있다. 보관법이 발달하지 않았던 중세 유럽에서는 이 때문에 13세기까지는 주로 화이트 와인을 마셨다.

그리스 주변에서 와인을 마신 흔적은 크레타 문명에서 처음 발견된다.[8] 즉, 크레타섬의 팔라카트로(Palakatro, 현재의 팔레카스트로 Palekastro)에서는 포도를 압착하는 도구가 발견되었다. 크레타섬의 수도 크노소스 궁전에서는 진흙으로 만든 와인 잔과 와인을 보관하는 유리병이 발견된 적도 있다. 미노아 유적지 말리아(Malia)에서는 대규모 와인 저장고가 발견되기도 하였다. 이는 크레타 문명이 와인을 대량으로 생산하고 소비하였음을 보여 주는 증거이다. 추정컨대 메소포타미아의 와인이 페니키아에 전해졌고, 페니키아 와인은 지중해를 거쳐 크레타에 전해진 것으로 보인다. 이때가 BC 3000년 전후이다.

네스토르 잔. 이 잔은 1876년 슐리만이 미케네 문명의 유적지에서 발굴한 것이다. Licensed under the Creative Commons Attribution-Share Alike 3.0 Unported license. Author: Anamnesis, https://commons.wikimedia.org/wiki/File:Nestorbecher_Mykene_(Nationalmuseum_Athen).JPG

크레타 문명의 와인 문화는 크레타를 점령한 미케네 문명으로 계승되었다. 미케네 문명도 와인을 즐겼음을 보여 주는 유적은 수도 없이 많다. 가장 대표적인 것이 1876년 슐리만이 미케네 문명의 유적지에서 발굴한 금으로 만든 와인 잔이다. 슐리만은 와인 잔을 발굴한 후 상상력을 발휘해서 이 와인 잔이 호머의 일리아드에 등장하는 미케네 문명의 네스토르 왕(King Nestor of Pylos)의 것이라 생각했다. 그는 주저 없이 이 금 와인 잔의 이름을 "네스토르 잔(Cup of Nestor)"이라고 이름 붙였다.[9] 이는 미케네

8 　와인의 원산지는 설이 많지만 메소포타미아 지방에서 발흥한 수메르가 원산지일 가능성이 높다.

9 　네스토르 왕은 호머의 일리아드에 등장하는 필로스의 왕이다. 호머는 네스토르 왕이 와인을 즐겼으며, 그가 사용하는 와인 잔이 "두 마리의 새가 앉아 있는 손잡이가 4개 달린 이중 받침(Illiad, XI, 632)"이라고 묘사했다. 슐리만은 이에 착안해서 이 잔을 네스토르의 잔이라고 이름 붙였다.

문명의 지배층이 와인을 매우 즐겼음을 보여 주는 증거이기도 하다.

BC 1200년 전후 트로이 전쟁 직후 미케네 문명이 멸망하면서, 미케네 문명의 와인 문화는 전통 그리스 문명으로 전해졌다. 전통 그리스 문명에 전해진 와인 문화는 고대 그리스인들 생활의 일부가 되면서, 그리스인들은 거의 집착에 가까울 만큼 와인을 좋아했다. 그리스인들은 자신의 신화에서 아예 별도로 와인을 처음으로 만든 디오니소스(Dyonisos) 신까지 창조했다. 매년 3월 아테네에서는 디오니소스를 기리기 위한 와인 축제가 열렸는데, 이 축제를 디오니시아(Dionyssia)라 불렀다. 이 축제 기간에 파르테논이 위치한 아크로폴리스 아래에 위치한 디오니소스 극장(Theater of Dionysus)에서는 소포클레스(Sophocles, BC c.496~c.405), 아에스킬루스(Aeschylus) 등 유명한 극작가들의 비극이 상영되기도 했다.

크라테르는 와인을 담는 일종의 술병이다. 양 손잡이를 잡고 벌컥벌컥 와인을 마시는 모습을 상상하기 어렵지 않다. 다만 그리스인들은 와인에 물을 타서 먹었다. 알렉산더 대왕이 태어난 북부 마케도니아인들은 와인에 물을 타지 않고 와인 그대로 마셨는데, 이들은 남부의 그리스인들을 향해 와인 맛을 모르는 이들이라고 비아냥거렸다고 한다. 타이타노마키를 묘사한 BC 5세기경 크라테르. 아테네 출토. 영국박물관 소장

특별한 축제 기간 외에도 그리스인들은 평소 와인 파티를 즐겼는데, 이를 심포지움(symposium)이라고 불렀다. 이 자리에서 참석자들은 와인을 마시면서 정치와 철학을 논의하였고, 음악과 춤 등의 향연도 제공되었다. "계속 물어보라. 지혜에 이르는 길은 좋은 질문으로 포장되어 있다."라면서 질문하고 대화하기를 좋아했던 소크라테스는 이 심포지움을 뻔질나게 들락날락거렸다고 한다.[10] 오늘날 심포지엄과는 많이 다른 모습이지만, 그리스의 심포지움은 오늘날 전문가들의 토론회를 지칭하는 심포지엄의 어원이 된다. 이처럼 와인은 그리스인의 일상생활

---

10 소크라테스의 이 말은 파블로 피카소의 이 말과도 상통한다. "컴퓨터는 멍청하다. 왜냐고? 정답밖에 모르니까." 즉 컴퓨터는 질문을 못하기 때문에 멍청하다는 뜻이다.

과 사실상 동의어였다. 그리스인들은 크라테르^(Krater)라는 커다란 항아리에 와인과 물을 5:2 비율로 섞어서 먹었는데, 북쪽의 마케도니아인들이 와인을 그대로 마신 것과는 대조적이다. 마케도니아의 알렉산더 대왕은 와인 애호가로도 잘 알려져 있다.

고대 그리스인들이 와인을 즐겨 마시면서 그리스 주변의 와인 무역은 크레타섬, 로도스^(Rhodes)섬, 레스보스^(Lesvos)섬, 트로이 등을 중심으로 매우 활발하게 전개되었다. 와인보관 기술이 거의 없었던 고대의 경우 와인은 그 특성상 오랫동안 보관이 불가능하여 제조한 즉시 내다 팔아야 했으므로 신속한 수송이 필수적이었다. 따라서 그리스 주변의 에게해는 와인을 실어 나르는 무역선으로 언제나 가득 차 있었다. 와인을 실어 나르는 배가 얼마나 많았든지, 호머는 일리아드에서 에게해를 "와인 빛의 바다," 즉 "오이놉스 폰토스^(oinops pontos, wine-dark sea)"라고 불렀다.

(2) 놋쇠, 노예, 곡물

호머의 일리아드에서 와인을 사기 위해 교환된 물품 중 첫 번째 사례는 놋쇠이다. 놋쇠는 구리에 주석, 아연, 니켈 등의 다른 금속이 혼합된 합금이므로, 사실상 구리로 보아도 무방하다. 구리는 키프로스섬에서 대량으로 생산되어 전 지중해 유역에서 교역되는 품목이었으므로, 이 시기 그리스에서도 국제교역의 중요한 물품이었다.

한편 트로이 전쟁의 전후 시기는 청동기 시대인데도, 호머가 빛나는 철로 표현한 물품이 거래되고 있었다는 점은 매우 특이하다. 필자가 보기에 빛나는 철이란 운석에서 채취한 소량의 철이 아닐까 생각해 본다. 왜냐하면 철을 추출하기 위한 섭씨 1,500도 이상의 온도를 이 당시 기술력으로 달성하기는 쉽지 않았을 것이기 때문이다. 아울러 호머는 철이 빛나고 있었다고 기록하고 있는데, 이는 고온에 표면이 녹아 번들거리는 운석을 묘사한 것이 거의 확실해 보인다.

와인을 사기 위해 제공된 노예는 그리스뿐만 아니라 그리스 주변의 거의 모든 고대 국가가 경제 운영을 위해서 필요한 생산 기반이었다. 특히 아테네를 비롯한 그리스 도시 국가는 노예가 없으면 경제적 운영과 유지가 불가능하였다. 그리스에서 노예는 농사와 제조업뿐 아니라 은광을 채굴하기 위한 광산 노동에 필수적으로 동원되었으므로, 사실상 국가 경제의 근간이었다. 어떤 경우에는 노예가 일반 시민보다 더 인구가 많았다. 예컨대 전성기 아테네 인구는 50만이었는데, 노예 인구는 무려 35만이었다.[11] 혹자는 이와 같은 고대 그리스 경제를 "노예 의존 사회(slaves dependent society)"라고 부르기도 하였다.

한편 오디세이에 언급되어 있진 않지만, 그리스에서 곡물은 매우 중요한 수입 물품이었다. 왜냐하면 그리스는 토지가 척박하여 곡물이 잘 자라지 않았기 때문이다. 플라톤이 그리스 국토를 "앙상한 뼈투성이"라고 부를 정도였으니까. 따라서 전성기 때 아테네 인구가 50만 명이었으므로, 이 인구를 부양하기 위해 밀은 국가적으로 필수적으로 관리해야 할 전략 품목이었다. 이 때문에 고대 그리스 정부는 국제교역에 거의 간여하지 않았지만, 곡물의 국제교역에 대해서만은 적극적으로 개입했다. 즉, 곡물의 가격과 수량이 적절한지 여부를 도시 국가에서 파견된 특별 행정관(시토필라케, sitophylakes)이 감독한 것이다.

BC 470년부터는 곡물 수입을 방해하는 모든 조치가 불법화되었고, 곡물의 재수출 역시 금지되었다. 만약 곡물 수입을 방해하거나 곡물을 재수출하면 사형에 처했다.[12] 살라미스 해전 이전까지는 국제교역을 통해 그리스에 곡물을 날랐던 이들은 주로 페니키아인들이었다. 하지만 살라미스 해전 이후 동쪽 지중해 교역을 그리스인들이 장악한 이후부터는 그리스인들이 직접 곡물 국제교역에 참여하였다.

곡물은 그리스가 수입했지만, 농산물 중 그리스가 수출한 품목도 있었다. 바

---

11   Peter L. Bernstein, *Ibid*, p. 41

12   Mark Cartwright, 「*Trade in Ancient Greece*」, Jan 2012, http://www.ancient.eu/article/115/

로 올리브였다. 올리브의 원산지에 대해
서는 설이 분분하다. 하지만, 확실
한 것은 고대 그리스는 국토 전역
에서 올리브를 재배했다는 점
이다. 올리브는 지중해 연안 지
역이면 어디에서나 재배가 가능
했다. 특히 그리스는 올리브 재
배를 국가적으로 관할했다. 즉 아
테네의 솔론은 올리브 나무의 벌
목을 금지하고, 올리브 재배 지역
을 최대한 확장했다.

이에 따라 그리스는 올리브 나무의
열매에서 추출된 올리브유를 지중해 전
역으로 수출할 수 있었다. 올리브유는 칼로
리가 높은 식용이었을 뿐 아
니라, 몸에 바르는 화장품이
나 약용으로도 사용되었다.
심지어 램프에 불을 붙이는
원료로도 사용되었다. 이처

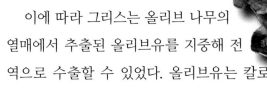

그리스 시대 올리브는 국가가 관리하는 특산품이었다. 나이
어린 소녀로 보이는 여성이 석주에 몸을 기대고 오른손으로
올리브 나무에서 올리브를 따고 있다. 왼쪽에서는 공작새로
보이는 새가 그녀를 쳐다보고 있다. BC 300~275년경,
자베르다(Zaverda) 출토. 영국박물관 소장

럼 지중해 유역에서 올리브유의 유용성은 널리 알려져 있었으므로, 매우 가치가
높았다. 그리스의 호메로스는 올리브를 "액체 황금"이라고 부르기도 했다. 승리
의 여신 아테나가 아테네 시민에게 올리브 나무를 선물로 주면서 포세이돈과의
경연에서 이겼다는 그리스 신화는, 올리브에 대한 그리스인들의 애착이 만들어
낸 너무나도 자연스러운 이야기가 아닐까?

바세 프리제(Bassae Frieze)2, 영국박물관 소장

(1) 아베스타(Avesta)와 황소

The Adoration of Golden Calf. 좌측 상단에는 시나이산에서 내려오다 유대인들이 황금 송아지를 숭배하는 장면을 보고 십계명을 던지는 모세. 오른 편에 흰색 옷을 입은 이는 모세의 동생 아론(Aaron). 송아지(calf)로 보기에는 크기가 너무 커서 황소(bull)처럼 보인다. Nicolas Poussin(1594~1665) 作. 런던 내셔널 갤러리 소장

고대 그리스에서 물물교환을 위해 모든 이들이 공통적으로 수용하던 물품이 있었다. 바로 황소(ox)였다.[1] 황소는 고대 이집트에서 금을 측량하는 기본 단위에 사용된 모형이었다. 금의 무게를 측정하는 기본 도량형으로 황소 모양이 보편적으로 사용되면서, 고대 이집트 근방에서 황소는 부를 상징하는 아이콘이었다. 인류 문명의 기원 수메르 문명도 새끼 송아지와 이자를 "마스(máš)"라고 동일하게 불렀다. 구약성경의 출애굽 편에서도 황소는 등장

---

1   그리스 이외의 지역에서 물물교환 시 거래의 기본 단위로 사용했던 물품은 다음과 같다. 이디오피아 - 조각된 조약돌(carved pebbles), 카르타고 - 가죽 원반(leather disc), 아이슬란드 - 대구(cod fish), 아프리카 - 개오지 조개껍질(cowrie shell) 혹은 상아, 시베리아 - 소금 케이크, 중국 - 거북 딱지, J. J. Cater, *Ibid*, pp 6~7

한다. 즉, 모세가 이집트를 탈출하여 십계명을 받고 시나이산에서 내려올 때 유대인들은 황금으로 만든 송아지를 경배하고 있었다. 이는 고대부터 일반인들에게 황소가 얼마나 매혹적인 부의 상징이었는지를 간접적으로 보여주는 일화이다.

아시리아 적철광 인장(seal), 좌측이 인장이고 우측이 인장을 점토판에 눌러서 찍은 모습. 눌러서 찍은 모습을 자세히 관찰하면 오른편은 4마리의 당나귀가 이끄는 전차가, 좌측 상단은 부의 상징인 황소 2마리가 그려져 있다. BC 1920~1740년경, 카파도키아 출토. 영국박물관 소장

황소는 이집트 외에 메소포타미아 지역에서도 화폐 단위의 역할을 하였다. 일례로 아시리아에서 무역 거래 과정에서 사용된 인장 중에는 황소가 새겨진 인장이 많다. 아울러 페르시아의 조로아스터교 경전인 아베스타(Avesta)에도 황소는 가격의 기본 단위로 등장한다. 예컨대 의사는 무료로 제사장을 치료하여야 하고, 집주인(master of a house)에 대한 치료비는 황소 한 마리 값이어야 한다.[2] 이처럼 황소는 수메르, 고대 이집트, 메소포타미아, 페르시아 등에서 교환 단위의 역할을 하면서 동시에 부를 상징하는 절대 아이콘이었다.

수메르, 이집트, 메소포타미아, 페르시아 등에서 부의 상징으로 숭배받던 황소는 고대 인더스 문명이 숭배한 여신 쉬바(Shiva)가 현생에서 환생한 동물이기도 하다. 인더스 문명에서는 쉬바 여신이 환생한 황소를 난디(Nandi)라고 불렀다. 난디는 다산과 풍요의 상징이었고, 가축의 무리를 보호하는 보호자의 이미지를 가지고 있었다. 인도는 오늘날까지도 황소를 숭배한다.

중동, 북아프리카와 동양뿐 아니라 서양도 마찬가지였다. 예컨대 고대 그리스 문명의 원조격인 크레타인들도 황소를 숭배했다. 크레타 미노스 왕의 왕비 파시

---

2   J. J. Cater, *Ibid*, p 7

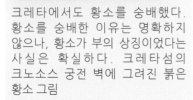

파에가 사랑을 나눈 이도 황소이고, 그녀의 아들 미노타우루스도 황소 머리에 인간의 몸을 한 괴물이었다. 그리스 신화의 올림포스 제1신 제우스가 페니키아 공주 에우로페를 납치할 때 변신한 동물도 황소였다. 알렉산더 대왕이 전투할 때 타던 말은 사람을 잡아먹을 만큼 사나웠는데, 그 말의 이름 또한 부케팔로스(Bucephalus), 즉 황소 머리(ox-headed) 말이었다.

에게해 주변 고대 그리스 도시 국가의 화폐 단위인 금화 1 탈란트(talant)의 무게 또한 8.5그램이었는데, 바로 황소 한 마리의 가격과 같았다.³ 이는 황소가 화

크레타에서도 황소를 숭배했다. 황소를 숭배한 이유는 명확하지 않으나, 황소가 부의 상징이었다는 사실은 확실하다. 크레타섬의 크노소스 궁전 벽에 그려진 붉은 황소 그림

폐의 기본 단위 역할을 했다는 반증이기도 하다. 호머의 서사시 『일리아드』나 『오디세이』에도 그리스인들이 황소를 화폐의 기본 단위로 사용하고 있었음을 보여주는 일화들을 쉽게 발견할 수 있다. 실제로 호머의 『일리아드』나 『오디세이』에는 물건의 가치를 나타내는 사례가 모두 6번 나오는데, 6번 모두 그 기준이 황소였다.⁴ 예컨대 2차 타이탄 전쟁인 기간

로마의 황금 동전인 아우레우스의 뒷면에 새겨진 황소 그림. 황소는 고대에는 부의 상징이었지만, 로마에 오면 권력과 위엄의 상징으로 변모한다. 카이사르의 양자인 아우구스투스가 창설한 황제 직속의 제국 군대(Legio X Fretensis) 상징도 바로 황소(bull)였다. 로마 시대의 황소는 비너스 여신의 환생으로도 여겨졌는데, 비너스와 동일한 버전의 여신인 수메르의 인안나(Inanna), 리디아 최고의 여신인 아스타르테(Astarte), 아카드 문명의 이쉬타르(Ishtar) 여신 모두 그 상징이 황소였다. 비너스와는 조금 다르지만 고대 이집트 밤의 여신인 누트(Nut)나 인도의 여신 쉬바(Shiva)의 상징도 황소였다. 269~271년경. 영국박물관 소장

---

3 J. Edward Taylor, 『Ancient Greek Coins Through the Time of Alexander the Great』, p. 1. http://rebeltext.org/resources/econometrics/problems/ch9/Background%20on%20Greek%20coins.pdf

4 Richard Seaford, Ibid, p. 34. ① 이지스 방패의 황금 장식 술 가치(II, 2, 448), ② 디오메데스(Diomedes)와 글라우쿠스(Glaucus)가 교환한 갑옷 가치(II, 6, 235~236), ③ 노예로 팔린 라이카온(Lycaon)의 가치(II, 21, 79), ④ 스포츠 게임의 상품 가치(II, 23, 702~705, 885), ⑤ 노예로 팔린 에우리클레이아(Eurycleis)의 가치(Od, 1, 430~431), ⑥ 한 구

토마키^(Gigantomachy)에서 아테나 여신은 거인^(기간테스, Gigantes) 팔라스^(Pallas)와 전투를 벌여 승리한다. 일리아드^(Iliad II, 448)에는 팔라스의 가죽을 벗겨 만 든 아테네의 방패 이지스^(Aegis)의 가치는 값을 매길 수 없다고 평가하면서도, 이지스에 매여진 황금으 로 장식한 천 뭉치인 타셀^(tassels, 장식 술)의 가치는 황소 100마리와 같다고 기록되어 있다. 고대 그리스에서 황소 1마리의 가격이 금화 1탈란트, 약 8.5그램이었으 므로 오늘날 가치로 금 85kg, 2018년 평균 가격

기준으로 약 350 만 불, 2024년 기준 으로는 최소 595만

에우로파를 납치하는 제우스 신. 제우슨 신의 모습은 다름 아닌 황소다. BC 380년경, 키레나이카(Cyrenaica) 출토. 영국박물관 소장

아테나와 이지스 방패. BC 490년경. 영국박물관 소장

불이다. 원가대로 팔 수 있다고 가정하면 2024년 기준 황소 1마리가 대략 1,000만 원이고, 당시 고 대 그리스의 황소 1마리의 명목 가치가 약 64~95 만 원임을 감안할 때, 실질 가치인 최소 10배로 환 산하면 이지스 방패의 황금 장식 술의 가치는 350~595만 불의 10배인 3,500만 ~5,950만 불이 된다.

(2) Bull Market

이처럼 이지스 방패의 황금 장식 술의 가치는 황소 100마리에 이를 정도로 고가였지만, 여자 노예의 가치는 황소 4마리에 불과했다. 그만큼 그리스 사회 에서는 노예가 흔했다는 뜻이기도 하다. 황소를 이용한 가치평가는 트로이 전 쟁 중에도 등장한다. 트로이 전쟁 중에 트로이의 명장 헥토르에게 죽임을 당한

혼자가 오디세이에게 제안한 보상 가치(Od, 22, 56~58)

아킬레스의 친구이자 연인이었던 페트로클루스^(Patroclus)의 장례식이 있었다. 호머는 이 장례식을 마치고 벌어진 스포츠 경기에서, 상품으로 내건 대형 삼각대

의 가치가 황소 10마리였다고 기록했다. ^(Iliad XXIII, 703) 대형 삼각대는 고대 그리스에서 제물로 바치는 가축을 물에 끓여 요리할 때 커다란 솥을 얹기 위해 반드시 필요한 품목이었다. 지금으로 보면 말도 안 되는 가치평가이지만, 고대 제례 의식의 중요성을 감안하면 대형 삼각대의 가치가 노예보다 비쌌다는 것이 어느 정도 이해는 된다.

황소 2마리를 조각한 마케도니아 이크나에(Ichnae) 동전, BC 500년경, 리스본 굴벤키안 미술관 소장

이처럼 황소는 지중해 유역의 크레타 문명을 비롯한 그리스 문명에서도 빼놓을 수 없는 문화와 경제의 절대 아이콘이었다. 황소가 가진 신성한 상징은 리디아 동전의 확산으로 동전 앞면에 삽입되면서 더욱더 강화되었다. 전술한 대로 황소를 금화 잉곳에 처음으로 새겨 넣은 이는 리디아였다. 황소는 리디아 최고의 신 아스타르트의 신전을 지키는 신성한 동물로, 잉곳의 훼손을 방지하기 위한 차원에서 삽입된 것이었다.

리디아의 금화 잉곳이 지중해 전역으로 확산하면서, 지중해 전역에서 동전에 황소를 새겨 넣는 것이 일종의 표준 화폐로 정착되었다. 라틴어로 돈을 의미하는 "피큐니아^(pecunia)," 영어로 금전적이라는 의미의

에우로파를 납치하는 황소를 묘사한 테라코타. 피렌체 조각가 루스티치(Giovanni Francesco Rustici, 1474~1554)의 1495년경 작품. 런던 빅토리아 앤 앨버트 뮤지엄 소장

"pecuniary" 역시 소를 의미하는 "페쿠스^(pecus)"에서 유래한 것이다. 카르타고의 시조인 디도 여왕 역시 오늘날 튀니지 수도인 튀니스에 해당하는 북아프리카에

정착할 때 황소 가죽 한 마리를 사용해서 수도를 삼았다.[5]

　반면 그리스의 황소가 물건의 가치를 측정하는 기본 단위로서 때때로 지급수단으로 사용한 것은 확실하지만, 이를 광범위한 교환의 수단으로 다른 지급수단보다 우월한 지위를 가지고 실제로 사용되었는지는 확실치 않다. 필자가 보기에 황소는 부피가 크고 이동이 원활하지 않으므로 이를 교환 수단으로 사용하기는 현실적

아　테　네　시　내　의 케라메이코스(Kerameikos)에서 출토된 황소 조각상. 아마도 무덤 외부의 장식 돌로 사용되었을 것으로 추정된다. BC 400~350년경. 영국박물관 소장

으로 쉽지 않았을 것으로 본다. 황소는 부의 상징으로서, 그리고 가치를 측정하는 기본 단위에만 그쳤을 가능성이 높다.

　황소 아이콘은 고대는 물론이고 현재까지도 사용되는 불멸의 아이콘이기도

5 　로마 건국의 시조인 아이네이아스(Aeneas)가 트로이 전쟁 직후 트로이를 탈출하여 7년간 사랑에 빠진 이가 카르타고(Carthago)의 여왕 디도(Dido)였다. 디도 여왕은 원래 페니키아의 틸로스(혹은 티레 Tyre) 출신이었다. 하지만 오빠인 피그말리온(Pygmalion)이 남편인 시카이오스(Sychaeus)를 살해하자 배를 타고 페니키아를 떠났다. 디도가 정착하려고 시도한 곳이 오늘날 북아프리카 튀니지였는데, 그곳은 이미 이아르바스(Iarbas, Hiarbas)라는 왕이 살고 있었다. 디도는 황금을 제공하고, 그 대가로 한 마리의 황소 가죽으로 둘러싸인 땅만을 달라고 이아르바스에게 요구하였다. 이아르바스는 한 마리의 황소 가죽으로 둘러싸인 땅이 얼마 되지 않을 거라고 판단하고 그녀의 요구 조건을 들어주었다. 디도는 황소 가죽을 끈으로 잘게 쪼개어 원을 만들고 그 땅을 차지하여 그 땅의 이름을 "비르사(Byrsa)"라고 하였다. 비르사는 황소 가죽이라는 뜻이다. 비르사가 커지면서 이 지역은 페니키아어로 "카르트 하다쉬트(Qart Hadasht, Kart Hadasht)", 즉 새로운 도시라고 불리었다. 로마인은 카르트 하다쉬트를 카르타고라고 불렀다. 참고로 한니발이 스페인에 새로 건설한 도시인 오늘날의 카르타헤나도 이름이 카르트 하다쉬트였다. 로마 신화의 디도 등장 연대는 트로이 전쟁이 끝난 시점의 전후이므로 이때가 BC 13세기경이다. 카르타고는 오늘날 튀니지 수도인 튀니스 북동쪽에 위치했으므로, BC 12~13세기 서쪽 지중해 유역에서도 황소는 황금과 교환되

아에네이아스를 영접하는 디도(왼쪽 앉은 이). 바로크 시대 이탈리아 화가 솔리메나(Francesco Solimena, 1657~1747)의 1710년 작품. 내셔널 갤러리 소장

는 가치의 기준이었던 것으로 보인다. 비르사는 점차 번영하여 후일 카르타고 해양 제국의 수도가 된다. 오늘날 튀니지 수도 튀니스의 비르사 언덕(Byrsa Hill)에는 카르타고 성벽을 아직도 볼 수 있다. 이곳에는 현재 카르타고 박물관이 세워져 카르타고의 유물을 전시하고 있다. 한편 같은 둘레를 가지고 최대의 면적을 갖는 도형은 디도 여왕이 생각한 것처럼 원이다. 후대의 수학자들은 같은 둘레로 최대의 면적을 도출하는 등주(等周) 문제를 "디도의 문제(Dido's problem)"라는 별칭으로 부른다.

하다. 즉, 시장이 활황이어서 자산 가격이 상승하는 단계를 황소가 많다고 하여 "불리쉬(bullish)" 혹은 "불 마켓(bull market)"이라고 한다. 자산 가격이 올라갈 것이라는 낙관적인 전망 역시 "불리쉬(bullish)"하다고 부른다. 황소가 부를 상징하는 아이콘이기 때문에, 황소가 많이 몰려 있다는 것은 부가 쌓일 만큼 자산 가격이 상승한다는 뜻이 된다. 이는 황소라는 아이콘이 현대 금융에서도 여전히 없어지지 않고 살아 있는 생생한 "고대" 용어임을 보여 주는 단적인 증거이다.

월 스트리트의 돌진하는 황소(Charging Bull) 조각상. 1989년, 이탈리아 조각가 아르토 디 모디카(Arturo Di Modica, 1941~2021)의 작품. 그가 금융시장 용어로 황소가 무슨 의미인지 알고 있었는지 모르지만, 그가 제작한 이 황소상은 월가 금융자본의 상징이 되었다. 아르토 디 모디카는 이 황소상을 처음에는 뉴욕 증권거래소 앞에 "불법적으로" 전시했는데, 이후 안전상의 이유로 볼링 그린(Bowling Green) 공원 끝으로 옮겨졌다. 뉴욕시는 이 조각상이 시의 소유가 아니므로 일시적으로만 전시를 허가하고 있다고 주장하고 있다. 하지만 관광객이 워낙 많이 찾고 있어, 아직도 이 조각상은 임시 허가 상태로 여전히 볼링 그린 공원 끝에 전시되면서 월가 금융자본의 상징으로 남아 있다.

고대 그리스의 국제 무역**3**
지중해, 국제 해상무역의 Omphalos

파르테논 프리즈(Frieze), 영국박물관 소장

(1) 지중해 유역 황금, 만물의 척도

BC 7세기 무렵부터 메소포타미아와 리디아 지역에서 발원한 황금과 은으로 만든 동전 화폐는 지중해 유역으로 전파되면서 사용 범위가 급속히 확산하였다. 예컨대 BC 7세기 아테네 정치가 솔론(Solon, BC 640~560)은 황금과 은이 부를 상징하는 척도라고 단언했고, BC 6세기 에페소스(Ephesus)의 철학자 헤라클리투스(Heraclitus, BC 535~475) 또한 "모든 물건은 황금과 교환할 수 있었다."라고 평가했다.[1] 헤로도토스(Herodotus, BC 484~425)에 따르면 BC 5세기, 그리스 전역에서는 황금과 은, 혹은 그것으로 만든 동전만 있으면 온갖 물건을 살 수 있었고, 거대한 신전을 짓기 위한 노동력도 동원할 수 있었으며, 의사에게 치료 대가를 지급하거나 군사 작전에 참여할 용병을 고용할 수도 있었다.

심지어는 성적 욕구와 은화 동전을 상호 교환하는 매춘도 본격적으로 성행하기 시작했다. 예컨대 기원전 6세기 트라키아(Thrace) 출신의 여성 노예인 로도피스(Rhodopis)는 매춘(hetaera)을 업으로 삼은 매춘부 포르네(porne)로 전전하다가, 무역상인 카락수스(Charaxus)의 눈에 들어 노예 신분에서 해방된 후 엄청난 돈을 벌었다.

---

1   Richard Seaford, *Ibid*, p. 94. 고대 그리스에서는 재물을 통칭해서 크레마타(chrmata) 혹은 플로우토스(ploutos), 화폐를 노미스마(nomisma), 황금을 크루소스(chrusos), 은을 아르구로스(arguros)라고 불렀다. Richard Seaford, *Ibid*, p. 148

매춘뿐 아니라 흑해 유역의 크림 반도에서 남부 프랑스 마르세이유 항구에 이르기까지 건설한 무역 거점 엠포리아(emporia)에서 그리스인들은 황금과 은으로 엄청난 규모의 노예를 사고파는 노예무역도 적극 전개했다.

특히 동전이 처음 만들어진 메소포타미아의 리디아보다는 유독 그리스 도시 국가들에서 황금과 은으로 만든 동전의 급격한 확산과 화폐화가 진행되었다.[2] 이는 그리스 도시 국가가 주로 국제무역을 활발히 전개하였던 민주주의 국가였으므로, 황금과 은으로 만든 동전의 사용이 일반 민중을 상대로 급격히 확산하였기 때문이다. 황금과 은 동전의 사용이 확산하면서 그리스 도시 국가의 정치 지도자들 중 어떤 이는 황금과 은으로 만든 동전으로 대규모 용병을 구매한 후, 이를 정치적 권력을 쟁취하는 데 사용하기도 하였다.

대표적인 이가 바로 참주 정치(tyranny)를 시작한 아테네의 페이시스트라토스 (Peisistratos, BC c.600~527)이다. 그는 솔론의 개혁 이후 토지 귀족인 평지파(平地派)와 무역 거상인 해양파(海洋波)의 대립 사이에서, 힘없는 민중을 대변하는 산악파(山岳派)를 만들어 아테네 정치를 이끌던 정치인이었다. 그는 해양파와 연합하여 정권을 잡지만, BC 545년 해양파에게 밀려 아테네에서 쫓겨난다. 그는 아테네에서 쫓겨난 후 아티카(Attica)의 라우리온 은광과 황금과 은이 풍부하게 매장된 그리스 북부 판게이온(Pangaion) 지역을 장악한 후, 황금과 은 동전을 주조하여 대규모 용병을 고용한다. 이 대규모 용병으로 아테네로 귀환한 그는 반대파를 제거하고 무력으로 정권을 탈취하여 일종의 독재정치인 참주 정치를 시작한다. 용병 구매뿐 아니라 페이시스트라토스는 제우스 신전이나 아폴론 신전과 같은 대규모 건설 프로젝트와 수도 시설이나 시장의 근대화와 같은 인프라 건설에도 은화 동전을 사용했다.

이처럼 페이시스트라토스의 참주정은 사실상 금화와 은화 동전이 아니었다면 절대로 가능하지 않았던 정치체제였다. 우연의 일치인지는 몰라도 아테네뿐

---

2 Richard Seaford, *Ibid*, p. 113

만 아니라 동전 문화를 만들었거나, 일찍부터 도입했던 도시 국가는 거의 모두 독재 정치체제였다. 리디아의 기게스가 그랬고, 사모스의 폴리크라테스(Polycrates, BC 574~522), 밀레투스의 앰피트레스(Amphitres, BC ?~?), 트라시불루스(Thrasybulus, BC ?~?), 몰파고라스(Molpagoras, BC ?~?), 히스티에아우스(Histiaeus, BC ?~493), 아리스타고라스(Aristagoras, BC ?~c.498) 등이 황금과 은 동전으로 독재정치를 펼친 사례이다. 이는 BC 7세기 이후부터 확산한 동전이 군대를 소집할 수 있는 가장 중요한 수단이 되면서, 황금이 이오니아 해역과 그리스 도시 국가들의 독재정치를 가능하게 한 전략 자산이었을 가능성이 높다는 것을 보여 준다.

(2) 지중해 주변의 국제교역, 세계의 배꼽

이처럼 지중해 국가로 황금과 은으로 만든 동전 화폐가 전파되고 화폐화가 급격히 확산하면서, 국제교역 확대를 위한 필요 조건이 완성되었다. 하지만 동전 화폐가 보편화 되었다고 해서 국제교역이 저절로 확산하는 것은 아니다. 국제교역 확산을 위해서는 교역을 위한 또 다른 조건이 구비되어야 한다.

우선 국제교역이 활발하기 위한 가장 중요한 요인은 역설적으로 식량의 자급 자족이 불가능하여야 한다. 식량의 자급자족이 가능한 문명권은 국제교역을 할 필요가 거의 없다. 대표적인 문명이 바로 중국이다. 중국은 황허강 및 양쯔강 유 역에서 엄청난 양의 쌀을 생산할 수 있었으므로, 사실상 국제교역의 필요성이 거의 없었다. 인도의 경우도 인더스강과 갠지스강 유역에서 엄청난 규모의 쌀이 생산되었으므로, 국제교역의 필요성이 상대적으로 다른 문명보다 낮았다.[3] 반 면 지중해 유역에서 식량의 자급자족이 가능한 문명권은 이집트가 유일했다. 이 집트를 제외한 지중해 유역의 문명은 먹고 살기 위해서 반드시 국제교역 활동을 전개해야 했다. 예컨대 그리스는 포도와 올리브 말고는 생산되는 농산물이 거의

---

3 메소포타미아 혹은 이슬람 문명권도 농업 생산력이 자급자족일 정도로 풍요롭지 않았으므로, 메소포타미아 문명이나 이슬 람 문명도 반드시 국제교역을 해야만 생존할 수 있었다.

없었기 때문에, 그리스 도시 국가는 밀을 수입하여 먹고 살기 위해서는 포도주나 올리브유를 만들어서 반드시 다른 나라에 팔아야 했다.

둘째, 국제교역을 위한 물류비용이 낮아야 한다. 한나라가 동양과 서양의 여인 모두를 유혹하는 현란한 명품 비단을 생산한다고 해서, 1만 2,000㎞나 떨어진 고대 아테네에서 이를 수입해서 소비하기는 쉽지 않다. 아울러 선박을 통한 해상 물류비용은 육상 운송비용의 약 1/30에 불과하다. 로마가 동시대 중국의 한나라보다 비약적으로 발전했던 이유도, 지중해라는 내해가 있었기 때문이다. 중국 왕조가 로마를 앞서기 시작한 시점도 수나라의 문제^(文帝, 541~604)와 양제^(煬帝, 569~618)가 황하강과 양쯔강을 연결한 길이 2,400㎞, 폭 40m에 이르는 대운하를 완성한 이후이다. 송나라가 남쪽으로 쫓겨 간 이후에도 번영할 수 있었던 이유 또한 오늘날 광동성, 복건성, 절강성 등의 인근 해인 남중국해를 활용했기 때문이다. 일본이 에도 막부 시대^(1603~1868)에 일본 역사상 최고로 상업이 번성했던 겐로쿠 호황^(元祿好況, 1688~1707)을 누렸던 이유도 오사카, 교토 등 주요 도시에 근접할 수 있는 잔잔한 바다였던 세토 내해^(瀬戸内海, 세토나이카이)가 있었기 때문이다. 이처럼 19세기 철도 혁명으로 전 세계의 물류비용이 일거에 낮아지긴 하였지만, 해상 운송 비용은 물류 운송비용보다 언제나 낮다. 오늘날도 선박을 통한 수출과 수입이 전체 세계 교역 물량의 90% 이상을 차지한다. 따라서 해안이나 강가에 인접한 지역이 내륙 지역보다 거의 언제나 국제교역 활동에 유리하다.

셋째, 다양한 물품을 생산하는 다양한 문화가 있어야 한다. 자연조건에 따라 대량으로 산출되는 물품과 해당 지역에만 생산되는 특산품이, 하나의 제국이 통치하는 지역에 위치해 있다면 국제교역은 일어나지 않는다. 예컨대 고대 이집트는 밀과 파피루스를 자신의 국가 내에서 생산했다. 이 품목을 확보하기 위해 국제교역을 할 필요가 없었다. 국제교역의 대상이 되는 물품도 다양해야 하며 국제교역에 적합한 특성을 보유해야 한다. 즉, 가치가 높고, 부피가 적당해야 하고, 무게는 가벼울수록 좋으며, 부패하지 않아야 한다. 황금이나 은은 당연히 1순위이고 청금석, 구리, 와인, 올리브 오일, 파피루스, 목재, 비단, 향신료, 유향

(incense), 몰약(myrrh) 등이 물류 기술이 발달하지 않은 고대의 국제교역에 적합한 대표적인 물품이다.

하지만 아무리 영토가 넓은 제국이라 하더라도 제국은 지리적으로 통치가 가능한 범위가 한정되어 있다. 이와 같은 영토적 제약을 넘어서면 단일 국가로 통치하는 것이 일반적으로 불가능하다.[4] 예컨대 이집트는 목재를 구하기 위해 비블로스에서 국제교역을 통해 목재를 수입했다. 한때 비블로스를 영토적으로 점령하기도 했지만, 곧바로 히타이트에게 영토를 내주었다. 이는 이집트가 비블로스를 포함한 페니키아까지 영토적으로 지배하는 것이 물리적으로 효율적이지도, 경제적으로 합리적이지도 않았다는 뜻이다.

대표적으로 알렉산더 대왕의 헬레니즘 제국도 그의 사후 3개 국가로 분열되었다. 800년 유럽의 중앙을 통일했던 샤를마뉴 대제의 프랑크 왕국도 그의 사후 이탈리아, 프랑스, 독일 등 3개국으로 나뉘어졌다. 13세기 전 세계를 통일했던 몽골 제국도 쿠빌라이 칸 말년에 4개국으로 분할되었다.

반대로 억지로 영토를 넓혔다가 역풍을 맞은 국가도 있다. 바로 동로마이다. 즉, 6세기 말에 옛 로마의 영광을 되찾고자 북아프리카, 시칠리아, 북이탈리아, 스페인 등을 정복한 "로마의 마지막 혈통" 유스티니아누스 대제(Justinianus I, c.484~565)는 동로마와 수도 비잔티움이 감당할 수 있는 영역을 초과하는 영토를 확보하면서, 역설적으로 동로마 제국의 쇠퇴를 가속화시켰다. 오히려 유스티니아누스의 무리한 정복 활동으로 동로마가 쇠퇴하자, 주변 지역에서 이슬람 국가가 부흥하는 계기만 제공한 꼴이 되었다.

넷째, 교역 당사국들이 전쟁보다 교역을 통해 교류하는 것이 유리한 지리적 조건에 있어야 한다. 고대의 경우에는 지리적으로 인접한 국가여서 육상으로 쉽게 이동이 가능하다면, 교역보다는 전쟁을 통해 물자를 확보할 가능성이 높았

---

4 ░░ 물론 예외도 있다. 로마 제국은 영토가 매우 넓었지만, 이탈리아 반도를 통일한 BC 272년부터 동로마와 서로마로 나누어진 395년까지 하나의 제국으로 무려 667년간 유지되었다. 오늘날도 영토가 넓으면서 확고한 단일 의식을 보유하여 장기간 제국이 유지될 가능성이 있는 국가가 2개 있다. 바로 미국과 중국이다.

하기야 소피아 성당에 그려진 유스티니아누스 황제(정면 좌측). 유스티니아누스 황제는 하기야 소피아 성당을 성모 마리아에게 헌정하고 있고, 정면 우측의 콘스탄티누스 황제는 콘스탄티노플 도시를 성모 마리아에게 헌정하고 있다. 하기야 소피야 성당 소장. 출처: Wikipedia. Public Domain

다.[5] 예컨대 메소포타미아 지역의 도시 국가들은 티그리스, 유프라테스강 유역에 위치하였고 육상 이동이 가능했다. 따라서 발달된 도시 국가들이 생겨난 이후에는 물자 확보를 위해 도시들을 점령하기 위한 전쟁이 활발했고, 그에 따라 바빌로니아, 아시리아, 페르시아 등 거대 제국이 자주 등장했다. 이집트의 경우도 나일강 상류와 하류로 왕조가 나뉘어져 있다가, 나일강을 활용한 이동이 가능해지면서 기원전 30세기를 전후하여 메네스(Menes)왕 때 전쟁을 통해 통일되었다.

하지만 페르시아는 그리스를 점령하지 못했다. 더 엄밀히 말하면 페르시아가 그리스를 점령하기 위한 비용이 그리스 점령으로 인한 이득보다 훨씬 컸다. 왜냐하면 그리스와 페르시아는 바다를 통해 상당 거리 떨어져 있었기 때문이다. 이는 페르시아가 그리스를 점령하지 못한 것이 아니라 안 한 것이라는 뜻이기도 하다. 만약 페르시아가 테미스토클레스의 살라미스 해전 이후 또다시 무리하게 그리스 정복 전쟁을 수행했다면, 고구려 정복을 무리하게 시도하다가 멸망한 수나라 양제의 운명을 그대로 밟았을 것이 거의 확실하다. 요컨대, 주요 발달된 문명

---

5 물론, 이 법칙은 중세, 근대, 심지어 현대까지도 적용되는 원칙이기도 하다. 유럽 전역이 중세부터 2차 대전 때까지 끊임없는 전쟁으로 몸살을 앓게 된 이유도 여러 개의 다민족 국가의 국경이 모두 근접하여 붙어 있었기 때문이다.

권이 비용이나 혜택 측면에서 전쟁보다 교역이 유리하도록 지리적으로 적당히 떨어져 있어야 한다.

이와 같은 조건을 모두 만족하는 지역이 다름 아닌 지중해 유역이었다. 우선 지중해는 교역을 위한 천혜의 해상 고속도로였다. 대양이 아니라 육지로 둘러싸인 바다이므로, 복잡한 항해술도 필요 없었고 항해를 위한 날씨 조건도 좋은 편이었다.[6] 이 때문에 고대 지중해 유역은 항해 길이가 긴 동서보다 항해 길이가 짧은 남북 방향으로 교역이 훨씬 활발했다.[7]

다섯째, 지중해 유역의 문화는 매우 다양했다. 수메르 문명, 이집트 문명, 트로이 문명, 크레타 문명, 미케네 문명, 페니키아 문명, 아카드·아시리아·바빌로니아 문명 등 내로라하는 다양한 선진 문명들이 지중해를 끼고 있었고, 수메르 문명을 빼고는 거의 동시대에 존재했다. 고대 세계 어느 지역도 지중해 근방처럼 다양한 문명이 거의 동시대에 존재한 지역은 존재하지 않았다.

여섯째, 기후가 서늘한 지중해 연안에서는 고온다습한 지역에서 기생하는 바이러스가 그리 많지 않았다. 따라서 인구가 증가하는 시기에서도 인구 증가에 궤멸적인 피해를 입히는 바이러스성 질병이 많지가 않았다. 예컨대 돼지나 소를 키워 농경을 하는 지역에서 유행하는 천연두, 콜레라, 인플루엔자가 지중해 유역에서는 상대적으로 적었다. 지중해 특산품인 포도나무나 올리브 같은 식물 재배에는 가축이 특별히 필요 없었기 때문에, 이들 가축이 전파하는 바이러스가 인간에게 전염될 가능성도 훨씬 낮았던 것이다.

마지막으로 지중해 유역에서는 이와 같은 문명들이 적당한 거리를 두고 위치해 있었다. 비록 이집트와 메소포타미아 문명, 트로이·크레타·미케네 문명은 지리적으로 다소 근접하여 상호 간 전쟁이 없지는 않았다. 하지만, 지리적으로 다

---

6   다만 바람이 일정하지 않았으므로 풍력을 이용하는 선박보다 노를 이용한 선박이 훨씬 유리했다. 사람이 갑판 아래에서 노를 젓는 선박으로 페니키아인들이 개발했던 갤리선이 지중해의 주력선이었던 이유가 이것이다.

7   지중해 전체를 장악한 로마 시대부터는 바다의 치안이 안정되고 갤리선의 성능이 개선되면서 남북 방향뿐만 아니라 지중해 동서 교역 활동도 매우 활발하게 전개되었다. 지중해의 서쪽 끝 지브롤터에서 동쪽 끝 레반트(오늘날 레바논)까지 3,700㎞인데, 고대 로마 시대에 이 구간을 이동하는 비용이 지상에서 100㎞ 이동할 때 드는 비용과 같았다고 한다. 다시 말해 로마 시대 지중해 해상 운송 비용은 육상 운송 비용의 1/37이었다.

소 떨어져 있으므로 대체로 물자를 확보하기 위한 전쟁 비용이 교역을 통한 물자 확보 비용보다 거의 언제나 높았다. 국제교역으로 물자를 확보하면 쉽게 될 일을 전쟁을 통해 무리하게 물자를 확보할 필요가 없었던 것이다.

대표적인 사례가 무리하게 트로이를 정복한 후에 자멸한 미케네 문명이다. 그리스를 침략한 페르시아 또한 살라미스 해전에서 패하면서 더 이상 그리스를 침략하지 않았다. 아무리 세계 최강의 페르시아 제국이라 하지만, 그리스를 침략하기 위한 전쟁 비용이 너무나도 높았기 때문이다. 따라서 지중해 유역은 전쟁보다 교역이 활발할 수밖에 없는 필요조건이 모두 갖추어져 있었다. 필자가 보기에 지중해는 고대에 국제교역이 활발할 수밖에 없는 천혜의 지리적, 문화적 조건을 갖춘 세계 역사상 유일무이한 지역이었다.

10 고대 그리스의 국제 무역④
동전 화폐의 확산과 페니키아 해양 제국

(1) 기나아니(Kinaani), 페니키아인

다양한 선진문화가 지리적으로 적당한 거리에서 해상 물류를 통해 연결되었던 지중해 유역에 동전 화폐 전파와 화폐화가 급속히 진전되면서, 필연적으로 국제교역이 급격히 확산하였다. 동전 화폐가 보편화되기 시작한 기원전 7세기 무렵, 지중해 해상무역의 패권을 장악하고 있던 이들은 다름 아닌 페니키아인들이었다. 헤로도토스의 역사 첫 구절도 페니키아인들에 대한 언급으로 시작한다. 즉 "역사에 대해 알고 있는 페르시아인들은 싸움을 먼저 시작한 이들이 페니키아인들이라고 공공연히 말하고 다녔다."[1] 싸움을 먼저 시작했다는 페니키아인들은 도대체 누구인가?

헤로도토스는 페니키아인들이 아프리카 곶과 아라비아 반도 사이의 해협인 에리트라이안 바다(Erythraian Sea)에서 왔다고 기술했다.[2] 페니키아인들은 헤로도토스가 살았던 당시 오늘날 레바논과 시리아·이스라엘 서안 지역인 레반트(Levant) 지역에 거주했었다.[3] 결국 페니키아인들은 아프리카 곶에서 홍해와 메소포타미

---

1 Herodotus, *Ibid*, Book 1, 1 para. "Those of the Persians who have knowledge of history declare that the Phoenicians first began the quarrel."

2 아프리카 곶과 홍해 사이에는 에티오피아에서 독립한 에리트리아(Eritrea)라는 나라가 있다. 아마도 이 국가는 에리트라이언이라는 지명과 관련이 있는 것으로 추정된다.

3 레반트 지역은 인류가 사냥과 채집 생활을 끝내고 처음으로 정착 단계에 들어간 나투프 문화(Natufian Culture)가 생성된 곳이기도 하다. 이때가 기원전 10,000년 전후이다.

BC 1650~1550년경 가나안 유물. 이 황금 유물은 가나안 남쪽 지방의 텔-엘-아줄(Tell el-Ajjul)에서 발굴된 것이다. 이 지역에 살던 가나안(Canaan)인들이 만든 것으로 추정되며, 이집트 문화의 영향을 많이 받았다. 필자는 이 황금 유물은 초기 페니키아인들이 만든 것으로 생각한다. 이 지역의 페니키아인들은 이집트에서 축출된 힉소스(Hyksos) 민족에게 BC 1570년경에 공격 당하는데, 폐허가 된 도시에서 사진과 같은 황금 귀걸이와 장식품이 대량 발굴되었다. 영국박물관 소장

아 지역을 거쳐 지중해 유역으로 이동한 민족이 된다. 달리 말하면 페니키아 문명은 아프리카 문명과 메소포타미아 문명의 혼합 문명으로, 이들의 문화를 지중해에 전파한 민족인 셈이다.

페니키아인들이 언제부터 레반트 지역에 거주하였는지는 명확하지 않다. 다만 페니키아인들이 스스로를 가나안 사람(기나아니, Kinaani)이라 칭한 만큼 상당히 오래전부터 이 지역에 거주한 것으로 추정된다. 왜냐하면 모세가 유대인을 이집트에서 탈출시킬 때 유대인들에게 약속한 땅이 바로 젖과 꿀이 흐르는 가나안 땅이었기 때문이다. 모세가 유대인들에게 페니키아인들이 거주하는 가나안 땅을 젖과 꿀이 흐르는 풍요로운 곳이라고 묘사한 것을 보면, 당시에도 페니키아인들은 상업과 뱅킹 활동을 통해 이집트에까지 입소문이 날 만큼 매우 풍족하게 살았던 것으로 보인다.

모세가 유대인을 이집트에서 탈출시킨 때는 다양한 설이 있으나 투트모스 3세(Thutmose III, BC c.1481~c.1425)의 아들 아멘호텝 2세(Amenhotep II, BC c.1450~c.1425) 때가 맞다고 가정하면, 이 시기 이전부터 페니키아인들이 이 지역에 거주하고 있었던 것으로 보인다. 실제로 이집트의 투트모스 3세가 BC 1500년경 페니키아 지역을 점령했다는 기록으로 보아, 페니키아인들은 BC 1500년 이전부터 상당히 오래된 기간에 레반트 지역에서 거주하였던 것이 거의 확실해 보인다.

페니키아에서 처음으로 번영한 도시는 비블로스(Biblos)였다. 비블로스는 이집트에 목재를 수출한 주요 교역 도시였다. 이후 이집트에 이어 히타이트 민족

이 비블로스를 비롯한 레반트를 점령하여 지배하였다. 해안 지역의 페니키아 문명은 레반트 내륙으로 확장되어 오늘날 팔레스타인 지역에 위치한 도시 헤브론(Hebron)까지도 교역으로 번영한다. 유대인들의 조상인 아브라함도 떠돌이 생활을 하다가 헤브론의 막벨라 동굴(Cave of Machpelah)을 구입하였으며, 어떤 이는 헤브론이 페니키아인들의 실질적인 수도였다고 주장하기도 한다.[4]

하지만 BC 1200년경 비블로스와 헤브론을 비롯한 페니키아의 도시들은 정체불명의 해양 민족(Sea People)이 거의 완전히 파괴한다. 페니키아인들의 세력이 약화되면서 레반트 지역은 일종의 패권 공백이 발생한다. 즉, 이 지역에는 절대 강자가 없고 소수 민족이 서로 패권을 차지하기 위한 아수라장이 되었다. 예컨대 페니키아인들의 세력이 약화되자 레반트 지역에 위치해 있던 도시 살렘(Salem)은 소수 민족인 예부스인(Jebusite)들이 장악한다. 하지만 BC 1170년 전후 새로 유입된 이스라엘 민족들이 다시 예부스인들을 정복하고 살렘을 차지한다. 필자는 이 새로 유입된 이스라엘 민족들이 모세가 이집트를 탈출시킨 유대인일 가능성이 있다고 생각한다.[5] 하여튼 살렘은 이때부터 이스라엘 민족의 수도인 예루살렘(Jerusalem)으로 명칭이 바뀐다.[6]

---

4 이후 번영을 거듭하던 헤브론은 유다 민족의 수도까지 된다. 하지만 가나안 지방의 여러 민족을 통일한 사울(Saul, 재위 BC 1047~1010)의 뒤를 이은 다윗(David)은 헤브론이 아니라 예루살렘을 자신들의 수도로 정한다. 다윗의 뒤를 이어 솔로몬이 예루살렘을 통치할 때는 도심을 확장하여 성벽을 쌓았으며, 솔로몬 성전도 세웠다. 솔로몬 사후 부족 간 항쟁이 재연되고 남부 유다 민족이 유다 왕국으로 독립하여 예루살렘을 수도로 삼았고, 북부에는 이스라엘 왕국이 독립하여 사마리아를 수도로 삼았다. 이후 사마리아는 예루살렘으로부터 멀어지면서 결속력이 약해져 풍부한 농지를 가지고 있음에도 불구하고 BC 721년 아시리아 제국에 멸망당하고, 남부의 유다 왕국도 BC 586년 네부카드네자르 2세에게 멸망당한다.

5 모세의 엑소더스가 BC 1200년경 전후라고 가정하면, 이스라엘 민족의 가나안 정복 시기와 거의 일치한다.

6 예루살렘은 고대 히브리어로 "평화가 있는 장소"라는 뜻이다. 그러나 그 뜻과 달리 예루살렘은 인류 역사에서 거의 모든 문명이 충돌한 그야말로 난투극의 현장이었다. 즉, BC 9세기까지 소수 민족의 전쟁터였던 예루살렘은 아시리아, 신바빌로니아, 알렉산더 제국, 프톨레마이오스 왕조, 시리아의 셀레우코스 왕조, 로마, 동로마, 이슬람, 성전기사단, 오스만 튀르크 제국 등이 예루살렘을 차례로 지배했다. 오늘날 남아 있는 예루살렘 성벽은 16세기 오스만 튀르크 제국의 슐레이만 1세(Süleyman, 1494~1566) 황제가 건설한 것이다.

(2) 돈에 환장한 부류(To Philochrēmaton), 페니키아인

하여튼 해양 민족이 이 지역의 문명을 파괴한 이후 페니키아 문명은 BC 1100년경부터 티레(Tyre)를 중심으로 다시 부흥한다. 티레를 중심으로 새롭게 정착한 페니키아인들이 이전과 동일한 민족인지 여부는 설이 분분하다. 하여튼 새로운 페니키아인들은 장거리 항해를 통해 세력을 확장했다. 페니키아인들은 이집트인들이 사용하던 갤리(galley)선을 2단으로 높여 항해 거리를 높인 최초의 민족으로 알려져 있다.

특히 지중해는 선박의 동력원으로 사용 가능한 바람이 일정하지도 않고 충분하지도 않았다. 따라서 노를 직접 저어 동력원으로 사용하는 갤리선에 대한 끊임없는 기술혁신은 페니키아인들이 지중해 해상무역을 장악한 가장 근원적인 동력이 되었다. 이후 페니키아인들은 갤리선을 3단, 5단으로 높여 항해 속도와 거리를 더욱 높였다. 3단과 5단 갤리선은 무역선이면서 동시에 전투선이기도 하였다. 페니키아인들은 해상교역을 하다가 필요하면 해적으로 변신하여 약탈도 한 것이다. 이와 같은 페니키아인들의 항해술과 상술은 지중해 주변 지역에서 모르는 사람이 없었다. BC 750년경, 그리스 시인 호머는 페니키아인들을 "배로 유명한 페니키아인들, 검은 선체마다 아기자기한 물건을 무수히 싣고 오며, 이익을 좇아 쉴 새 없이 움직이는 이들"로 묘사할 정도였다.[7]

항해술과 조선술 외에 주목해야 할 것은 페니키아인들의 뱅킹 활동이다. 특히 페니키아인들이 지중해 해상무역의 패권을 장악한 가장 큰 원동력은 바로 그들의 독특한 항해 파이낸싱 기법이었다. 특히 수메르, 아시리아, 바빌로니아인 이후 이들로부터 이자율 개념을 도입하여 적극 활용한 이들은 페니키아인들이 유일하였다. 쉽게 말하면 페니키아인들은 플라톤 말에 따르면 "돈에 환장한 부류(To Philochrēmaton)"들이었다. 예컨대 페니키아인들이 항해 파이낸싱 기법으로 사

---

7 이안 모리스, *앞의 책*, p. 340

용한 용선 계약(contrat d'affrètement)은 다양한 계층으로부터 여유 자금을 끌어모아, 특정 국제무역 프로젝트에 집중적으로 투자나 대출한 후 이윤 혹은 이자를 받았다.

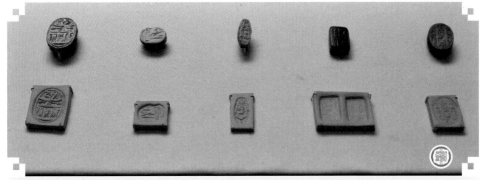

페니키아인들의 인장(seal)과 부적(amulet). 5개의 인장 중에서 4개의 인장 문양이 풍뎅이이다. 페니키아인들에게 풍뎅이(scarab) 형상은 철기시대부터 매우 인기가 있는 문양이었다. 풍뎅이 형상은 고대 이집트에서도 매우 인기 있는 문양이었는데, 이는 페니키아인들과 이집트인들이 매우 활발하게 교류했음을 의미한다. 페니키아인들의 인장은 반지와 비슷하여 손가락에 끼워 다니면서 필요한 경우에 찍어서 사용했다. BC 11~7세기경, 암리트(Amrith) 출토. 영국박물관 소장

이 독특한 뱅킹 시스템을 통해 페니키아 뱅커들은 선박과 선박에 실린 물건을 담보로 하여 돈을 빌려 주거나 투자하고, 상인들이나 항해사들은 그 물건을 지중해 국제교역을 통해 해외에 팔아 이득을 남겼다. 페니키아인들이 갤리선을 2단 이상으로 개조하는 것이 가능했던 이유도, 여유 자금을 끌어모아 한 곳에 집중하는 이와 같은 뱅킹 활동이 있었기 때문이었다. 페니키아의 뱅킹 기법을 가장 처음으로, 그리고 가장 적극적으로 활용했던 근대인은 네덜란드인들이었다. 예컨대 1602년, 네덜란드의 동인도 회사는 인구가 고작 5만 명에 불과했던 암스테르담에서 무려 1,000명이 넘는 투자자를 끌어모았다. 회사는 17명의 "헤이렌 17"이 운영했지만, 투자 자금은 네덜란드 시민들 모두로부터 끌어모아 동인도 회사에 집중했다. 초기 투자의 수익 배당률은 고대 바빌로니아인들과 페니키

아인들의 기준 수익률인 20%를 간단히 넘었다.[8] 페니키아의 뱅킹 기법 때문에 네덜란드는 후발 주자였음에도 불구하고, 근대 유럽 무역의 절대 강자로 부상할 수 있었다.

네덜란드에 이어 16~17세기 영국 브리스톨과 리버풀의 선주들도 페니키아의 뱅킹 기법을 그대로 답습했다. 즉, 브리스톨과 리버풀의 선박 소유주들은 영국의 금융가인 씨티 오브 런던(City of London)으로부터 자금을 빌려 총, 화약, 럼주 등을 사서 아프리카 노예를 구매한 후, 이들을 신대륙에 팔아 막대한 부를 챙겼다. 페니키아와 다른 것이라면 영국은 자금을 전문적으로 빌려주는 뱅커들이 번영했다는 것뿐이었다.

한편 페니키아인들은 국제무역을 통해 남겨진 이득을 뱅커와 항해사가 나누어 가졌다. 뱅커에게 배분된 비율은 원금과 함께 초과 수익의 20%였다. 20% 비율은 함무라비 법전에 기록된 이자율의 상한 20%를 그대로 사용한 것이다. 물론 항해가 성공하면 상인들과 항해사는 원금의 20%보다 훨씬 많은 돈을 벌 수 있었다. 페니키아인들이 계승한 수메르인들의 20% 규칙은 7세기 이슬람인들이 정복 과정에서 획득한 전리품의 20%를 칼리프 몫으로 분배한 관행, 14~15세기 서유럽 지리상 발견 과정에서 이를 후원한 왕에게 할당한 20%(Royal Fifth) 기준, 그리고 오늘날 PEF 초과 수익 기준 20%와 헤지펀드의 성과보수 기준인 20% 규칙에도 그대로 남아 있다.

하여튼 페니키아의 항해 프로젝트가 성공할 경우 뱅커로부터 모은 자금의 최소 3~4배 이상은 돈을 벌었을 것이다. 이에 따라 항해를 통해 국제교역에 종사하고자 하는 상인들이나 모험 항해사들이 페니키아에서는 넘쳐났다. 넘쳐나는 상인들의 항해에 자금을 대고자 하는 뱅커 또한 수도 없이 많았다. 이와 같이 국제교역과 뱅킹 활동을 통한 자금조달이 긴밀하게 결합하면서, 페니키아인들은 로마가 멸망시키기 전까지 지중해 해상무역을 약 1,000년 동안 제패할 수 있었

---

8 제리 브로틴, 『욕망하는 지도』, RHK, 2014, p. 382

다.

나아가 2단 이상의 복단 갤리선과 뛰어난 항해술, 그리고 독특한 항해 파이낸싱이라는 뱅킹 기법을 바탕으로 페니키아인들은 지중해 전역에 걸쳐 식민지를 건설하였다. 로마 제국에 맞서다가 소멸한 카르타고 역시 페니키아인들이 세운 식민 도시 중의 하나였다. 한 기록에 따르면 페니키아인들은 지중해 전역은 물론이고 지중해를 벗어나 지리적으로 영국까지 진출하여 해상교역에 종사했다고 한다.[9]

페니키아의 식민지와 무역 거점(BC 10세기경)

(3) 역사상 최초의 탈라소크라시(Thalassocracy), 페니키아 제국

로마 제국이 풀 한 포기 남아 나지 않도록 수도 카르타고에 소금을 뿌리는 등 국가 자체를 완전히 파괴하면서 페니키아의 역사는 잘 알려져 있지 않지만, 페니키아는 지중해와 서유럽을 아우르는 엄청난 경제 영토를 가진 역사상 최초의 해상무역 제국인 탈라소크라시(thalassocracy)였다.[10] 실제로 전성기 시절 페니키아의 영토는 레반트, 동지중해, 크레타섬, 남부 이탈리아, 북아프리카, 이베리아 반도

---

9   J. J. Cater, *Ibid*, p 43

10   이에 반해 육상에서의 헤게모니를 통해 이룩한 대륙 제국을 텔루로크라시(tellurocracy)라고 한다.

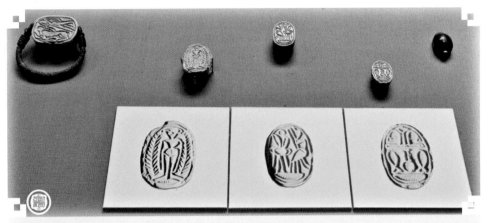

페니키아인들이 사용한 풍뎅이 모양의 인장과 부적. 풍뎅이 모양은 원래 BC 21세기경부터 이집트인들이 즐겨 사용하던 것이었다. 레반트 지역과 교역이 활발하면서 페니키아인들이 이들을 적극 차용해서 인장, 보석, 장신구 등에 사용했다. 이와 같은 인장의 용도는 페니키아인들이 교역 물품의 소유권을 표시하기 위한 것이었다. 위 5개의 풍뎅이 인장 중 하나를 제외하고는 모두 동석(凍石, steatie)을 사용해서 만들었다. 가장 우측에 있는 풍뎅이 인장은 자수정(amethyst)으로 만든 것이다. BC 1750~1550년경, 이스라엘 라키쉬(Lachish) 출토. 영국박물관 소장

전역에 걸쳐 있었다. 현재의 레바논, 이스라엘, 리비아, 튀니지, 알제리, 스페인, 이탈리아 남부의 섬들에 걸쳐 있는 웬만한 주요 도시는 모두 페니키아인들이 만든 도시라고 보면 된다. 이처럼 강대했던 무역 제국 페니키아를 신생국 로마가 제압한 것은 서유럽 역사상 최대의 이변으로, 서유럽 역사를 근본적으로 바꾼 가장 전환기적 사건이었다. 만약 로마가 한니발 전쟁 때 페니키아를 제압하지 못했다면, 오늘날 미국의 국장에는 로마의 상징 독수리가 아니라 페니키아의 상징 코끼리가 그려져 있을지도 모른다.

가장 좌측에 있는 풍뎅이 인장을 확대해 보면 스핑크스가 새겨져 있는데, 이는 페니키아인들과 이집트인들의 활발한 문명 교류를 반영하는 것이다.

이처럼 BC 12세기부터 전개된 페니키아인들의 활발한 해상교역 활동은 BC 900년을 전후한 시기에 전성기를 맞이한다. 로마인들이 지중해를 자신의 바다^(Mare Nostrum)라고 지칭하기 이미 900년 전에, 지중해는 이미 페니키아인들의 내해였던 것이다. 페니키아인들이 사용한 인장과 부적은 이들의 활발한 해상교역 활동을 보여 주는

단적인 증거이다. 특히 페니키아
인들은 풍뎅이 모양의 인장을 즐
겨 사용하였는데, 이는 페니키
아 문명이 이집트 문명의 영
향을 받았음을 보여 주는
것이다.[11]

페니키아인들은 그리
스에도 세력을 확장하여,
그리스의 아르고스(Argos)
항에서 배를 통해 실어
온 화물을 팔면서 그리
스인들과도 활발한 교
역 활동을 전개했다. 페
니키아인들은 메소포
타미아와 이집트 지역

페니키아는 이집트의 영향을 매우 크게 받았다. 이 상아 조각도 이집트의 영향을 받은 것으로 스핑크스가 조각되어 있다. 이 장식품의 재질은 상아인데, 상아는 당시 황금만큼이나 귀하고 값진 물품이었다. 페니키아가 얼마나 많은 돈을 벌어들였는지 보여 주는 장식품. BC 850~700년경, 카르타고 출토. 영국박물관 소장

에서 생산되었던 보석, 가축, 곡물, 무기, 금속, 유색 구슬(colored beads) 등을 배에
실어 그리스에 팔았다. 이 과정에서 페니키아인들은 자신들과 이집트·메소포타
미아의 선진 문화를 그리스 전역으로 전파했다. 수메르나 바빌로니아로부터 학
습한 페니키아의 뱅킹 기법도 이때 그리스로 전해진 것이다.

특히 페니키아는 이집트로부터 막대한 양의 곡물을 지중해 각국으로 실어
나르는 역할을 하였는데, 곡물이 부족한 그리스에게 페니키아인들은 매우 중요
한 교역 파트너였다. 아마도 페니키아인들의 활발한 해상 활동이 없었으면, 그리
스는 이집트로부터 곡물을 수입하는 데 많은 어려움이 있었을 것이다. 곡물 이
외에도 페니키아의 문자였던 알파벳, 2단 이상의 갤리선을 제조할 수 있는 선박

---

11   이집트에서 풍뎅이(scarab)는 태양신의 상징으로, 이집트의 인장에서 가장 인기 있는 문양이었다.

사르데냐섬의 타로스(Tharros)에서 발견된 페니키아 황금 왕관(diadem). 페니키아는 국제무역을 통해 엄청난 황금을 벌어들였고, 뱅킹과 결합해 지중해 전역의 해상무역을 지배했다. 왕관의 무늬가 연꽃을 닮았는데, 이는 이집트의 영향을 받은 것이다. BC 700년경, 타로스 출토. 영국박물관 소장

제조 기술, 먼 바다를 항해할 수 있는 항해술, 자신들만의 독특한 항해 파이낸싱 기법 등의 선진 문물은

페니키아를 통해 그리스로 전파되어 후일 서양 문화의 근간이 된다.

(4) 페니키아 뱅킹의 확산과 고대 그리스 철학의 탄생

페니키아에서 그리스로 전파된 선진 문물은 그리스의 정치, 경제 발전에 없어서는 안 될 문명의 기초가 되었다. 일례로 페니키아의 알파벳 문자, 국제무역 기법 전파, 동전 화폐의 확산과 유리한 지리, 문화적 여건 등으로 인해 그리스 도시 국가 중 가장 먼저 국제교역을 시작하고, 국제무역이 가장 활발하게 전개된 도시 중의 하나가 바로 이오니아해에 위치한 밀레투스(Miletus)였다. 밀레투스는 그리스 도시 국가 중 가장 먼저 기게스의 동전을 모방하기 시작했고, 이에 따라 BC 7~6세기경부터는 국제무역을 활발히 전개한 도시였다.

아낙시만데르. 탈레스의 제자로 탈레스의 영향을 받아 모든 만물에는 근원이 존재한다고 믿었다. 그는 스승인 탈레스가 만물의 근원이 물이라고 주장한 데 대해서는, 물이 가진 특성 때문에 물은 만물의 재료가 될 수 없다고 믿었다. 예컨대 습기가 많은 물은 건조한 바위의 재료가 될 수 없다. 그래서 그는 만물의 근원을 특별한 성질을 가지지 않고, 경계가 없는 무한대의 개념인 '아페이론'이라고 생각했다. 탈레스가 저서를 남기지 않았기 때문에 아낙시만데르는 자연에 관한 논문을 집필한 서양 최초의 철학자가 된다. 그는 우주론, 기상론, 생물학론 등에도 상당한 지식을 보유하고 있었다. 3세기경 고대 로마 모자이크. 출처: Wikipedia. Public Domain

밀레투스인들의 국제무역 활동 무대는 지중해 유역에만 그치지 않았다. 그들은 지중해 동쪽과 서쪽 끝을 거의 훑으

면서 국제교역을 전개했다. 특히 밀레투스인들은 흑해 유역까지 진출하여 13세기 중세 제노바 상인들이 거점으로 삼은 카파(Kaffa)와 베네치아

상인들이 흑해 무역의 거점으로 세운 타나이즈(Tanais) 등을 무역 거점으로 처음 발굴했다. 밀레투스인들은 영구 이주하여 식민지로 삼은 곳인 아포이키아이(apoikiai)와 구분하여, 창고와 선박 항 등이 집결한 이들 무역 거점을 엠포리아(emporia)라고 불렀다.

동전 문화의 확산과 국제무역의 활발한 전개로 밀레투스는 그리스 고전 철학의 최초 출발점이 되는 중대한 역할도 하였다. 예컨대 모든 것을 설명하는 유일한 하나인 "아르케(arch)"가 물이라고 주장한 탈레스(Thales of Miletus, BC 624~546), 만물의 원천이 비결정적인 무한성인 아페이론(apeiron)이라고 주장한 아낙시만데르(Anaximander of Miletus, 혹은 아낙시만드로스, Anaximandros, BC 610~c.546), 만물의 원천이 공기라고 주장한 아낙시메네스(Anaximenes of Miletus, BC 585~526) 등이 모두 밀레투스 출신이

탈레스. 밀레투스 출신 최초의 철학자, 최초의 수학자, 최초의 그리스 현인으로 아리스토텔레스는 그를 철학의 아버지라고 불렀다. 수학자인 피타고라스가 탈레스의 제자일 가능성도 있다고 한다. 그는 만물의 근원이 물이라고 주장했는데, 철학 외에도 천문학과 수학에도 매우 정통했다. 예컨대, 이등변삼각형의 밑각은 항상 같다는 기하학의 자명한 공리 5가지는 그가 발견한 것이며, 헤로도토스에 따르면 BC 585년 일식도 그가 예언했다고 한다.(이때의 일식을 탈레스 일식이라고 부른다.) 이집트 쿠푸왕의 대피라미드 높이도 기하학의 원리를 이용해서 측정하였으며, 올리브 압착기를 매집하여 많은 돈을 벌기도 하였다. 소크라테스가 했다는 유명한 "너 자신을 알라"는 실제로 탈레스의 명언이라는 주장도 있다. 스웨덴 역사학자 에른스트 월리스(Ernst Wallis, 1842~1919)와 스웨덴 신학자 프레드릭 아우구스트 페어(Fredrik August Fehr, 1849~1895)의 1875년 저서 『삽화로 보는 세계 역사(Illustrerad verldshistoria)』 발췌. Public Domain

다. 우연히도 이들 철학자들은 만물의 원천인 아르케에 대한 탐독에 몰두했다.[12]

어떤 이는 황금 동전이 교역을 통해 모든 상품으로 전환되는 신비한 현상을 밀레투스인들이 목도한 결과, 우주에서도 그 어떤 하나에서 모든 것이 창조되거나 변환되었을 것이란 식으로 인간의 인식이 극적으로 확장된 과학 철학이 탄생하였다고 주장하기도 한다.[13] 예컨대 『화폐와 초기 그리스의 정신세계*(Money and the Early Greek Mind)*』를 저술한 영국 역사학자 시포드*(Richard Seaford)*는 황금 하나로 모든 것을 통제하고 지배했던 화폐화의 진전이 모든 것을 유일한 하나로 설명할 수 있는 아르케라는 개념을 만드는 데 결정적인 영향을 주었을 것이라고 주장했다. 필자도 100% 동감한다[14]

즉, 필자가 보기에도 동전 문화의 확산과 활발한 국제무역의 전개가 우주의 탄생 문제에 몰두했던 그리스 고전 철학의 태동과 어떤 식으로든지 관련되어 있을 것이라는 데 동의한다. 우선 서양 철학에서 과학적 철학이라는 개념을 처음으로 만든 이가 탈레스였다. 예컨대 그는 그림자를 이용해 피라미드의 높이를 최초로 측량하거나, BC 585~584년 사이에 일어날 일식을 미리 예언한 적도 있다. 더 나아가 아리스토텔레스의 평가대로 모든 것을 하나의 물질로 환원

아낙시메네스. 아낙시만데르의 친구 혹은 그의 제자로 그는 만물의 근원을 공기라고 주장했다. 밀레투스 출신답게 상당한 부를 소유한 부자였다. 탈레스, 아낙시만데르, 아낙시메네스 모두 만물의 근원을 신의 개념이 아니라 자연 철학적 개념으로 설명하려는 최초의 철학자 그룹인 이오니아 학파에 속한다. 밀라노 인문주의자 지롤라모 올지아티(Girolamo Olgiati, 1454~1477)의 1580년 저서 『동전에서 발췌한 걸출한 인물의 초상화(Illustrium philosophorum et sapientum effigies ab eorum numistatibus extractae)』 발췌. Public Domain

12 고대 그리스에서 철학자가 많은 이유 중 하나가 그들이 많이 걸어 다녔기 때문이라는 주장도 있다. 실제로 칸트도, 디킨스도, 마크 트웨인도 주로 걸으면서 사색하고 명작을 많이 남겼다. 나아가 고대 그리스인은 신체활동과 정신활동을 구분하지 않았다. 플라톤의 아카데미아도 지적 활동만 하던 곳이 아니라 활발한 신체 및 체육활동도 같이 하던 곳이다.

13 Richard Seaford, *Ibid*, Chapter 10, 11

14 Richard Seaford, *Ibid*, pp. 218~219

할 수 있는 원소이자 원리인 아르케라는 개념을 처음 만든 이도 바로 탈레스이다. 중요한 것은 이처럼 탈레스가 뛰어난 과학 철학자이면서도, 국제무역이 활발했던 밀레투스의 영향을 받아 동시에 뛰어난 상인이기도 하였다는 점이다. 사실인지 아닌지는 모르나, 올리브 작황이 안 좋을 때 탈레스는 올리브 압착기를 대량으로 구입해서, 올리브 작황이 좋을 때 비싼 값에 이를 빌려주면서 많은 돈을 벌었다고 한다.

이는 탈레스가 단순히 철학에만 몰두한 것이 아니라, 상업 활동에 직접 간여했을 가능성이 높다는 점을 보여 준다. 실제로 헤로도토스는 탈레스가 뼛속까지 상인인 페니키아인의 자손이라고 기록했다.[15] 페니키아인들은 고대 그리스인들 이전부터 지중해 국제무역을 장악했던 이들이다. 플라톤이 그의 명저 『국가』에서 페니키아인들을 "돈을 좋아하는 부류 (to philochrēmaton)"라고 부를 정도로, 페니키아인들은 황금이나 이윤 추구에는 도가 트인 이들이었다.[16] 아마도 이들 페니키아 상인들은 국제무역에 종사하면서, 관념적인 철학이나 보이지 않는 초자연적인 현상보다 황금이나 실제 보이는 물건에 더 많은 관심을 가졌을 것이다. 필자는 이들 페니키아 상인들의 전통이 황금 동전이 확산한 밀

파르메니데스. 존재론의 대가. 그에 따르면 존재하는 것은 존재에서 비롯되며, 존재하지 않는 것은 우리가 말할 수도, 인식할 수 없다고 한다. 존재가 여럿이면 그 사이에 없음이 존재하게 되므로, 존재는 분할할 수 없는 하나의 일체인 존재자가 된다. 분할되지 않기 때문에, 그 존재는 시작도 없고 끝도 없다. (파르메니데스의 이 말을 이해하는 독자가 있다면, 틀림없이 그 독자분은 천재라고 본다.) 파르메니데스의 이 존재론은 플라톤의 이데아론과 중세 신학에 결정적인 영향을 미치게 된다. 라파엘로의 아테네 학당 일부. 출처: Wikipedia. Public Domain

레투스에서 성장한 탈레스에 영향을 미쳤을 가능성이 높았을 것이라 생각한다. 즉, 황금 동전을 통한 활발한 국제무역은 자연 현상을 신과 같은 보이지 않는 관

---

15   페니키아어로 탈(Thal)은 습기라는 뜻이라고 하는데, 이는 탈레스가 만물의 근원이 물이라고 주장한 것과 어떤 식으로든지 관련이 있을 것이라고 한다.

16   플라톤(박종현 역주), 「국가」, 서광사, 1997, p. 292

황금, 설탕, 이자(金糖利: Gold, Sukkar, Máš)

바빌로니아의 수수께끼 編 (下-2) 券 - 이원희 著

념론으로 설명하는 것이 아니라, 물과 같이 눈에 보이는 물질이 그 원천이라고 주장하는 탈레스의 철학 탄생에 큰 영향을 주었을 가능성이 높다.

우연의 일치인지는 몰라도 밀레투스와 지리적으로 근접하여 동전의 주조와 국제무역에 활발히 참여했던 도시 국가 사모스^(Samos) 또한 그리스 고전 철학의 산실

피타고라스. 피타고라스는 가장 유명한 그리스 철학자이지만, 그의 생애에 대해서 정확히 알려진 바가 거의 없다. 사모스섬의 상인 아들이었고, 어려서부터 많은 교육을 받았다는 정도만 알려져 있다. 그가 만든 피타고라스 학파 혹은 학교는 철학이면서 동시에 종교였다. 따라서 학파에 소속된 사람들은 그가 만든 종교의식을 따라야 했고, 일종의 컬트 종교와 같은 맹목적 추종을 강요하기도 하였다. 예컨대 피타고라스는 영혼은 불멸한다고 믿었고, 몸이 소멸할 때마다 영혼이 이동한다고 믿었다. 쉽게 말하면 그는 철학자이면서 컬트 종교의 교주이기도 했다. 일화에 따르면 피타고라스 정리에 따라 한 변의 길이가 1㎝인 정삼각형 빗변의 길이를 한 제자가 묻자, 정수가 완벽한 수라고 생각한 피타고라스는 이 문제의 발설을 금지했으며, 그 제자는 우물에 던져 죽여 버렸다고 한다. 이를 통해 추정컨대 후대에 피타고라스가 만들었다고 전해지는 수학적 공리가 사실은 학파에 소속된 모든 이들의 업적이 피타고라스라는 하나의 이름으로만 남겨진 것일 가능성이 있다. 나아가 피타고라스 학파는 일종의 정치 세력으로도 진화하여, 정치적 탄압의 대상이 되기도 한다. 라파엘로의 아테네 학당 일부. Public Domain

이었다. 사모스는 밀레투스와 함께 일찍부터 동전 주조에 나서 이오니아해에서 활발한 국제무역을 펼치면서, 밀레

에피큐로스 두상. 에피큐로스는 좋고 나쁜지에 대한 기준을 쾌락과 고통에서 찾았다. 즉 쾌락을 주는 것이면 선한 것이고, 고통을 주는 것이면 악한 것이다. 생전에 300권의 책을 지었다고 알려졌으나, 지금 남아 있는 것은 몇 권에 불과하다. 에피큐로스도 피타고라스와 마찬가지로 국제무역이 활발했던 사모스섬 출신이다. 영국박물관 소장

투스와도 여러 차례 군사적으로 충돌한 도시 국가였다. 이 사모스에서 플라톤과 아리스토텔레스에게 중대한 영향을 미쳤던 피타고라스^(Pythagoras, BC 570~495)가 만물의 원천이 수치라고 주장했던 것 또한 비슷한 맥락에서 이해할 수 있지 않을까?¹⁷ 사모스

17 피타고라스(BC 570~495), 석가모니(BC 563~c.483), 공자(BC 551~479)는 모두 동시대 사람이

에서는 피타고라스 외에도 엘리아의 파르메니데스 (Parmenides, BC 6~5세기경) 제자로 무한한 존재를 믿었던 엘리아 학파의 멜리소스 (Melissus of Samos, BC 470~430), 쾌락이 최고의 가치임을 주장했던 에피쿠로스 (Epicurus, BC 341~270) 등의 철학자도 배출했다.

국제무역이 활발했던 이오니아 해역에서는 밀레투스나 사모스 외에도 여러 무역 도시가 있었는데, 이 무역 도시 또한 고대 그리스 철학의 산실이었다. 예컨대 이오니아 해역의 또 다른 무역 도시 에페소스 (Ephesus) 에서는 만물의 근원이 불이라고 주장한 헤라클레이토스 (Heraclitus, BC ?~480), 콜로폰 (Colophon) 에서는 만물의 근원이 흙이라고 주장한 크세노파네스 (Xenophanes, BC ?~475) 를 배출하였다. 엘리아 (Elea) 에서는 존재론의 대가 파르메니데스와 아킬레스는 거북이를 절대 따라잡을 수 없다는 역설을 제시한 철학자 제논 (Zenon of Elea, BC 495~430)

헤라클레이토스. 그는 만물의 근원을 불이며 서로 대립된 개념이 생성의 근원이라고 주장했다. 즉 그는 생성과 변화라는 동적인 변동성에 깊은 통찰력을 가지고 있었다. 예컨대 그에 따르면 삶과 죽음, 선과 악, 젊음과 노쇠, 각성과 수면은 서로 같은 것에서 변화하는 것이므로 모두 같은 것이다. 이 주장은 불을 숭상하고 신은 선과 악의 두 얼굴을 모두 가졌다고 했던 조로아스터교와 일맥상통하는데, 그가 조로아스터교를 연구했는지 여부는 확실치 않다. 나아가 그는 사람은 결코 같은 강물에 두 번 들어갈 수 없으며, 만물은 움직이고 있어서 모든 것은 유전한다는 유명한 명언을 남겼다. 당시 그리스에서도 난해한 강연과 글로 사람들로부터 "스코테이노스(Skoteinos)," 즉 "어두운 철학자"라는 별명이 있었다. 헤라클레이토스의 철학은 독일 철학자 헤겔이 "나의 논리 중에 헤라클레이토스의 명제가 쓰이지 않은 것은 단 하나도 없다"라고 할 정도로 헤겔의 변증법에 엄청난 영향을 미치게 된다. 네덜란드 화가인 요하네스 모렐제(Johannes Moreelse, 1603~1634)의 1630년경 그림. 위트레흐트 중앙박물관(Centraal Museum) 소장. 출처: Wikipedia. Public Domain

등이 아예 "엘리아 학파"라는 새로운 철학 사조까지 만들었다. 이쯤 되면 고대 과학 철학의 탄생은 페니키아인들을 중심으로 한 활발한 국제교역 활동, 동전의 발명과 동전 문화 확산, 화폐화의 진전 등과 매우 밀접한 관련이 있었음이 거의 확실하다고 본다.

다. 독일 철학자 칼 야스퍼스(Karl Jaspers, 1883~1969)는 이 사실을 바탕으로 이 시기 그리스, 인도, 중국의 역사를 통칭하여 "축의 시대(Axial Age)"라고 불렀다.

(5) 페니키아와 아테네

엘리아의 제논. 파르메니데스, 사모스의 멜리소스와 함께 엘리아 학파 3대 거장이다. 특히 그는 파르메니데스의 제자로 모든 현실은 분할할 수 없는 하나의 실체라고 주장했다. 이를 증명하기 위해 시간과 공간을 분할할 경우 아킬레우스는 영원히 거북을 따라잡을 수가 없고, 화살은 영원히 과녁에 도달할 수 없다고 주장했다. 이를 제논의 역설이라고 부른다. 제논의 역설의 핵심은 논리적으로 우리가 인식하는 것과 우리가 감각을 통해 관찰하는 것은 완전히 다르다는 것이다. 이 제논의 역설은 오늘날 논리학으로도 부정하기가 쉽지 않으며, 현대 물리학 또한 시간과 공간을 수리적 연속성으로 표현할 수 있는가에 대해서 아직 결론을 내리지 못했다고 한다. 하여튼 그는 자신의 역설을 통해 무한대의 개념을 처음으로 도입한 철학자라는 기록을 남겼다. 그는 저서를 단 한 권 남긴 것으로 알려져 있는데, 그의 저서는 전해지지 않고 플라톤, 아리스토텔레스 등 다른 철학자들의 저작 속에 그의 철학과 주장이 담겨 있다. 네덜란드 화가 얀 데 비숍(Jan de Bisschop, 1628~1671)의 1666~1671년경 그림. 출처: Wikipedia. Public Domain

한편 페르시아의 그리스 침략을 최종적으로 좌절시킨 기원전 480년의 살라미스 해전 또한 그리스로 전파된 페니키아 선박 제조 기술의 진수를 보여준 해전이었다. 즉 1, 2차 페르시아와의 전쟁 이후 페르시아의 재침을 예상한 그리스의 명장 테미스토클레스(Themistoclēs, BC c.524~c.459)는 육상에서는 페르시아를 이기기 어렵다고 판단했다. 그는 비용과 시간이 많이 소요되더라도 페니키아의 항해술과 조선 기술을 적극 수입하고 활용하여 해군을 양성한다면, 충분히 승산이 있다고 판단했다.

이에 따라 테미스토클레스는 페니키아로부터 2단 갤리선을 제조하는 조선 기술을 적극 도입하여, 그리스 독자적인 3단 갤리선인 트리에레스(trieres 혹은 트리레미스 triremis) 모델 제조에 심혈을 기울였다.[18] 우선 테미스토클레스는 시민의 인기를 얻기 위해 매표 행위가 성행하던 시기에 새로이 발견된 아테네 남동쪽의 라우리온 은광에서 나온 은

---

18 투키디데스는 3단 갤리선이 처음으로 제조된 곳이 코린토스라고 기록했다. 투키디데스, *앞의 책*, p. 38. 투키디데스는 이어 그리스에서 해군력이 강한 세 국가를 아테나, 코린토스, 케르퀴라(Kerkyra, 현재의 Korfu) 3개 국가라고 평가했다. 투키디데스, *앞의 책*, p. 56

을 시민들에게 배급하지 않았다. 그는 자신의 정치권력 유지보다 국가의 미래가 우선이라고 판단하여, BC 483년부터 라우리온 은광의 은을 페니키아의 조선 기술과 선박 수입과 건조에 사용하였다.

이 당시 유행하던 선박은 노 젓는 겹이 2개인 디에레스^(dieres) 선박이었다. 하지만 테미스토클레스는 노 젓는 층을 2층으로 늘리고 노 젓는 겹도 3겹으로 늘려 속도를 최대화했고, 선박의 가장 앞쪽 하단에는 청동제 충각을 설치해서 무서운 속도로 돌진 후 상대방 선박을 파괴할 수 있도록 하였다. 나아가서 해상에서 전투를 수행할 수 있는 해군 양성에도 전력을 기울였다. 테미스토클레스 이전의 해상 부대는 전투 병력이 없어 해군이라고 부를 수도 없

페니키아 시대 그릇. 석회석으로 만들었고 날개 달린 스핑크스 문양이 표면에 새겨져 있다. BC 10세기경, 텔 할라프(Tell Halaf) 출토. 영국박물관 소장

었고, 단지 육상병력에 보급을 담당하는 보급부대였을 뿐이었다. 특히 아테나가 마라톤 전쟁에서 페르시아에 승리하면서 육상 병력 강화가 더 필요하다는 의견이 훨씬 우세했었다.

하지만 테미스토클레스는 페르시아가 해전에 약하기 때문에 해상 부대를 전투 부대라는 개념으로 아예 새로이 만들어서 육성해야 한다고 아테네인들을 설득했다. 테미스토클레스가 그리스, 아니 서양 해군의 아버지라고 부르는 이유도 이 때문이다. 그 결과 아테네 해군의 전함 수는 70척에서 200여 척으로 불어났다.^[19] 투키디데스는 이와 같은 테미스토클레스를 『펠로폰네소스 전쟁사』에서 다음과 같이 평가했다.^[20]

---

19 플라톤, *앞의 책*, p. 59

20 투키디데스, *앞의 책*, p. 131

"그는 미리 준비하거나 학습을 통해 익히는 일 없이

타고 난 지능만으로 잠시 숙고해 보고는 당면 과제를 정확히 판단했으며,

먼 미래를 언제나 가장 정확히 예측했다.

한 마디로 그는 타고 난 재능과 신속한 대응으로

필요한 때 필요한 조치를 취하는 데에서 타의 추종을 불허했다."

테미스토클레스의 예상대로 BC 480년, 페르시아는 3번째로 그리스를 침략했다. 페르시아 제국의 황제였던 크세르크세스가 영화 「300」으로 잘 알려진 테르모필레 전투에 이어 아테네까지 점령하면서, 그리스 도시 국가는 사실상 와해되었다. 그리스 해군은 페르시아 해군과의 초기 탐색전에서도 이미 패한 상태였다. 이제 남은 것은 테미스토클레스의 해군뿐이었다. 1959년 펠로폰네소스 반도 동남쪽 조그만 마을인 트로이젠(Troezen)에서 발견된 「테미스토클레스의 결의 비문(Decree of Themistocles, Troezen Inscription)」에 따르면, 테미스토클레스는 아테네 도시를 아예 포기하고 거주 시민과 외국인인 메틱스(metics)의 노인과 부녀자를 트로이젠으로 이주시키는 과감한 결단을 내렸다.[21] 나아가 병역 의무가 있는 이들은 200척의 군함에 태워서 살라미스와 에우보이아로 이동하여 그곳에서 그리스인의 자유를 위해 페르시아와 끝까지 싸운다는 전략을 세웠다. 절체절명의 위기에서 테미스토클레스가 거주지를 포기하고 그리스 도시 국가 전체의 운명을 건 마지막 전투를 살라미스섬 앞바다에서 준비한 것이다. 페리클레스의 표현을 빌리면 "가진 것도 버리고 운보다는 지혜로, 힘보다는 용기로" 버틴 것이다.[22]

살라미스 해전 당시 페르시아 해군은 1,200여 척으로 380여 척이었던 그리스 연합 군선보다 3배 이상 많았다. 하지만 페르시아 군선은 노를 젓는 사람이

---

21 이 결단이 의도된 전략인지, 아니면 비상사태로 할 수 없이 내린 결단인지는 아직 논란거리이다. 헤로도토스는 스파르타나 코린토스처럼 펠로폰네소스 반도 내의 그리스 도시 국가들이 페르시아와 맞서기 위해 진군하지 않았기 때문에 어쩔 수 없이 내린 비상 수단이었다고 주장했다.

22 투키디데스, *앞의 책*, p. 138

갑판의 1층만 차지하는 2단 갤리선이었다.[23] 반면, 그리스의 해군은 페니키아로부터 수입된 선박 제조술을 활용한 3단 갤리선으로 페르시아 해군보다 훨씬 신속하고 자유로운 이동이 가능하였다. 3단 갤리선은 길이 35~37미터, 너비 3.5미터에 이르는 중형 선박으로 전체 승선 인원은 200여 명이었는데, 노 젓는 인원만 170명이었다. 따라서 그 속도가 그 당시로서는 가장 빠른 7~8 노트였으며, 10~20분 동안 순간적으로 내는 속도는 무려 13노트, 즉 시속 24㎞였다고 한다.[24]

테미스토클레스는 코린토스로 후퇴하여 육상전을 준비해야 한다는 대다수의 그리스 장수들을 끈질기게 설득하여, 해상에서 모든 것을 걸고 결사 항전하는 작전계획을 우여곡절 끝에 수립한다. 테미스토클레스는 살라미스섬 앞의 좁은 해협으로 페르시아 군선을 유인한 후 3단 갤리선의 빠른 속도를 활용하여, 상대방 선박을 충돌로 궤멸시키는 방식 등으로 좁은 해협에서 우왕좌왕하는 페르시아 해군을 대파했다. 살라미스 해전 이후 페르시아 군은 보에티아(Boetia) 지방의 플라타이아(Plataea)를 제외하고는 모두 철수했다.[25] 글자 그대로 왜소한 다윗이 거대한 골리앗을 완전히 격파한 셈이다. 이처럼 테미스토클레스는 그리스 전체는 물론이고 서구 역사 전체를 페르시아의 파상

공세로부터 구원한 구세주 같은 존재였다. 테미스토클레스가 없었다면 오늘날 아테네의 아크로폴리스에는 파르테논이 아니라 지구라트가 서 있었을 가능성이

---

23 페르시아가 위치한 이란은 대양에 접한 면적이 유달리 좁다. 이 때문에 대양으로 진출하기가 매우 어렵고, 페르시아를 비롯하여 이 지역에 위치한 국가도 어느 국가도 해양 패권을 장악한 적이 없다. 팀 마샬, *앞의 책*, p. 75

24 플라톤, *앞의 책*, p. 207. 구축함을 가장 먼저 건조한 나라는 19세기 말의 영국인데, 최초 구축함의 최대 속도는 30 노트, 시속 55㎞ 안팎이었다.

25 페르시아의 이 잔여병은 스파르타의 파우사니아스가 살라미스 해전 후인 BC 479년에 격파한다.

매우 높다.[26]

테미스토클레스는 살라미스 해전 승리 후 아테네의 다음 적은 페르시아가 아니라 스파르타가 될 것이라고 정확히 예측하고, 이에 대비하여 아테나의 국력을 키우기 위해 아테네로부터 대략 6~7㎞ 남쪽으로 떨어진 해안에 새로이 페이라이에우스(Πειραιας) 항구를 건설했다.[27] 그는 팔레론(Phaleron) 항구와 함께 페이라이에우스 항구를 통해 아테네로 유입되는 모든 물자의 해외 무역에 집중하여 아테네 경제 활성화에도 엄청난 공을 들였다.[28] 나아가 스파르타의 반대를 무릅쓰고 아테네 주변에 성곽을 건설하여 아테네를 요새화했고, 아테네와 팔레론을 연결하는 약 6.3㎞의 성벽 및 페이라이에우스 항구에서 아테네를 연결하는 폭 200미터에 이르는 이중 평행 성벽을 7.2㎞나 쌓았다.[29] 페이라이에우스 항구는 아테네가 델로스 동맹의 맹주로 부상하게 되는 가장 결정적인 계기가 되기도 한다. 페이라이에우스 항구가 바로 오늘날 그리스 최대 항구이면서, 전 세계 거의 모든 크루즈 선이 정박하는 유럽 최대의 여객선 항구인 피레우스(Piraeus) 항구이다. 최근 중국이 일대일로 사업의 일환으로 피레우스 항구에 눈독을 들이고 투자를

26 　아크로폴리스는 BC 4000년경 아테네에 사람이 살기 시작했을 무렵, 가장 처음에 정착한 장소이다. 주변 평야 지대가 다 보일 만큼 고지대여서 방어에 유리했기 때문이다. 아크로폴리스란 이름 뜻도 "높은 도시"라는 뜻이다. 파르테논이 이곳에 건설된 것도 이런 상징성 때문이다.

27 　그의 예측은 이번에도 정확히 실현되어 살라미스 해전 후 50년만인 BC 431년, 스파르타는 아테네를 상대로 전쟁을 선포한다. 바로 펠로폰네소스 전쟁이다. 펠로폰네소스 전쟁은 스파르타와 아테네 간의 각축전 양상이었으나, 스파르타가 페르시아와 동맹을 맺고(!) 물자를 조달한 후, BC 405년 아이고스포타모이 해전(Battle of Aegospotamia)에서 아테네 함대를 완전히 궤멸시킴으로써 그다음 해 결국 아테네는 스파르타에게 항복을 선언하게 된다.

28 　미노타우루스 괴물을 물리친 아테네의 영웅 테세우스가 크레타를 향해 출발한 곳이 바로 팔레론 항구이다. 한편 새로이 건설한 페이라이에우스 항구는 부정적인 역할도 한다. 바로 역병의 창구 역할이다. 대표적으로 2차 펠로폰네소스 전쟁(BC 431~404) 때 아테네인들 75,000~100,000여 명이 아테네 역병으로 사망했는데, 이 역병의 출발이 바로 페이라이에우스 항구라는 설이 있다. 이 역병으로 아테네의 명장 페리클레스가 사망하고, 역병에서 겨우 살아남은 투키디데스는 「펠로폰네소스 전쟁사」를 저술한다.

29 　투키디데스, 앞의 책, p. 153. 　스타디온은 대략 180m인데, 팔레론 성벽은 35 스타디온, 페이라이에우스 성벽은 40 스타디온이라고 투키디데스는 기록했다. 원래 스타디온은 고대 그리스인들이 단거리 달리기를 하는 곳이었는데, 이 때문에 달리기 거리도 기준이 스타디온이었다. 즉 가장 짧은 단거리는 1 스타디온이었고, 그다음은 2, 3, 4식으로 늘리는 것이다. (이후 스타디온은 스타디움으로 바뀐다.) 다만 스타디온이 경기장마다 크기가 달라서 길이 또한 달랐다. 대략 170~200미터 사이에 있었던 것으로 추정된다. 한편 로마는 행진할 때 걸음 수를 스타디움이라고 하여 길이 단위로 사용했다. 스타디온은 좌우 두 걸음을 한 보로 했을 때 125보에 해당하는 거리였다. 8스타디움, 즉 1,000보를 로마인은 밀레(mile)라고 하였는데, 이는 오늘날 마일(mile)의 어원이 된다. 로마의 1보는 대략 5피트로 1밀레는 5,000피트에 해당한다. 오늘날 마일로 계산하면 0.95마일이다.

늘릴 만큼 유럽 전체에서도 매우 중요한 항구이다.

이처럼 테미스토클레스의 통찰력과 지략이 뛰어났던 것은 사실이다. 단기적인 시민의 인기나 자신만의 정치권력 유지에 연연하지 않고 미래의 국가 이익을 우선한 그의 정치철학 또한 오늘날 우리에게 시사하는 바가 매우 크다.[30] 하지만 만약 그리스인들이 페니키아인들로부터 선진 항해술과 조선술을 미리 배우지 않았었다면, 그리스인들이 3배 이상 되는 페르시아 군선을 상대로 승리한다는 것은 거의 불가능에 가까운 일이었을 것이다. 그리스는 명장 테미스토클레스와 페니키아의 항해술과 조선 기술로 인해 페르시아 제국의 파상 공세로부터 그리스를 방어할 수 있었고, 매년 600 탈란트의 공물이 델로스섬의 아폴론 신전에 보관되는 델로스 동맹을 통해 막대한 부를 축적한 후에 후일 서양 문명의 근간이 되는 찬란한 고전 그리스 문명을 꽃피울 수 있었던 것이다.

창 밖을 바라보는 여인상이라는 구도는 페니키아인들이 매우 즐겼던 테마이다. 이 여성은 레반트 지방의 여신인 아스타르테(Astarte)라는 설이 있고, 매춘부를 묘사한 것이라는 주장도 있다. 상아로 제작. BC 9~7세기경, 님루드 출토. 영국박물관 소장

역설적이게도 페니키아인들은 3차 페르시아 전쟁 때 페르시아 제국의 편에 서서 그리스를 공격했다. 경제적으로도 페니키아인들은 지중해 해상교역권을 두고 그리스인들과 경쟁 관계에 있기도 했다. 그래서인지 몰라도 그리스인들은 페니키아인들에 대해 우호적이지 않았다. 호머의 오디세이에서는 국제교역이나 상업 활동을 그리스인이 아닌 페니키아인들이 담당하는 천한 직업쯤으로 간주한 흔적을 여럿 볼 수 있다.

---

30 탁월한 혜안으로 국익을 우선했던 테미스토클레스는 정치적 계략에도 매우 능했던 인물로 알려져 있다. 불행히도 그는 개인적으로 권력과 황금에 지나치게 몰두했고, 적대적인 對 스파르타 정책으로 많은 정적을 만들었다. 이 때문에 그는 살라미스 해전이 끝나고 9년 뒤인 BC 471년(혹은 BC 470년), 정적으로부터 도편추방을 당해 결국 아테네 밖으로 쫓겨난다. 펠로폰네소스 전쟁사를 기술했던 투키디데스도 도편추방의 희생양이 된 사람이다.

일례로 오디세이에서는 상업 활동에 특화하였던 페니키아인들을 "다른 사람의 물건에 기생하는 쥐(gnawers at other men's goods)"와 같으며, "다른 사람을 속이는 데 너무나 숙련된(well-skilled in beguilements) 사람"이라고 묘사하고 있다.[31] (Odyssey, XIV. 288-289; XV. 415-416) 제우스가 페니키아인인 에우로페를 납치하여 강제로 결혼했다는 그리스 신화 또한 그리스인들이 페니키아 문명에 대해 부러움과 경쟁심이 뒤섞인 복잡한 감정을 표현한 미묘한 스토리 라인일지도 모르겠다.[32]

결과적으로 살라미스 해전에서 승리한 그리스는 페르시아와 함께 동지중해 해상무역을 장악하고 있던 페니키아의 해상 제국을 접수하였다. 이제 그리스는 동쪽 지중해 해상무역을 독점하는 세력으로 부상한다. 호머가 다른 사람을 속이는 것이 일상이라고 비아냥거린 동지중해 국제교역 상인의 자리를 이제는 그리스인들이 대신하게 된 것이다. 이제 고전 그리스 문명의 전성기가 열렸다. 지중해의 서쪽에는 페니키아의 강력한 식민지 카르타고가 여전히 남아서 서쪽 지중해 해상무역을 여전히 장악하고 있긴 하였지만.

---

31   Mark S. Peacock, 『The political economy of Homeric society and the origin of money』, Oxford Journal of Economics, 2006, Vol.30(4), pp. 50~51

32   페니키아와 크레타 문명 사이의 간략한 연관성은 『대체투자 파헤치기(중)-PEF의 역사』 編 참조

 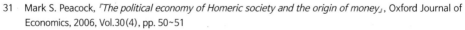

고대 그리스의 뱅킹
트라페지테(Trapezite)의 등장

마우솔레움(Mausoleum) 영묘 프리즈(Frieze), 영국박물관 소장

(1) 아테네의 부상, "아테나이인들의 미래는 바다에 달려 있다!"

그리스인들이 지중해 무역에 진출하기 시작한 시기는 페니키아인들보다 200년 이상 늦은 기원전 8~9세기 전후이다. 이 시기에는 페니키아 상인들이 이미 지중해 해상무역의 주도권을 쥐고 있었다. 따라서 페니키아인들의 해상무역 활동에 압도당하면서 그리스 해상무역은 그렇게 활발하지 못했다. 다만 페르시아의 침공을 물리친 이후부터 특히 아테네에서는 국제무역을 통해 황금과 은을 벌어들인 상인들의 힘이 강해지면서, 상인들이 정치권력을 장악하기도 한다. 기원전 7세기 말에 등장한 아테네의 참주정(Tyrannos)은 아테네 상인들과 이들의 금권이 정치를 장악하면서 나타난 독특한 정치 형태이다.

아테네 상인들의 권력은 테미스토클레스가 살라미스 해전에서 페르시아와 동맹국 페니키아를 제압한 BC 480년 이후에 정점을 이룬다. 이 시기 아테네는 3단 노선 250여 척, 중무장 보병 1만 3천여 명, 재류 외국인 중무장 보병 3천여 명과 상당수의 경무장 보병을 가지고 있었다. 투키디데스의 표현대로라면 "라케다이몬(스파르타)은 무적의 보병을 가진 최강의 내륙 국가이고, 아테나이는 최다 함선을 보유한 해양 국가"로 부상했다.[1] 하지만 아테네 상권의 부상은 단지 살라미스 해전 승리 하나 때문에 이루어진 것이 아니다.

---

1 투키디데스, *앞의 책*, p.324

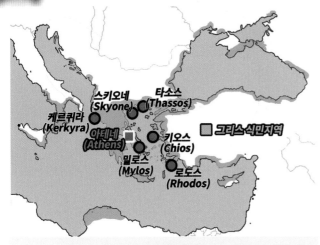

그리스 전성기 시절 식민지와 주요 무역 거점(BC 5세기경)

아테네 상권 부상의 결정적 계기는 육상이 아니라 해상을 통해 번영을 추구해야 한다는 테미스토클레스의 혁명적 발상 전환과 이를 과감하게 실천한 용단에 있었다. 투키디데스의 말대로 "아테나이인들의 미래가 바다에 달려 있다고 감히 처음으로 말한 사람은 테미스토클레스였다!"[2] 고대 아테네 민주주의의 절정기를 이루었던 페리클레스(Pericles, BC 495~429) 또한 "제해권은 위대한 것입니다. 우리는 자신을 되도록 섬 주민으로 여기고 영토와 집은 포기하되 바다와 도시는 지켜야 합니다."라면서 테미스토클레스의 정책을 승계했다.[3]

그 결과 기원전 5세기 이후 에게해 주변 동지중해에서 아테네인들이 해상무역을 거의 완전히 독점한다.[4] 특히 페르시아 전쟁이 끝난 BC 449년 무렵부터 펠로폰네소스 전쟁이 터진 BC 430년 무렵 사이에는 모처럼 아테네 주변에 큰 전쟁이 없었다. 아테네는 워낙 전쟁을 많이 해서 전쟁을 준비하거나, 전쟁 중이거나, 전쟁 회복 중이거나 셋 중 하나의 시기만 보냈는데, 하필 이 20여 년 동안은 불안하긴 했지만 평화가 도래한 것이다. 그 결과 아테네 주변의 육상과 항구 도시는 물론이고 에게해, 에게해 맞은편의 이오니아 지방, 심지어 동쪽 끝 헬레스폰트 해협의 주요 도시들은 물론이고 흑해 유역의 도시들과 스파르타 쪽에 가까

---

2 투키디데스, 앞의 책, p. 97

3 투키디데스, 앞의 책, p. 137

4 아테네인들뿐 아니라 이후 그리스인 전체가 해상을 통해 세력을 확장한다. 대표적인 인물이 마살리아(Massalia) 출신의 피테아스(Pytheas, BC c.350~c.306)이다. 피테아스는 지브롤터 해협을 지나 북서부 유럽까지 나아갔다. 그는 BC 325년, 그곳 어느 섬에서 온몸에 문신을 한 사람들을 발견하고는 "프레타니케(Prettanikê, 몸에 문신을 한 사람)"라 기록했다. 피테아스 기록 이후 영국은 브리타니카로 불리게 된다. 피테아스는 나아가 북극까지 탐험한 것으로도 추정된다. 즉 그는 거대한 흰 곰과 하얀 땅, 그리고 얼어붙은 땅을 발견하고는 툴레(Thule)라고 이름 붙였다. 당시 그리스 사람들은 피테아스가 묘사한 툴레라는 땅 이야기를 아무도 믿지 않았다고 믿었다고 한다. 나아가 피테아스는 지구가 둥글다는 사실, 조수 간만의 차이가 달의 중력 때문이라는 사실도 이미 알고 있었다고 한다.

운 발칸 반도 서쪽 해안의 중립국 케르퀴라^(Kerkyra, 현재의 Korfu), 북아프리카와 이탈리아 반도 남단까지 아테네의 영향력 아래에 들어갔다.[5] 아테네의 식민지 정복 방식도 아테네의 이익을 극대화하기 위해 모든 수단이 총동원되었다.

예컨대 3년 동안이나 아테네에 저항하던 에게해 북쪽의 타소스^(Thassos)인은 아테네에 항복한 후 "성벽을 허물고, 함선들을 인도하고, 당장 배상금을 지급하고, 앞으로는 공물을 바치고, 본토와 그곳에 있는 광산에 대한 권리를 포기"해야 했다.[6] 팔레네^(Pallene) 반도에서 아테네의 식민 지배에 반기를 든 도시 스키오네^(Skyone)에 대해서도 아테네인들은 "스키오네를 파괴하고 그 주민을 도륙한다."라는 결의안까지 통과시킬 정도로, 아테네의 식민 지배 반발에 대해서는 무자비하게 대응했다.[7] BC 416년, 펠로폰네소스 전쟁에서 중립을 지키던 밀로스 또한 동맹 아니면 파멸을 택하라는 아테네의 최후통첩을 받았는데, 밀로스는 아테네의 동맹 요청을 거부했다. 이에 아테네는 밀로스로 쳐들어가 모든 성인 남성을 참살하고 여성과 아이들은 노예로 삼았다.[8] 투키디데스의 표현을 빌리면 그 결과 "헬라스의 대부분이 아테나이의 통제 아래 들어갔고,"[9] 그의 역사서에 등장하는 로도스 출신 도리에우스는 "아테나이인들은 페르시아에 대한 적대감은 점점 늦추고, 동맹국을 노예로 삼는 데 점점 열을 올리고 있다."라고 비난했다.[10]

나아가 아테네는 키오스와 로도스를 제외한 동맹국 전체로부터 함선을 징발하거나 현금^(phoros, 일종의 공물)을 징발했다. 식민 도시들은 고향을 떠나 언제 끝날지

---

5 원래 케르퀴라는 식민 도시 에피담노스(Epidamnos, 후일 로마의 디라키움, Dyrrahchium)를 두고 코린토스와 서로 자기네 식민지라고 주장하면서 분쟁 중이었다. 이 분쟁 중에 케르퀴라가 아테네에 동맹을 제안했고, 아테네가 이 동맹을 수락함으로써 독립국인 케르퀴라까지 아테네가 진출하자 코린토스의 반발을 샀다. 결국, 펠로폰네소스 동맹의 일원이었던 스파르타가 코린토스와 보조를 맞추면서 펠로폰네소스 전쟁의 서막이 열리게 된다. 투키디데스의 『펠로폰네소스 전쟁사』에는 펠로폰네소스 전쟁이 에우보이아 섬을 둘러싸고 아테네인과 스파르타인의 30년 평화조약이 깨지면서 시작되었다고 기술했는데, 양측 간 최초 갈등의 출발점이 바로 에피담노스를 둘러싼 코린토스와 아테네의 분쟁이었다.

6 투키디데스, *앞의 책*, p. 103

7 투키디데스, *앞의 책*, p. 403

8 제러미 블랙, *앞의 책*, p. 36

9 투키디데스, *앞의 책*, p. 93. 헬라스는 4대 민족이 거주하던 그리스 영토를 의미한다.

10 투키디데스, *앞의 책*, p. 233

파르테논 신전의 명칭은 이 신전 안에 있는 아테네 파르테노스에서 유래한 것이다. 본문에서 언급한 것처럼 파르테노스는 처녀라는 뜻이다. 이 건물은 아테네가 막강한 자금력으로 해상 강국을 건설한 후 급성장한 아테네의 해양 패권을 상징하는 것이다. 이 파르테논 신전의 건설에는 소크라테스도 참여할 만큼 당시 아테네 시민들의 가장 큰 관심사였다. 원형은 밀레투스에 있는 아르테미스 신전으로 크기로만 따지면 아르테미스 신전의 대략 1/8 크기에 불과하다. 하지만 서양에서는 파르테논 신전을 서양 역사의 가장 핵심 자산으로 간주하고, 인류 문화유산 1호로 지정하였다. 파르테논 신전의 복구가 한창 진행 중일 때 찍은 사진. 아테네 소재

도 모르는 해양 군사작전에 선박을 제공하거나 해군으로서 참가하기보다는, 대부분 공물을 바치는 식으로 아테네의 요구에 대응했다. 이 공물이 바로 아테네 급부상의 가장 결정적인 물질적인 기반이 되는데, 스파르타인들 스스로도 펠로폰네소스 전쟁을 준비하면서 아테네의 식민지가 공여하는 이 포로스가 아테네 힘의 원천이라고 확신할 정도였다.[11]

(2) 아테나 파르테노스 (Athena Parthenos)

이처럼 동지중해에서 아테네의 해상무역 활동이 페니키아를 비롯한 주변국을 완전히 제압하고 주요 식민지들이 아테네에 공물을 바치면서, 막대한 규모의 각국 동전 화폐와 황금이 아테네로 유입되기 시작하였다. 그 규모가 너무 커서 나중에는 에게해 중간의 델로스섬에 따로 금고를 마련해 두어야 할 지경이었다. "그리스에는 시라쿠사처럼 아테네보다 더 크거나, 코린토스처럼 아테네보다 부자이거나, 스파르타처럼 아테네보다 더 강한 곳들이 있었다."[12] 하지만 막강한 자금력으로 해상 강국을 건설한 곳은 오직 아테나이뿐이었다.

---

11 투키디데스, *앞의 책*, p. 117. 반대로 펠로폰네소스 동맹의 맹주인 스파르타는 동맹국으로부터 포로스를 징수하지 않고, 단지 동맹국이 정치, 외교적으로 스파르타를 지지하는 것만 요구했다. 투키디데스, *앞의 책*, p. 42. 펠로폰네소스 전쟁 첫 10년 동안 가장 뛰어난 스파르타 출신 장수인 브라시다스(Brasidas, BC ? ~422)는 "우리에게는 제국주의적 야심이 없다."라고 천명하기도 했다. 투키디데스, *앞의 책*, p. 377

12 팀 마샬, *앞의 책*, p. 219

상인이 정치를 장악한 크레타 문명의 전통, 그리고 이를 계승한 그리스의 전통을 고려하면, 상인 권력이 정점에 달했을 때 자유분방한 그리스 고전 미술이 최전성기를 맞이한 것은 너무나 자연스러운 일이었다. 서양 건축물 최고의 걸작인 파르테논이 건설되고 완공된 시기^(BC 447~432)가 이즈음인 것은 결코 우연이 아니다. 파르테논이야말로 아테네의 지중해 해양 패권을 상징하는 그 자체인 것이다! 특히 파르테논 공사를 총감독한 페이디아스 ^(Pheidias 혹은 피디아스 Phidias, BC ?~430)는 국제교역 활동을 통해 그리스로 몰려든 황금과 상아로 희대의 걸작인 처녀 상 아테나, 즉 "아테나 파르테노스^(Athena Parthenos)"를 제작한다.[13] 이 거상은 높이 약 11m, 가로와 세로의 길이 각 8m, 4m의 받침대 위에 올려진 엄청난 크기를 자랑했다. 아테나 파르테노스는 파르테논 안에 설치되어 있었다.

　이 거상은 인도와 아프리카에서 수입된 희귀 재료인 상아를 기본으로 만들어졌고, 아테나 여신의 옷과 헬멧 부분에는 금박을 입혔다. 아테나 파르테노스의 금박에 사용된 양은 약 44 아틱 탈란트로 그 무게가 약 1,144 kg에 이르렀다. 2017년 5월 금 시가로 환산하면 명목 금액으로만 약 4,700만 불, 2024년 금 시가로는 대략 8,000만 불이다. 당시와 오늘날 실질 가치는 최소 10배 정도 차이가 나므로, 아테나 파르테노스에 사용된 금의 실질 가치는 약 4.7~8억 불이다![14] 아테나 파르테노스는 당시 아테네로 유입된 금의 양이 얼마나 엄청난 규모이었는지 보여 주는 대표적인 사례다.[15]

아테네 파르테노스 복원 상상도. 프랑스 화가 및 조각가인 베누와 로비오(Benoét Édouard Loviot, 1849~1921)의 1879년 작품. 출처: Wikipedia. Public Domain. 아테네 파르테노스는 미국 테네시주의 내시빌(Nashville)에 파르테논과 함께 실물 크기로 재현되어 있다. 보자르 미술관(Musée des Beaux-Arts) 소장. 출처: Wikipedia. Public Domain

---

13　파르테노스는 그리스어로 처녀라는 뜻이다.

14　전술한 대로 BC 4세기 마케도니아에서 금과 은의 실질 가치를 현재와 비교했을 때 최소 25배였는데, 이를 적용하면 아테나 파르테노스의 실질 가치는 20억 불에 이른다.

15　페이디아스는 아테나 파르테노스에 사용된 금박을 횡령하였다는 모함을 받고 결국 아테네에서 추방되었다. 지금이

(3) 환전상, 트라페지테(Trapezite)

각국의 동전과 황금이 아테네로 대규모로 유입됨에 따라, BC 5세기를 전후한 시기부터 그리스에서는 국제교역 과정에서 필요한 동전의 환전(money changes)을 전문적으로 담당하는 계층이 등장한다. 동전의 환전이 필요했던 이유는 메소포타미아, 이집트, 페니키아, 키프로스, 그리스 도시 국가들에서 유통되던 동전의 단위와 무게가 서로 달랐기 때문이다. 이들 아테네 환전상들은 공개된 시장에서 주로 테이블에 앉아서 환전하는 업무를 처리했기 때문에 그리스에서는 이들의 직업을 「트라페지테(trapezite)」라 불렀다. 트라페지테라는 용어는 그리스어로 테이블을 의미하는 트라페자(trapeza)에서 유래한 것이다.

환전 업무는 뱅킹의 기본 업무로서, 트라페지테는 역사상 기록으로는 최초로 등장하는 독자적인 뱅커 계층이다. 환전이 주요 업무이므로 이들의 고객은 주로 외국인이었다. 시장에서 테이블 위에 각 국가의 동전들을 늘어놓고 외국인을 상대로 호객행위를 하면서 환전하는 모습을 상상해 보면, 호머가 묘사한 과거의 뱅커는 오늘날의 뱅커처럼 그렇게 고상한 직업은 아니었다.

이들 트라페지테는 최초에는 환전 업무 위주로 사업을 영위하다가, 이후에는 상인이나 일반인들로부터 예금도 받기 시작했다. 그리스 역사 문헌에서 등장하는 최초의 트라페지테는 필로스테파노스(Philostephanos)이다. 기록에 따르면 그의 은행은 살라미스 해전을 승리로 이끌었던 테미스토클레스(Themistocles)로부터 70탈란트의 금화 예금을 받았다고 한다. 필로스테파노스 이후 이름이 알려진 은행가는 아케스트라토스(Archestratos)인데, 그는 그리스에서 신용이 상당히 좋은 것으로 알려졌다. BC 382~322 사이에 살았던 그리스인 데모스테네스(Demosthenes)는

나 과거나 황금을 둘러싼 인간의 욕망은 끝이 없어 보인다. 한편 BC 3세기, 아테네의 독재자 라카레스(Lachares, BC 4~3세기경)는 자신의 군대에 월급을 지급하기 위해, 아테나 파르테노스에 입혀진 금박을 모두 벗겨냈다. 아테나 파르테노스는 5세기까지 파르테논 신전에 서 있다가 로마인들이 콘스탄티노플로 옮겼다. 10세기까지 콘스탄티노플에 있었다는 기록을 마지막으로 이 거상은 현재까지 어디에 있는지 전혀 행방을 알 수가 없다. 만약 고대 그리스에 대한 소설이나 영화가 만들어진다면 아테나 파르테노스의 행방을 중심으로 만들어지면 흥미롭지 않을까?

"누구든 돈이 있는 사람이 다른 사람에게 일정 금액을 지급하고자 할 경우,

우선 예금자의 이름을 적고 지급하고자 하는 금액을 적은 후

그 옆에 '이 금액은 누구누구에게 지급해야 함'이라고 적었다.

지급해야 할 사람을 그들이 알고 있으면,

단순히 지급받을 사람 이름만을 적었으나,

그를 모를 경우에는 그를 확인할 수 있는 사람의 이름을 옆에다 적었다."

이는 오늘날 환어음에 해당하는 증서이다. 환어음은 제3자에게도 지급이 가능했다는 뜻이므로, 은행 간 이체까지도 가능했음을 시사하는 증거이다.[16] 나아가 트라페지테들은 받은 예금을 연간 10% 내외의 이자율로 빌려 주기도 하였다. 10%의 이자율은 그리스 시대 상업적 대출의 기본 이자율이었다. 그리스는 이를 "데카테(dekate)"라고 불렀다. 데카테는 1/10이라는 뜻이다. 10%의 기원에 대해서는 설이 분분하다. 혹자는 그리스가 십진법을 사용했으므로 1/10이 기본적인 수치로 광범위하게 통용되는 이자율이었을 것이라 주장한다. 또 다른 이는 고대 그리스에서는 전쟁에서 승리하면 신전이 전리품의 1/10을 가져갔다는 것에서 유래했다고 주장한다.

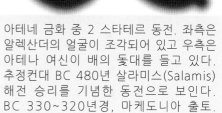

아테네 금화 중 2 스타테르 동전. 좌측은 알렉산더의 얼굴이 조각되어 있고 우측은 아테나 여신이 배의 돛대를 들고 있다. 추정컨대 BC 480년 살라미스(Salamis) 해전 승리를 기념한 동전으로 보인다. BC 330~320년경, 마케도니아 출토. 영국박물관 소장

필자가 보기에 1/10은 메소포타미아의 신전 관습에서 유래한 비율이다. 메소포타미아의 직접 영향 아래에 있었던 유대교도 십일조라고 하여 1/10 관행을 따랐다. 그리스의 신전 또한 유대교와 마찬가지로 메소포타미아의 신전 관습을 그대로 모방한 것으로 보인다. 고대 그리스의 신전은 이집트 신전과 마찬가지로 여유 자금을 보관하고 이를 대출하는 역할을 했던 거대 뱅크였다. 왜냐하면 그

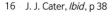

16 J. J. Cater, *Ibid*, p 38

리스 신전에는 지배층이 전쟁에서 승리했을 때 신전에 제공하는 데카테와 신전의 신탁을 받기 위해서 바치는 복비 등으로 여유 자금이 언제나 넘쳐났기 때문이다. 추정컨대 신전 또한 위탁된 자금 규모가 커지면서 대출도 자연스럽게 이루어졌을 것이다. 투키디데스의 『펠로폰네소스 전쟁사』에도 스파르타인들이 아테네와의 전쟁을 준비하면서 함선이 부족하면 "델포이와 올림피아의 신전 기금"을 사용해서 함선을 건조하면 된다고 연설하는 장면이 나온다. 이는 델포이 신전과 올림피아 신전이 은행 역할을 하고 있었음을 명확히 보여 주는 것이다.[17]

따라서 뱅커들이 메소포타미아 신전의 관행을 따랐다는 주장은 어느 정도 설득력이 있어 보인다. 그리스의 뱅커들이 황금과 은의 무게를 측정할 때 사용했던 단위도 쉐켈, 미나, 탈란트 등 메소포타미아의 무게 단위였다. 이는 그리스의 뱅킹이 메소포타미아의 뱅킹 전통을 사실상 그대로 따랐음을 보여 주는 증거들이다.

(4) 토코스(Tokos)와 나우티콘 다네이온(Nautikon Dneion)

하지만 그리스에서 트라페지테가 부과한 이자 관행은 호머 시대에는 없었다. 호머의 일리아드나 오디세이 어디에도 이자 관행에 대한 언급이 없다. 크레타의 선형문자 B(Linear B)에도 이자율 내용 기록은 없다. 이자율은커녕 부채에 대한 기록조차 없다고 한다. 이자와 관련된 내용이 고대 그리스에 본격적으로 등장하기 시작하는 시점은 수수께끼의 기원전 1200년을 지난 기원전 8~7세기 무렵부터이다.

예컨대 아테네 법률가 솔론(Solon, BC c.630~560)은 BC 594년 아테네의 집정관에 취임하자마자, 사적·공적 부채를 모두 탕감하는 세이삭테이아(Seisachtheia) 조치를 취한다. 이 조치는 부채를 갚지 못해 노예가 된 농민들을 해방하고 부채를 갚지

---

17 투키디데스, 앞의 책, p. 116

못해 압류된 농토를 모두 돌려주는 조치였다. 아울러 인신의 자유권을 담보로 자금을 빌려주는 것을 금지했다. 세이삭테이아는 BC 6세기 이전 그리스에서 농업 활동에서 사회문제가 될 정도로 많은 대출 활동이 활발했다는 증거이다. 이 대출에 이자가 부과되었는지 여부는 확실하지 않다. 하지만 사회문제가 될 정도로 광범위한 토지 담보 대출 활동이 있었다면, 이자가 부과되었음은 거의 확실하다고 본다.

아테네 구국의 영웅 테미스토클레스. 스웨덴 예술가 에발 한센(Evald Hansen, 1840~1920)의 1875년 작품. 출처: Wikipedia. Public Domain

그리스의 이자 관행이 자연스럽게 생성된 것인지, 아니면 다른 곳에서 수입한 것인지에 대한 논란은 있다. 혹자는 상업 활동에 이자를 붙이는 것은 매우 보편적인 현상으로, 그리스에서도 이자 개념이 자연스럽게 형성되었을 것이라고 주장한다. 하지만 필자는 생각이 다르다. 전술한 대로 고대, 중세, 근대를 통틀어서 이자라는 개념은 결코 보편적으로 수용된 적이 없다. 이자율 개념 자체에 대한 격렬한 저항이 있었고, 언제나 최고 이자율에 대한 사회적 규제가 있었다.

후술하겠지만 고대 그리스에서도 이자 비즈니스를 하던 뱅커 대부분은 사회의 주류 계층이 아니거나 외국인이었다.[18] BC 4세기에 활동한 그리스 철학자 아리스토텔레스도 돈은 교환의 도구로서 법률적으로만 강제가 가능한 수단이지, 자연법칙에 따라 자연스럽게 존재하게 된 물체가 아니라고 주장했다. 따라서 자금은 스스로 자식을 낳고 증식할 수 있는 황소가 될 수 없다. 결론적으로 아리스토텔레스는 자금이 자금을 낳는 이자라는 개념은 자연 철학적 모순이라고 단

---

18 "Bankers, often ex-slaves, stood outside the social circle." Sally Humphreys, 『Archaeology and the Greeks』, London, 1978, p. 152. 아테네의 외국인은 메틱(Metic) 혹은 메토이코스(Metoikos)라고 불렸고 별도의 계층을 이루고 있었다. 펠로폰네소스 전쟁이 시작될 무렵 아테네의 남성 외국인은 대략 25,000명으로 전체 인구의 대략 ⅓이었다. 이는 아테네가 델로스 동맹으로 국력이 대외로 팽창하면서 외국인 유입이 급격히 늘었기 때문이었다. 스파르타나 크레타 같은 다른 그리스 도시에는 외국인이 많지 않았고, 스파르타 같은 곳에는 아예 외국인 거주가 불법이었다. 아테네의 메토이코스는 돈이 많은 경우 재산세, 인두세 등의 납세 의무도 있었고, 심지어 병역 의무도 있었다. 메토이코스는 해방된 노예, 가난한 예술가부터 돈이 많은 부자 등 스펙트럼이 매우 다양했다. 메토이코스의 직업은 뱅커, 선주, 수입업자 등 해외 상공업에 종사하는 이들이 주로 많았고, 데모크리토스(Democritus, BC c.460~c.380)나 프로타고라스(Protagoras, BC c.490~c.415) 같은 철학자들도 있었다. 플라톤의 『국가』에서 대화가 진행된 장소 또한 아테네에 거주하던 외국인인 메토이코스의 어느 집이었다.

언했다. 이는 그리스의 식자층이 이자라는 개념에 매우 생소했으며, 자연 발생적으로 생성된 것이 아니라는 것을 스스로 인식하고 있었음을 의미하는 것이다. 따라서 그리스의 이자는 자연스럽게 생성된 것이 아니라, 외부로부터 수입되었거나 다른 누군가로부터 학습한 것이다.

그 누군가는 도대체 누구일까? 앞서 언급한 바와 같이 그리스 뱅커들은 주로 외국인이었다. 그 외국인들이란 필자가 보기에는 바로 페니키아인들일 가능성이 높다고 생각한다. 왜냐하면 뱅킹 기법을 포함한 그리스의 선진 문물은 모두 페니키아인들로부터 수입한 것이기 때문이다. 특히 페니키아는 수메르 등의 문명으로부터 이자율 개념을 계승한 거의 유일한 문명이었다. 그리스의 무게 단위 또한 페니키아가 위치한 메소포타미아 문명과 유사하다. 예컨대 오늘날 보석의 무게 단위 캐럿(carat)의 어원은 고대 그리스의 최소 무게단위인 케라티온(keration)이다.[19] 케라티온은 캐럽(carob) 콩 열매를 뜻하는 단어인데, 캐럽 콩은 오직 메소포타미아 유역에서만 자란다. 고대 그리스의 화폐 단위 또한 메소포타미아의 화폐 단위이면서 무게 단위였던 미나(mina)와 스타테르(stater), 탈란트(talant)를 그대로, 혹은 약간만 변형해서 차용해서 사용했다.[20]

아울러 상업적 신용과 농사 활동에 대한 이자 부담 대출이 성행하였던 BC 4세기, 주요한 뱅커들은 아테네 시민들이 아니었다. 기원전 5~4세기경 활동했던 파시온(Pasion, BC 430~370)은 원래 노예 출신으로 아테네 시민이 아니었다. 그는 빚을 갚지 못해 뱅커의 노예가 된 외국인이었다. 그가 페니키아 출신이었는지는 알 수 없지만, 하여튼 그는 아테네로부터 남쪽으로 8㎞ 떨어진 항구 도시 페이라이에우스(Πειραιας) 항구에서 환전 서비스에 귀신같은 역량을 발휘하면서 두각을 나타냈고, 뱅커 주인이 사망한 후에 뱅커로 변신했다. 뱅커로서 부를 축적하면서 웬만해서는 수여되지 않는 아테네 시민권까지 획득하기도 하였다. 파시온의 사례는

---

19 캐럿은 1907년 국제적 합의 이후 200mg으로 정해졌다. 이 합의 이전에는 205.3mg이었다.

20 Richard Seaford, *Ibid*, p. 125. 미나(mina)는 그리스에서는 므나(mna)라고 불렀고, 탈란트는 그리스에서는 탈란톤(tanlanton)이라고 불렀다. 스타테르는 그리스에서도 그대로 스타테르라고 불렀다.

고대 그리스에서는 아테네인들보다 페니키아인들을 비롯한 외국인들이 더 많이 뱅킹 활동에 종사했고, 이들의 뱅킹 활동 규모가 훨씬 컸음을 의미하는 것이다.

　금융 용어 또한 메소포타미아로부터 수입된 단어가 많다. 고대 그리스는 웬만한 상거래가 현금거래였다. 몇 가지 예외가 바로 계약금이다. 계약금은 물건을 사기 위해 구매자가 소액을 먼저 지급하는 것이다. 고대 그리스에서는 이 계약금을 "아르하본" 혹은 "아르하(arrhabon or arrha)"라고 불렀다.[21] 아르하본은 그리스어가 아니라 메소포타미아의 셈족 언어이다. 부동산 담보 대출(모기지, mortgage)도 그리스의 상거래 관행이 아니라 수메르와 바빌로니아의 대출 관행이었다. 모기지는 함무라비 법전에도 기록될 만큼 메소포타미아에서 광범위하게 사용된 대출 관행이었다. 기원전 6세기 세이삭테이아가 시행된 이유도 농지를 담보로 한 대출인 모기지가 너무 남용되었기 때문이었다. 이는 그리스가 메소포타미아의 모기지 관행을 수입했다는 뜻이다.

　이자라는 용어도 마찬가지이다. 그리스에서는 이자를 "토코스(tokos)"라고 불렀다.[22] 토코스는 생성, 탄생이라는 의미를 가지고 있고, 황소의 새끼를 의미하기도 하였다. 돈이 돈을 낳는 것이 이자라는 점에서 그리스의 이자라는 용어가 토코스라는 점은 참으로 흥미롭다. 하지만 이자가 동물의 새끼, 특히 송아지라는 별칭을 가지고 있었던 지역은 수메르가 인류 역사상 최초였다. 즉, 수메르에서는 이자를 마스(máš)라고 불렀는데, 이는 송아지라는 뜻도 가지고 있었다. 그리스인들이 수메르의 이자 개념을 그대로 차용했다는 것을 엿볼 수 있는 대목이다.

　특히 페니키아인들이 국제무역을 위해 발전시킨 자신들만의 독특한 항해 파이낸싱은 그리스인들의 지중해 해상무역, 즉 지중해 트레이드 벤처(Mediterranean trade venture) 활동에 엄청난 영향을 남겼다. 우선 페니키아인들은 지중해 무역에 필요한 선박·교역 물품과 이 선박에 물건을 싣고 항해할 상인들의 서비스를 개념적으로

21　오늘날 그리스에서 아르하본은 엄중한 약속이라는 의미에서 약혼 반지를 일컫는다.

22　고대 로마에서는 이자를 인트레쎄(interesse) 혹은 파에누스(faenus)라고 불렀다.

분리하였다. 개념적으로 분리된 물품과 서비스는 금과 은을 활용한 금융을 통해 화학적으로 결합했다. 이 조인트 벤처에 필요한 금·은과 같은 자금은 뱅커가 조달하였다. 이와 같이 물품과 서비스를 황금을 이용해 끈끈하게 결합하는 조인트 벤처는 페니키아인들이 지중해 해상무역을 1,000년 동안 제압한 비결이었다.

이 형태를 고대 그리스가 받아들인 것이 바로 "나우티콘 다네이온 (sea loan, nautikon dáneion)"이었다.[23] 나우티콘 다네이온은 지중해 국제교역을 수행하는 장거리 항해 상인인 "엠로포스 (émporos)"나 선주들인 "나우클레로이 (naukleroi)"에게 선박이나 교역 물품을 담보로 잡고 빌려주는, 이자가 수반된 대출금을 의미한다. 나우티콘 다네이온이 사용되는 곳은 페니키아인들의 조인트 벤처와 본질적으로 동일한 고대 그리스인들의 지중해 무역 조인트 벤처였다. 나우티콘 다네이온은 항해 프로젝트의 선박과 선박에 실린 교역 물품 (cargo)을 담보로 잡았다. 고대 그리스인들은 이 담보를 "히포테케 (hypothēkē)"라고 불렀다.[24]

이자는 항해 기간에 부과되었고, 편도 (헤테로플로운, heteróploun)인지 왕복(앰포테로플로운, amphoteróploun)인지에 따라 이자율이 달랐다. 나우티콘 다네이온에 부과되는 이자는 매우 높았다. 항해 교역은 해상무역 과정에서 배가 침몰할 경우 대출금을 갚을 의무가 없었으므로, 뱅커 관점에서는 위험이 매우 높은 프로젝트였기 때문이다. 따라서 고대 그리스에서는 나우티콘 다네이온의 이자만큼은 고리 (usury)로 간주하지 않았다. 그리스인들에게 지중해 해상교역은 생산적인 모험이었지, 일하지도 않고 가만지 않아서 돈을 버는 이자놀이 투기가 아니었던 것이다. 이에 따라 고대 그리스의 빚 탕감 조치는 여러 번 있었지만, 고대 바빌로니아와 마찬가지로 나우티콘 다네이온과 그 이자는 탕감 대상이 아예 아니었다.

나우티콘 다네이온의 이자율은 정확히 알려져 있지 않다. 다만 항해 파이낸싱을 페니키아인들로부터 수입한 것을 고려하였을 때, 20%가 기본이었을 것

---

23 페니키아와 그리스의 해상 대출(sea loan)은 오늘날 해운업계 용선(charter) 계약의 원형이다.

24 오늘날 영어의 담보 계약을 의미하는 hypothecation은 그리스의 히포테케가 그 원형이다.

이다. 다만 리스크가 추가로 더해지는 경우에는 20% 이상의 이자율을 붙였을 것이다. 실제로 BC 4세기 고대 그리스의 정치인인 데모스테네스^(Demosthenes, BC 382~322)의 기록에 따르면, 와인 1,000상자를 실은 갤리선에 적용된 이자율은 22.5%였고, 배가 출발지에 도착하는 것이 지연될 경우에는 30%의 이자율을 부과했다고 한다.[25]

『고대 화폐, 통화 시스템 및 뱅킹에 관한 소고^(Paper on Ancient Currency, Monetary Systems, and Ancient Banking)』를 저술한 케이터^(J. J. Cater) 또한 그리스의 최고 이자율은 30%라고 주장했다.[26] 이 30%는 전당포와 같은 소비자 금융이 아니라 지중해 교역을 위한 항해 프로젝트 등 무역금융에 적용되는 이자율이었다. 소비자 금융의 이자율은 대체로 10%를 기본으로 했을 것이다. 요약하면 고대 그리스는 소비자 금융 이자율이 기본 10%, 항해 금융이나 소비자 금융 최고 이자율은 페니키아와 같은 20%, 위험이 더 수반되면 이보다 높은 30%였을 것으로 추정된다.

이들 그리스 은행가들은 오늘날의 어음과 크게 다르지 않은 신용장^(letters of credit)을 사용하고, 특정 형식의 배서^(endorsement) 형식도 갖추고 있었다. 예를 들어 이소크라테스^(Isocrates)는 아테네에 있는 부친이 돈을 지급하는 교환증서^(bill of exchange)를 발행하였는데, 은행가였던 파시온^(Pasion)이 이 교환증서를 구입한 스트라토클레스^(Stratocles)에게 이 교환증서가 지급되지 않을 경우 자신이 대신 지급한다는 약속을 했다.[27] 이 거래를 통해 보건대 그리스 은행가였던 파시온은 서로 다른 지역에서 자신들의 편의를 위해 지점 형태로 사무실을 운영하고 있었으며, 이들 지점 상호 간 이체 및 정산이 가능하도록 이 지점들이 계좌를 상호 공통으로 소유하고 있었던 것으로 추정된다.

살라미스 해전의 영웅 테미스토클레스도 은행의 이제 서비스를 이용하였다

---

25 Geoffrey Poitras, 『Equity Capital: From Ancient Partnerships to Modern Exchange Trades Funds』, Routledge, p. 53

26 J. J. Cater, 『Paper on Ancient Currency, Monetary Systems, and Ancient Banking』, London : Blades, East & Blades, 1899, 38p. Cater에 따르면 이 당시 그리스 은행의 최고 이자율은 연 30%였다고 한다.

27 J. J. Cater, Ibid, pp 38~39

는 기록이 있다. 투키디데스의 『펠로폰네소스 전쟁사』에 따르면, 테미스토클레스가 아테네에서 추방된 후 스파르타의 전쟁 영웅 파우사니아스^{(Pausanias the Regent,} ^{BC 510~470)}의 내란 음모에 연루된 적이 있다고 한다. 파우사니아스는 테미스토클레스의 살라미스 해전 승리 후 대부분의 페르시아 군대가 철수했을 때, 유일하게 육상에 남아 있던 페르시아 육군을 BC 479년 보에티아^(Boetia) 지방의 플라타이아 전투^(Battle of Plataea)를 통해 궤멸시킨 스파르타의 명장이다. 하지만 전투 후 지나치게 거만하게 행동하던 파우사니아스는 페르시아 왕인 크세르크세스^{(Xerxes I,} ^{BC 518~465)}와의 서신 교환을 통해 페르시아의 도움을 받아 스파르타의 왕이 되려는 반란을 도모했다는 혐의로 BC 470년 처형되었다. 이때 스파르타인은 파우사니아스의 편지에서 아르고스^(Argos)에 추방되어 있던 테미스토클레스도 연루되어 있다는 증거^(물론 이 증거가 조작되었을 가능성이 매우 높지만)를 발견했다고 한다.²⁸

스파르타는 즉각 이 사실을 아테네에 알렸고, 아테네인들은 테미스토클레스의 체포에 동의하게 된다. BC 470년 무렵에는 테미스토클레스가 아테네에서 이미 추방되어 아르고스^(Argos)에 머물고 있었는데, 그는 이 소식을 듣고 황급히 케르퀴라로 도주한다. 하지만 중립국인 케르퀴라는 스파르타와 아테네와의 관계를 고려하여 테미스토클레스의 입국을 거부했고, 테미스트클레스는 추격대의 추격을 피해 할 수 없이 소아시아의 에페소스^(Ephesus)로 도피한다. 이때 도피를 도와준 선장에게 테미스토클레스는 사례금을 큰돈으로 주었다고 하는데, 투키디데스는 아테네의 친구들이 보내준 돈과 아르고스에서 테미스토클레스가 안전

---

28   투키디데스는 파우사니아스의 서신에 테미스토클레스의 반역 증거가 발견되었다고 라케다이몬(스파르타)인들이 주장했다고 기록했다. 투키디데스, 앞의 책, p. 128. 하지만 필자는 믿지 않는다. 우선 스파르타는 테미스토클레스를 매우 적대시 했다. 테미스토클레스가 살라미스 해전 후부터 스파르타에 적대적인 정책을 펼쳤기 때문이다. 테미스토클레스를 아테네에서 추방하는 것도 스파르타가 적극 개입했었다. 나아가 스파르타는 테미스토클레스의 라이벌인 마라톤 전투의 영웅 밀티아데스(Miltiades, BC 554~489)의 아들 키몬(Cimon, BC 510~450)과도 정치적 연대를 형성했다. 키몬은 아테네 인이지만 스파르타의 이익을 대변하는 스파르타의 명예 대사(Proxenos, 프록세네스)이기도 했다. 심지어 BC 464년 스파르타에서 지진이 일어나자 이를 틈타 그의 지배를 받고 있던 메세니아(Messenia)에서 반란이 일어났을 때, 키몬은 아테네 군인 4,000명을 데리고 스파르타를 위해 메세니아 반란을 진압했다. 귀족 정치를 이끌었던 키몬의 이와 같은 親 스파르타 정책은 후일 민주파인 에피알테스(Ephialtes, BC ?~461, 영화 300에서 페르시아 군에게 우회로를 가르쳐 준 배신자 에피알테스와는 이름이 같지만 완전히 다른 인물이다.)와 페리클레스로부터 협공을 당할 정도였다. 이 모든 정황을 고려했을 때 파우사니아스의 편지에 있다는 테미스토클레스의 반역 증거는 조작되었을 가능성이 매우 높다.

하게 감추어 준 돈이 들어왔기 때문에 이 돈을 마련했다고 기록했다.[29] 이는 명백히 테미스토클레스가 아르고스의 누군가에게 예금을 했다는 뜻이고, 아테네와 아르고스의 누군가가 소아시아 반도의 에페소스로 자금을 이체했다는 뜻이다.[30]

이와 같은 대규모 트라페지테의 뱅킹 서비스 말고도 그리스에서는 개인 물건을 담보로 잡고 돈을 빌려주는 개인 전당포(pawn shops)들이 성행하였는데, 이들은 개인 대출이라는 유사 뱅킹 활동을 수행하였다. 개인 전당포 사업은 주로 유대인이 수행했던 것으로 추정된다. 유대인이 오랫동안 소매금융에 종사해 왔고, 이 시기에 그리스 근방에서 실제로도 뱅커로서 두각을 나타내고 있었다. BC 5세기경 메소포타미아의 무라슈(Murashu) 가문과 BC 1세기경 알렉산드리아의 알렉산더 리시마쿠스(Alexander Lysimachus, BC 10 ~ ?)는 당대 최고의 뱅커들이었는데 이들 모두 유대인이었다.

결론적으로 BC 4세기 고대 그리스에서는 환전, 예금, 대출, 이체를 처리하는 현재의 뱅킹과 거의 동일한 비즈니스 모델이 등장하였던 것으로 보인다. 다만 이 뱅킹 모델이 그리스가 독자적으로 개발한 것인지 여부는 확실치 않다. 필자가 보기에는 그리스가 독자적으로 뱅킹 산업을 만든 것은 아니라고 본다. 뱅킹은 지중해 유역에서 페니키아인들이 오랫동안 영위한 독점 비즈니스였다. 살라미스 해전 이전에도 그리스는 당시 그리스보다 앞선 문명이었던 페니키아로부터 뱅킹을 포함한 많은 문명을 수입하였다. 그리스가 살라미스 해전 이후 동지중해

---

29 투키디데스, *앞의 책*, p. 130

30 페르시아에서는 자신들을 살라미스 해전에서 궤멸시킨 테미스토클레스를 극진히 대접했다. 즉 크세르크세스의 아들인 아르타크세르크세스(Artaxerxes, 재위 BC 465~424) 왕은 테미스토클레스를 마그네시아(Magnesia)의 지방 행정장관으로 임명하였고, 이에 더하여 빵값 충당을 위해 마그네시아, 포도주값에 충당하라고 람프사코스(Lampsacus), 식량값에 충당하라고 뮈우스(Myus)로부터의 세금을 테미스토클레스에게 할당했다. 테미스토클레스는 65세인 BC 459년에 사망하는데, 사망 원인에 대해서 투키디데스는 자연사라고 주장했고, 플루타르크(Plutarch, 46~119)는 아테네를 공격해 달라는 아르타크세르크세스의 요청을 받고 음독 자살했다고 주장했다. 사후 그의 유언에 따라 그의 시신은 아테네가 위치한 아티카(Attica) 지방에 비밀리에 안치되었다. (아테네 율법에 따르면 배신자 시신은 아티카 지방에 매장할 수 없었다.) 한편 페르시아의 마그네시아는 테미스토클레스가 사망한 이후에도 그의 가족에게 매년 성금을 송부하였고, 공설 시장에 그를 기리는 화려한 기념비까지 세웠다.

를 장악하면서, 페니키아의 뱅킹 비즈니스가 자연스럽게 그리스로 전달되었을 가능성이 높다.

(5) 델로스섬, 지중해 국제금융의 옴파로스

BC 5세기경 고대 그리스에서 가장 은행이 많았던 곳은 현재는 사람이 살지 않지만, 고대에는 가장 금융 활동이 활발했던 델로스^(Delos)섬이다. 전술한 대로 아테네는 지중해 각 식민지로부터 막대한 규모의 포로스^(phoros), 즉 황금과 은을 징수했는데, 이 징수한 현금이 보관된 금고가 위치한 곳이 바로 델로스섬이었기 때문이다. 그리스 신화에 따르면 델로스섬은 아폴론과 아르테미스 신이 태어난 곳인데, 이에 따라 아폴론 신전을 중심으로 한 신탁 활동과 국제교역 활동이 매우 활발했다.³¹ 델로스섬의 위치 역시 에게해 한가운데에 위치하여, 바빌로니아 및 리디아와 그리스 도시 국가와의 교역 활동에서 지리적으로도 매우 유리한 위치에 있었다.

특히 델로스는 기원전 454년까지 델로스 동맹의 금고가 보관된 장소였다. 따라서 아폴론 신전 주변에는 국제무역 활동과 해운 활동, 노예무역에 대한 파이낸싱을 주로 취급하는 은행들이 대거 집결해 있었다.³² 은행 외에도 고대 이집트와 같이 신전의 사제나 신관^(administrators)들이 뱅킹 활동을 수행하는 템플 뱅킹^(temple banking) 체제도 갖추고 있었다. 한 기록에 따르면 기원전 3~4세기를 전후하여 아폴론 신전의 신관들^(administrators)이 직접 그리스인들에게 집과 토지를 담보

---

31   그리스 신화에 따르면 제우스의 아이인 아폴론과 아르테미스를 잉태한 레토가 헤라의 분노를 피해 아이들을 출산할 곳을 물색하게 된다. 이때 에게해의 모든 섬들이 헤라의 저주를 두려워하여 레토의 요청을 거부하였으나, 오직 델로스섬만이 레토에게 자신의 영토를 빌려 주었다. 이에 따라 레토는 아폴론과 아르테미스 두 쌍둥이를 델로스섬에서 안전하게 출산할 수 있었다. 페르시아 전쟁에서 승리한 아테네가 에게해 주변의 도시 국가들을 결성하여 만든 동맹이 바로 이 섬의 이름을 본떠서 만든 델로스 동맹이다. 델로스 동맹의 금고는 BC 456년 아테네의 아크로폴리스로 再 이전되기 전까지 델로스섬의 아폴론 신전에 보관되었다. 델로스섬에는 국제 금융 도시로 진화하면서 페니키아인, 바빌로니아인, 이집트인, 유대인 등이 대거 거주하기도 했다.

32   Peter Temin, 『The Economy of the Early Roman Empire』, Journal of Economic Perspectives, 2006, Vol.20(1), p. 144

로 대출을 해주는 활동을 매우 활발하게 전개하였다.[33] 이때의 대출 이자율은 연 10%였다.[34]

< 델로스섬에서 담보로 제공된 부동산 건수 현황 (BC. 314~167) >

시기[기원전]	토지	주택	정원	기타	합
314~250	10 [38%]	13 [50%]	1 [4%]	2 [8%]	26
249~200	2 [4%]	45 [82%]	2 [4%]	6 [11%]	55
199~167	5 [10%]	40 [83%]	1 [4%]	2 [4%]	48
합계	17 [13%]	98 [76%]	4 [3%]	10 [8%]	129

출처: Gary Reger, 『Private Property and Private Loans on Independent Delos』, p. 327

대출을 주로 받아 갔던 계층은 빈곤층이 아니라 부유층이었다. 이들 중에는 델로스섬에 이주한 외국인들도 포함되어 있었을 것이다. 이 시기에도 가장 많이 활용되었던 대출 담보는 오늘날과 마찬가지로 부동산이었으며, BC 4~2세기 동안 전체 부동산 대출 건수의 76%가 주택담보 대출이었다. 특히 기원전 4세기보다 기원전 3세기를 전후한 시기에 대출 활동이 두 배 이상 증가하면서 뱅킹 활동이 시간이 갈수록 활발해지고 있었음을 보여 준다. 시간이 흐르면서 담보로 제공되는 부동산도 토지에서 주택으로 집중되었는데, 이는 이 지역에 거주하는 인구가 계속해서 증가했음을 암시하는 것이다.

아폴론 신전이 뱅킹 활동을 할 수 있었던 원천은 원래부터 보유하고 있던 신성 계좌(sacred funds)와 신전에 헌납된 돈이었다. 신성 계좌에 대해서는 거의 알려진 바가 없으나, 신전에 헌납된 돈은 신성 계좌와는 별도의 사적 재단을 통해서 관리되고 있었다. BC 314~250년 사이에 설립된 사적 재단은 모두 11개였으며,

---

33 Peter Temin, 『Financial Intermediation in the Early Roman Empire』, The Journal of Economic History, 2004, Vol.64(3), p. 719

34 Gary Reger, 『Private Property and Private Loans on Independent Delos (314-167 B. C.)』, Phoenix, 1 December 1992, Vol.46(4), p. 324

그리스 시대 아폴론(로마 아폴로) 신의 조각상. 아폴론의 고향이 바로 델로스섬이다. 이 조각상은 오늘날 리비아에 있던 그리스 식민지 키레네(Cyrene)에서 발굴된 것을 로마인들이 모방한 것이다. 그가 들고 있는 악기는 아폴론 신의 상징으로, 고대 그리스의 현악기인 키타라(kithara). AD 2세기경. 영국박물관 소장

이 중 6개 재단의 자본금은 21,690 드라큼(silver drachm)이었다. BC 249~200년 사이에 설립된 재단 역시 모두 11개였으며, 이 중 4개 재단의 자본금은 22,930 드라큼(silver drachm)이었다.

아폴론 신전에 헌납된 돈은 갈수록 증가했으며, 이들을 활용한 뱅킹 활동 덕택에 자본금 역시 갈수록 증가했다. 재단의 돈은 신성 계좌와는 별개로 운영되었으며, 주로 아폴론 신전의 주요 행사를 수행하기 위한 재원으로 사용되었다. 따라서 아폴론 신전 역시 재단의 자금으로 뱅킹 활동을 적극적으로 수행하지 않을 수 없었다. 아폴론 신전의 활발한 금융 활동 덕택에 델로스 주민의 삶은 더욱더 윤택했는지도 모른다. 혹자는 델로스 주민들이 아폴론 신전으로부터 입은 혜택을 빗대어 '델로스 주민은 아폴론 신전의 식객들'이라고 비아냥거리기도 했다.

한편 델로스섬은 금융기관이 집중된 금융 중심지이면서, 동시에 지중해 노예무역의 중심지이기도 했다. 최전성기일 때 델로스섬에서 하루에 거래된 노예 수는 약 1만 명이었다.[35] 가장 수요가 많았던 노예는 은광에서 일할 노예로, 크세노폰(Xenophon, BC 431~c.355)은 라우리온 은광에서 일할 노예 가격은 1인당 대략 180 드라큼이라고 기록하였다.[36] 하지만 노예 가격은 수요와 공급의 법칙에 따라 급격한 변동을 보였다. 예컨대 전쟁이 시작되기 직전에는 전투에 동원하기 위한 수요가 증가하면서 노예 가격이 폭등했고, 전쟁이 끝난 후에는 노예공급이 늘면서 노예 가격이 폭락했다.

---

35 알레산드로 지로도, *앞의 책*, p. 30

36 알레산드로 지로도, *앞의 책*, p. 31

노예는 그리스 도시 국가 경제를 유지하는 핵심 축이었다. 전쟁의 주요 목적도 황금과 노예의 획득이었고, 노예를 포획해서 팔아넘기는 해적 활동 또한 횡횡했다. 이에 따라 델로스섬은 노예를 가득 실은 해적선들로 언제나 북적거렸다. 더구나 델로스섬에 금융기관과 황금이 집중되면서 노예 거래가 급속히 활성화되었다. 델로스섬에 얼마나 황금이 많이 집중되었는지, 심지어는 노예선 전체를 통째로 사고파는 거래도 많았다고 한다.[37]

Landscape with Aeneas at Delos. 가장 우측의 붉은 옷을 입고 있는 이가 로마의 건국 시조 아이네이아스(Aeneas), 푸른 옷을 입고 있는 이가 그의 부친 안키세스(Anchises), 아이네이아스 우측의 소년은 아이네이아스의 아들 아스카니우스(Ascanius)이다. 가장 좌측의 흰옷을 입은 이는 아폴로 신전의 제사장이면서 델로스의 왕인 아니우스(Anius)이다. 가장 우측의 신전은 델로스뿐만 아니라 지중해에서 가장 큰 은행이었던 아폴론 신전이다. 1672년 作, Claude(1604/5~1682). 런던 내셔널 갤러리 소장

역설적이게도 지중해 전체를 무력으로 안정시켜 해적 활동을 급속하게 위축시킨 로마 제국이 등장하면서, 해적 활동으로 인한 노예의 공급이 감소하기 시작한다. 아울러 펠로폰네소스 전쟁 이후 아테네 패권이 몰락하고 동시에 로마 제국의 부상으로 지중해의 주요 교역로가 이탈리아 반도 중심으로 재편되자, 동지중해의 중심이었던 델로스섬은 지중해 국제교역의 주요 항구로서의 기능을 완전히 상실한다. 아테네의 몰락과 로마 제국의 등장이 곧 국제금융과 노예무역 중심지로서 델로스섬의 위상 추락과 그 궤를 같이하는 것이다. 델로스섬 위상의 끝없는 추락은 곧 그리스 문명의 쇠락과 로마 제국의 부상이라는 뜻이기도 하다. 델로스섬의 사례는 국제무역항은 영원한 번영도, 영원한 쇠퇴도 없다는 역사적 진실을 보여 주는 것으로 오늘날의 우리에게도 시사하는 바가 매우 크다고 하겠다.

---

37 알레산드로 지로도, *앞의 책*, p. 31

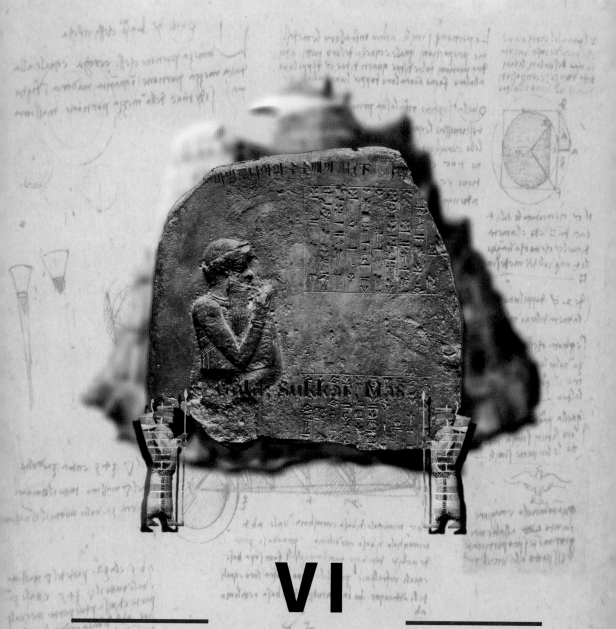

VI

황금, 국제교역, 뱅킹의 역사
고대 로마

좌측 그림: 델파이 톨로스(Tholos) 유적. 아테나 여신을 추앙하는 델파이에 있는 거대 성소인 아테나 프로나이아(Athena Pronaia) 신전의 주요 부분 중 하나이다. 원형으로 만들어진 것으로 추정되는 이 건물의 정확한 용도는 현재까지도 밝혀지지 않았다. 현재 남아 있는 것은 도리아식 3개 기둥인데, 현재에 와서 복원한 것이다. BC 380~370년경. 델파이 소재

Pax Romana의 시작
개방 국가·열린 사회·관용 정신, 로마

콘스탄티누스 개선문, 로마 소재

로물루스와 레무스를 주워서 아내에게 주는
양치기 파우스툴루스(Faustulus), 프랑스
화가 니콜라 미냐르(Nicolas Mignard,
1606~1668)의 1654년 작품. Public
Domain

(1) 아이네이아스(Aeneas)와 라티움 땅

BC 753년, 4월 21일. 로물루스가 로마를 건국했다. 키케로^(Cicero, BC 106~43)가 말했듯이 로마는 교역이 가능하면서, 방어가 쉽고 자연 샘물^(spring)이 많은 천혜의 지리적 조건을 갖추고 있었다. 하지만 로마가 건국된 시기 지중해의 패권은 페니키아가 쥐고 있었다. 따라서 BC 8세기 로마는 그저 힘없고 작은 신생 도시에 불과했다. 아니 도시라고 부르기에도 격이 맞지 않는 조그만 시골 마을이었다. 아마도 이 시기에 로마는 이미 반도에 정착하고 있었던 에트루리아인들이나 지중해 패권을 장악한 페니키아로부터 많은 문물을 도입하였을 것이다. 로마의 시인 베르길리우스^(Vergilius, BC 70 ~ BC 19)가 로마의 기원에 대해 창작한 서사시 "아이네이스^(Aeneis)"에도, 로마 건국 시조로 등장하는 아이네이아스^(Aeneas)가 트로이 멸망 후 처음으로 자신의 몸을 의탁한 곳이 다름 아닌 페니키아의 식민지 카르타고였다.

로마의 출발은 이처럼 미약했다. 하지만 미약한 로마의 출발이 바로 로마가 거대 제국으로 발돋움할 수 있었던 근본적인 동인이었다. 즉 로마는 주변 국가와의 개방적인 통합과 동맹을 통해 미약한 국력을 보완했다. 예컨대 기원전 8세

기 건국 시조인 로물루스는 주변
의 사비니족 여성들을 강제로 납
치^(Ratto delle Sabine, BC 753)하여 라틴족
남성들과 결혼시켰다. 강제 결혼
에 반발하여 라틴족과 4차례나
전쟁을 벌여 패배한 사비니족들
에게 조차도 사비니 여인의 중재
로 인해 로마 시민권, 투표권, 심
지어 원로원 의석까지 제공했다.

아이네이아스가 라티움 땅에 도착하는 장면. 베르길리우스는 트로이 전쟁에 참여했던 아이네이아스가 카르타고 등을 전전하다가 마침내 이탈리아 반도에 정착한다고 자신의 서사시에서 묘사했다. 오른쪽은 아이네이아스의 아들인 아스카니우스(Ascanius)이고 왼쪽은 아이네이아스에게 로마라는 도시를 찾으라고 이야기하는 전설의 돼지. 140~150년경 로마 출토. 대영박물관 소장

　그렇다고 로마가 주변 국가들
에게 항상 타협만 한 것은 결코
아니었다. 필요할 때는 로마의 패권을 힘으로 밀어붙였다. 가장 유명한 일화가
호라티우스^(Horatius) 형제 이야기이다. 전설에 따르면 로마는 기원전 7세기 주변
도시 국가 맹주 자리를 놓고 알바^(Alba Longa)라는 도시와 전쟁을 하게 된다.[1] 로마
와 알바는 전면전 대신에 대표 3명을 뽑아서 승부를 결정하기로 한다. 로마에서
는 호라티우스 3 형제가, 알바에서는 큐리아티우스^(Curiatius) 3 형제가 선발되었다.
하지만 호라티우스 가문의 막내딸 카밀라^(Camilla)는 결투에 나설 큐리아티우스 3
형제 중 한 사람과 이미 약혼한 상태였다. 이런 운명의 장난이 또 있을까? 3:3 결
전의 날, 로마의 호라티우스 형제 2명이 먼저 쓰러졌다. 맏형인 푸블리우스<sup>(Publius
Horatius)</sup>는 분노에 차 카밀라의 약혼자를 포함한 큐리아티우스 3 형제를 단숨에
칼로 베었다. 카밀라가 승리하고 돌아온 오빠 푸블리우스에게 자신의 약혼자를
죽였냐고 원망하자, 그는 자신의 여동생인 카밀라까지 죽였다. 아버지는 여동생
을 죽인 푸블리우스를 칭찬했다. 알바는 그 후 로마의 속국이 되었다. 이것이 바
로 초기 로마의 무시무시한 애국심이다.

1　알바 롱가 출신 로마의 귀족 중 가장 유명한 가문이 시저가 속한 쥴리(Julii) 가문이다. 이외에도 세빌리(Servilii),
　퀸티(qunictii), 게가니(Geganii), 그리고 본문의 큐리아티(Curiatii) 가문이 알바 롱가 출신이다.

호라티우스 형제들이 맹세하는 모습. 가장 우측에는 큐리아티우스 형제와 이미 약혼한 카밀라의 비통해하는 모습. 카밀라는 자기 약혼남을 죽인 오빠를 원망했다가, 오빠에게 살해당한다. 이 장면을 본 카밀라의 부친은 자신의 딸을 살해한 오빠를 칭찬한다. 초기 로마 건국 즈음의 시민정신은 이처럼 무시무시한 것이었다. 프랑스 혁명 이전인 1784년 다비드 作. 신고전주의 회화의 교과서로 평가받는 작품. 루브르 박물관 소장

나아가 로마는 건국 초기 주변의 30여 개 마을의 라틴족 연합체인 "라티움 동맹(La Lega Latina)"을 기원전 6세기경 결성한 후, 이를 바탕으로 BC 493년에 "카시우스 조약(foedus Cassianum)"을 체결하여 주변 도시 국가와 공동방위 체제를 구축했다. 이후 로마의 국력이 커지면서 로마는 라티움 동맹의 주도권을 장악했다. 예컨대 군대 소집권은 로마만이 갖고, 전리품은 로마가 절반을 가져갔다.

로마의 라티움 동맹은 이보다 먼저 중국에서 번영했던 주(周)나라의 동맹 체제와 매우 유사하다. 주나라도 로마 초기와 마찬가지로 제후국과 맹주국으로 구분되어 있었고, 맹주국인 주나라는 자신을 천자의 나라로 칭하며 지방의 제후국에 대해 군대 소집권을 보유하고 있었다. 즉, 제후국은 주나라의 허락 없이는 군대를 움직일 수 없었다. 군대 소집권에 대한 가장 유명한 일화가 바로 주나라의 유왕(周 幽王, BC ?~771)과 포사 이야기이다.[2] 유왕과 포사가 군대 소집권인 봉화를 가지고 장난친 이후 주나라의 권위가 붕괴되고 동주가 멸망하면서, 중국은 사실상 맹주는 없고 제후국만 존재하는 이른바 "춘추전국" 시대로 이행한다.

2 　　　주나라 유왕(幽王, 재위 BC 781~771)은 후궁인 포사(褒姒)를 웃기기 위해 그녀가 원하는 대로 비단 수백 필을 찢었다. 하지만 포사의 웃음은 입 끝이 약간 올라가는 수준이었다. 어느 날 실수로 봉화가 올랐는데, 제후국의 군대가 주나라 수도 호경(鎬京, 오늘날 시안 인근)으로 집결했다. 사람과 말이 뒤얽히고, 실수라는 것이 밝혀지자 장수들과 대규모 군사들이 허탈해했다. 이 광경을 보고 거의 웃지 않던 포사가 웃음을 터뜨렸다. 이에 유왕은 수시로 봉화를 올려 제후국의 군대를 호출하여 포사를 즐겁게 했다. 그 후 유왕은 포사에게 완전히 빠져, 왕비인 신후(申后)를 폐위시키고 포사를 왕비로 삼았다. 이에 반발한 신후의 부친 신후(申候)는 서쪽의 유목민인 서이(西夷), 견융(犬戎) 등과 군사를 일으켜 유왕을 공격했다. 유왕은 봉화를 올렸지만, 제후국은 아무도 오지 않았다. 결국 유왕은 신후와 견융에게 잡혀 죽임을 당했다. 유왕에 이어 왕에 오른 신후의 아들 의구는 평왕(平王, BC 770~720)이 되고, 도읍을 낙읍(洛陽)으로 옮겼다. 이후의 주나라는 동주라고 부르고, 이때부터 춘추전국시대가 도래한다. 춘추라는 말은 공자(孔子, BC 551~479)의 역사서 『춘추(春秋)』에서, 전국이라는 말은 한나라 유향(劉向, BC 77~6)의 저서 『전국책(戰國策)』에서 따온 말이다.

중국이 춘추전국시대로 분열되던 결정적 계기였던 제후국에 대한 군대 소집권은 로마 건국과 로마의 패권 확립 과정에서도 핵심 쟁점이었다. 즉, BC 358년, 로마는 자신의 군대 소집권과 전리품의 절반을 가져가는 우월한 지위를 조약으로 명문화했다. 명문화 이후 라티움 동맹의 도시들 반발은 거세졌고, 이들은 BC 343년 로마를 상대로 결국 전쟁을 일으켰다. 하지만 여색에 빠져 동맹 도시를 우롱했던 주나라 유왕과 달리 로마는 호라티우스 형제가 보여줬던 살벌한 애국심으로 완전 무장한 상태였다. BC 338년, 로마는 이 반란을 결국 진압했다. 로마는 라티움 동맹의 도시들을 자치시(municipium)로 삼았다.

이처럼 느슨한 형태의 라티움 동맹은 로마의 패권에 부합한 체제가 아니었다. 우선 라티움 동맹 소속 도시들은 서로에 대한 동맹이 가능했다. 나아가 소속 도시들은 각자 독자적인 군사권과 외교권을 보유했다. 예컨대 이탈리아 중남부의 삼니움(Samnium)족과 로마가 전쟁을 할 때(1차 삼니움 전쟁 BC 343~341), 일부 라티움 동맹의 도시들이 로마에 반기를 들고 로마를 공격하기도 했다.[3]

(2) SPQR(Senatus Populusque Romanus)의 탄생

이에 따라 로마는 국력이 어느 정도 성숙하자 외교통상권과 군사권은 로마가 장악하고, 나머지 권한에 대해서는 자치를 인정하는 로마 연합을 구축했다. 나아가 로마 연합 소속 도시들은 오직 로마에 대해서만 동맹을 맺고, 상호 간 동맹은 금지했다. 동맹국 간 문제가 발생해도 오직 로마의 중재에 따라 해결할 수 있었다. 이 권한은 비슷한 시기였던 중국의 춘추시대에 제후국을 소집하여 회맹을 개최할 수 있었던 패자와 유사한 지위였다.[4]

---

3 로마는 산악 전투에 능한 삼니움족을 정복하는 데 많은 어려움을 겪었다. 로마와 삼니움족을 정복하기 위해 총 3차례(1차 삼니움 전쟁: BC 343~341, 2차 삼니움 전쟁: BC 327~321, 3차 삼니움 전쟁: BC 298~290) 전쟁을 치렀다.

4 춘추시대 제후국 상호 간의 회합이나 혈맹도 유행했는데, 이를 회맹(會盟)이라고 불렀다. 회맹의 우두머리가 바로 패자(霸者)였다. 춘추시대 가장 영향력이 컸던 패자들을 "춘추 5패"라고 부른다. 춘추 5패는 설에 따라 다른데, 『순자』에 따르면 제(齊)의 환공(桓公), 진(晉)의 문공(文公), 오(吳)의 합려(闔閭), 초(楚)의 장왕(莊王), 월(越)의 구천(句踐)이 그들이다. 이후 진나라가 중원을 통일할 때까지 중국은 7개의 제후 국가인 전국 7웅(楚, 趙, 漢, 衛, 燕, 齊, 秦)으로 분열되어

결정적으로 로마는 정복된 지역의 외국인들에게도 로마에 대한 충성을 전제로 시민권을 부여했다. 시민권은 로마 정치에 참여할 수 있는 참정권을 포함하는 것이었으므로, 모두가 꿈꾸던 지위였다. 심지어 3차례에 걸친 대전으로 로마를 철저히 괴롭혔던 로마의 철천지원수인 삼니움족에게도 정복된 이후에는 충성을 전제로 시민권을 부여했다.[5] 2차 포에니 전쟁 당시 지구전을 이끌었던 로마의 집정관과 독재관이었던 파비우스 (Fabius) 역시 삼니움족 출신이었다.

이는 자신의 도시 국가 출신이 아니면 어떤 경우에도 시민권을 부여하지 않았던 그리스 도시 국가와 차원이 다른 국가 정책이었다. 예컨대 아테네의 경우 부모가 모두 아테네 사람이어야 아테네 시민권을 부여했다. 아테네에서 리케이온 (Lykeion)이라는 학교를 세워 철학을 강연하며 아테네 시민들의 교육 수준을 한 차원 끌어올린 그리스의 위대한 철학자 아리스토텔레스 (BC 384~322)조차도, 아테네 출신이 아니라는 이유로 아테네 시민권을 받지 못했다.[6] 그리스 도시 국가가 비록 발달한 문화를 가지고 있었음에도 불구하고, 제국으로 확장하지 못한 것은 이와 같은 문화의 폐쇄성 때문이었다.

중국의 춘추전국시대도 마찬가지였다. 로마가 충성을 전제로 그들에게 저항하던 삼니움족에게도 시민권을 부여한 것과 달리, 진나라의 명장 백기(白起)는 통일 과정에서 한나라의 상당(上黨) 군 40만 명의 주민이 조나라로 투항하자 장평대전(BC 260)을 일으킨 후 주민들의 의사는 물어보지도 않고 40만 명을 모두 생매장하여 몰살시켰다. 나아가 춘추전국시대에는 시민권이라는 개념 자체가 없었고, 설령 있었다 하더라도 일반인들에게는 언감생심이었다. 춘추전국시대 일반인이었던 농민은 그저 농사만 짓고 국가가 요청하면 군말 없이 부역이나 군역을 하던 존재였지, 정치에 직접 참여한다는 것은 상상도 못 할 일이었다. 중국의 왕조들이 농업을 중시했던 이유 중의 하나도 농민들이 정치에는 관심이 없고 고분고

있었다.

5   1차 삼니움 전쟁(BC 343~341), 2차 삼니움 전쟁(BC 328~304), 3차 삼니움 전쟁(BC 298~290)
6   아리스토텔레스는 마케도니아 지방의 작은 마을 스타게이로스(Stargeiros)에서 태어났다.

분했기 때문이다. 만약 중국에서 농민 반란이 일어났다면, 이는 농민들의 불만이 극에 달했다는 뜻으로 보통 이 시기에 중국의 왕조들이 교체되었다.

중국에서는 농민들의 자각 자체도 늦었다. 예컨대 중국 역사상 최초의 농민난인 진승^(陳勝), 오광^(吳廣)의 난은 "왕후장상의 씨가 따로 있나?"라며 기원전 209년에 일어났다. 후술하겠지만 일종의 농민 반란인 로마의 성산 사건은 BC 494년에 일어나, 로마가 중국보다 무려 300년 가까이 먼저다. 로마 귀족들은 성산에 모인 로마 농민들의 요구를 수용하고 달랬지만, 중국에서 농민의 정치 참여 요구는 군주들에게는 반란이고 반역이었다. 예컨대 진승^(陳勝), 오광^(吳廣)은 유방에게는 유씨 가문의 한^(漢)나라 통일 왕조를 세운 결정적 계기를 제공한 각골난망의 은인이었을지는 몰라도, 진시황의 아들인 호해^(胡亥)에게는 반드시 진압하여 능지처참해야 하는 천하의 대역 죄인에 불과했다.[7] 반면 로마 제국은 로마에 대한 충성을 전제로 일반 농민들에게도 정치 참여가 허용되는 시민권을 개방한 열린 사회였다.[8] **로마의 개방성이야말로 로마 제국이 가진 힘의 가장 근원적인 원천이었다.**

로마의 개방성은 부작용도 있었다. 바로 급격한 계급 간 갈등이다. 특히 건국 초부터 평민^(plebeians, 플레비안)과 귀족^(patricians, 파트리키안) 사이에 격렬한 갈등이 있었다.[9] 어떤 이는 로마사가 평민과 귀족 간 계급 갈등의 역사라고 정의하기도 한다. 이와 같은 로마의 계급 갈등은 동서양의 다른 고대 국가와는 매우 다른 로마만의 특징이다.

하여튼 시민권이 개방되면서 라티움 동맹과 로마 연합을 통해 영토가 확장되어 편입된 지역의 주민들은 로마 시민이 되었다. 로마의 시민이라는 권리를 획득하면 참정권에 대한 대가로 병사로서 복역해야 할 의무를 부담했다.[10] 병역 의무

---

7   사마천은 진승을 반란 세력의 수괴로 간주하지 않고, 제후들과 동등하게 대우하여 제후와 동등한 「세가(世家)」에 그의 이야기(진섭세가)를 기술했다. 이는 사마천이 진승과 같은 농민의 정치 참여 운동을 반란이나 반역으로 보지 않았음을 의미한다. 이 점에서 사마천은 시대를 앞서간 역사가였다. 한편 진승의 난으로 중국 최초의 통일 왕조 진은 붕괴하고, 한나라가 뒤를 잇는다. 한고조 유방도 진승에 대해서는 별도의 제사를 올릴 만큼 진승의 업적을 높이 평가했다.

8   다만 로마의 시민권은 여자에게는 부여되지 않았다.

9   오늘날 미국의 육군 사관학교 1학년생들을 부르는 호칭 또한 로마의 평민을 의미하는 "플레브즈(plebs)"이다.

10   로마의 점령지 중 투표권이 없는 자치시는 "무니키피아(municipia, 자치도시)"라고 불렀는데, 이는 부담을 의미하

에 대한 보상은 시민권 부여 외에는 전혀 없었다. 특히 그리스가 점령한 남부 이탈리아를 수복한 BC 4세기 이전 로마는 기본적으로 농업 국가였다. 전쟁 기간 중 로마 시민들이 농사를 지을 수 없게 되면, 시민들의 생계는 완전히 막히게 된다. 에트루리아인들이 부족하나마 상업 활동을 전개했지만, 로마의 왕정이 붕괴한 BC 509년 이후에는 에트루리아인들마저도 대거 로마를 이탈했다.[11]

결국 로마가 대외 팽창을 계속할수록 농업에 종사하는 일반인들이 대거 차출되면서, 평민들의 경제적 부담이 구조적으로 늘어날 수밖에 없었다. 그나마 많은 토지를 소유한 부유한 귀족들은 전쟁 기간 중 농사 활동을 중단하더라도 버틸 수 있는 여력이 있었다. 반면 평민은 경제적 여력이 없었다. 이에 따라 평민들은 전쟁이 잦아지고 시간이 지날수록 막대한 부채를 짊어지게 되었다. BC 6세기 전후 로마의 이자율은 대략 10%가 넘었다. 이자율은 단리가 아니라 복리 (compounding)가 일반적이었으므로 가혹하기 이를 데 없었다. 더구나 평민들이 부채를 갚지 못하면 평민들의 토지 몰수는 물론, 이들을 노예로 삼을 수도 있었다. 심지어는 채무자들을 살해할 권리도 있었고, 채권자가 여럿이면 시체를 나눌 권리도 있었다.

결국 평민들은 이자와 부채의 압제에 저항했다. BC 494년, 평민들은 로마를 관통하는 아니오강 (Anio River)가의 언덕인 성산 (몬스 사케르, Mons Sacer)에 모였다. 이 언덕은 사람들을 강제로 해산할 수 없는 성스러운 곳이었다. 마침 로마 중남부에 거주하던 호전적인 볼스키 (Volsci)족이 침입한 터라, 로마의 원로원은 시민군으로 복역해야 할 평민들의 요구를 들어줄 수밖에 없었다. 이 사건으로 평민들의 부채가 대폭 탕감되고, 부채 때문에 노예가 된 평민들이 노예 신분에서 해방되었다.

성산 사건 이후 로마 역사는 평민들이 자신들의 권리를 보장하기 위한 끊임

는 라틴어 "문데라(mundera)"에서 파생된 것이다. 무니키피아에게는 자치권이 부여되었으며, 그 부족장과 일족에게는 로마 시민권을 부여했다. 무니키피아와는 별도로 로마군이 만기에 제대하여 정착지를 알선한 곳을 콜로니아(colonia, 식민도시)라고 불렀다.

11   에트루리아인들의 기원에 대해서는 설이 많으나, 동전 잉곳을 처음으로 만든 소아시아의 리디아인들이 기원이라는 설이 다수설이다.

없는 투쟁의 연속이었다. BC 451년에는 귀족들의 자의적인 법률 해석과 적용을 막기 위한 로마 최초의 성문법인 "12표법(Laws of 12 Tables)"이 만들어졌다. 12표법은 후일 로마법 체계의 근간으로, 키케로는 12표법을 "로마법 전체의 몸체"라고 불렀다. BC 367년에는 "리키니우스-섹스티우스 법(Leges Liciniae Sextiae)"의 제정으로 마침내 최고 통치권자인 집정관(consul) 2인 중 1인은 평민으로 선출한다는 규정도 마련되었다. 아울러, 귀족들의 토지 독점을 제한하기 위해 토지 소유의 상한을 500 유게라(iugera), 약 1.3㎢로 한정하였다.

필자가 보기엔 리키니우스 법은 고대 로마의 패러다임을 뒤바꾼 그야말로 혁명적인 조치였다. 왜냐하면 이 법을 통해 로마는 출신과 상관없이 누구든지 실력만 있으면 최고 통치자까지 될 수 있는 제도적 기반이 갖추어졌기 때문이다. 다시 말해 리키니우스 법은 실력만 있으면 누구나 최고의 자리에 오를 수 있다는 로마 고유의 전통을 확립했다. **필자는 리키니우스 법이야말로 동서양을 통틀어서 로마 이외에는 절대 찾을 수 없는, 로마 고유의 열린 사회를 구조적으로 확립한 인류 전체 역사에서 가장 중대한 진전이라고 생각한다.**

일례로 로마 최고의 문학가 키케로(Cicero, BC 106~43)는 역사상 가장 유명한 로마 원로원 의원이었지만, 그는 평범한 평민 출신이었다. 공화정에서 제정으로 이행된 이후에도 이 전통은 그대로 유지되었다. 대표적으로 콤모두스 황제가 암살되고 황제의 자리에 오른 페르티낙스 황제(Publius Helvius Pertinax, 재위 193.1~193.3)는 제노바에서 모직물을 사고파는 해방 노예(libertus) 집안 출신이었다.[12] 마치 부동산 개발 사업으로 돈을 벌다가 미국 대통령이 된 도널드 트럼프처럼. 오늘날 아메리칸 드림(American dream)과 로만 드림(Roman dream)은 여러모로 닮았다. 하여튼 이제 로마는 로마의 원로원과 인민이 통합된 국가, 진정한 "SPQR(Senatus Populusque Romanus)"로 거듭

---

12 하지만 페르티낙스 황제는 정통성이 너무 미약한 나머지, 193년 1월 1일 이후 제위에 오른 지 87일 만인 3월 28일에 근위대장 오토에게 암살당한다. 한편 해방 노예는 평소 성실하게 봉사한 노예를 주인이 해방해 주는 제도로, 고대 시대 어디에도 없던 로만 제국만의 특징이었다. 해방 노예는 노예 해방세(1/20세)를 국가에 납부해야 했는데, 주인이 납부해주는 경우도 많았다고 한다.

났다.[13]

평민과 귀족 계급의 내부 갈등을 마무리하면서 로마의 개방적 대외 팽창은 가속도가 붙었다. 특히 12표법과 리키니우스-섹스티우스 법을 비롯한 강력한 로마법은 소국 로마를 거대 제국으로 만든 가장 결정적인 요소였다. 즉, "그리스인들보다 지성에서 뒤지고, 게르만족보다는 체력에서 뒤지고, 카르타고인들보다는 경제력에서 뒤지고, 에트루리아인들보다 기술력이 현저히 부족했던" 최빈국 로마는 로마법 체계를 통해 세계 최강대국으로 부상할 수 있게 된다.

이탈리아에서 로마의 영향력에서 벗어난 마지막 지역은 남부 이탈리아였다. 이탈리아 반도 최남단에서 마지막까지 남아 있던 그리스 식민지 타렌툼(Tarentum)을 지키기 위해, 그리스 본토 에페이로스(Epiros)의 피로스(Phyrhos, BC 319~272) 왕은 코끼리 부대까지 동원해서 로마에 저항했다.[14] 1차 전투인 헤라클레아(Heraclea) 전투(BC 280)에서 피로스는 간신히 승리했다.

피로스. 헬레니즘 시대 그리스 명장으로 알렉산더 대왕의 사촌이다. 한니발이 알렉산더 대왕 다음의 명장으로 평가할 만큼, 뛰어난 전술가이자 야전 지휘관이다. 나중에는 우여곡절 끝에 에페이로스와 마케도니아 왕국의 왕이 된다. 한편 스파르타인들이 개척한 도시인 타렌툼을 로마가 침략하자, 타렌툼의 요청으로 원군이 되어 로마와 맞선다. 그가 로마와 맞선 이유 중의 하나가 델포이의 신탁을 듣고, 나중에 로마를 물리쳐 이탈리아와 서방 전역에 자신의 제국을 건설할 야심이 있었기 때문이라는 설이 있다. 불행히도 그는 아스쿨룸 전투에서 승리하였지만, 너무 피해가 커서 승리해도 얻는 게 없다는 뜻의 피로스의 승리라는 격언을 남겼다. 나폴리 국립 고고학 박물관 소장. 출처: Wikipedia. Public Domain. (사진: Author: Marie-Lan Nguyen, Licensed under the Creative Commons Attribution 2.5 Generic license. https://commons.wikimedia.org/wiki/File:Pyrrhus_MAN_Napoli_Inv6150_n03.jpg)

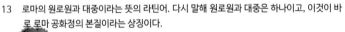

13 로마의 원로원과 대중이라는 뜻의 라틴어. 다시 말해 원로원과 대중은 하나이고, 이것이 바로 로마 공화정의 본질이라는 상징이다.

14 타렌툼은 이탈리아 남부에 위치한 고대 상업 도시로, 마그나 그라에키아(Magna Graecia, 大 그리스)의 중심 도시였다. BC 282년 로마 함대가 타렌툼만으로 들어가자, 타렌툼인들이 이들을 반격하면서 양측의 전쟁이 시작되었다. 전세가 타렌툼에게 불리하자 BC 280년, 타렌툼은 당대 최고의 장수였던 에페이로스의 왕 피로스(Pyrrhus of Epirus, BC 318~272)에게 원군을 요청했다. 피로스는 알렉산더 대왕의 4촌으로 제2의 알렉산더 대왕을 꿈꾸고 있던 차였다. 피로스는 25,000여 명의 군사와 코끼리 부대를 파견하여, 타렌툼 남서쪽 헤라클레아에서 로마군을 물리쳤다(Battle of Heraclea, BC 280). 피로스는 이탈리아 반도를 북진하여 아스쿨룸에서도 로마군을 물리쳤다(Battle of Asculum, BC 279). 하지만 피로스 측의 피해가 너무 커서, 이런 승리 하나 더면, 우리도 망한다라는 유명한 말을 남겼다. 한편 BC 278년, 피로스는 시라쿠사의 요청으로 로마와 자웅을 겨루던 카르타고와도 전쟁을 치렀다. 이 전쟁에서도 피로스는 승리했다. 하지만 당시 최강대국이었던 로마와 카르타고와의 잦은 전쟁으로 피로스 자신의 나라가 쇠퇴하고 있었다. 불행히도 피로스는 전쟁을 멈추지 않았고, 그리스 도시 국가들 내란에 개입하다가 BC 272년 전투 중에 사망했다. 피로스의 사망 소식이 전해지자, 타렌툼은 자진해서 로마에 항복했다. 이로써 로마는 마침내 이탈리아 반도를 통일하게 된다. 이후 피로스의 승리란 말은 엄청난 피해를 입은 승리를 뜻하는 말이 되었다.

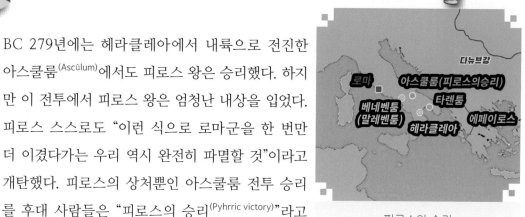

피로스의 승리

BC 279년에는 헤라클레아에서 내륙으로 전진한 아스쿨룸^(Ascûlum)에서도 피로스 왕은 승리했다. 하지만 이 전투에서 피로스 왕은 엄청난 내상을 입었다. 피로스 스스로도 "이런 식으로 로마군을 한 번만 더 이겼다가는 우리 역시 완전히 파멸할 것"이라고 개탄했다. 피로스의 상처뿐인 아스쿨룸 전투 승리를 후대 사람들은 "피로스의 승리^(Pyhrric victory)"라고 비아냥거렸다. 피로스는 결국 BC 275년, 말레벤툼 ^(Maleventum)에서 로마군에 패배하고는 에페이로스로 돌아갈 수밖에 없었다. 로마는 말레벤툼 전투 승리 후 베네벤툼^(Benevnetum)으로 이름까지 바꾸어 버렸고, BC 272년 피로스가 사망한 해에는 타렌툼까지 정복했다. 로마는 아피아 가도를 타렌툼까지 연장하여 건설함으로써 남부 이탈리아를 완전히 장악했다.

결론적으로 용병에 의존하던 그리스 도시 국가는 평민과 귀족이 혼연일체가 된 로마의 적수가 되지 못했다. BC 272년, 피로스가 그리스 도시 국가 내전 중에 사망하자 타렌툼을 비롯한 그리스 식민지는 "자동으로" 로마의 수중에 떨어졌다. 로마는 이제 이탈리아 반도 유일의 통일 국가가 되었다. 이탈리아 반도 통일에 약 500년이 걸린 것이니, 로마는 진정 하루아침에 이루어지지 않았다. 이탈리아 반도의 통일은 로마 관점에서는 국가의 정체성이 완전히 바뀌는 결정적인 계기가 되었

기원전 3세기경 로마의 동전들. 가장 왼쪽(①)은 BC 260년경 동전. 가운데 동전(②)은 BC 265년경 동전이며, 그 오른쪽(③)은 이 동전의 뒷면. 이 시기 로마는 BC 272년 이탈리아 반도를 통일한 자신감에 넘쳐 있던 시기로, 주조된 동전에서도 힘과 패기를 느낄 수 있던 시기였다. 영국박물관 소장

다. 특히, 그리스 식민국가인 타렌툼의 정복으로 로마는 지중해 국제교역권에 편입되었다. 이제 로마는 농업경제를 기본으로 하되, 좋든 싫든 국제적인 대외교역 활동을 어떤 방식으로든지 수행해야 했다.

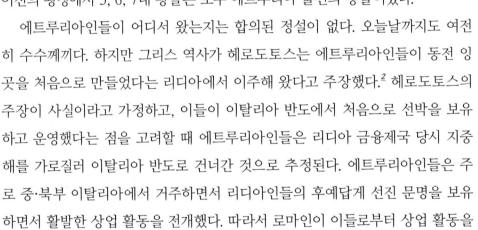

포로 로마노, 로마 소재

　　로마가 바다를 통한 대외교역을 시작한 시기는 기원전 6~7세기경으로 알려져
있다.[1] 로마의 대외교역은 로마 건국 이전부터 이탈리아 반도에 거주하던 에트루
리아인(Etruria)들로부터 학습한 것이다. 에트루리아인들은 로마 건국 초기에는 로
마인들과 기본적으로 협력 관계였다. 예컨대 로마의 공화정이 성립된 BC 509년
이전의 왕정에서 5, 6, 7대 왕들은 모두 에트루리아 출신의 왕들이었다.

　　에트루리아인들이 어디서 왔는지는 합의된 정설이 없다. 오늘날까지도 여전
히 수수께끼다. 하지만 그리스 역사가 헤로도토스는 에트루리아인들이 동전 잉
곳을 처음으로 만들었다는 리디아에서 이주해 왔다고 주장했다.[2] 헤로도토스의
주장이 사실이라고 가정하고, 이들이 이탈리아 반도에서 처음으로 선박을 보유
하고 운영했다는 점을 고려할 때 에트루리아인들은 리디아 금융제국 당시 지중
해를 가로질러 이탈리아 반도로 건너간 것으로 추정된다. 에트루리아인들은 주
로 중·북부 이탈리아에서 거주하면서 리디아인들의 후예답게 선진 문명을 보유
하면서 활발한 상업 활동을 전개했다. 따라서 로마인이 이들로부터 상업 활동을
학습하는 것은 매우 자연스러운 일이었을 것이다.

1　테베레강 하구의 오스티아는 소금을 생산하는 항구로 4대 왕 앙쿠스 마르키우스(Ancus Marcius, BC
　c.678~c.616) 때 점령하였다. 오스티아 항구의 점령은 로마가 지중해를 접촉한 첫 사건이었다. 지중해를 접촉하면서 로마
　는 대외교역에도 조금씩 참여한 것으로 추정된다.

2　에트루리아인들은 새들이 날아가는 것을 보고 점을 친다거나 제사에 바쳐진 동물의 내장을 보고 예언을 하였다. 이
　와 같은 풍습은 소아시아인들과 동일한 것이다. 청동기와 그릇에 표현된 에트루리아인들의 모습 또한 소아시아인들과 매우
　비슷하다고 한다.

로마인들은 이들 에트루리아인들을 투스키^(Tusci)라고 하고 이들이 거주하는 지역을 투스키아^(Tuscia)라고 불렀다. 현재 이탈리아의 중북부 명칭인 투스카니^(Tuscany)라는 지방 명칭은 여기에서 비롯된 것이다. 후일 지중해 해상무역을 장악했던 제노바, 피렌체, 베네치아 등에 거주하던 이탈리아인들은 사실상 금융제국 리디아의 후손인 셈이다. 이들이 주조한 제노인^(genoin), 플로린^(florin), 듀카트^(ducat) 등의 순도 높은 금화가 근대 유럽 전역의 무역을 장악한 것은 아마도 금융제국 리디아인들의 피가 흐르고 있었기 때문은 아니었을까?

하여튼 로마가 이탈리아 반도를 통일하고 바다를 통한 대외교역을 시도하는 시기에 지중해 해상은 카르타고가 장악하고 있었다. 따라서 두 세력 사이의 충돌은 필연이었다. 당시 로마는 신생 국가이고, 카르타고는 해상무역 제국이었다. 경제력 측면에서 두 세력은 다윗과 골리앗이었다. 특히 로마는 1차 포에니 전쟁^(BC 264~241) 당시 남부 그리스 도시 국가와의 오랜 전투로 전쟁 자금이 바닥난 상태였다. 로마는 궁여지책으로 카르타고와의 마지막 해상 전투에서는 전시 국채를 발행하면서까지 전비를 조달해 함선을 만들었다.

그러나 군대의 사기 측면에서는 완전히 달랐다. 카르타고 군대는 국제교역 활동을 통해 벌어들인 황금을 사용하여 구성한 용병이 주력이었고, 로마 군대는 로마에 반역하면 여동생마저 그 자리

1차 포에니 전쟁의 승리를 묘사한 로마의 데나리우스. 코끼리를 끄는 이는 로마의 주신인 쥬피터 신이다. 이 전투 장면은 BC 250년 로마와 카르타고의 전투에서 승리한 사건을 기념하기 위해 만든 주화이다. 아래쪽에는 이 은화를 만든 머니어 이름인 메텔루스(Metellvs) 이름이 새겨져 있다. BC 125년경. 영국박물관 소장

에서 참살하는 호라티우스 형제처럼 오직 명예만을 중시하여 로마에 대한 무시

무시한 충성심으로 뭉친 자유농민 출신의 시민군이 주력이었다. 결국 해군 경험이 거의 없었음에도, 로마는 1차 포에니 전쟁에서 카르타고를 제압했다.[3] 알렉산더와 다리우스의 전쟁처럼 전쟁은 황금이 있어야 시작할 수 있지만, 황금이 있다고 반드시 승리할 수 있는 것은 아니다. 1차 포에니 전쟁 결과 로마는 시칠리아섬을 확보하였다. BC 241년, 시칠리아섬은 로마의 첫 번째 해외 속주(provincia, 프로빈키아)가 되었다.

한편 시칠리아섬 점령 후 카르타고가 전쟁 배상금을 지급하느라 용병의 월급을 주지 않아 카르타고 용병이 사르데냐섬에서 반란을 일으켰고, 카르타고 군대가 사르데냐섬에 들어갈 수 없다는 조약을 무시하고 군대를 파견하여 용병 진압을 시도했다. 로마는 이를 빌미로 삼아 BC 238년에는 사르데냐와 코르시카로 진군해 BC 231년에 두 섬을 점령하고, BC 227년에는 사르데냐와 코르시카를 해외 속주로 합병했다. 로마의 시칠리아, 사르데냐, 코르시카 점령은 로마가 일개 국가에서 제국으로 성장하는 기본적인 발판이 된다. 요컨대 1차 포에니 전쟁은 로마가 시칠리아, 사르데냐, 코르시카를 넘어 지중해 서쪽으로 전진하면서 터진 것이다.

한편 1차 포에니 전쟁의 패배로 카르타고는 로마에게 2,200 탈란트, 약 66 톤의 은을 10년간 지급해야 했다.[4] 나아가 카르타고는 1,000 탈란트, 약 30

카르타고인들이 시칠리아에서 발행한 은화 동전. 카르타고인들이 발행한 것이지만 그리스 스타일로 찍었다. 카르타고는 시칠리아섬을 점령하기 위해, 주요 경제 도시를 먼저 공략하여 교두보를 확보한 후 여기서 통화를 찍어 군대를 마련한 후 시칠리아 전역을 정복했다. 하지만 카르타고인들이 이렇게 확보한 시칠리아는 로마가 1차 포에니 전쟁 (BC 264~241) 결과 승리하면서 로마 지배로 들어간다. 그 결과 시칠리아는 로마의 첫 번째 해외 속주가 되었다. BC 400~300년경, 시칠리아 출토. 영국박물관 소장

---

3 카르타고가 위치한 오늘날 튀니지 지역에 살고 있던 카르타고 사람들을 로마 사람들은 아프리(Afri)라고도 불렀다. 오늘날 아프리카라는 대륙 이름은 로마인들이 카르타고 사람들이 살던 곳을 통칭하면서 생겨난 말이다.

4 Polybius, 『Histories』, 1.62, http://www.perseus.tufts.edu. 종전 당시에는 20년 분할 상환으로 합의했으나, 로마인들이 비준 과정에서 10년으로 줄였다. 한편 탈란트는 무게가 시대마다 달랐는데, 로마의 경우는 대략 30㎏ 내외였다.

톤에 이르는 은을 전쟁 배상금으로 즉시 지급했다.[5] 로마는 이를 바탕으로 무게 6.8그램의 새로운 은화인 콰드리가투스(quadrigatus)를 주조하게 된다. 이 동전의 앞면에는 야누스의 얼굴이, 뒷면에는 4두 2륜 마차(quadriga)가 새겨져 있었는데 뒷면의 4두 2륜 마차 문양 때문에 콰드리가투스라는 이름으로 불리었다. 콰드리가투스는 남부 이탈리아의 그리스 식민지에서 유통되던 그리스 은화인 디드라큼(didrachm)의 무게와 거의 같았기 때문에, 사실상 그리스 은화를 모방한 것이었다. 어떻게 보면 로마의 콰드리가투스와 그리스의 디드라큼은 동전의 문양만 달랐지 사실상 같은 통화였다.

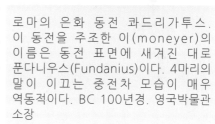

로마의 은화 동전 콰드리가투스. 이 동전을 주조한 이(moneyer)의 이름은 동전 표면에 새겨진 대로 푼다니우스(Fundanius)이다. 4마리의 말이 이끄는 중전차 모습이 매우 역동적이다. BC 100년경. 영국박물관 소장

콰드리가투스는 2차 포에니 전쟁 중인 기원전 211년경에 도입된 은화 데나리우스(denarius)로 표준화되기 전까지 로마의 주력 통화였다. 하여튼 로마가 그리스 통화가 아닌 자체 통화를 만들 수 있었던 것은 1차 포에니 전쟁의 배상금 덕분이었다. 마치 1204년 콘스탄티노플을 잔혹하게 약탈하여 확보한 황금을 바탕으로 그들만의 금화 듀캇을 만든 베네치아처럼, 1871년 보불 전쟁에서 승리한 결과 프랑스로부터 받은 배상금을 바탕으로 금본위제를 채택한 프로이센처럼, 그리고 2차 대전에서 막대한 규모의 전쟁물자를 팔아 엄청난 돈을 긁어모아 황금을 축적한 후 1945년 달러를 기축통화로 만든 미국처럼. 역사는 인공지능이 지배하는 세상이 아닌 다음에야, 과거나 지금이나 계속 반복되는 것이다!!!

---

5   Polybius, *Ibid*, 1.63

(1) 하밀카르 바르카스(Hamilcar Barcas)의 복수전

1차 포에니 전쟁의 패배를 지켜본 카르타고의 장수 하밀카르 바르카스^(Hamilcar Barcas, BC c.270 ~ 228)는 로마에 대한 복수전을 준비했다. 로마 또한 1차 포에니 전쟁 이후 점령한 시칠리아, 사르데냐, 코르시카를 넘어 스페인 쪽으로 세력 확장을 시도했다. 이에 하밀카르는 복수전을 준비하기 위해 카르타고가 최근 진출하기 시작한 이베리안 반도 점령을 결심했다. 1차 포에니 전쟁으로 카르타고는 물자를 공급하던 역할을 하고 있었던 시칠리아와 사르데냐를 잃었으므로 새로운 식민지가 반드시 필요했기 때문이다.[1]

어린 한니발에게 평생 로마의 적이 되도록 맹세시키는 하밀카르 바르카스. 영국 조각가 찰스 터너(Charles Turner, 1774~1857)의 1850년경 작품. 출처: Wikipedia. Public Domain

BC 237년경, 하밀카르는 카르타고 정부의 승인 없이 지브롤터 해협을 건너 이베리아 반도의 가데스^(Gades)에 진출했다. 일설에 따르면 그의 9살 난 아들이 이베리아 반도 동행을 요청하자, 하밀카르는 자기 아들을 신전에 데리고 가서 평생

---

1   1차 포에니 전쟁 직후에는 카르타고의 용병이 월급을 받지 못했다고 카르타고를 상대로 반란을 일으켰다. 이른바 용병 전쟁(Mercenary War, BC 240~238)이다. 이 전쟁 중 사르데냐에서 일어난 카르타고 용병의 반란을 로마가 진압했고, 이때 로마는 사르데냐를 점령했다.

로마의 적이 되겠다는 맹세를 시켰다고 한다. 이 꼬마 소년이 바로 비운의 명장 한니발이다.

하밀카르가 이베리아 반도 진출을 결심한 이유는 무엇이었을까? 그 이유는 단 하나였다. 바로 이베리아 반도에 풍부하게 존재하는 금과 은 때문이었다! 하밀카르는 가데스에 도착하자마자 시에라 모레나^(Sierra Morena) 산맥 주변의 금광과 은광을 차지하기 위해 주변 지역의 부족들을 복속시키거나 그들과 전쟁을 치렀다. 특히 가데스 북서쪽으로 100㎞밖에 떨어지지 않은 타르트소스^(Tartessus) 지역은 금, 은, 구리 등의 광물이 매우 풍부한 지역이었다. 하밀카르는 타르트소스인들^(Tartessians)을 복속시키고, 이 지역의 금광과 은광을 장악했다.

하밀카르는 이베리아 반도에서 채굴한 금과 은을 활용하여 세력을 확장했다. 확보된 금과 은으로 로마 복수전을 위해 이베리아, 오늘날 프랑스인 골^(Gaul)족, 켈트족, 그리스 보병 등 대규모 용병을 모집했다. 특히 누미디아 지방의 기병은 카르타고 군의 핵심 용병이었다. 나아가 스파르타 출신의 가정교사 소실로스^(Sosilos)를 채용하여, 아들 한니발에게 역사, 과학, 지리, 철학, 문학 등을 가르치게 했다. 하밀카르는 마케도니아의 필리포스 2세가 아들 알렉산더 대왕에게 했던 것과 거의 똑같이 행동한 것이다.

내륙의 금광과 은광 개발뿐 아니라, 이베리아 반도에 거주하던 민족들도 자신의 편으로 끌어들였다. 이에 따라 하밀카르의 지배력은 본국인 카르타고를 넘어설 정도로 강대했다. 주변 지역에서는 하밀카르의 스페인 점령 지역을 카르타고와는 별도로 하밀카르의 이름을 따서 바르카스 왕국이라 부르기도 했다. 결국 바르카스 왕국은 타르트소스의 금과 은 때문에 로마와 카르타고에 이은 지중해 제3의 강국으로 부상하게 된다.

불행히도 하밀카르는 BC 228년, 스페인 정복 과정에서 전투 중에 사망한다. 이때 그의 아들 한니발은 19세였다. 왕이 되기에는 다소 어렸다. 이에 따라 그의

사위 "공정한 하스드루발(Hasdrubal the Fair, c BC 270~221)"이 하밀카르를 승계했다.[2] 하스드루발은 이베리아 반도의 금과 은을 채굴하여 외부로 실어 나르기 위해, 이베리아 반도 남동부 해안에 새로운 항구를 건설했다. 하스드루발은 이 항구를 페니키아어로 새로운 도시라는 뜻의 "카르트 하다쉬트(Qart Hadasht, Kart Hadasht)"라고 명명했다.

로마인은 이 도시를 새로운 카르타고, 즉 라틴어로 카르타고 노바(Cartago Nova)라고 불렀다. 카르타고 노바는 오늘날 스페인의 카르타헤나(Cartagena) 항구이다. 카르타고 노바는 명실상부하게 바르카스 왕국의 수도가 되었다. 플리니에 따르면 카르타고 노바 주변에서 생산된 은은 1년에 35톤이라는 엄청난 양이었다.[3] 이는 1차 포에니 전쟁에서 카르타고가 빚진 66톤의 은을 2년도 안 되는 기간에 상환할 수 있는 규모였다.

(2) 한니발, 37마리 코끼리, 알프스 산맥, 그리고 15일

BC 221년, 하스드루발이 암살당하면서 마침내 26세의 한니발이 바르카스 왕국의 지도자가 되었다. 그는 어릴 때 맹세대로 로마 공격을 2년간 준비했다. 한니발은 황금과 은의 합금인 일렉트럼으로 만든 동전과 은으로 만든 쉐켈 동전을 주조해서 전비를 조달했다. 황금과 은은 이베리아 반도에 매우 풍족했으므로, 전비 조달에 큰 어려움은 없었다. BC 219년, 한니발은 이베리아 반도 동쪽 해안의 사군툼(Saguntum, 오늘날 Sagunto)을 공격했다. 한니발은 사군툼을 점령하고는, 사군툼 시민들을 노예로 팔아 버렸다. 사군툼은 로마의 동맹 도시였다.[4] 한니발

2 한니발의 동생 이름도 하스드루발로 이름이 같다. 이를 구분하기 위해 하밀카르의 사위인 하스드루발은 "공정한 하스드루발"이라고 부른다.

3 F. Albarèede, J. Blichert-Toft, M. Rivoal, P. Telouk, 『A glimpse into the Roman finances of the Second Punic War through silver isotopes』, European Association of Geochemistry, 2016, p. 132

4 하지만 로마는 사군툼이 포위 공격당했을 때 원군을 보내지 못했다. 당시 프랑스 지방의 갈리아 족들이 로마를 침략했기 때문이다. 이는 후일 로마가 이베리안 반도를 정복할 때 가장 큰 걸림돌로 작용한다.

의 사군툼 공격 원인은 학자마다 설이 분분하다. 로마를 자극하기 위해 한니발이 의도적으로 공격했다는 설, 한니발을 자극하기 위해 로마가 사군툼으로 하여금 도발하게 했다는 설 등등. 하여튼 한니발의 사군툼 공격 다음 해인 BC 218년, 로마는 사군툼을 탈환하기 위해 이베리아 반도로 진격했다.[5] 2차 포에니 전쟁, 별칭 한니발 전쟁(BC 218 ~ BC 202)이 시작된 것이다.

한니발 흉상 중 가장 유명한 흉상. 이 흉상은 1667년 이탈리아의 카푸아에서 발견된 것으로, BC 1세기~AD 4년경 제작된 것으로 추정된다. (사진은 이탈리아 기업인 프라텔리 알리나리(Fratelli Alinari)가 1900년경 찍은 것이다.) 나폴리 국립 고고학 박물관 소장. 출처: Wikipedia. Public Domain

로마군이 이베리아 반도에서 첫 번째로 진격한 도시는 엠포리온(Emporion, 오늘날 암푸리아스, Ampurias)이었다. 엠포리온은 BC 5세기경, 그리스인들이 세운 교역 도시였으나 로마가 진격할 당시인 BC 218년에는 카르타고 세력 하에 있었다.[6] 로마군이 엠포리온으로 진출한 이유는 한니발이 사군툼을 점령하면서, 피레네 산맥을 넘어 로마로 진격할 가능성을 차단하기 위해서였다. 로마군은 그나에우스 스키피오(Gnaeus Cornellius Scipio Calvus, BC 265~211)를 사령관으로 임명하여, 프랑스 남부의 마살리아(Massalia, 오늘날 프랑스의 마르세이유)를 거쳐 BC 218년 가을, 엠포리온에 도착했다.[7]

하지만 로마군이 엠포리온에 도착한 즈음에 한니발의 주력 부대는 이미 에브로(Ebro)강을 지나 피레네 산맥을 넘은 뒤였다. 더욱 놀라운 것은 BC 218년 9월, 한니발 군대가 론강을 건너 알프스 산맥 바로 아래까지 진격한 것이었다. 로마군은 당초 한니발 군대가 피레네 산맥을 넘더라도, 마살리아와 같은 항구 도

---

5 포에니는 라틴어로 페니키아인이라는 뜻이다.

6 지중해의 청어목 멸치를 소금에 절인 서양식 생선 젓갈인 엔초비(anchovies)는 항구 도시 엠포리온에 정착한 페니키아인과 그리스인들이 처음으로 개발한 음식이다.

7 BC 217년에는 그의 동생 푸블리우스 스키피오(Publius Cornellius Scipio)가 이끄는 군단이 추가로 엠포리온에 도착한다. 푸블리우스 스키피오는 2차, 3차 포에니 전쟁의 로마 영웅 스키피오 아프리카누스(Scipio Africanus)의 부친이다.

알프스 산맥을 넘는 한니발 장군을 묘사한 태피스트리. 이 태피스트리는 한니발이 알프스 산맥에서 정복해야 할 이탈리아의 장소를 물색하는 장면을 묘사한 것이다. 14세기경. 프랑스 쉬농소성 소장

시를 거쳐 해상으로 공격할 것이라고 예상했다. 한니발 군대가 초겨울에 유럽에서 가장 험준한 알프스 산맥을 넘어 이탈리아 반도 북쪽으로 진격하리라고는 그 누구도 꿈도 꾸지 못했다! 더구나 아프리카 열대 지방 동물인 37마리의 코끼리도

병사들과 함께 험준한 겨울 알프스 설산을 넘었다는 소문이 들렸다!![8] 그것도 단 15일 만에!!!

로마군은 북쪽에서 알프스 산맥을 넘어온 한니발 군대에게 티키누스 (Ticinus, BC 218년 11월) 전투, 트레비아 (Trebia, BC 218년 12월) 전투, 트라시메누스 (Trasimenus, BC 217년 6월) 호수 전투 등에서 연전연패하였다. 특히 한니발 군대가 반도 북쪽으로 들어와 로마 본토를 직접 침략하면서 피해가 컸다. 예컨대 트레비아 전투, 트라시메누스 호수 전투, 후술하는 칸나에 전투 (BC 216년 8월) 등 3개 전투에서만 무려 10만 명 이상의 군인이 목숨을 잃었다.[9]

나아가 한니발은 로마 연방 해체를 목표로 로마 영토 내로 깊숙이 들어와 이탈리아 반도 전체를 마치 토네이도처럼 마구 휘젓고 다녔다. 즉, BC 218년 11월 티키누스 전투 (Battle of Ticinus), BC 218년 12월 트레비아강 전투 (Battle of Trebbia), BC

---

8 한니발의 코끼리 부대 중 알프스 산맥을 넘으면서 살아남은 코끼리는 단 한 마리였다고 한다.

9 F. Albarèede, et al, *Ibid*, p. 128

217년 4월 트라시메누스 호 전투^(Battle of Trasimene)에서 한니발은 로마군을 차례로 궤멸시켰다. 로마는 군인뿐만 아니라 지휘관까지 잃는 연전연패의 늪에 빠졌다. 예컨대 트라시메누스 호수 전투에서 로마 군대는 집정관이던 가이우스 플라미누스^(Gaius Flaminius, BC ?~217)가 사망하였다. 이제 한니발 군대 바로 코앞이 로마였다. 하지만 한니발은 로마로 진격하지 않았다.

그는 로마를 우회하여 기수를 남부로 돌려 남부 이탈리아를 초토화시켰다. 대표적으로 BC 216년, 남부 이탈리아 칸나에^(Cannae) 지방에서 5만의 한니발 군대는 8만의 로마군과 맞붙어 로마군 7만 명이 전멸하는 대승을 거둔다. 한니발 측 전사자는 6,000명도 안 되었다. 이 칸나에 전투는 역사상 가장 완벽한 전투라고 불리는데, 로마 역사상 가장 치욕적인 전투 중의 하나이기도 하다.

한니발과 스키피오의 진격로

(3) 카르타고의 자마(Zama) 전투

이처럼 한니발 군대는 이탈리아 반도 전체를 공포에 떨게 했다. 이탈리아 반도뿐만 아니라 시칠리아섬에서도 동요가 일어났다. 예컨대 BC 215년, 시칠리아의 시라쿠사가 카르타고 편으로 돌아섰다. 이제 로마는 1차 포에니 전쟁에서 획득한 시칠리아와도 전쟁을 해야 했다. 시라쿠스의 과학자 아르키메데스가 로마군의 침입을 새로운 병기로 막아내면서, 로마는 고전했다.[10] 특히 한니발은 전비 조달을 위해 전쟁 중에 자신이 점령한 이탈리아의 주요 도시들로 하여금 동전을 찍게 했다. 예컨대 한니발의 공격으로 반기를 든 시칠리아의 아그리겐토(Agrigento)와 그가 점령한 최남부의 로크리(Locri), 아풀리아(Apulia), 타렌툼(Tarentum) 등의 식민 도시들은 전쟁 중에 카르타고 군대의 전비 조달을 위해 동전을 찍었다. 한니발의 전쟁 자금 조달은 전쟁을 수행하면서 동전을 주조했던 알렉산더 대왕의 전략과 정확히 일치했다.

하지만 이탈리아 반도 내에서는 로마 연합의 그 누구도 로마에 등을 돌리지 않았다. 왜냐하면 로마는 이미 내부적으로 완벽한 통일 국가였기 때문이다. 한니발 생각대로 로마 연합체제가 붕괴되지 않자, 전쟁은 장기화되기 시작했다.

2차 포에니 전쟁 당시 한니발에 동조해 반란을 일으킨 시칠리아의 시라쿠사를 집중 공략한 로마의 영웅 마르켈루스(Marcus Claudius Marcellus, BC c.268~208) 초상화를 새겨 넣은 데나리우스. 마르켈루스는 신무기로 무장한 시라쿠사를 끝내 함락시켰고, 시라쿠사에 보관된 수많은 그리스 문물을 파괴하지 않고 모두 로마로 가져갔다. 불행히도 시라쿠사 함락 과정에서 위대한 과학자 아르키메데스는 사망하게 된다. 머니어는 마르셀리누스(Marcellinus)로 BC 220년경 주조한 것이다. 영국박물관 소장

문제는 이베리아 반도였다. 한니발은 이탈리아 반도 원정 전 자신의 동생인 하스드루발을 왕국에 남겨 이베리아 반도를 지키게 했다. 하지만 하스드루발은 한니발과 같은 명장이 아니었다. BC 218년에 진출한 코르넬리우스 형제는 이베리아 반도에서 카르타고 세력을 하나둘씩 쓰러뜨리고 있었다. BC 211년, 로마는 26세의 젊

---

10   시라쿠사는 카르타고 편에서 로마 군대에 저항하다가 BC 211년, 끝내 함락된다. 아르키메데스는 로마군이 시라쿠사를 함락할 때 수학 문제를 풀고 있었다고 하는데, 로마 병사에 의해 안타깝게도 살해된다.

카르타고의 동전들. 한니발은 알렉산더 대왕과 마찬가지로 전쟁을 통해 점령한 도시에서 동전을 찍어 전비를 조달했다. 가장 왼쪽부터 ① 카르타고 점령 중 이탈리아 반도의 동남부 아풀리아(Apulia)에서 주조한 일렉트럼 스타테르(BC 215년경), ② 시칠리아섬 맞은편 로크리(Locri)에서 주조한 ½ 쉐켈 은화(BC 215년경), ③ 시칠리아섬의 아그리겐툼(Agrigentum)에서 주조한 ¼ 쉐켈 은화(BC 212년경), ④ 아그리겐툼(Agrigentum)에서 주조한 은화 동전(BC 212년경). 영국박물관 소장

은 스키피오 아프리카누스(Publius Cornelius Scipio Africanus, BC 235~183)를 이베리아 반도로 보냈다. 이베리아 반도로 진출한 지 2년도 안 된 BC 209년, 스키피오 아프리카누스는 이베리아 반도의 카르타고 중심 도시 카르타고 노바를 함락했다. 카르타고 노바는 카르타고 황금과 은의 집결지였다. 사실상 카르타고 노바의 함락으로 한니발의 운명은 정해진 것이나 마찬가지였다.

BC 208년, 스키피오 아프리카누스는 바이쿨라(Baecula) 전투에서 카르타고 노바 함락으로 고립된 하스드루발 군대를 격파했다. 하스드루발은 바이쿨라 전투에서 패배한 후, 피레네 산맥을 넘어 이탈리아 반도의 한니발 군대와 합류하려고 시도하였다. 하지만 한니발 군대와 합류하러 가는 도중, BC 207년 이를 사전에 알아차린 로마의 클라우디우스 네로(Gaius Claudius Nero, BC 237~199)와 메타우루스 전투(Battle of Meaturo)에서 끝내 사망하였다. BC 206년, 스키피오 아프리카누스는 남부 스페인의 일리파(Ilipa)에서 카르타고와 누미디아 기병대 연합군을 궤멸시켰다. 이로써 이베리아 반도의 카르타고를 로마군이 완전히 축출하였다. BC 205년, 2차 포에니 전쟁의 영웅 스키피오 아프리카누스는 로마로 돌아와 집정관 자리에 올랐다. 한니발에 물자를 보급하던 이베리아 반도 전체가 로마 수중에 떨어짐으로써, 한니발은 심각한 보급부족에 시달려야 했다.

이탈리아와 이베리아 반도에서만 전개되던 2차 포에니 전쟁은 스키피오 아프리카누스의 파죽지세와 같은 승리를 계기로 BC 204년 무렵부터는 전장이 카르타고 본토로 이동했다. BC 202년 10월 19일, 카르타고의 자마(Zama). 한니발과

스키피오의 승리. 아프리카 자마에서 한니발을 격퇴한 스키피오 장군의 개선식. 쥴리아 로마노(Giulia Romano, 1499~1546)의 1532~1535년 作. 에르미타쥬 미술관 소장

스키피오 아프리카누스는 운명적인 최후의 결전을 치렀다. 하지만 한니발은 기병이 부족했다. 스키피오 아프리카누스가 누미디어 지방을 이미 점령하여 기병을 자신의 편으로 만들었기 때문이다. 스키피오 아프리카누스는 상대방 전략의 아킬레스건을 정확히 알고 있었던 것이다. 역사상 최고의 명장이었던 한니발의 신출귀몰한 전략과 전술은 기병이 없으면 완전히 무용지물이었다. 한니발의 코끼리 부대 또한 로마 군인들이 이미 대응전술을 익힐 터라 크게 효과가 없었다. 자마 전투의 결론은 처음부터 정해져 있었다. 한니발이 유일하게 패한 전투 자마 전투는 그의 마지막 전투가 되었다.

2차 포에니 전쟁 이후, 로마는 지중해의 패자가 되었다. 지중해 패권국가인 포에니를 정복했으니, 어쩌면 당연한 수순인지도 모르겠다. 마치 전국 7웅 중 가장 강력했던 초나라를 제압한 진나라가 전국을 통일한 것처럼. 이제 로마는 이탈리아 반도에서만 머무르는 일개 공화국이 아니라 지중해와 유럽 전역을 아우르는 패권국가인 로마 제국이 될 참이다.

신기하게도 로마가 포에니의 한니발을 격퇴한 BC 202년과 진시황이 통일 왕조를 수립해서 제국이 된 BC 221년은 시기적으로도 매우 유사하다. 동양과 서양에서 거의 비슷한 시기에 2개의 거대 제국이 등장하게 된 것이 과연 우연의 일치일까? 하여튼 로마와 진나라에 이어 등장한 한나라는 장건의 서역 개척 이후 비단길을 통해 서로 간 접적으로 접촉하게 된다. 물론 시간이 지나면서 로마는 비단을 통해 중국의 존재를 실제로 알게 되고, 후한서에 따르면 166년에 로마 아우렐리우스 황제의 사신이 해로와 육로를 거쳐 중국을 직접 방문하기도 한다.[11] 불행히도 군사 대국 로마는 비단길을 통해 수입된 무역 대국 한나라의 비단 때문에 600여 년 후에는 나라가 멸망하는 비극적인 운명을 맞이하게 된다.

스키피오의 자비. 스키피오 장군은 2차 포에니 전쟁에서 로마를 구원한 구원자이다. 10대 후반부터 한니발과의 전쟁에 참여했으며, 30세에 로마 최고 권력자인 집정관의 자리에 오른다. 전쟁을 승리로 이끌었지만, 항복한 적에 대해서 매우 관대하여 주변의 신망이 높았다. 이 장면은 카르타헤나 점령 직후 병사가 그곳의 젊은 여인을 스키피오 장군에게 바쳤는데, 그녀가 약혼자가 있다는 것을 안 스키피오가 약혼자에게 그녀를 다시 돌려주는 장면이다. 이 장면을 사람들은 보통 "스키피오의 자비"라고도 부른다. 한편 아프리카 자마에서 한니발을 물리친 후 그의 이름에는 아프리카누스라는 명칭이 새로 들어간다. 자마 전투 후 원로원 제1인자인 프린켑스를 15년 동안이나 역임하여, 사실상 로마의 황제와 같은 대접을 받았다. 불행히도 후일 동생이 받은 뇌물 500 탈란트 때문에 모함을 받아 결국 원로원에서 물러난다. 그는 원로원에서 물러난지 불과 1년만에 사망한다. 자신이 구원한 조국이 자신을 고발한 것에 화가 난 그는 로마를 배은망덕한 자라고 불렀다고 한다. 오늘날 이탈리아 국가에 이탈리아를 스키피오의 헬멧을 쓴 승리의 국가로 묘사하는 구절이 나온다. 프랑스 화가인 니콜라 기 브레넷(Nicolas-Guy Brenet, 1728~1792)의 1788년 작품. 스트라스부르그 보자르 미술관(Musée des Beaux-Arts de Strasbourg) 소장. 출처: Wikipedia. Public Domain

---

11   이때 로마 사신은 인도양의 벵골만 해로와 말레이 반도의 육로를 거쳤던 것으로 보인다. 로마 사신이 경유했던 육로는 오늘날 태국의 '끄라 지협(Kra Isthmus)'으로 추정된다. 끄라 지협은 육로이긴 하지만, 폭이 44㎞로 매우 좁아서 인도양에서 남중국해로 이동하는 데 큰 어려움이 없다. 아마도 코끼리를 타도 하루면 충분히 횡단했을 것이다. 말래카 해협을 거쳐 가는 해로는 이 당시 알려져 있지 않았던 것으로 보이고, 실제 알려졌다 해도 해적들이 들끓어서 인기 있는 항로가 아니었다. 실제로 끄라 지협 부근의 육상에는 로마 시대 유리구슬이 여럿 발견되기도 한다.

Codex Atlanticus: 한니발 전쟁의 비용

2차 포에니 전쟁인 한니발 전쟁에는 얼마나 많은 자금이 투입되었을까? 로마 보병은 하루 일당이 2 오볼[^(obols)], 즉 1.2그램의 은을 일당으로 받았다.[12] 2018년 6월 기준으로 은 1그램이 0.5불, 2024년 기준으로는 대략 0.8불이므로 명목 가치로 환산하면 일당이 대략 0.6~1불인 셈이다.[13]

2차 포에니 전쟁 중에 발행된 데나리우스가 은 4.5그램이었으므로, 군인의 일당은 0.27 데나리우스, 연봉은 대략 100 데나리우스였다. 군인 100명을 지휘하던 지휘관 센튜리온[^(centurion, 백인대장)]은 일반 병사 두 배의 월급, 기마병은 1 그리스 드라크마, 로마 데나리우스로는 약 0.9 데나리우스에 해당하는 일당을 받았다.

이를 종합하면 4,500명의 군단을 1년간 운영하기 위해서는 대략 2.3톤의 은이 필요했다.[14] 2020년 평균 시세로 은 1kg이 524달러, 2024년에는 800달러 내외이므로, 2.3톤은 명목 금액으로는 최소 120만 불이다. 그러나 1년 내도록 전쟁을 하지는 않았을 것이고 만약 겨울 3개월 동안에는 전쟁을 하지 않는다고 가정하면, 군단 1개에 명목 금액으로 대략 100만 불의 자금이 소요되었을 것이다.

2차 포에니 전쟁에 얼마나 많은 군단이 동원되었을까?[15] 1933년에 발간된

---

12 F. Albarèede, et al, *Ibid*, p. 128 (Polybius, 「*Histories*」, 6.39.12 재인용)

13 이보다 오래전인 BC 5세기경 아테네 숙련 노동자의 일당은 1 드라크마, 은 4.3그램이었다. 2018년 6월 기준 시세로는 약 2불, 2023년 시세로는 약 3불에 해당하므로, 로마 병사들은 그리스인보다 훨씬 적은 월급을 받은 셈이다.

14   로마의 1개 군단은 일반적으로 보병 4,140명, 지휘관(백인대장) 60명, 기마병 300명 등 4,500명으로 구성된다. 이에 따라 비용은 4,140X100 + 60X200 + 300X329(0.9X365) = 414,000 + 12,000 + 98,700 = 524,700 데나리우스이다. 데나리우스 은 함유량이 대략 4.5그램이므로, 2,361,150그램, 즉 2.3톤의 은이 총비용인 셈이다.

15 Tenney Frank, T. R. S. Broughton, R. G. Collingwood, A. Grenier, 「*An economic survey of ancient Rome*」, The Johns Hopkins Press, 1933, p. 64

『고대 로마의 경제 실사』^(The economic survey of ancient Rome)에 따르면, 2차 포에니 전쟁 중에 소환된 군단은 연평균 4개 군단이었다고 한다.[16] 전쟁은 18년간 계속되었으므로 군인들에게 필요한 연봉만 약 3,700만 데나리, 은 170톤, 오늘날 은화 가치로 대략 8,500만 불의 자금이다.[17]

군인들의 월급 이외에 전쟁 기간 중 군인들에게 필요한 군량 자금은 864만 데나리, 기병과 곡식 수송 등에 드는 비용은 대략 1천만 데나리가 소요되었다고 한다.[18] 1,864만 데나리는 오늘날 대략 84톤의 은에 해당하므로 계산상 편의를 위해 은 1그램당 0.5불로 계산하면 명목 가치로는 4,100만 불의 자금이다.[19]

2차 포에니 전쟁은 육군만 동원된 것이 아니었다. 1차 포에니 전쟁 당시 로마 해군은 100척의 3단 갤리선^(quinquereme)과 20척의 3단 전투함^(trireme, 별칭 트리에레스선)을 보유, 운용하고 있었다.[20] 하지만 2차 포에니 전쟁 당시에는 이보다 선단의 운용 규모가 커져서, 전투선 500척과 수송선 1,600척을 보유하고 있었다고 한다.[21] 3단 갤리선의 건조 비용이 대략 15,000 데나리이고 수송선의 건조비용은 3단 갤리선의 건조 비용의 ¼이라고 가정하면, 이들 전투선의 건조 비용은 대략 810만 데나리, 36.5톤의 은으로 오늘날 가치로 최소 약 1,820만 불이 된다.[22]

3단 갤리선의 노를 젓는 노예가 대략 250~300명, 탑승하는 군인이 대략

---

16 4개 군단은 로마 군인만 고려한 것이므로, 연합군은 고려 대상이 아니다. 즉, 실제 전투에 참여한 군인은 이보다 훨씬 많았을 것이다.

17 524,700X4X18=37,778,400 데나리, 37,778,400X4.5g=170,002,800g, 170,002,800*\$0.5=\$85,001,400 (계산상 편의를 위해 그램당 0.5불을 기준으로 계산)

18 Tenney Frank, et al., *Ibid*, p. 64

19 18,640,000X4.5g=83,880kg, 83,880kgX\$500=\$41,940,000

20 Tenney Frank, et al., *Ibid*, p. 65

21 Tenney Frank, et al., *Ibid*, p. 66

22 500X15,000 + 1,600X(1,500/4) = 8,100,000 데나리, 8,100,00X4.5g=36,450kg, 36,450X(\$500~\$800)=\$18,225,000~\$29,160,000

100~120명, 1년 중 6개월 동안만 운용한다고 보고 보수적으로 노예 250명, 군인 100명의 탑승을 가정하면 해군의 월급과 군수 비용은 대략 2,700만 데나리가 된다. 이는 2차 포에니 전쟁 당시 해군의 총 운용비용이 3,510만 데나리, 158톤의 은으로 오늘날 은화 가치로 대략 최소한 7,900만 달러에 해당한다는 뜻이다. 이를 표로 정리하면 다음과 같다.

< 로마의 한니발 전쟁 연간 비용 추정 >

병종	지출항	데나리$^{(만)}$	은 무게$^{(톤)}$	현재 명목 가치$^{(\$)}$
육군	월급	3,700	170	85,001,400
	운영비	1,864	84	41,940,000
해군	월급	810	36.5	18,225,000
	운영비	3,510	158	78,975,000
합계		9,884	448.5	224,141,400

* 계산상 편의를 위해 은 1그램의 가치를 0.5불로 계산

결론적으로 2차 포에니 전쟁에서 로마 측이 부담해야 했던 1년 전비는 대략 1억 데나리, 약 450톤의 은화로 오늘날 명목 가치로는 2018년 기준으로 약 2.2억 불이 되는 셈이다. 2024년 기준의 은 가격은 그램당 0.8불 내외이므로, 이보다 더 많은 3.6억 불 정도가 된다!!! 2차 포에니 전쟁 당시 로마 정부의 수입은 얼마였을까? 정확한 기록은 없지만, 기원전 200년경 평상시 로마 정부의 세수입은 1년에 100만 데나리였다고 한다. 포에니 전쟁 당시는 전쟁 중이었으므로, 평상시보다 세율이 높았을 것이다. 예컨대 『고대 로마의 경제 실사(The economic survey of ancient Rome)』는 전쟁 기간 중 대략 5,000~6,000만 데나리의 세수가 걷혔을 것이라고 추정했다. 나머지는 로마 정부 소속 토지의 임대료, 포로 몸값, 1차 포에니 전쟁 배상금 등으로 충당되었다. 하지만 이 모든 수단을 동원해도 1억 데나리의 2/3 정도만 조달되었을 것으로 추정된다. 나머지 30~40%는 전쟁 자금이 부족했다.

한니발 전쟁의 비용

로마는 부족한 전비 조달을 위해 전비 조달을 전담하는 재무관(financial triumvirate)을 별도로 임명했다. 부족한 자금을 보충하는 가장 대표적인 방법은 부자나 상인들로부터의 대출이었다. 즉, 일종의 국채 발행이다. 정확히 얼마를 대출받았는지는 기록이 없으나 사용 빈도가 높았던 것은 확실하다.

예컨대 로마 정부는 시칠리아의 히에로(Hiero II of Syracuse, BC 306~ 215)로부터 기록에 나와 있지 않은 규모의 자금과 6개월 분량의 곡물을 빌렸다. 또 다른 예는 로마의 스키피오가 이베리아 반도를 점령한 이후인 BC 215년에 이베리아 반도에 거주하는 회사를 상대로 의류와 곡물을 빌린 사례이다. 당시 담보는 로마 재정 수입이었다. 대출 금액이 얼마인지는 기록에 없으나, 3개 기업의 19명이 징병 의무 면제와 수송 중에 발생한 손실은 로마가 모두 떠안는다는 조건으로 이 계약에 참여했다고 한다.

이처럼 2차 포에니 전쟁의 부족한 전비 마련을 위해 로마 정부는 다양한 수단의 뱅킹 기법을 동원하였다. 이는 로마가 국가 존립의 운명이 걸린 전쟁 자금 조달을 위해 뱅킹에 상당 부분을 의존했다는 것을 의미한다. 특히 스키피오의 이베리아 점령은 뱅킹 기법을 활용하여, 로마 정부의 전비 조달에 결정적인 도움을 주었을 것으로 추정된다. 아마도 국채 발행과 같은 뱅킹 기법이 없었으면 2차 포에니 전쟁은 로마가 아니라 한니발이 승리했을 가능성이 높지 않았을까?

뱅킹 기법 이외에도 로마 정부는 다양한 방식으로 전쟁 자금을 조달했다. 예컨대 BC 214년, 함선이 추가로 필요하게 되자 로마 상원은 부유층에게 강제 헌금(liturgy)을 부과하기 시작했다. 로마 상원의 강제 헌금은 후일 중세 이탈리아 도시 국가인 제노바의 공채인 콤페라(compera, 혹은 콤페레 compere), 베네치아의 공채 프레스티티(prestiti), 피렌체의 공채인 "프레스탄체(prestanze)"로 계승, 발전한다.

나아가 강제 헌금을 부과한 그해에 고아와 미망인의 신탁 재산도 일정 이자를 주고 국가가 사실상 몰수했다. 이와 같은 수단으로도 전비 충당이 안 되자 귀족들은 BC 210년에 자발적으로 금, 은, 보석은 물론이고 금·은박 그릇, 말 장신구까지도 로마 정부에 기부하였다고 한다. 2차 포에니 전쟁은 로마가 자신이 가진 모든 재산을 걸고 수행한 총력전이었던 셈이다.

로마 귀족들의 이와 같은 행위는 고대 로마 역사가 리비우스 ^(Titus Livius, BC 59 ~ AD 17, 별칭 Livy)가 상세히 기록했다. 1917년, 이탈리아가 1차 대전 참전으로 금이 필요할 때 이탈리아의 란키아니^(Rodolfo Amedeo Lanciani, 1845~1929) 교수가 리비우스의 이 구절을 인용하면서 국민들의 자발적인 금 기부를 독려했다고 한다. 우리나라 국민들이 IMF 외환위기 당시 자발적으로 시행했던 금 모으기 운동이 2,200여 년 전 2차 한니발 전쟁 당시 고대 로마와 1차 대전 당시 이탈리아에도 있었던 셈이다.

진시황. 진시황은 로마가 2차 포에니 전쟁을 치룰 당시 중국의 황제였다. 진시황은 로마와 달리 전쟁을 일으키기 위해 필요한 자금 조달에 큰 어려움이 없었다. 즉, 그는 강력한 황권을 바탕으로 세금을 부과하면 끝이었다. 이와 달리 고대 로마는 세금 부과보다 자발적인 기부나 국채 발행을 통해 전쟁 비용을 조달했다. 중국 고고학자 유안종이(Yuan Zhongyi, 袁仲一, 1932~)의 저서 『병마용과 진시황의 영묘(China's terracotta army and the First Emperor's mausoleum: the art and culture of Qin Shihuang's underground palace)』 발췌(1850년경 작품으로 추정). 출처: Wikipedia. Public Domain

한편 2차 포에니 전쟁 당시 중국은 시황제^(재위 BC 246~210) 치하였다. 로마가 뱅킹을 통해 있는 돈, 없는 돈을 쥐어 짜내서 전쟁을 수행할 무렵, 중국의 왕들은 자금을 지급하기 보다는 세 치 혀만으로도 군대를 모으고 전쟁을 치를 수 있었다. 예컨대 진의 소양왕^(昭襄王, 재위 BC 307~251)은 조나라 45만 군대와의 장평대전을 위해 55만 대군을 땡전 한 푼 안 들이고 자신의 영토에서 소집할 수 있었다.

다만 무기와 같은 전쟁물자와 군인에 대한 식량 보급은 당연히 왕의 몫이었다. 따라서 춘추전국시대 이후 전쟁에서 왕이나 황제의 역할 중 가장 중요한 것은 바로 물자 보급이었다. 예컨대 손자는 병사 10만 명을 운용하는데 필요한 물자가 전차, 식량, 아교, 옻칠, 수레, 갑옷 등으로 구분했는데, 이 물자를 조달하는 의무는 당연히 전쟁을 시작하는 군주에게 있었다.

그렇다면 중국의 왕이나 황제가 전쟁물자를 마련하는데 이에 상응하는 비용을 별도로 지급하였을까? 손자병법에는 병사 10만 명을 운용하는데 필요한 물자비용이 하루에 천금이라는 구절이 나온다. 손자병법만 보면 왕이라 하더라도 돈을 지급해야 하는 것처럼 보인다. 하지만 손자가 살았던 기원전 7세기는 중원이 통일되기 전이었으므로, 황제의 전제권력이 아직 정립되기 전이었다. 따라서 황제가 아니라 주나라 천자를 추존하는 제후들이 군사를 일으키기 위해서는, 절대 권력을 통해 물자를 징발하기보다는 당연히 돈을 지급해서 조달했을 가능성이 높다. 손자병법이 언급한 군대 운용비용은 진시황이 중원을 통일하여 절대 권력을 소유하는 황제라는 지위가 등장하기 전, 중국 역사에서 특수한 시기에만 해당하는 것이었다.

하지만 중원이 통일되어 가고 왕의 전제권력이 갈수록 강해지면서, 전쟁물자 동원도 돈을 주고 구입하는 것이 아니라 왕의 입 하나만 충분했다. 따라서 통일을 거의 완수했던 진나라는 전쟁을 위해 로마처럼 공채를 발행할 필요도, 강제헌금을 징수할 필요도, 귀족들이 금과 은을 자발적으로 내놓을 필요도 없었다. 단지 비옥한 농지나 풍부한 물자가 있는 영토를 차지하기만 하면 되었다. 왜냐하면 자신이 점령하고 있는 영토는 곧 왕 자신이 소유한 토지였기 때문이다. 진나라가 전국시대 가장 변방에 위치한 국가였지만, 물자가 풍부한 파(巴)와 촉(蜀)을 차지한 이후부터 무기 조달이나 식량 보급은 크게 걱정하지 않았던 이유도 이 때문이다.

대표적으로 오늘날 사천성의 파(巴) 나라에 살았던 여성 기업인 청(淸)은 진시황에게 구리·납·주석 등의 무기 원료와 식량 등의 전쟁물자를 보급한 상인이었다. 청의 도움이야말로 진시황의 중원 통일에 결정적인 원인 중의 하나였다. 하지만 상인이라고 해서 그녀가 진시황에게 돈을 받고 물건을 판 것은 아니었다. 왜냐하면 금전을 제공하고 그에 상응하는 물자를 교환하는 계약을

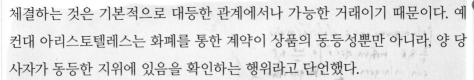

체결하는 것은 기본적으로 대등한 관계에서나 가능한 거래이기 때문이다. 예컨대 아리스토텔레스는 화폐를 통한 계약이 상품의 동등성뿐만 아니라, 양 당사자가 동등한 지위에 있음을 확인하는 행위라고 단언했다.

따라서 그녀는 그냥 진시황에게 전쟁물자를 좋은 말로 "헌상(獻上)"했다고 하는 것이 진실에 더 가깝다. 물론 가끔은 황실로부터 황금과 같은 보물을 받기는 했을 것이다. 하지만 그 황금이 물건을 구매한 대가는 절대 아니었다. 그것은 황제가 청의 노고를 경하하는 하사품이었을 것이다. 만약 왕이 사농공상의 최하위 계층인 상인에게 물자에 상응하는 금전, 즉 황금을 화폐로서 제공했다면 왕과 상인이 대등한 계약 당사자라는 뜻이다. 고대 중국에서 그런 프레임이 과연 가능했을까?

오히려 청이 기대했던 대가는 파 나라에서 상업 활동을 전개하는 데 진나라 황실이 방해나 하지 않았으면 하는 것이었을지도 모른다. 실제로 농업을 중시하고 상업을 억압했던 진나라였으나, 진시황은 청의 상업 활동만큼은 결코 억압하지 않았다. 억압은커녕 청은 진시황의 최측근 신하로서 막강한 권한을 휘두르기도 했다. 진시황의 무덤에 엄청난 양의 수은을 집어넣게 한 황당한 조치도 바로 진시황에 대한 그녀의 개인적인 조언 때문이었다.

하여튼 주나라 이후부터 영토만 차지하면 왕이나 황제의 명령 하나로 그곳의 농부나 상인들을 말 그대로 "공짜로," 물론 황제의 세금이라는 그럴듯한 명목을 내걸고 징발해서 군량미와 무기 등의 물자를 보급받을 수 있었다. 왕이나 황제의 땅에서 나는 곡물과 물자이므로, 이는 당연히 왕이나 황제의 소유이다. 만약 왕이나 황제의 명령에 따르지 않으면 그 대가는 죽음이다. 누가 이를 거역한단 말인가? 고대 중국에서 산채로 마차에 머리와 사지를 매달고 동시에 찢어 죽이는 거열형(車裂刑), 작두로 허리를 잘라 자신의 절단된 몸을 직접 보게 하는 요참형(腰斬刑), 매질 후 코, 다리, 귀, 혀를 베는 오형(五刑), 끓는 기름 가마솥에 사람을 삶아 죽이는 팽살형(烹殺刑) 등의 잔인한 형벌이 많았던 이

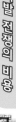

한니발 전쟁의 비용

유도 바로 왕이나 황제의 명령에 무서운 힘을 싣기 위한 것이었다.

이후 주나라의 이 왕토사상은 중국인들의 정신세계를 완전히 지배한다. 오늘날 중국의 토지 제도는 국유인데, 근본적 이유는 사회주의 국가라서가 아니라 이 왕토사상 때문이다. 다만 유교적 전통이 확립된 이후의 중국 황실은 민심 이반을 고려하여 기본적으로 막무가내 식으로 상인들로부터 물자를 약탈하지는 못했을 것이다. 하지만 이는 어디까지나 황제의 개인적 통치 스타일에 따른 것이다. 유교적 전통을 무시한 악군이 등장하면 그는 언제라도 상인들에 대한 물자 약탈을 세금이라는 명목으로 스스럼없이 감행할 수 있었다.

이처럼 고대부터 동양과 서양의 전쟁 비용 조달 방식은 하늘과 땅 차이가 나 있었다. 이 하늘과 땅만큼 큰 차이로 인해 서양에서는 일찍부터 금융이 발달하여 산업혁명과 결합됨으로써 동양을 지배하였고, 동양에서는 금융이 절대로 필요했던 송나라의 산업 혁명기에 이를 도와줄 제대로 된 금융기법이 없어 몰락하는 비극적 결론을 가져오게 한 것이라고 주장하면 지나친 단순화일까? 티끌만한 차이도 천지 차이를 가져오는 데, 이와 같은 천지 차이가 동서양의 운명을 완전히 갈라놓은 것이 어쩌면 당연한 이치는 아닐까?

아르키메데스의 최후. 2차 포에니 전쟁에서 시라쿠사의 과학자인 아르키메데스는 지렛대와 도르래 원리를 이용하여 투석기와 기중기를 만들어 로마에 저항했다. 혹설에는 청동 거울을 만들어 햇빛을 반사하여 로마 선박을 불태웠다고도 하는데, 확인된 설은 아니다. 로마 장수 마르켈루스는 정면 공격이 어렵다고 판단하여, 의도적으로 도주하는 척하고 시라쿠사인들이 승리의 축제를 여는 시점에 시라쿠사를 공격해 결국 함락했다. 마르켈루스는 아르키메데스를 살려서 데려오라고 하였으나, 모래판에 원을 그려놓고 연구하던 그를 로마 병사가 발견하고 그 원을 밟는 통에, 그 원을 밟지 말라는 고성에 흥분한 로마 병사가 그를 죽이고 말았다. 작자 미상. 2세기 로마 시대 모자이크를 복사한 18세기 작품. 출처: 영국 사학자 존 로버츠(J. M. Roberts, 1928~2003)의 『동아시아와 고전 그리스(Kelet-Ázsia és a klasszikus Görögország)』. Public Domain

Pax Romana의 황금 **3**
라스 메둘라스 금광과 로마 전성기

04

판테온, 로마 소재

(1) 라스 메둘라스(Las Médulas) 금광과 은의 길(Vía de la Plata)

2차 포에니 전쟁이 로마의 승리로 돌아가자 로마는 카르타고로부터 매년 200 탈란트의 금화를 50년간 받기로 하였다.[1] 하지만 결과만 놓고 보면 2차 포에니 전쟁을 계기로 받게 된 200 탈란트의 금화보다 로마에게 훨씬 중요한 것은 바로 이베리아 반도 자체였다. 왜냐하면 이베리아 반도는 시에라 모레나의 납, 북서부의 금과 주석, 카르타헤나의 은과 납, 남서부의 구리 등 풍부한 광물이 분포한 천혜의 광산지대였기 때문이다.

솔로몬 왕에게 금, 은, 철 등을 공급했다고 알려진, 고고학계의 미스테리 중 하나의 도시인 타르시시(Tarshish)의 위치도 스페인 남부라는 설이 있다. 그만큼 스페인은 고대부터 광물이 풍부한 지역이었다. 특히 이베리아 반도 북서부의 금광

---

[1] 3차 포에니 전쟁은 그야말로 로마의 카르타고에 대한 무자비한 대학살이었다. 2차 포에니 전쟁 책임으로 50년간 배상금을 모두 갚은 카르타고는 해상무역 활동을 통해 빠르게 국가를 재건했다. 이에 불안감을 느낀 로마는 주변 국가인 누미디어를 사주하여 카르타고를 자주 침략하게 했다. 카르타고는 이에 맞서 6만의 용병을 고용하여 누미디어를 침략했다. 로마는 2차 포에니 전쟁 이후 영토 다툼은 반드시 로마 원로원의 중재를 받아야 한다는 조약 위반이라며 카르타고를 협박했다. 카르타고는 로마와의 전쟁을 피하기 위해 카르타고가 보유한 모든 무기를 로마에 반납하라는 비상식적인 조건을 수용했다. 로마는 한 걸음 더 나아가 수도인 카르타고를 파괴하고, 거주민은 해안에서 15㎞ 이상 떨어진 곳으로 강제로 이주하라는 조건도 내걸었다. 카르타고는 더 이상 조건을 수용할 수 없었다. 카르타고는 로마와 최후의 항전을 선언했다. 이들은 무기를 모두 반납한 터라 나뭇가지와 성벽의 돌로 무기를 만들고, 부녀자의 머리카락으로 석궁의 밧줄을 사용하는 처절한 모습을 연출했다. 카르타고인들은 이처럼 맨손으로 로마 정예군 4만과 맞서 무려 3년을 버텨 싸웠다. (BC 149~146) 로마는 카르타고 함락 후 도시 전체를 쟁기로 갈아엎고 소금을 뿌려 풀 한 포기 자라지 않는 황무지로 만들었다. 25만의 카르타고인구는 5만으로 줄었고 이들은 아프리카로 강제 이주되었다. 카르타고는 로마에 의해 지도상에서 완전히 사라지는 비운의 국가가 되었다.

인 "라스 메둘라스(Las Médulas)"는 매년 6~7톤의 금을 생산하는 글자 그대로 "황금알을 낳는 거위"였다. 라스 메둘라스 금 광산은 로마가 제국으로 부상하는데 가장 근본적인 경제적 동력이었다. 카르타고가 로마에게 이베리아 반도라는 황금 금고를 갖다 바쳤다고 말하면 지나친 비아냥인가?

불행히도 로마는 이베리아 반도를 완전히 정복하는데 2차 포에니 전쟁부터 무려 200년이나 걸렸다. 우선 로마는 2차 포에니 전쟁을 촉발한 한니발의 사군 툼 전투 때 동맹 국가로서 원군을 즉시 보내지 않았다. 이 때문에 로마는 이베리아 반도의 부족들에게 믿을 수 없는 국가로 간주되어 정벌 과정에서 격렬한 저항을 불러일으켰다. 아울러 로마는 평지 전투에만 능했기 때문에, 산악 지역이 많은 스페인 지역의 부족들을 정복하기는 여간 어려운 일이 아니었다. 특히 이베리아 반도 토착민인 칸타브리아(Cantabria)족과 아스투리아스(Asturias)족은 산악 지역에 거주하면서 게릴라전에 매우 능했다. 이들은 또한 전투에 패배하여 노예로 사느니 차라리 죽음을 택하는 강인한 성품의 보유자였다.

BC 29년, 로마가 이베리아 반도에 처음 상륙한 지 무려 189년째 되는 해, 로마 최초의 황제 아우구스투스는 이베리아 반도를 직접 공략했다. 아우구스투스 황제는 약 7만 명의 군대로 이베리아 반도 북서부 지역 정복에 나섰다. 하지만 로마 제국 최고의 전성기를 구가한 천하의 아우구스투스 황제도 이 지역을 완전히 정복하는데, 무려 10년이나 걸렸다. BC 19년경, 로마는 스페인 북서부의 금광 단지인 "라스 메둘라스(Las Médulas)"를 마침내 장악했다.[2]

라스 메둘라스는 이후 약 250년 동안 운영되었다. 로마 시대 저술가 大 플리니우스(Pliny the Elder, 23~79)는 74년에 스페인을 방문하여 라스 메둘라스 광산의 생산 방식과 생산량 등을 상세히 기록했다. 그에 따르면 라스 메둘라스의 생산량이 일정하지는 않았지만, 매년 2만 로마 파운드, 즉 6,578kg의 금이 생산되었다고

---

2 알레산드로 지로도, *앞의 책*, p. 45.

사도섬에는 4개의 금 광산과 은 광산이 있었다. 이 중에서 가장 큰 광산은 에도 막부의 현금줄이었던 아이카와 긴긴야마이다. 에도 막부는 사도섬의 광산을 직접 관리하면서 이 광산을 애지중지했다. 후기로 갈수록 채굴량이 줄어들어, 광부들은 이 광산을 이 세상의 지옥이라고 불렀다고 한다. 일본 최대의 금 광산이지만, 채굴량이 로마의 라스 메둘라스 광산에 비길 바는 아니었다. 우타가와 히로시게(歌川広重, 1797~1858)의 1853년 작품. 출처: Wikipedia. Public Domain

기록했다.[3] 그는 250년 동안 로마가 채굴한 금의 총량이 5백만 로마 파운드라고 기록했는데, 이는 대략 1,645톤에 해당한다.

에도막부(江戸幕府, 1603~1868) 시대 쇼군의 개인 금광이었던 사도킨잔(佐渡金山)의 생산량이 388년 동안 겨우 78톤임을 감안하면, 당시 기술 수준을 고려했을 때 라스 메둘라스의 생산량이 얼마나 엄청난 양인지 가늠이 될 것이다. 오늘날 기준으로도 2024년 기준 스위스의 공식적인 금 보유량이 1,040톤이고 한국은행이 보유한 금의 총량이 104.4톤에 불과하다는 점에서, 라스 메둘라스 금광은 로마가 유럽 전체를 호령하는 제국으로 성장할 수 있었던 가장 핵심적인 경제적 기반이었다고 평가해도 결코 손색이 없다.

로마 제국은 라스 메둘라스의 금을 생산하기 위해 주로 물을 이용한 파쇄공법을 사용했다. 이를 위해 로마는 광산 지역에 수도교를 건설하고 이를 통해 엄청난 양의 물을 투입하여 산을 산산조각 내어 금을 채굴하였다. 라스 메둘라스 금광은 이후 로마 제정 혼란기에 중앙의 황제에 할거하는 옹립 황제의 중요한 경제적 바탕이 되기도 한다. 일례로 네로 황제 말기 새

---

3 Aller, J., Bastida, et al, 『The Roman Gold Mine of Las Médulas』, p. 7. "Some have shown that Asturia, Callaecia and Lusitania yield 20,000 pounds (6.5 tons) in a single year by this method in such a way that Asturia produces the most." And in no other part of the world has there been this abundance over such a long period. 한편 大 플리니우스는 당시 신비한 이야기들을 모아서 책으로 엮은 로마 시대 저술가이다. 오늘날로 치면 우리나라의 「신비한 TV 서프라이즈」를 책으로 엮은 셈이다. 그는 79년 폼페이오 시에서 베수비오 화산이 폭발했을 때, 폭발 장면에 너무 집중한 나머지 흘러내리는 용암을 피하지 못해 불에 타 숨졌다.

로이 황제로 옹립된 갈바 황제(Servius Sulpicius Galba, 재위 BC 68~69)는 이베리아 반도에서 추대된 황제이고, 5현제 중 트라야누스(Trajan, 재위 98~117), 하드리아누스(Hadrianus, 재위 117~138), 마르쿠스 아우렐리우스(Marcus Aurelius, 재위 161~180) 황제 등 3명이 이베리아 반도 출신이다.

특히 라스 메둘라스의 광부는 노예가 아니었다. 이들은 자유민 신분으로 자발적으로 금광 채굴에 참여했다. 가장 광부가 많았던 시기에는 무려 7만 명이 광산에서 일했다. 광산에 일하는 광부의 급여도 매우 높았다. 자유민을 통한 금 채굴은 고대 메소포타미아, 이집트, 그리스 도시 국가가 자신들의 금광과 은광에서 노예 노동을 사용한 것과 완전히 다른 라스 메둘라스 광산만의 특징이었다. 초기 라스 메둘라스 광산은 속주 통치를 책임지는 최고 지방관인 총독(프로콘술, proconsul)이 관리했었다.[4] 하지만 로마 9대 황제 베스파시아누스 황제(Vestpasian, 재위 69~79)는 라스 메둘라스 광산 지역을 황제 자신이 직접 통치하기 위해 "행정장관(프로쿠라토르 임페리알리스, procurator imperialis)"을 황제가 직접 파견했다.[5]

라스 메둘라스 광산에서 생산된 금과 은을 로마로 수송하기 위한 도로 건설도 이어졌다. 로마인들은 라스 메둘라스를 포함한 스페인 북부 칸타브리아 지방에서 채굴된 금과 은을 세비야까지 운반하기 위해 포장도로를 건설했다. 세비야는 대서양으로 연결되는 바에티스강(현재 과달퀴비르 강, Guadalquivir river)

유역에 있는 도시로, 콜럼버스가 신대륙을 발견하기 위해 출발한 도시이기도

---

4 속주 총독은 원로원 의원 중에서 집정관을 지낸 이들만 될 수 있었다.
5 프로쿠라토르는 전투 지휘를 제외한 군단의 모든 행정을 책임지는 직위이다.

하다.[6] 이 도로는 북부 스페인의 아스토가(Astorga)에서 메리다(Mérida)와 세비야까지 길이 800여 km에 이르는 포장도로이다. 사람들은 이 길을 "은의 길(Vía de la Plata, Silver Way)"이라고 불렀다. 이 도로에는 약 35km마다 휴게소를 설치하여 물류 효율성을 최대한 높였다.[7]

(2) 황금과 영토의 확장

로마가 이처럼 금과 은을 국가 차원에서 관리했던 이유는 포에니 전쟁 이후 로마는 더 이상 농업 국가가 아니라 반드시 금과 은이 필요한 국제교역 국가였기 때문이다. 하지만 전통적으로 유럽 지역은 금이 부족했다. 유럽 지역에 위치한 로마 역시 만성적인 금 부족 국가였다. 大 플리니(Elder Pliny)는 로마의 금이 크로이소스 왕의 1/7에 불과했고, 피디아스가 파르테논 신전의 아테네 신상에 금박을 칠했던 양의 절반밖에 되지 않았다고 기술했다.[8] 이 때문에 로마의 화폐 제도는 기본적으로 은본위제일 수밖에 없었다.

이처럼 금의 공급은 제한된 반면, 로마 제국의 금과 은의 수요는 끝이 없었다. 가장 중요한 것은 제국의 영역이 확대되면서 지급해야 할 군인들의 월급이었다.

---

6   세비야는 스페인에서 가장 큰 강인 과달퀴비르강이 통과한다. 과달퀴비르강은 대서양으로까지 연결되는데, 이 때문에 세비야에서는 대양 항해를 할 정도로 큰 배를 타고 대서양까지 나아갈 수 있다. 이 때문에 콜럼버스가 신대륙 발견을 위해 대서양으로 출항한 도시가 해안 도시가 아니라 내륙 도시인 세비야였던 것이다.

7   어떤 이는 은의 길이 무려 1,000km에 이른다고 주장한다. 한편 로마 가도의 경우는 10~15km마다 역참인 무타티오네스(mutationes)를 설치하였다. 가도 내에서는 일정 거리마다 이정표를 설치하여 매 구간마다 이동 거리를 알 수 있었다. 로마 가도는 주요 도로인 간선은 약 8만 km, 지선까지 합치면 약 15만 km라고 한다. 이외에도 개인이 건설과 유지를 책임지는 사적인 도로 15만 km가 있었다. 시오노 나나미, 『로마인 이야기 13』, pp. 112~113. 국가와 개인이 건설한 도로를 합친 30만km이면 지구를 7바퀴 반을 돌 수 있는 엄청난 길이이다. 대표적인 로마 가도는 BC 312년에 건설을 시작하여 로마에서 이탈리아 남부 타렌툼을 거쳐 브린디시까지 뻗은 "아피아 가도," BC 241년 착공하여 로마에서 사르데냐섬 맞은 현 항구 도시인 포폴리니아를 거쳐 제노바(로마 시대 명칭 게누아)에 이르는 "아우렐리아 가도," BC 220년 로마 북쪽의 산악 지역을 통과하는 "플라미니아 가도" 등이 있다. 로마 가도 건설에 적극적으로 나선 이유는 2차 삼니움족과의 전쟁 때 보급에 실패하면서, 이를 보완하기 위해 건설의 필요성을 절감한 것이 그 출발이었다. 특히 남부 이탈리아는 습지가 많아 보급이 쉽지 않아서 남부 이탈리아를 점령하기 위해서는 가도가 필수적이었다. 그 결과 로마는 아피아 가도를 시작으로 거의 병적인 집착으로 도로를 건설하기 시작했다. 모든 길은 로마로 통한다는 말은 삼니움족과의 싸움에서 비롯된 것이라고 말하면 지나친 비약일까?

8   Peter L. Bernstein, *Ibid*, p. 44

로마는 BC 406년경부터 군인들에게 월급을 지급한 것으로 알려져 있다.[9] 초기에는 오스티아 항구에서 확보한 소금이 군인들의 월급이었으나, 점차 동전으로 바뀌었다. 콘스탄티누스 황제가 금본위제를 시행하기 전까지 은화로 만든 동전인 데나리우스가 군인들의 대표적인 월급 지급 수단이었다.

특히 한 연구 결과에 따르면 로마 재정의 80%가 군비 관련 지출이었다.[10] 현재는 어떠할까? 세계은행(World Bank)에 따르면 2018년 기준으로 정부 재정의 31.9%를 지출한 벨라루스가 세계 1위이다. 그 뒤를 이어 사우디아라비아가 24.6%로 2위, 아르메니아가 20.9%를 기록하여 3위이다. 2022년 기준으로는 벨라루스가 32.1%로 부동의 1위, 사우디아라비아가 27.8%로 2위, 카타르가 23.8%로 3위이다.[11] 즉, 오늘날 그 어떤 나라도 고대 로마 제국 재정의 군비 지출 비중을 따라갈 수가 없다. 이쯤 되면 로마가 얼마나 엄청난 규모의 지출을 군비에 쏟아부었는지 대략 가늠이 될 것이다. 특히 로마 최초의 황제 아우구스투스 때부터는 황제가 되고 외국이나 이민족과의 전쟁에서 승전보를 올리면, 전리품을 로마 시민에게 "무료로" 나눠주는 관행이 생겼다. 예컨대 초대 황제 아우구스투스는 제위기간에 총 7회에 걸쳐 1억 4천만 데나리우스라는 엄청난 규모의 은화를 로마 시민들에게 "공짜로" 뿌렸다.[12]

금과 은의 수요 급증과 로마 제국의 영역 확대는 동전의 앞면과 뒷면의 관계였다. 즉 제국 영역이 확대될수록 금과 은이 유입되고, 금과 은이 유입되면 이를 바탕으로 제국 영역을 확대하는 것이다. 특히 카르타고를 완전히 궤멸시킨 BC 146년 이후부터 자신감에 넘친 로마는 급속도로 제국의 영역을 확대하였다. 제국 영역을 극적으로 확대한 로마의 정복 전쟁은 "대규모 군단을 활용한 속전속

9 시드니 호머, 리처드 실라, 『금리의 역사』, 리딩리더, 2016, p. 93

10 R. Duncan-Jones, 『Money and Government in the Roman Empire』, Cambridge University Press; Reprint edition, 1998, p. 45

11 data.worldbank.org, 『Military Expenditure (% of general government expenditure) Data』, 1919, 2023.10. 이 데이터에 따르면 한국은 2019년에 12.4%로 전 세계 14위, 2021년에는 10.6%로 30위이다.

12 시오노 나나미, 『로마인 이야기 8』, 한길사, 2003, p. 29

결"이 원칙이었다. 이 무렵 로마의 정예 보병은 약 8만 정도였고[13] 6일, 10일, 길어도 20일 이내에 모든 전쟁을 끝냈다.[14] 손자병법에서 말한 대로 전쟁에서 신속한 승리처럼 귀중한 것은 없는 법이다.[15]

테스투도 전법은 보병의 방패로 직육면체를 만들어 화살과 투석기로부터 병사들을 보호하는 밀집 수비 대형이다. 방패 면 위로 사람이 걸을 수 있을 정도로 튼튼하며, 계곡에서 이 대형을 짜면 그 위로 마차까지도 지나갈 수 있었다고 한다. 중세 유럽 군대 수비형의 기본이었으며, 이슬람군도 이 대형을 적극 활용했다. 현재 영국의 진압 경찰도 테스투도 형태로 시위대를 진압한다. 테스투도는 라틴어로 거북이라는 뜻이다. 보헤미아 그래픽 디자이너 벤체슬라우스 홀라(Wenceslaus Hollar, 1607~1677)의 17세기 작품. 토론토 대학 도서관 소장. 출처: Wikipedia. Public Domain

보병들이 방패를 들고 사방을 방어하는 테스투도[(testudo)] 전법 또한 로마군의 효율적인 전쟁 수행 능력을 높였다. 특히 로마군은 단순히 군대만 동원한 것이 아니라, 요충지에 요새를 구축하고 엄청난 규모의 도로를 건설하여 군사 인프라도 동시에 갖추어 나갔다. 즉 진군하다가 멈춘 곳에 야영지를 건설하고 농사까지 지어 숙식을 해결할 수 있는 정착 기반까지 갖추었다.[16] 도미티아누스[(Titus Flavius Domitianus, 51~96)] 황제의 장인으로 아르메니아를 정복한 로마 장군 그나이우스 도미티우스 코르불로[(Gnaeus Domitius Corbulo, 5~67)]는 농사를 짓는 곡괭이야말로 로마군이 적을 무찌르는 가장 확실한 무기라고 평가하기도 했다.[17] 로마의 1개 군단 하루 평균 행군 거리인 25km마다

이런 야영지가 건설되면서, 로마군이 진군하는 곳에는 새로운 마을이 만들어지

---

13 마키아벨리, 『로마사론』, 연암서가, 2016, p. 303

14 마키아벨리, 앞의 책(로마사론), p. 292

15 ▨▨ 손자병법, 제2 작전(作戰) 편, 基用戰也貴勝(기용전야귀승), 久則鈍兵挫銳(구즉둔병좌예), 攻城則力屈(공성즉력굴), 久暴師卽國用不足(구폭사즉국용부족): 전쟁에서 신속한 승리처럼 귀중한 것은 없다. 전쟁이 장기화하면 병사들은 둔해지고 예봉이 꺾이며, 성을 공격할 때 힘이 빠지게 된다. 특히 전쟁을 위해 오랫동안 나라를 비우게 되면 나라 재정이 부족해진다.

16 조조의 둔전제가 유랑민, 즉 일반 백성이 농민 역할을 하였다면, 로마는 군인이 직접 농사를 지었다는 점이 다르다.

17 제러미 블랙, 앞의 책, p. 75

기도 했다. 런던, 피렌체, 비엔나, 브라티슬라바, 부다페스트, 베오그라드 등 오늘날 유럽의 주요 도시는 이런 로마군의 진군 방식에 따라 만들어진 곳이다.

로마군의 규모는 BC 31년경 이탈리아에서만 25만이었고,[18] 이들은 모두 로마에 대한 충성을 중심으로 똘똘 뭉친 정예병이었다. 더 나아가 "군대 복무를 명예롭게 여기고 폭력과 살인에 갈채를 보내는" 독특한 문화도 보유하고 있었다.[19] 우수한 인력, 야영지와 가도가 결합된 첨단 군사 인프라와 로마인 특유의 정신력이 결합하면서, 포에니 전쟁 이후 로마군의 적수는 유럽에 더 이상 없었다. 이제 로마는 이베리아 반도를 넘어 유럽 중부의 갈리아, 유럽 북부의 브리타니아를 정복했고 포에니 전쟁 이후에는 아프리카의 이집트와 모로코마저 손에 넣었다. 동지중해로 나아간 로마는 레반트, 시리아까지 모두 정벌하였다.

카이사르는 생전에 자신의 초상화를 동전에 새겨 넣은 로마 최초의 인물이다. 이는 알렉산더 대왕이 자신의 초상화를 동전에 새겨 넣은 것을 그대로 모방한 것이다. 카이사르는 황제에 오른 적이 없지만 동전에 자신의 얼굴을 새김으로써 이미 사실상 황제였다. 이러한 그의 대중적 인기 때문에 원로원이 카이사르를 암살하게 된다. BC 1세기경. 대영박물관 소장

정복 전쟁 과정에서 로마에 충성을 맹세하는 이들은 관용을 베풀어 로마 시민으로 편입했다.[20] 하지만 로마에 저항하는 이들은 가차 없이 궤멸시켰다. 이처럼 로마의 정복 전쟁에 중간 전략은 없었다. 즉, 로마 시민이 되든지, 아니면 모두 죽이든지.[21] 마키아벨리에 따르면 로마는 "약소국에는 상주병을 파견하여 그

---

18 제러미 블랙, *앞의 책*, p. 82

19 피터 프랭코판, *앞의 책*, p. 39

20 마키아벨리, *앞의 책*(*로마사론*), p. 368

21 마키아벨리, *앞의 책*(*로마사론*), p. 376

세력의 증대를 막고, 강국의 경우에는 이를 철저히 쳐부수고, 제3세력에 대한 평가는 높아지지 않도록 항상 유의하였다."[22] 이와 같은 전략을 바탕으로 로마 제국의 영토 확장은 거침이 없었다. 카이사르라는 천재적인 군인이 있었던 것 또한 로마 제국이 단기간에 영토를 대폭 확장하는 데 크게 기여하였다.[23]

정복지 확장에 따라 유입된 노예와 황금은 로마를 서유럽 역사상 산업자본주의가 본격화되기 이전 서유럽에서 가장 부유한 제국으로 만들었다. 아울러 카이사르가 로마 건국 때부터 괴롭혀 온 프랑스의 골(Gaul) 지방을 정복하면서 엄청난 양의 금이 유입되었다. 이에 따라 로마 전역의 금값이 36%나 하락했다.[24] 대량의 금이 유입되면서 로마의 화폐는 매우 안정적으로 운영되었다.

클레오파트라 여왕의 두상. 그리스식 머리띠(diadem)를 두르고 있어 그녀가 그리스 문화에 매우 심취했음을 보여준다. 그녀가 로마의 지도자급 명장들인 카이사르와 안토니우스까지 매료시킨 미모인지는 논란이지만, 그녀가 지성이 매우 뛰어난 여성이라는 점에는 논란의 여지가 없다. 그녀의 높은 코가 매우 인상적이다. BC 1세기경 이탈리아 아피아 가도 출토, 베를린 알테스 박물관 소장. Public Domain

(3) 이집트 정복과 제국의 완성

로마의 영광과 번영의 결정적인 계기는 이집트 정복에서 나왔다. 당시 유럽,

---

22 마키아벨리, 앞의 책(군주론), pp. 37~38
23 카이사르는 평민에게 엄청난 인기를 얻고 있었다. 이 때문에 원로원은 카이사르의 권력이 평민의 힘을 키워주는 방향으로 전개되지 않을까 노심초사하고 있었다. 당초 평민의 존경을 받은 폼페이우스는 카이사르가 평민의 인기를 더 많이 얻게 되자, 원로원 편에 서서 카이사르를 제거하려고 시도하기도 한다. 원로원은 결국 카이사르를 암살하여 자신의 권력을 지키게 된다.
24 Joseph A. Tainter, 『Collapse and Sustainability: Rome, the Maya, and the Modern World』, Archeological Papers of the American Anthropological Association, 2014, Vol.24(1), pp.201-21

아니 세계 최대의 도시는 알렉산더 대왕이 건설한 신
도시 1호 알렉산드리아인 이집트의 알렉산드리아였
다. 이집트 알렉산드리아의 인구는 대략 30만이었고,
유럽 최대의 곡물 집산지였다. 또한 이집트는 알렉산드
리아 세계 최대의 도서관을 바탕으로 학문과 문화의 발
달 수준이 로마와 비교가 안 될 정도로 선진화된 국
가였다. 군대만 강했던 문화 후진국 로마에게 이집
트는 대외 정복 0순위였다.

한편 로마가 서쪽 제국
팽창을 마무리할 무렵, 알렉
산드리아는 알렉산더 대왕
의 후예인 프톨레마이오스
가문이 통치하고 있었다. 이
가문은 근친혼으로 왕위를
이어가고 있었는데, 카이사
르와 옥타비아누스 생존 당
시 지배자는 프톨레마이오
스 12세 아울레테스^{(Ptolemy XII}
^{Auletes, BC 117~51)}였다. 천하태평
이던 프톨레마이오스 12세
는 온종일 피리만 불었던 탓
에, 그의 별명은 피리 부는

프톨레마이오스 13세. 그는 프톨레마이오스 왕조 최후의
왕 중 한 사람이다. 11세 무렵에 누나인 클레오파트라
7세와 결혼하여 공동 왕이 되었고, 이후 누나와 왕권을
두고 치열한 권력 다툼을 벌이게 된다. 그러다가 BC
48년에 단독 왕권을 노리는 누나를 쫓아내고 이집트
밖으로 아예 추방하였다. 때마침 폼페이우스가
카이사르에 파르살루스(Pharsalus) 전투에서 대패하여
알렉산드리아로 들어오자, 그를 받아들였다. 하지만
폼페이우스가 알렉산드리아에 도착하자마자 부하
장수인 루키우스(Lucius Septimius)가 폼페이우스를
살해했다. 프톨레마이오스 13세는 카이사르의 환심을
사기 위해 폼페이우스의 목을 카이사르에게 갖다 바쳤다.
프톨레마이오스 13세는 카이사르가 폼페이우스를
상대로 대승을 거둔 직후였으므로 그의 편에 서는 것이
유리하다고 판단했지만, 카이사르는 폼페이우스를 살해한
프톨레마이오스 13세에게 오히려 화를 내며 폼페이우스의
죽음에 대성통곡했다고 한다. 이후 카이사르는
프톨레마이오스 13세에게 누나인 클레오파트라 7세와
공동 통치를 종용했고, 이에 반발하여 카이사르를 공격하던
프톨레마이오스 13세는 패주하여 달아나다가 나일강에서
익사한다. 프랑스 예술가 엘리자베스 쉐론(Élisabeth
Sophie Chéron, 1648~1711)이 기원전 1세기경 동전
조각을 모사하여 그린 1736년경 작품. 출처: Wikipedia.
Public Domain

프톨레마이오스였다. 그가 여동생과 결혼하여 낳은 딸이 그 유명한 클레오파트
라 7세^(Cleopatra VII, BC 69~30)이고, 클레오파트라 7세의 남동생이 프톨레마이오스 13
세^(Ptolemy XII, BC 62~47)이다. 프톨레마이오스 12세의 후임은 프톨레마이오스 13세로
BC 51년에 클레오파트라 7세와 혼인하여 공동 왕이 된 상태였다. 이후 누나인

카이사르의 암살. BC 44년 3월 15일, 원로원 회의에 참석한 카이사르는 추방당한 형제를 귀환시켜 달라는 집단 청원자들에게 둘러싸이게 된다. 그중 한 명이 카이사르의 목을 내리 찔렀고, 연이어 칼부림이 자행되었다. 이탈리아 화가 빈첸조 카무치니(Vincenzo Camuccini, 1771~1844)의 1804~1805 작품. 로마 국립현대 미술관 소장. 출처: Wikipedia. Public Domain

클레오파트라와 남동생인 프톨레마이오스 13세는 밤낮없이 계속 싸우고 다투었다. 이 과정에서 야망이 컸던 클레오파트라 7세는 남동생을 제거하고 단독으로 왕위에 도전하다가 쫓겨나 있었다.[25]

이때 로마에서는 카이사르와 폼페이우스가 권력 다툼을 벌이고 있는 이른바 카이사르 내전 상태였다. 특히 BC 48년, 그리스

테살리아 지방에서 카이사르에게 폼페이우스가 대패한 후 폼페이우스는 알렉산드리아로 도망쳤다. 카이사르는 이 기회를 활용하여, 이집트 문제에 적극 개입하기 시작했다. 50대의 대머리 카이사르는 프톨레마이오스 13세를 제거하는 등 아예 20대 초반의 클레오파트라 7세가 단독 왕위에 오르는 데 결정적인 역할을 하기도 하였다.[26] 더 나아가 카이사르는 클레오파트라 7세와 아이까지 낳았다고 알려져 있는데, 이가 바로 프톨레마이오스 왕조 마지막 왕인 프톨레마이오스 15세(Ptolemy XV, BC 47~30)이다. 그는 아예 작은 카이사르라는 뜻의 카이사리온이라고 불렸다.

BC 44년 카이사르가 암살되자 2차 삼두정이 실

25 ◆ 클레오파트라는 성격이 매우 깔끔하여, 매일 목욕하지 않는 남자와는 상종도 하지 않았다고 한다.

26 ◆ 프톨레마이오스 13세가 나일강에서 익사한 후, BC 47년에 왕위에 오른 이는 클레오파트라의 또 다른 남동생인 프톨레마이오스 14세(BC 59~44)이다. 하지만 파라오 등극 당시 12살이었던 프톨레마이오스 14세는 카이사르 암살 후 곧바로 암살당한다.

클레오파트라가 새겨진 동전. 그리스식 머리 두건을 두르고 있고, 꽉 다문 입과 높은 콧대가 인상적이다. BC 32년경. 영국박물관 소장

시되는데, 처음에는 협력하였던 안토니우스(Marcus Antonius, BC 83~30)와 옥타비아누스는 클레오파트라 7세 때문에 사이가 틀어진다. 가장 결정타는 카이사르의 부하 장수로 가장 영향력이 높았던 안토니우스가 자신의 부인이자 옥타비아누스의 여동생인 옥타비아 미노르(Octavia Minor, BC 66~11)와 이혼하고, 클레오파트라 7세와 남녀 쌍둥이를 낳고 살림을 차려 버린 사건이다.[27] 40대 뚱보로 예측 불가능한 행동을 일삼던 안토니우스는 프톨레마이오스 15세의 사실상 양아버지가 되고, BC 35년 이집트의 고토 회복을 위한 아르메니아 전투 승리 후에는 아예 프톨레마이오스 15세를 카이

카이사르 장례식에서 추도사를 낭독하는 마르쿠스 안토니우스. 안토니우스는 카이사르의 최측근으로, 갈리아 정복 때도 카이사르와 동행했었다. 카이사르 암살 후 사태가 평화롭게 해결되면서 개최된 카이사르 장례식도 안토니우스가 주관하고 자신이 직접 추도사까지 낭독한다. (이 그림은 바로 그 장면이다.) 한편 안토니우스는 카이사르 암살 후 카이사르의 또 다른 측근인 레피두스와 그의 양자였던 옥타비아누스와 제2차 3두 정치를 실시한다. 3두 정치에 따라 그는 이집트를 자신의 속령으로 지배하게 되는데, 이 기간에 클레오파트라 7세와 염문을 뿌리게 된다. 영국 화가 조지 로버트슨(George E. Robertson, 1864~1926)의 19세기 말 혹은 20세기 초 작품. 출처: Wikipedia. Public Domain

사르의 공식 후계자로 공표해 버렸다! 비록 양자지만 이 소식에 기겁을 한 카이사르의 유일한 아들이었던 옥타비아누스는 원로원을 끈질기게 설득하여, BC 32년 정숙한 로마 여인을 버리고 이집트 여왕과 놀아나는 안토니우스의 해임과 클레오파트라 7세에 대한 전쟁이 선포된다.

BC 31년 9월 2일, 이오니아해의 코르키라(Corcyra)섬 근처의 악티움 만에서 옥타비아누스는 안토니우스, 클레오파트라 연합 함대와 마주쳤다. 함선 수는 옥타비아누스가 400여 척이지만 작은 배였고, 안토니우스는 250여 척이지만 큰 배

---

27 쌍둥이 이름은 알렉산드로스 헬리오스와 클레오파트라 셀레네스였다. 이 두 아이는 나중 클레오파트라와 안토니우스가 사망한 후, 안토니우스가 그렇게 속을 썩였던 옥타비아 미노르가 길렀다.

콜로니아 아구리피나
(Colonia Aggripina)

모구니타쿰
(Mogunitacum)

루테이아
(Luteia)

루그두눔
(Lugdunum)

라벤나
(Ravenna)

메디올라눔
(Mediolanum)

부르디갈라
(Burdigala)

테살로니카
(Tessalonica)

니코메디아
(Nicomedia)

안티오키아
(Antiochia)

로마

프레쥬스
(Frejus)

미세툼
(Misetum)

니아폴리스
(Neapolis)

에페수스
(Epesus)

셀레우키아
(Seleucia)

아테나
(Athena)

코르두바
(Corduba)

시라큐사이
(Syracusae)

알렉산드리아
(Alexandria)

카르타고
(Carthago)

BC 218, 로마 공화국 시대
BC 286 ~ BC 146, 정복
BC 146 ~ BC 90, 정복
BC 90 ~ BC 44, 정복

베레니케
(Berenice)

200 400 600 800km

프로빈키아 수도 및 주요 도시   ● 로마 해군 주둔지   ● 주요 교역항

시기별 로마 제국 확장

였다. 오히려 병력수는 안토니우스 2만여 명, 옥타비아누스 1.6만여 명으로 안토니우스가 앞서 있었다. 일설이긴 하지만 전투가 한 창이던 중 클레오파트라 함대가 후방에서 후퇴하기 시작했다. 이에 안토니우스 함대는 전의를 잃고 해전에서 패했다. BC 30년, 알렉산드리아로 쳐들어간 옥타비아누스는 육상전에서도 안토니우스를 제압했다. 안토니우스는 자살하고, 연이어 클레오파트라 여왕도 자살했으며, 카이사르의 아들이라고 선포된 프톨레마이오스 15세도 옥타비아누스가 제거했다. BC 30년, 세 사람은 그렇게 같은 해에 세상을 모두 떠났다.[28] 클레오파트라의 코가 한 치만 낮았어도, 로마 역사 아니 세계 역사가 바뀌었을지도 모르겠다.

---

28 클레오파트라의 미모에 대해서는 설왕설래이지만, 그녀가 그리스식 교육을 받아 매우 뛰어난 학식을 가지고 있었다는 점에서는 이견이 없다. 한편 그녀가 자살할 때 플루타르코스 영웅전을 기술한 플루타르코스는 무화과 바구니를 든 농부가 클레오파트라 여왕을 방문한 직후 갑자기 죽었다고 기술했다. 이 이야기는 와전되어 클레오파트라가 독사에 가슴을 물려 자살했다는 식으로 전해졌고, 셰익스피어가 아예 자신의 희곡에서 기정사실화하였다.

옥타비아누스의 이집트 정벌은 로마의 운명을 완전히 바꾸어 놓았다.[29] 이집트의 엄청난 곡물과 황금이 로마로 쏟아져 들어온 것이다. 로마인들에게 빵이 무료로 배급되기 시작했고, 금리도 12%에서 4%로 곤두박질쳤다. 이집트 정벌로 인해 로마는 벽돌로 지어진 도시에서 대리석으로 지어진 도시로 완벽하게 변모했다. 특히 이집트 정벌은 로마의 확장 방향을 동쪽으로 완전히 틀었다. 홍해, 레반트, 시리아는 물론이고 그 너머 영원한 골칫거리 파르티아까지 넘보게 된다. 카이사르는 수도를 로마에서 고대 그리스 신화에 나오는 트로이 근방으로 옮기려고 한 적이 있는데, 옥타비아누스의 이집트 정벌 이후 로마 확장의 방향을 감안하면 카이사르의 선견지명이 그저 놀라울 따름이다.[30]

섹스투스 폼페이우스. 그는 3두 정치 후 카이사르와 맞섰던 명장이었던 그나우스 폼페이우스(Gnaeus Pompeius, BC 106~BC 48)의 둘째이자 막내아들이다. 부친이 카이사르와 맞서다가 후퇴한 이집트에서 살해당한 후 결사 항전을 다짐하고 카이사르에 맞선다. 카이사르도 그를 끝내 퇴치하지는 못했고, BC 35년 시칠리아에서 안토니우스의 부하에게 붙잡혔다가 재판 없이 처형당했다. BC 40년경. 영국박물관 소장

(4) 이집트를 넘어 인도로

이집트와 레반트, 홍해 지역의 장악으로 로마의 상권은 인도로까지 확장되었다. 특히 갈리아나 브리타니아와 같은 유럽 지역은 시쳇말로 먹을 게 거의 없는 황무지였지만, 홍해 넘어 인도는 후추와 같은 향신료, 구리, 납, 황, 황옥, 상아, 보석 등의 풍성한 물자와 엄청난 황금이 넘치는 풍요의 땅이었다. 역사가 스트라본(Strabo, BC c.63~AD.c.24)에 따르면 이집트를 점령한 지 얼마 안 되어 해마다 로마

---

29 피터 프랭코판, *앞의 책*, p. 42

30 카이사르의 수도 이전 계획은 대략 300년 후에 콘스탄티누스 대제가 실행한다.

무역선 120척이 홍해를 지나 인도를 향했다고 한다.[31] 특히 이집트 남단에 위치한 홍해의 베레니케 트로글로디티카(Berenice Troglodytica) 항구 유적은 이 시기 로마로 들어오는 물자에 베트남과 자바의 물건까지도 있었음을 보여 준다.[32]

더구나 초기 로마인들은 매우 검소했다. 믿기지 않을지 모르지만, 초기 로마인들은 황금을 개인적으로 탐닉하지 않았다. 지도자 또한 검소함을 스스로 실천했다. 로마의 영웅 카이사르가 "나의 재산은 모두 로마의 것이다. 내가 죽으면 모든 재산을 로마 시민에게 나누어 주라"고 할 정도로. 이처럼 초기 로마 군인들은 전쟁에서 이긴 명예만이 중요했다. 전쟁으로 인한 모든 이익은 공공 기금으로 넘겼다.[33] 이에 따라 로마의 재정은 언제나 부족함이 없었다.

전성기 로마 시대 국유지(ager publicus)를 농민에게 빌려주고 수확한 농산물에 대한 세금은 산출된 농산물의 약 10% 수준이었다.[34] 이는 정복 전쟁에 필요한 지출을 충당하기에는 충분하지 않았다. 하지만 로마 제국이 지속적으로 확장하면서, 세금이 낮더라도 정복지의 황금과 노예 등의 물자가 유입되어 로마의 국고는 언제나 풍부했었다. 예컨대 시리아를 정복한 BC 63년에 폼페이의 재정은 8,500만 데나리(denarii)로 두 배 이상 급증하였고, 소아시아의 페르가몬(Pergamon)이 BC 130년에 복속되자 그 지역 로마 지방관의 재정은 2,500만 데나리에서 5,000만 데나리로 두 배 증가하였다.[35]

이에 따라 전성기 시절 로마 정부는 군대를 운영하거나 정복 전쟁을 벌이기 위해 근대 네덜란드나 영국 정부와 달리 금융기관으로부터 차입하지 않았다. 아니 할 필요가 없었다. 왜냐하면 풍부한 세금을 바탕으로 거의 모든 정부 지출을 "현금" 형태로 조달할 수 있었기 때문이다. 오히려 전성기 시대 로마는 세수

---

31 피터 프랭코판, *앞의 책*, p. 44

32 피터 프랭코판, *앞의 책*, p. 46

33 마키아벨리, *앞의 책*(군주론), p. 535

34   국유지는 정복 전쟁에서 승리하면 패자로부터 전쟁 배상금 대신 토지로 받거나 강제로 몰수하는 경우 로마 황실에 귀속되는 토지였다.

35 Joseph A. Tainter, *Ibid*, pp.201~21

가 너무 풍부하여 넘쳐나는 정부 현금을 어떻게든 활용하는 방안을 고민해야 했다. 한 기록에 따르면 109~110년경 오늘날 튀르키예 지방의 지방관인 플리니 (Pliny)가 자신의 금고에 쌓인 현금을 9%의 연 이자율로 빌려주려고 했지만, 아무도 이 자금을 쓰지 않으려고 하여 대출 이자율을 낮추는 것을 황제 트라얀(Trajan, 53~117)에게 건의하는 편지가 있다.[36] 황제 트라얀은 결국 이자율을 낮추지 말라는 지시를 하였지만, 넘쳐나는 현금이 국고에 쌓여 있어 이를 활용하기 위해 대출 이자율을 낮춰달라고 요구하는 지방관의 고민은 전성기 로마 시대 재정이 얼마나 튼튼하였는지 보여 주는 단면이기도 하다.

(5) 로마의 Pax? 전쟁이 없는 시기가 아니라 상시 전쟁을 통한 평화

로마의 정복 전쟁은 제국의 확장은 물론이고 제국 경제의 선순환을 촉진했다. 즉, 정복 전쟁으로 황금과 노예가 유입되면서 다시 정복 전쟁의 여력이 마련되고, 다시 정복 전쟁에서 승리하면 황금과 노예가 유입되는 식이다. 로마인들에게 전쟁은 국가를 강하게 하고 시민들을 단련시키는 필요악이며, 오히려 로마인들은 전쟁이 없는 평화야말로 국가와 시민을 나약하고 나태하게 만드는 악마로 간주했다. 예컨대 로마인들은 전쟁을 끝내고 승리하여 개선문을 통과할 때도, 언제든지 개선문을 뒤돌아 또다시 전쟁에 뛰어들 각오를 다졌다고 한다. 따라서 로마인들에게 평화, "Pax"는 전쟁이 없는 시기를 의미한다기보다는, 상시 전쟁을 통한 로마 패권의 유지를 의미했다.

이처럼 로마와 로마인들을 강화하고 단련시킨 끊임없는 전쟁을 통해 획득한 노예는 주로 농업 지역인 북아프리카와 시칠리아섬에 보내졌다. 이 지역에서는 엄청난 양의 밀을 재배했는데, 제국을 먹여 살리는 밀을 재배하기 위해 노예 노동력은 필수적이었다. 북아프리카 지역 이외의 그리스와 스페인은 올리브와 와

---

36   Peter Temin, *Ibid*, p. 145

인 생산을, 이탈리아 지역에서는 치즈 등의 생산이 집중 이루어지면서, 식량에 대한 지역적 분업 체계를 갖추기도 했다.[37]

이처럼 특정 지역에서만 농산물이 생산되어도, 제국 전체에 구축된 육상과 해상의 효과적인 물류 시스템으로 인해 로마 제국 구석구석까지 언제나 식량과 물자가 넘쳐났다. 우선 로마인들이 제국 전체를 모세혈관처럼 연결하여 건설한 도로는 1,500년이 지난 지금도 쓰일 정도로 튼튼하고 효과적이었다. 물론 이 도로는 경제적 목적으로 건설된 도로가 아니라, 군대의 효율적인 이동을 위해 만들어진 군사용 도로였다. 전쟁을 대비해 만든 이 군사용 도로가 역설적으로 전쟁이 없는 평화 시기에 경제 물자가 효율적으로 수송되는 막강한 물류 네트워크 역할을 하게 된 것이다.

지중해 또한 로마 제국의 내해로서 제국 전역에 매우 효과적인 물류 시스템을 제공했다. 지중해는 로마 제국 이전에는 해적들이 들끓는 해적 소굴이었다. 하지만 AD 36년, 아우구스투스가 시칠리아 해전에서 승리하면서, 지중해에 대한 로마 해군의 제해권이 확립되었다. 이탈리아 반도 나폴리 인근의 미세툼과 라벤나에는 로마의 주력 해군이 상시 주둔했고, 로마 주력 해군은 소규모 함대를 이집트 알렉산드리아, 프랑스의 프레쥐스, 시리아의 셀레우키아 등에 배치하여 지중해 전체의 평화를 유지했다. 지중해는 이제 더 이상 해적들의 소굴이 아니라, 로마의 내해가 되었다. 지중해가 효과적인 물류 역할을 하면서 로마 제국은 주민의 90%가 지중해로부터 16㎞ 이내에 거주했다.[38] 로마인들의 말대로 지중해는 우리 로마인들의 바다, "마레 노스트룸(Mare Nostrum)"이 되었다. 로마 제국에게 지중해는 동시대 중국의 한(漢)나라가 보유하지 못한 해상 물류라는 지리적 이점까지 제공했다. 선박을 통한 해상 물류비용은 육상 운송비용의 약 1/30에 불과하므로, 지중해는 로마 제국 내의 교역 확대를 촉진한 가장 중요한 요소가

37　로마 교외의 몬테 테스타초(Monte Testaccio)는 2,500만 개에 이르는 어마어마한 저장 단지(amphora)들이 발견된 곳이다. 이 저장단지의 대부분은 스페인의 남부에서 로마로 올리브 기름을 수출하는데 사용된 것이다. 이안 모리스, *앞의 책*, p. 409

38　이안 모리스, *앞의 책*, p. 408

되었다.

반면 고대나 중세의 중국은 바다는 물론, 수나라가 운하를 만들기 전까지 강조차도 적극 활용하지 못했다. 고대 중국인들에게 물은 홍수나 가뭄처럼 통제해야 할 대상이지, 결코 활용해야 할 대상은 아니었던 것이다. 예컨대 춘추전국시대 천금을 소유했다는 재신(財神) 범려나 대상(大商) 여불위도 해상을 활용한 상업 활동은 꿈조차 꾸지 못했을 것이다. 이 때문에 전성기 시절 로마 제국은 동시대 중국의 한나라 전성기보다 두 배 가까이 부유했다.[39]

카이사르. 어떤 설명도 필요 없을 것 같다. 출처: Wikimedia, Public Domain

로마가 급격히 부를 축적함에 따라 이집트를 비롯한 북아프리카에서 A.D. 1세기경 로마로 수출된 곡물은 연간 25만 ~40만 톤에 이를 정도의 엄청난 규모였다. 각지의 항구에서 로마로 이르는 전국 도로 또한 로마를 중심으로 방사선 모양으로 뻗은 아피아 가도(Appian Way)를 중심으로 거미줄처럼 연결되어 있었다.[40] 이는 로마의 육상과 해상 물류 시스템이 당시 전 세계 최고였음을 보여 주는 것이다.[41] 모든 길이 로마로 통한다는 말은 결코 과장이 아니었다! 실제로 오늘날 일반철도와 고속철도의 선로 폭은 모두 로마 시대 말이 끌던 마차의 폭과 동일한 1,435mm이다!![42] 오늘날 기차가 길어진 이

---

39 이안 모리스, *앞의 책*, p. 407

40 아피안 가도는 이를 건설한 로마 정치가 아피우스 클라우디우스 카에쿠스(Appius Claudius Caecus, BC 312~279)의 이름을 따라 지은 것이다.

41 Edwin S. Hunt; James M. Murray, 『*A history of business in medieval Europe, 1200-1550*』, Cambridge, UK ; New York : Cambridge University Press 1999, p. 12

42 오늘날 기차선로의 폭은 1,435mm(4피트 8.5인치)이다. 이는 로마 시대 마차 바퀴의 폭과 같다. 사연은 다음과 같다. 우선 영국이 1825년 무렵 처음 만든 증기철도 '스탁턴 앤드 달링턴(Stockton and Darlington, 스탁턴과 달링턴이라는 도시를 오가는 철도)'은 주로 광산에서 강변 항구까지 석탄을 날랐다. 그런데 이 철도의 영업 허가 시 광산에서 말이 끄는 수레도 철로에서 그대로 사용할 수 있어야 한다는 조건이 있었다. 이 때문에 영국 북동부 지역에서 로마 시대 이후부터 사용하던 마차 자국이 그대로 철로 만든 기차선로 폭으로 옮겨 갔다. 이후 여객 기차를 처음 만든 조지 스티븐슨(George Stephenson, 1781~1848) 역시 여객선 기차선로 폭을 스탁턴 앤드 달링턴 화물 철도의 폭 그대로 차용하였다. 하지만 기

유도 이처럼 로마 시대 마차 폭과 같이 좁은 협궤를 사용하면서 일어난 로마 시대의 역사적 유산인 것이다!!!

심지어 로마 정부는 이집트 정벌로 풍부해진 밀 생산력을 바탕으로 로마 시민에게 빵을 무료로 배급하기까지 하였다.[43] 한 기록에 따르면 로마 시대 농부들은 종자 450그램당 4.5kg의 밀을 생산하여, 전근대 농업에서는 상상하기 어려운 어마어마한 생산력의 발전을 보여 주었다.[44] 이후에는 빵뿐만 아니라 돼지고기, 올리브 오일, 소금까지 무료로 나누어 주었다고 한다.[45] 나아가 로마 전역에 적용되던 일관된 로마의 법률 체계는 국내외 상업 활동의 예측 가능성을 제고했고, 거래의 안전성까지 보장했다.

특히 로마에는 BC 312년에 건설된 16.4km에 이르는 아피아 수도관^(Aqua Appia)을 필두로 총 11개의 대형 수도관이 있었는데, 하루 배수량이 110만 톤에 이르렀다. 이 배수량은 2017년 요코하마시의 하루 배수량과 맞먹는 엄청난 규모였다.[46] 이 물은 식수로 사용되었을 뿐 아니라, 900개에 이르는 공중목욕탕에도 공

차 선로폭이 지나치게 좁아서 기차의 크기를 키울 수 없었고, 이 때문에 다른 사업자들은 선로폭을 늘려 선로를 건설하기도 하였다. 문제는 스티븐슨의 협궤에 연결하려는 철도업자들이 기술적으로는 분명히 우월한 광폭 선로보다 더 많이 건설되었다는 것이다. 영국 정부는 국토도 좁은데다가 효율성보다는 통합이 더 중요하다고 판단하여 결국 폭이 1,435mm인 기차선로, 이른바 스티븐슨 협궤를 표준으로 채택하였다. 이후 영국이 이 철도를 전 세계에 부설하면서 1,435 협궤는 세계 표준이 되었다. 오늘날 고속철도 또한 로마 시대 마차 바퀴 폭과 같은 1,435mm이다. 케네스 포메란츠, 스티븐 토픽, 『설탕, 커피, 그리고 폭력』, 심산출판사, 2009, pp. 410~411

43 처음으로 밀을 할인해서 판매한 이는 티베리우스 그라쿠스(Tiberius Gracchus, BC 163~133)이다. 그는 평민들의 권익 보호를 위한 다수의 급진적인 조치를 시행한 호민관이었다. 대표적으로 BC 133년, 그는 국가가 소유한 농지를 75,000명의 빈민 가구에게 무료로 나누어 주었다. 동시에 밀에 대해서도 대폭 할인된 가격으로 로마 시민들에게 판매했다. 이 할인 판매가 나중에는 공짜 배급으로 바뀐 것이다. 티베리우스 그라쿠스의 급진적인 정책은 원로원의 격렬한 반대에 부딪혔고, 결국 원로원은 그를 암살한다. 한편 로마 시민권을 보유한 이들은 한 달에 약 30kg의 밀을 배급받을 권리가 있었다. 시오노 나나미, 『로마인 이야기 11』, p. 313. 전성기 로마 인구는 최소 100만이었으므로, 최대 한 달에 3만 톤, 1년에 36만 톤의 밀을 배급한 셈이 된다. 시오노 나나미는 이집트의 밀이 이탈리아 반도에서 필요한 밀의 ⅓을 공급했다고 주장했다. 시오노 나나미, 『로마인 이야기 8』, p. 242

44 이안 모리스, 앞의 책, p. 406

45 Lawrence Reed, Marc Hyden, 『The Slow-Motion Financial Suicide of the Roman Empire』, 2015, FEE Foundation for Economic Education, www.fee.org

46 조 지무쇼, 『30개 도시로 읽는 세계사』, 다산초당, 2020, pp. 73~74. 고대 로마인들이 목욕을 즐긴 것과 달리 로마 이후 유럽인들은 목욕을 즐겨하지 않았다. 중세 유럽인들은 기사임명식 혹은 연회 등 특별한 계기에만 목욕을 했다. 수도사들도 1년에 부활절, 성탄절 단 2번만 목욕을 했다. 다만 중세 십자군 이후 중동의 목욕 문화가 유입되면서 유럽인들도 점차 목욕을 즐기기 시작했다. 예컨대 공중목욕탕은 십자군 전쟁 이후인 12세기부터 전 유럽으로 확산하였다. 중세 공중목욕탕은 목욕 이외에도 이발, 매춘 등이 성행하는 곳이기도 하였다.

급되었다. 로마의 수도관은 지금도 그 흔적이 남아 있어 과거 화려했던 로마 문명의 진수를 보여 준다.

귀족들은 넓은 정원을 가진 도무스(domus)라는 단독 저택에 살았고, 일반 시민들은 인술라(insulae)라는 7층 내외의 아파트에서 살았다. 돈이 많은 귀족들은 교외에 빌라(villa)라는 최고급 별장을 짓고 살기도 했다. 이에 따라 BC 60년 전후 ~ A.D. 60년 전후의 100년 동안 로마인은 암흑의 중세 시대를 지난 유럽이 18세기 초에나 가서야 달성할 수 있는 생활 수준을 이미 향유하고 있었다![47] 로마 인구도 14년경 80만 명을 넘었고, 164년경에는 동서양을 통틀어 인류 역사상 가장 처음으로 단일 도시 인구 100만 명을 돌파하였다. 유럽에서 19세기 런던의 인구가

64년 7월 18일, 로마 대화재. 처음에는 로마 시내 최대의 원형 경기장인 키르쿠스 막시무스(Circus Maximus) 주변의 상점에서 불이 붙었다. 하지만 주택이 밀집한 지역으로 불이 번지면서 통제 불능 상태가 되어, 약 10일 동안 로마 전역을 휩쓸었다. 이 때문에 로마의 70%가 불에 타버렸다. 네로 황제는 로마 대화재의 원인을 기독교인들로 돌리고, 기독인들에 대한 무자비한 탄압을 시작한다. 하지만 로마 대화재는 로마에 너무 짧은 시간 동안 너무 많은 인구가 밀집하면서 생긴 사건이다. 위베르 로베르(Hubert Robert, 1733~1809)의 1785년 작품. 앙드레 말로 미술관(Musee des Beaux-Arts Andre Malraux) 소장. 출처: Wikimedia, Public Domain

100만을 넘기까지 거의 1,800년 동안 로마보다 더 큰 도시는 유럽에서 결코 나타나지 않았다!!![48]

---

47 Peter Temin, *Ibid*, p. 145

48 이안 모리스, *앞의 책*, p. 866. 로마 인구는 BC 300년경 3만 명 전후에 불과했다. 그러나 인구 급증으로 인구 밀도가 너무 높아서, 네로 황제 때인 64년에 발생한 로마 대화재는 무려 7일 동안 진화되지 않고 로마 전역을 불태우는 부작용도 있었다.

05 Pax Romana의 황금 ④
최초 재정 파탄과 베스파시아누스의 개혁

콘스탄티누스의 방, 바티칸 박물관 소재

(1) 망나니 네로 황제와 구원투수 베스파시아누스 황제

로마 역사에서 네로 황제^(Nero, 37~68, 재위 54~68)가 죽은 68년 6월에서 1년여가 지난 69년 12월까지는 황제가 무려 4명인 극도의 혼란기였다. 54년부터 68년까지 재위한 네로 황제가 로마 황제의 권위를 완전히 실추시켰기 때문이다. 즉 네로 황제는 55년 이복동생을, 59년에 친모를, 62년에 아내를 죽였고, 65년에는 개인 교사였던 세네카에게 자살을 명령한 완전한 망나니였다. 이에 따라 네로 황제가 자살하자 서로 황제가 되겠다는 사람들이 줄을 이었다.

베스파시아누스 황제의 금화 아우레우스. 베스파시아누스 황제는 로마 재정 개혁을 주도한 최초의 황제이다. 영국의 코르브릿지에서 출토된 금화 중 베스파시아누스 황제가 새겨진 금화. 영국박물관 소장

로마 제국 북부의 경계선인 라인강의 게르마니아 군단과 동쪽의 다뉴브강 군단이 이탈리아 반도로 이동하여 로마 군인들끼리 전쟁을 벌인 내전도 이어졌다. 갈바 황제^(Galba, BC 3 ~ AD 69)를 암살하고 황제에 오른 오토 황제^(Otho, 32~69) 또한 단 3개월 동안 황제로 있다가 자살로 생을 마감했다. 69년 12월에는 무장 군인들은 황제 근위대를 제외하고는 로마로 들어올 수 없다는 불문율까지 깨지면서, 황제

근위대와 도나우 군단 사이에 격렬한 로마 시내 시가전이 벌어지기도 했다. 이 와중에 카피톨리노 언덕의 유피테르 신전을 이민족이 아니라 로마 자국 군인들이 불 질러 파괴하는 어이없는 일도 일어났다.

69년 한 해 동안 세 명의 황제가 교체되는 혼란기를 겪은 후 황제가 된 이는 원로원 출신도, 로마 출신도 아닌 베스파시아누스 황제^(Vespasian, 11~79)였다. 베스파시아누스 황제의 부친은 소아시아 지방에서 세금을 징수하는 세리였다. 하지만 그는 군인의 길을 걸어 게르마니아 군단, 브리타니아 군단의 군단장을 역임했다. 유대인의 반란이 일어난 66년, 네로 황제가 여러 군단에 대한 지휘권을 가진 "황제 임명 사령관^{(레가투스 임페리알레,} legatus imperiale)"에 임명하면서 중앙 무대에 진출

베스파시아누스 황제 흉상. 베스파시아누스 황제는 로마 재정 개혁을 처음으로 주도한 황제이다. 황금 동전에 새겨진 모습과 비슷하게 머리숱이 별로 없는 모습이 인상적이다. 피렌체 우피치 미술관 소장

했다. 그는 유대인을 정벌하는 과정에서 69년의 혼란기를 맞이하였다.

그는 이 혼란기를 틈타 이집트에 머무르면서 시리아 군단의 총책임자 무키아누스^(Gaius Licinius Mucianus, ?~?), 자신의 아들 티투스^(Titus Flavius Caesar Vespasianus Augustus, 39~81)와 함께 도나우 7개 군단, 시리아 4개 군단, 이집트 2개 군단과 자신이 지휘하는 3개 군단, 총 16개 군단을 동원하여 쿠데타를 일으켜 황제가 되었다. 쿠데타 준비 과정에서 베스파시아누스 황제는 시리아의 가장 큰 도시 안티오키아에서 군비를 마련하기 위해, 해당 지역의 거주민들로부터 금과 은을 징수하여 금화와 은화를 몰래 주조하기도 했다.

베스파시아누스 황제는 재정에 밝은 가문 출신답게 로마의 재정 개혁을 주도했다. 로마의 재정은 비단이나 향신료 등의 사치품 수입으로 인한 대규모 무역 적자, 네로 황제의 방탕한 생활, 로마 대화재^(64년)로 인한 재건 비용, 네로 황제의 거대 별장인 황금 궁전^(도무스 아우레아, Domus Aurea) 건설^(64~68년), 그리고 69년의 내전 등

으로 극도로 피폐해진 상태였다. 일설에 따르면 로마 재정은 최소 약 1,000만 데나리우스의 은화가 필요한 상태였다고 한다.

그는 황제 신분에서 BC 73년, 아들 티투스와 함께 로마의 재정을 책임지는 재무관(켄소르, censor)에 임명되었다. 그만큼 황실의 재정 상황이 급박한 상황이었다는 뜻이었다. 재무관 임명 후 가장 먼저 한 일은 세원 파악을 위한 인구 조사였다. 농민에게 빌려준 국유지임에도 10%의 세금을 납부하지 않는 토지도 찾아내어 세금을 부과했다. 이외에도 알렉산드리아에 거주하는 이들, 아시아인들, 유대인들에게 세금을 신설했다.[1]

심지어 로마 시내의 공중화장실에 있는 오줌을 사용하여 양털의 기름기를 제거하는 데 사용한 섬유업 종사자에게도 세금을 부과했다. 이 세금은 오줌세(벡티갈 유리나이, vectigal urinae)로 불리었는데, 이 때문에 후세 유럽에서 베스파시아누스라는 이름은 공중화장실을 뜻하는 말이 되기도 하였다. 나아가 전술한 대로 제국의 금을 확보하기 위해 라스 메둘라스 광산을 황제 자신이 직접 관리하였다. 더욱이 베스파시아누스 황제는 물론 그의 장자 티투스조차도 황실의 재정 건전성을 위해 자신들만의 관저나 사저를 아예 하나도 짓지 않았다.

베스파시아누스 황제의 재정 개혁 덕분에 로마 재정은 빠른 시일 내에 복구되었다. 로마 재정이 복구되자 공공사업도 재개되었다. 우선 베스파시아누스 황제의 절친 무키아누스는 내전 때 불탄 로마의 심장 유피테르 신전 복구에 착수하였다. 베스파시아누스 황제 자신도 70년부터 콜로세움 건설을 시작했다. 콜로세움은 가로 187.5 미터, 세로 156.5미터, 29,700㎡(약 9,000평) 규모로 약 5만~8만 7천명의 인원을 수용할 수 있는 로마 역사상 가장 큰 원형 경기장이었다.

얼마나 큰 규모였는지 베스파시아누스 황제의 피나는 재정 개혁으로 확보된 금으로도 2층까지 밖에 완공하지 못하였다. 콜로세움은 그의 아들 티투스가

1 　유대인에 대한 세금은 1년에 2 드라크마였다. (당시 드라크마는 로마의 데나리우스와 가치가 거의 같았다.) 2 드라크마는 유대인들이 예루살렘 신전에 바쳐야 하는 세금이었다. 이 세금은 베스파시아누스 황제가 유대 사제들에게 돌아가는 돈줄을 막아 더 이상 반란을 일으키지 않도록 하기 위해 시행한 것이었다. 명목적으로는 로마의 유피테르 신전에 바치게 한 것으로, 사실상 종교세였다. 하지만 유대인들의 유일신 사상 때문에 유대인들은 이 세금을 "유대인 세"라고 불렀다.

콜로세움. 정식 명칭은 플라비우스 원형 경기장으로, 콜로세움 건설을 시작한 베스파시아누스 황제의 성(姓)인 플라비우스를 딴 것이다. 참고로 베스파시아누스 황제, 그의 아들 티투스와 도미티아누스 황제를 통틀어 플라비안 왕조(Flavian dynasty)라고 부른다. 원래 이 자리에는 네로 황제가 황금 궁전과 인공 호수 등을 지어 로마 시민의 원성이 대단한 곳이었다. 네로 황제가 암살되고 쿠데타로 권력을 잡은 베스파시아누스 황제는 네로 황제가 황실을 위해 전용한 공간을 로마 시민에게 돌려준다는 의미에서 이곳에 로마 시민을 위한 콜로세움을 지었다. 최대 수용 인원은 87,000명이고, 약 80여 개의 출입구가 있어서 몇 분 만에 입장과 퇴장이 가능하다고 한다. 이 경기장에서는 사자와 같은 맹수 사냥, 검투사끼리의 결투, 심지어 해상 전투까지 재현되었다. 로마 소재

BC 70년, 예루살렘 정복 후 솔로몬 성전에 이어 지어진 두 번째 성전 혹은 제루바벨 신전(Temple of Zerubbabel)을 약탈하여 획득한 엄청난 양의 금이 없었다면 결코 완성되지 못했을 것이다. 한 기록에 따르면 티투스는 두 번째 성전에서 황금 탁자, 일곱 갈래 황금 촛대(메노라, Menorah), 금으로 만든 생활용품 등 엄청난 양의 황금을 약탈하였다고 한다.[2] 두 번째 성전의 금은 신전이 소유한 금뿐만 아니라, 거의 모든 유대인들이 신전에 보관했던 금

을 합한 것이었다. 이집트에서 발전한 템플 뱅킹(temple banking) 전통 때문에 솔로몬 신전이 유대인들의 은행 역할을 하였기 때문이다.

티투스는 두 번째 성전의 금으로 전쟁에 참가한 병사들에게 황금관과 금목걸이를 씌워 주고, 황금으로 만든 창을 선물로 주었다.[3] BC 71년에 로마로 귀환한 그는 나머지 황금 장식품을 모두 녹여 국가의 재정으로 보충했다. 특히 티투

---

2 알레산드로 지로도, 『앞의 책』, p. 52

3 플라우비스 요세푸스(Flavius Josephus, 37~100)의 이야기에 따르면 티투스의 유대인 정벌로 노예가 된 유대인들은 약 9.7만 명이라고 한다. 플라우비스 요세푸스는 유대 반란에 가담하였다가 로마에 투항하여 글쓰기에 몰두한 유대인이다. 『유대전쟁사』, 『유대고대사』 등의 저술이 있다.

스는 두 번째 성전에서 약탈한 금으로, 부친이 마무리한 2층 위에 3층과 4층을 추가하여 80년에 마침내 콜로세움 준공식을 거행했다. 콜로세움 건물 내부의 사각형 돌덩이에는 "티투스가 이 건물을 전리품^(EX MANUBIS)에서 나온 돈으로 지었다."라고 명확히 기록되어 있다.[4]

(2) 도미티아누스 황제의 담나티오 메모리아이

81년, 티투스 황제가 말라리아로 사망하자, 그의 동생 도미티아누스^(Domitian, 51~96, 재위 81~96)가 황제에 올랐다. 부친의 세제 개혁과 형이 해외에서 약탈한 막대한 양의 금이 이미 로마에 유입되었으므로, 심각한 낭비만 없으면 황실 재정의 건전성은 그럭저럭 유지될 수 있었다.

하지만 도미티아누스 황제는 부친이나 형과 달리 정부 지출을 급격히 늘렸다. 도미티아누스 경기장, 시민 광장인 네르바 포럼^(Foro di Nerva), 테베레 강가의 대규모 창고, 게르마니아 방벽 등 수많은 공공건물과 군사시설을 짓기 시작했고, 팔라티노 언덕에 자신만의 호화로운 궁전도 건설했다. 이 팔라티노 언덕의 도미티아누스 궁전^(Palace of Domitian)은 후일에도 증축이 필요 없을 만큼 거대한 궁전이었다.

나아가 도미티아누스 황제는 초대 황제 아우구스투스 이후 처음으로 100년 만에 군단병의 연봉을 225 데나리우스에서 300 데나리우스로 33.3% 올렸다. 이 봉급 인상은 군인들의 복지를 위한 조치였다기보다는 도미티아누스 황제 개인의 인기를 위한 선심성 정책이었다. 재정이 아무리 풍부하기로서니 자신의 인기를 위해 황실의 돈을 물 쓰듯 쓰다니.[5]

---

4   이 돌덩이는 1813년에 발견되었다. 돌덩이는 AD 80년경 제작된 것으로 추정되고, 라틴어 글씨는 수백 년 뒤에 새긴 것으로 추정된다. 원문 - IMP CAES VESPASIANVS AVG AMPHITHEATRVM NOVVM EX MANVBIS. 해석 - THE EMPEROR VESPASIAN ORDERED THIS NEW AMPHITHEATRE [AMPHITHEATRUM NOVUM] TO BE CONSTRUCTED FROM THE PLUNDER [EX MANUBIS]

5   이 글을 읽고 있는 독자 중에 도미티아누스 황제의 조치를 보고 혀를 끌끌 차는 사람이 있을지도 모르겠다. 하지만 이 현상은 유인 우주선이 화성을 탐사하는 오늘날까지도 계속된다.

하여튼 이와 같은 사치를 일삼던 도미티아누스는 말년에 원로원과 관계가 악화되면서 암살되었다. 전설에 따르면 암살 며칠 전 도미티아누스는 평소에 숭배하던 여신인 미네르바^(Minerva, 그리스의 아테나 여신)가 그의 꿈에 나타나 더 이상 자신을 보호해 줄 수 없다는 말을 남겼다고 한다. 원로원은 그가 사망하자 그에 관련한 모든 기록을 지우는 참형인 "기록 말살형^(담나티오 메모리아이, Damnatio Memoriae)"을 선고하였다. 이에 따라 도미티아누스의 조상은 동판이든 대리석이든 모두 파괴되었고, 모든 공식 기록과 비문에서 도미티아누스의 이름은 삭제되었다.

하지만 문제는 원로원과의 관계 악화가 아니었다. 도미티아누스의 사망 시 황실 재정이 다시 극도로 궁핍해져 있었다는 사실이 더 중요했다. 만약 트라야누스라는 걸출한 황제가 없었다면 도미티아누스의 방만한 재정 운영에 따라, 로마는 또다시 재정 악화라는 악순환에 빠져들면서 로마 제국의 운명은 100년 이상 단축되었을지도 모른다.

도미티아누스 황제. 도미티아누스 황제는 부친이나 형과 달리 정부 지출을 급격히 늘렸다. 특히 그는 85~89년 동안 막대한 재정지출이 수반되는 게르만 정벌도 여러 차례 단행했는데, 그럴 때마다 이를 기념해서 동전을 주조했다. 기록 말살형에 처해졌지만, 동전에서만큼은 그의 이름을 모두 지우지는 못한 것 같다. 85~89년경. 영국박물관 소장

06 Pax Romana의 황금 5
다키아 전쟁, 트라야누스의 황금 전쟁

아테네 학당, 바티칸 박물관 소장

(1) 지방 출신으로 황제가 되다!

5현제 중 한 사람인 트라야누스^(Trajan, 53~117, 재위 98~117)는 로마 황제 중 최초의 속주 출신 황제였다. 특히 그는 로마 출신도 아니고 이탈리아 반도 출신도 아닌, 이베리아 반도 출신이었다. 속주 출신이어서 그의 유년 시절은 거의 알려져 있지 않다. 트라야누스는 89년 게르마니아군 사령관 사투리니누스 (Lucius Antonius Saturininus, ?~89)의 반란 때 도미티아누스 황

트라야누스 황제는 다뉴브강을 넘지 않는다는 금기를 깨고 다키아 지방을 정벌, 로마의 황금을 확보하여 제국의 명운을 최소한 100년은 연장한 인물이다. 트라야누스 황제가 새겨진 로마 은화 데나리우스. 1세기경. 영국박물관 소장

제의 눈에 띄어 중앙으로 진출했다. 96년 도미티아누스 황제가 암살되자 황제로 등극한 네르바 황제^(Nerva, 30~98, 재위 96~98)는 군사 경험이 없다는 것이 약점

이었는데, 이를 보완하기 위해 당시 명성이 자자한 장수였던 트라야누스를 양자로 지명하면서 트라야누스가 후일 로마의 황제가 된 것이다.

트라야누스 황제는 즉위하자마자 오늘날 루마니아 지방에 위치한 다키아 ^(Dacia)와 전쟁을 준비한다. 다키아는 오늘날 루마니아 땅인데, 이 땅은 다뉴브강

북쪽에 위치한 곳이다.[1] 원래 로마 제국은 다뉴브강(도나우강)을 천연 경계로 하여 그 북쪽으로는 진출한 적이 없다. 강을 일종의 천연 방어선으로 삼아서 이민족들을 방어하였고, 다뉴브강을 건너 북쪽으로 넘어가면 방어 자체가 쉽지 않았기 때문이다. 다뉴브강 유역에 위치한 오스트리아 수도 비엔나, 슬로바키아의 수도 브라티슬라바, 헝가리 수도 부다페스트, 세르비아의 수도 베오그라드가 모두 로마 국경 수비부대의 다뉴브강 유역 주둔 도시였던 곳이다. 다뉴브강은 이후에도 오스트리아-헝가리 제국과 오스만 제국, 현재의 루마니아와 불가리아의 국경 역할을 하고 있을 정도로 그 당시에도 뚜렷한 영토 경계선이었다. 이처럼 방어가 쉽지 않다는 제약 때문에 트라야누스 황제가 이 지역을 정복한 이후에도 아우렐리아누스 황제(Aurelianus, 214~275)가 275년에 이 지역을 포기할 때까지 대략 170년 동안만 로마의 영토이기도 하였다.

트라야누스 황제의 아내이자 황후인 플로티나(Pompeia Plotina, ?~c 121)의 흉상. 그녀는 황후로서의 기품과 미덕, 그리고 지성과 검소함으로 당대와 후대의 칭송을 한 몸에 받았다. 129년경. 바티칸 박물관 소장

이와 같은 갖가지 제약들에도 불구하고 트라야누스 황제가 로마 황제 최초로 천연 방어선인 다뉴브강을 넘어 진군한 것이다. 다키아 정복 전쟁은 상세 문헌으로 남아 있는 기록이 거의 없다. 트라야누스 황제 자신이 "다키아 전쟁기(코멘타리 다키, Commentarii Dacii)"를 저술했다고 하나 남아 있지 않다. 현재 유일한 기록은 로마 시내 베네치아 광장에 있는 "트라야누스 원기둥(Colonna Traiana)"에 새겨진 조각뿐이다. 하지만 다키아 정복은 로마 역사에서 매우 중요한 의미를 지닌다.

우선 로마 최초의 황제 아우구스투스는 영토 확대를 위해 더 이상 정복 전쟁

1 　　다뉴브강은 독일의 슈바르츠발트(검은 숲) 지역에서 발원하여 흑해로 들어가는 강이다. 길이는 2,858km이고 볼가강에 이어 유럽에서 두 번째로 긴 강이다. 다뉴브강은 영어 명칭이고 독일어 명칭은 도나우강이다. 도나우는 강의 여신이라는 뜻의 다누(Danu)에서 유래하였다고 한다.

을 하지 말 것을 유훈으로 남겼다. 2대 황제 티베리우스는 로마 제국의 경계를 북쪽으로 라인강, 동쪽으로는 다뉴브강과 유프라테스강, 남쪽으로는 사하라 사막이라고 못 박았다.[2] 따라서 트라야누스 황제가 다뉴브강 북쪽의 다키아 정벌을 계획한 것은 초기 황제들의 유훈을 거역하는 엄청난 결단이었다. 왜 이런 결단을 하였을까?

(2) 황금 전쟁

트라야누스가 다키아 전쟁을 시작한 이유에 대해서는 설이 분분하다. 도미티아누스 황제 때부터 다뉴브강 북쪽 루마니아 지역을 통일한 데케발루스(Decebalus, 87~106)의 잦은 침략 때문이라는 설, 최초의 속주 출신으로 원로원의 절대적인 지지가 필요했던 트라야누스 관점에서 원로원의 절대적인 신뢰를 얻을 수 있는 가장 확실한 방법이 다키아 정벌이라는 설, 이 지역의 호전적인 켈트·게르만족을

그대로 두면 조만간 다뉴브강을 건너 로마를 침략할 것이라는 우려 때문이라는 설 등등. 다키아 전쟁의 원인은 이처럼 복합적이다. 어느 하나가 결정적인 원인이었을 리는 없다.

하지만 필자가 보기에 다키아 전쟁의 원인 중 경제적으로 가장 결정적인 요인은 바로 황금 때문이었다!!!

다키아가 위치한 지역은 오늘날 루마니아가 위치한 곳이다. 루마니아는 유럽 대륙 전역을 통틀어 황금이 가장 많이 매장된 지역이다. 특히 루마니아의 카르파

---

2 시오노 나나미, 『로마인 이야기 9』, p. 67

티아 산맥(Carpathian Mountains)에 위치한 로시아 몬타나(Rosia Monanta) 금광의 경우 신석기 시대부터 금이 채굴되기 시작하여, BC 100년경부터 막대한 양의 금이 채굴되고 있었다. 다키아인들의 수도였던 사르미제게투사(Sarmizegetusa)에는 현재까지도 수없이 많은 금 장신구들이 대량으로 발견될 정도이다.[3] 로시아 몬타나는 현재도 유럽 최대의 노천 금광이 위치한 곳이기도 하다.

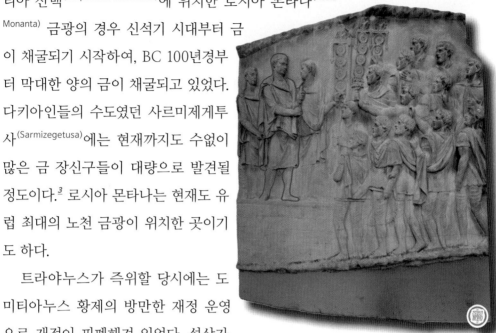

임페라토르에 오르는 트라야누스 황제(왼쪽에서 두 번째 인물), 트라야누스 황제의 기둥 복제품. AD 2세기경. 루마니아 국립 역사박물관 소장

트라야누스가 즉위할 당시에는 도미티아누스 황제의 방만한 재정 운영으로 재정이 피폐해져 있었다. 설상가상으로 트라야누스 황제 등극 시기에는 이베리아 반도의 라스 메둘라스 금 생산도 급격히 감소하였다. 재정 피폐와 금 생산의 감소로 로마 황실은 재정 건전성을 복원하기 위한 돌파구가 반드시 필요한 상태였다. 특히 트라야누스 황제는 81년, 28세의 나이로 국고 출납 책임자인 회계감사관에 부임한 경력이 있어 황실 재정 운영에 대해 기본적인 지식이 있었다.[4] 이와 같은 사정 하에서 새로운 금광을 찾기 위한 다키아 정복 전쟁은 선택이 아니라 필수였을 것이다.

트라야누스 황제가 다키아 정벌을 위해 동원한 군대는 군단병 8만 명, 보조병을 합쳐 15만 명에 이르는 대군단이었다.[5] 이는 로마 황제가 직접 이끈 전력

---

3 샤르미제게투사는 고대 로마나 지금도 동일한 명칭이다.

4 로마 시대에는 회계감사관, 법무관, 집정관은 모두 원로원 의원 중에서 선거로 선출하였다.

5 시오노 나나미, 『로마인 이야기 9』, p. 66

으로는 로마 역사상 최대 규모였다. 101년 3월 25일 봄, 트라야누스 황제는 다키아 정벌을 위해 로마를 출발했다. 목표는 수도 사르미제게투사의 함락이었다. 1차 다키아 전쟁[101~102]이 시작된 것이다.[6] 트라야누스 황제는 수도로 가는 길목에 있는 다키아 마을들을 거침없이 파괴하면서 진군하였다. 위협을 느낀 데케발루스는 급히 화친을 제안했다. 102년, 트라야누스 황제는 사르미제게투사를 목전에 두고 데케발루스와 강화 조약을 체결해야 했다. 원로원의 뜻이었다.

트라야누스 황제(좌측 상단) 앞에서 포로로 잡히는 데케발루스(가운데 손을 뒤로 묶인 이). 루마니아 국립 역사박물관 소장

하지만 황금이 목표인 트라야누스 황제에게는 다키아와의 강화 조약을 통한 로마 속국화는 아무 의미가 없었다. 트라야누스 황제의 목표는 다키아 완전 정벌이었다. 그는 103년부터 다뉴브강 중류에 길이 1,135m 높이 27m, 너비 12m에 이르는 대규모 교각인 트라야누스 다리를 건설했다. 이 다리는 105년에 완공되었다. 트라야누스 다리는 당시 로마에서 가장 큰 규모의 다리였다. 공사 기간은 2년이 채 안되었다.[7] 이처럼 엄청난 규모의

트라야누스 다리 상상도. 루마니아 역사가 디누 지우레스쿠(Dinu C. Giurescu, 1927~2018)의 『삽화로 보는 로마 역사(Istoria Ilustrată a Românilor)』. Public Domain

다리를 짓는 데 2년도 걸리지 않은 로마군을 보고 데케발루스는 공포감 말고 달

---

6   다키아와의 전쟁은 도미티아누스 황제 때 이미 한 차례(87~88) 있었다. 하지만 이 전투는 승자도 패자도 없었고, 평화협정으로 마무리되었다. 도미티아누스 황제의 기록 말살형 때문에 평화협정의 내용은 알려져 있지 않다.

7   시오노 나나미, 『로마인 이야기 9』, pp. 100~101

리 무슨 느낌이 들었을까?

다키아 민중이 보기에 트라야누스 다리는 강화 조약을 맺은 로마와 다키아와의 교류 활성화를 위한 것이었다고 해석할 수도 있었다. 하지만 다키아의 수장인 데케발루스는 트라야누스 다리를 다키아에 대한 도발로 받아들였다. 하기야 그렇게 큰 다리를 2년도 안 되어 건설한 것이 양국 간 친선 목적의 교역 활성화를 위한 것이라고 생각하는 것 자체가 바보 같은 판단일지도 모르겠다.

105년 봄, 데케발루스는 다키아 영토에 주둔하면서 로마 가도를 건설하고 있는 로마 제7군단을 선제공격했다. 2차 다키아 전쟁[105~106]이 시작된 것이다. 하지만 트라야누스 황제는 이미 다키아 군에 대한 전쟁 경험이 있었고, 트라야누스 다리 건설과 같이 2차 전쟁에 대비해 만반의 준비를 갖추고 있었다. 대규모 로마 군단은 트라야누스 다리를 건너 다뉴브강 북쪽의 다키아 영토 안으로 물밀듯이 밀고 들어갔다. 106년 여름, 수도 샤르미제게투사가 함락되었다. 저항을 지휘한 데케발루스는 목이 잘렸다.

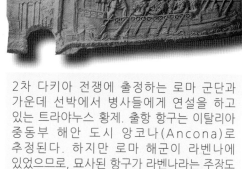

2차 다키아 전쟁에 출정하는 로마 군단과 가운데 선박에서 병사들에게 연설을 하고 있는 트라야누스 황제. 출항 항구는 이탈리아 중동부 해안 도시 앙코나(Ancona)로 추정된다. 하지만 로마 해군이 라벤나에 있었으므로, 묘사된 항구가 라벤나라는 주장도 있다. 로마 문명 박물관(Museum of Roman Civilization) 소장 부조. 출처: Wikipedia. Public Domain

이 전쟁으로 5만여 명에 이르는 다키아인들이 포로로 잡혔다. 다키아 지역에 거주하는 모든 지역 주민들은 다키아 밖으로 쫓겨났다. 텅 빈 다키아 지역에는 로마군 중 만기 제대병이나 로마 시민들이 이주하였다. 다키아라는 이름은 물론이고 그들의 역사와 민족 모두 역사에서 완전히 사라졌다. 오늘날 다키아인들의 흔적은 사르미제게투사에서 발견되는 금으로 된 장식품들이 거의 전부이다. 다키아는 제2의 카르타고였던 셈이다. 이 지역의 이름마저도 로마가 정복한 이후 로마인의 땅이라는 뜻으로 "루마니아"로 이름이 바뀌었다.

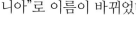

(3) 황금 때문에 옵티무스 프린켑스(Optimus Princeps)가 되다!

무엇보다도 다키아 정벌로 다키아인들이 보유한 엄청난 양의 금이 로마로 유입되었다. 약탈한 금은 물론이고 다키아 지방에 매장된 풍부한 금광 개발을 위해, 로마인들은 달마시아와 그리스 금광 기술자들을 동원하여 "알부르누스 마요르 ^(Alburnus Maior)"라는 금광 채굴 도시를 새로이 건설하였다. 알부르누스 마요르의 오늘날 이름이 유럽 최대의 노천 금 광산이 위치한 로시아 몬타나^(Rosia Montana)이다. 다키아 전쟁과 알부르누스 마요르의 금광에서 나오는 황금으로, 트라야누스 황제는 107~112년 사이에 로마 제국 전역에 걸쳐 엄청난 규모의 공공사업을 벌였다.[8] 트라야누스 목욕탕, 트라야누스 포룸, 트라야누스 시장, 오스티아 항만 공사, 로마 남부를 관통하는 아피아 가도의 복선화, 스페인 톨레도의 알칸타라 ^(Alcntara) 다리 등의 대규모 공공사업이 이 시기에 집중적으로 이루어졌다.

이 공공사업을 통하여 로마 제국의 국력은 한 단계 더 도약하였다. 나아가 다키아의 황금을 통하여 로마 제국은 극도로 궁핍한 재정 상황에서 탈피하여 극적으로 재기하였다. 이 때문에 전성기 시절 로마의 금 채굴 광산은 다키아 지방을 포함하여 약 250여 개에 이르렀다.[9] 이처럼 가장 성공적인 군인 황제였던 트라야누스 황제의 최대 업적은 로마 제국 최대의 영토를 확보했다는 것이 아니라, 유럽에서 가장 금이 많은 지역을 점령하고 이를 황실 개인 사업이 아니라 공공사업에 적극 투자했다는 것이다.[10] 당시 원로원도 트라야누스 황제의 이와 같은 업적을 인정하여, 그를 "최고의 황제^(옵티무스 프린켑스, optimus princeps)"라고 불렀다.[11]

---

8 시오노 나나미, 『로마인 이야기 9』, p. 135

9 알레산드로 지로도, 앞의 책, p. 60

10 트라야누스 황제는 113년에는 동방 원정군을 이끌고 캅카스 산맥을 통과하여 남쪽의 파르티아까지 진출한다. 그는 페르시아만 입구 카락스(현재의 바스라)까지 진출했다. 하지만 파르티아의 요새 도시 하트라가 끝까지 저항하는 등 파르티아를 완전히 정복하지는 못했고, 이 과정에서 열병을 얻어 건강이 악화되기 시작했다.

11 로마 황제는 군단의 최고 통수권자인 "임페라토르(imperator)"이고, 동시에 로마 시민 가운데 제 일인자인 "프린켑스(princeps)"이기도 했다. 임페라토르는 후에 황제를 의미하는 프랑스어 앙페뢰르(empereur), 영어 엠프러(emperor)의 어원이 된다.

영국 역사학자 에드워드 기번^(Edward Gibbon, 1737~1794)은 트라야누스를 양자를 삼고 후계를 정한 황제 네르바가 즉위한 96년부터 트라야누스, 하드리아누스, 안토니우스 피우스, 마르쿠스 아우렐리우스가 사망하는 180년까지의 84년 동안을 "황금시대, 사에쿨룸 아우레움(Saeculum aureum)"이라고 불렀다. 이탈리아 정치학자인 마키아벨리^(Niccolò Machiavelli, 1469~1527)가 『로마사 논고』에서 칭한 것처럼, 기번도 네르바부터 마르쿠스 아우렐리우스의 다섯 황제 또한 오현제라고 하여 로마 시대 가장 훌륭한 황제라고 칭송하면서. 하지만 필자가 보기에는 사에쿨룸 아우레움의 기초는 오현제가 아니라, 트

피우스 황제 흉상. 피우스 황제는 어릴 때부터 엄청난 유산을 물려받아 로마에서도 손꼽히는 유복한 부자로 지냈다. 성품도 자비롭고 겸손한데다 도덕적으로도 올곧은 면이 강하여, 로마 5현제 중 한 사람으로 평가받는다. 하드리아누스 황제가 후임이 없었으므로, 유복한 탓에 기품이 있었고 겸손하며 도덕적으로 뛰어난 피우스가 그의 양자로 낙점받아 황제로 등극한다. 전임 하드리아누스 황제가 제국 전체를 순행했던 것과 달리, 피우스 황제는 단 한 번도 이탈리아를 벗어난 적이 없었다고 한다. 하지만 이탈리아 내치 역량이 매우 뛰어나, 로마 시민과 원로원의 존경을 한 몸에 받았다. 피우스 황제가 이탈리아 내정에만 전념했던 이유는 제국의 황금이 부족하여, 이탈리아 반도에만 정책 역량을 집중해도 황금이 부족하여 다른 대안이 없었기 때문이기도 하다. 후임 황제인 아우렐리우스는 그의 양자이자 사위이다. AD 1세기경. 피렌체 우피치 미술관 소장

라야누스 황제의 다키아 정벌과 그로 인해 유입된 막대한 규모의 황금, 그리고 그것을 올바르게 사용한 트라야누스 황제의 지혜였다.

Pax Romana의 황금 6
황금의 부족과 종말의 시작

07

콘스탄티누스 황제에 나타난 십자가 일부, 바티칸 박물관 소장

(1) 대책 없는 현자 아우렐리우스 황제

5현제의 마지막 황제는 후세 사가들이 로마 시대 최고의 전성기를 누렸다고 평가하는 마르쿠스 아우렐리우스 황제(Marcus Aurelius, 121~181, 재위 161~180)였다. 즉, 그는 19년 동안 제국을 통치한 후 로마 역사상 최고의 황제로 칭송받았다. 황제였지만 스토아 철학자로서 현명하였고 동시에 인자하였기 때문이다.[1] 그의 『명상록』을 읽다 보면 황제임에도 불구하고 그가 얼마나 겸손하며, 그가 얼마나 보편적인 이성의 힘을 신뢰했는지, 그리고 그가 얼마나 맑은 영혼의 소유자였는지 금방 알아차릴 수 있을 것이다.

하지만 필자는 아우렐리우스 황제가 로마 제국의 붕괴를 막을 역량을 소유한 뛰어난 정치적 지도자라고

마르쿠스 아우렐리우스 황제 흉상. 그가 황제에 오르기 전에 조각된 흉상으로, AD 2세기경 작품으로 추정된다. 그는 뛰어난 지성과 감각을 지닌 현명한 철학자였지만, 경제에 대해서는 완전히 무지했었다. 아우렐리우스 황제 때부터 로마 제국의 황금이 부족해진 건 결코 우연이 아니다. 피렌체 우피치 미술관 소장

---

1   그는 대체로 인자한 성품이었지만, 유독 기독교인에 대해서는 매우 잔인했다. 아우렐리우스의 잔혹한 기독교 탄압을 직접 목격한 이는 그의 잔혹함에 공포에 떨었고, 그럼에도 불구하고 순교하는 기독교인들의 용기에는 경악했다고 한다. 한편 스토아 철학을 창시한 이는 키프로스섬의 제논(Zenon, BC c.335~c.263)이다. 제논은 소크라테스의 영향을 받아, 어느 누구에 의해서도, 어느 것에 의해서도 빼앗기지 않는 행복을 획득하는 철학을 추구했다. 스토아 철학에 따르면 죽음도 탄생과 마찬가지로 당연한 현상으로 받아 들여서, 절대로 두려워해서는 안 된다고 설파했다. 스토아 철학에 심취했던 아우렐리우스가 남긴 말 중에 '죽음이 다가오면 미소 지으라'는 말이 있는데, 이는 스토아 철학의 영향을 받은 것이다. 이 대사는 영화 「글레디에이터」에도 나와서 세간에 유명해졌다. 한편 스토아라는 말은 제논이 아테네에서 철학을 강의할 때, 돈이 없어서 주로 광장(아고라)의 채색 기둥(스토아 포이킬레, stoa poikile)에서 강의했기 때문에 붙여진 이름이다.

는 생각하지 않는다. 불행히도 마르쿠스 아우렐리우스 황제 시대는 로마 제국 종말의 출발점이었다. 가장 결정적으로 아우렐리우스 황제 때부터 황금이 부족해지기 시작했다. 아우렐리우스 황제 때부터 금이 부족하기 시작한 이유는 역설적이게도 로마의 평화 때문이었다. 즉, 트라야누스 황제 때 제국의 영토가 최대로 확장된 후, 2세기 초인 하드리아누스 황제^(Publius Aelius Hadrianus Augustus, 76~138, 재위 117~138) 이후부터는 로마 제국의 역량을 고려하여 제국의 확장을 중지한다는 정책이 채택된 것이다. 예컨대 "알 수 있는 범위 내에서 160년경 클라우디우스 제7군단에서 제대한 239명의 퇴역 군인^(2년 동안의 집계)은 25~26년 동안의 복무 기간 중 실제 전투 작전에 단 한 번도 투입되지 않았다!"[2]

하지만 로마 제국에게 제국의 확장은 경제적 번영을 보장하는 수레의 양 바퀴와 같은 존재였다. 즉, 제국의 확장으로 로마의 경제적 번영이 가능했

하드리아누스 황제 얼굴이 새겨진 로마 은화 데나리우스. 하드리아누스 황제는 재위 기간 21년 중 14년을 제국 전체를 순행하면서 시간을 보낸 행운의 황제이다. 2세기경. 영국박물관 소장

하드리아누스 황제는 트라야누스 황제의 조카였다가 트라야누스 황제가 자신의 후계자로 지명하면서 황제가 된다. 그리스 문화에 애정이 깊었던 그는 황제가 된 후 로마에 판테온을 건설하고, 그리스나 리비아에 그리스 양식의 공공건물도 많이 건설한다. 한편 그는 트라야누스 황제의 손녀 조카인 비비안 사비나(Vibia Sabina, 83~136)와 결혼했지만, 사실 그는 동성애자였다. 그의 연인은 그리스 청년 안티누스(Antinous, 111~130)로 나일강에서 익사한 것으로 알려져 있다. 하지만 사망 원인은 정확히 모른다. 하드리아누스는 안티누스 사후 그를 위한 도시 안티노폴리스(Antinopolis)를 이집트에 건설하고, 안티누스를 위한 컬트까지 만들어 제국 전체에 배포하여 마치 그를 헤르메스 신처럼 대우했다고 한다. 117~138년경, 로마 출토. 영국박물관 소장

고, 로마의 경제적 번영이 제국의 확장을 촉진했다. 이집트, 갈리아 정벌이 그랬고 카르타고, 다키아 정벌이 그랬다. 즉 이집트를 정복하여 밀을 확보하였고 갈리아, 카르

---

2   제니퍼 라이트, 『세계사를 바꾼 전염병 13가지』, 산처럼, 2017, p. 16

영국의 코르브릿지(Corbridge)에서 발견된 로마 금화 아우레우스. 코르브릿지는 하드리아누스 장벽에 위치한 도시로 쉽게 말해 로마 제국의 최변방 도시였다. 이 금화는 하드리아누스 황제의 후임인 피우스 황제 시절에 제작된 것으로 추정된다. 우측은 이 금화가 담겨 있던 청동 항아리이고, 항아리 근처 곳곳에 베스파시아누스 황제, 하드리아누스 황제, 피우스 황제의 금화들이 보인다. 2천 년이 지나 닳아빠진 청동 항아리와 빛깔이 전혀 변하지 않은 황금 동전이 절묘하게 대비된다. AD 160년경, 영국 노덤벌랜드 코르브릿지 출토. 영국박물관 소장

타고, 이집트, 다키아 정복을 통해 금을 확보했다. 하지만 제국의 확장이 멈춘 이후 로마 제국이 수행한 전쟁은 오직 방어를 위한 것으로, 황금이나 노예와 같은 전리품의 유입이 더 이상 없어졌다. 특히 로마는 황실 재정의 80%가 군비 지출일만큼, 황금의 대부분을 군사적 지출에 사용했다. 로마 황제들이 심혈을 기울여 만든 로마 가도 또한 경제나 상업 목적이 아니라 군사적 목적에서 만든 것이다.

필자가 보기에 로마 제국은 제국의 확대가 멈춘 이후에는 획득한 금으로 다른 나라의 금을 획득하기 위한 특산품 개발이나 산업 생산과 교역 인프라에 투자했어야 했다. 왜냐하면 로마는 제국이 된 후에는 이미 농업 국가이면서 대규모 국제 교역을 수행하는 상업 국가였기 때문이다. 필수품이나 사치재를 구매하기 위한 국제교역을 수행하려면 금이 필수적이었다는 뜻이다. 예컨대 로마 황실은 중국으로부터의 비단, 인도로부터의 향신료나 보석을 수입하기 위해서 막대한 양의 금을 제국 밖으로 유출해야 했다. 하지만 로마의 유일한 산업은 농업으

로, 마땅히 다른 나라로 수출하여 황금을 확보할 수 있는 특산품이 없었다.

그나마 트라야누스 황제 때는 다키아 정벌을 통해 막대한 금을 확보했다. 하지만 하드리아누스 황제 이후에는 제국 영역의 추가 확대도 없었고, 이에 따라 금이 유입되지도 않았다. 예컨대 하드리아누스 황제는 로마 식민지 영국에 타인강(River Tyne) 이남 영토만 통치하겠다는 상징물로서 타인강에서 솔웨이 퍼스(Solway Firth)까지 110㎞에 이르는 요새 석벽인 하드리아누스 성벽(Hadrian's Wall)까지 세웠다.[3] 동쪽으로는 메소포타미아로의 영토 확장 또한 포기하여 파르티아와의 국경을 유프라테스강으로 확정하였다.

왼쪽 위에 있는 황금 동전이 안토니우스 피우스 황제의 금화 아우레우스, 그 밑의 두 개 금화는 하드리아누스 황제의 금화 아우레우스.

제국 확장을 포기하면서 시간이 남았던 하드리아누스 황제는 재위 기간 21년 중 14년을 제국 전체를 순행하면서 시쳇말로 허송세월을 보냈다. 하드리아누스 황제는 그것도 모자라 그리스 문화에 미쳐 판테온(Pantheon)과 같은 거대 건물을 재건하거나, 그리스 출신의 동성 연인으로 요절한 안티누스(Antinous, 111~130)를 추모하기 위해 이집트에 신도시까지 건설하는 등 국가 재정을 물 쓰듯 사용했다. 하드리아누스 황제나 그 직후의 피우스 황제(Antonius Pius, 86~161, 재위 138~161)가 이처럼 제국의 확장을 포

하드리아누스의 연인인 안티누스 조각상. 이 조각상은 1790년 하드리아누스 황제의 빌라에서 발견된 것이다. 하드리아누스 황제가 안티누스에 얼마나 집착했는지 보여 주는 130~138년경 작품. 바티칸 박물관 소장

---

3 타인강과 솔웨이 퍼스를 잇는 선은 브리튼 섬에서 동서로 최단 구간이다. 타인강 하구 주변에는 하드리아누스 성벽의 끝이라는 지명의 월스엔드(Wallsend)라는 마을이 오늘날에도 남아 있다. 월스엔드는 당시 하드리아누스 동쪽 성벽 끝을 수비하던 로마군 주둔 도시였다.

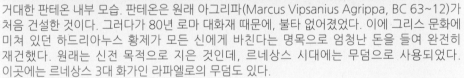

거대한 판테온 내부 모습. 판테온은 원래 아그리파(Marcus Vipsanius Agrippa, BC 63~12)가 처음 건설한 것이다. 그러다가 80년 로마 대화재 때문에, 불타 없어졌었다. 이에 그리스 문화에 미쳐 있던 하드리아누스 황제가 모든 신에게 바친다는 명목으로 엄청난 돈을 들여 완전히 재건했다. 원래는 신전 목적으로 지은 것인데, 르네상스 시대에는 무덤으로 사용되었다. 이곳에는 르네상스 3대 화가인 라파엘로의 무덤도 있다.

기하고 재정지출까지 급격히 늘렸으므로, 피우스의 후임 황제인 아우렐리우스 황제는 최소한 금 부족을 예상해서 로마 제국의 새로운 성장 동력을 찾았어야 했다.

하지만 그런 일은 없었다. 마키아벨리나 기번스를 비롯한 후세 사가들이 최고의 황제로 평가하는 아우렐리우스 황제는 스토아 철학에만 탐독했지, 경제에는 관심이 없었다. 오히려 그는 게르만의 침입을 저지하기 위한 군사 행동에 지나치게 집중했다. 물론 지칠 줄 모르는 체력과 결코 항복할 줄 모르는 민족성을 가진 게르만 민족을 상대하는 것이 결코 쉬운 일은 아니다. 19세기 영국 역사가 존 세퍼드(John G. Sheppard, 1816~1869)에 따르면 게르만족들은 "패배했지만, 결코 정복

되는 법이 없었다."[4]

따라서 성인 남자뿐 아니라 여자와 아이까지 합세하여 로마 국경을 지속적으로 침범하는 게르만족을 근본적으로 군사력을 동원하여 저지하는 것은 사실상 불가능했다. 차라리 로마 변방에 거주지를 별도로 마련해 주고 로마인으로 동화시키는 편이 훨씬 제국 경영을 위해서 유리했다. 물론 제국 말기에는 로마가 이 정책을 채택하기는 하지만, 그때는 이미 너무 늦었다. 아우렐리우스 황제는 게르만인과의 평화적 공존을 생각할 정도로 선견지명이 있는 황제가 아니었다.

(2) 종말의 시작

그 결과 황실 재정은 끝도 없이 악화되었다. 황실 재정 부족을 메우기 위해 마르쿠스 아우렐리우스는 황실이 보유한 황금 장식품, 가구, 황후의 비단옷, 형석 화병, 보석 등을 내다 팔거나, 데나리우스의 은 함유량을 줄이는 고육지책을 짜내기도 했다. 이처럼 최고 통치자인 황제가 벼룩시장을 열어 자신의 물건을 팔아서 황금을 조달할 만큼 로마 재정이 최악의 상황이라면 황제는 황금 확보를 위해 무슨 정책이든 취했어야 했다. 그렇지만 그런 일은 결코 없었다!

설상가상으로 아우렐리우스 황제 시절인 166년경부터 로마 전역에 역병이 만연했다. 이 역병은 이전에 유행했던 역병과는 전염력과 치사율에서 차원이 다른 질병이었다.[5] 작고 붉은 반점이 온몸에 나타나더니 발진이 이어졌고, 검은 변을 배설한 사람은 어김없이 죽었다. 아우렐리우스 시의(侍醫)이자 동시에 그의 아

---

4 제니퍼 라이트, 앞의 책, p. 18. ▨▨▨ 게르만인들은 육식을 즐겼다. 그들의 지칠 줄 모르는 체력은 바로 육식에서 나오는 것이다. 영국인들도 노르만족이 정복한 이후부터 돼지고기, 쇠고기 등을 즐겨 먹었다고 한다. 예컨대 영어로 돼지고기는 pork이고 돼지는 pig이다. pork는 노르만인이 영국을 정복한 이후에 도입된 단어이다. 한편 프랑스의 프랑크족도 노르만족과 마찬가지로 돼지고기를 즐겨 먹었다. 게르만족의 주식은 돼지고기, 닭고기, 달걀 등 3개이다. 게르만족의 일파인 살리족(Salian) 법령에는 돼지와 관련된 조항이 16개나 이른다고 한다. 돼지는 소나 말처럼 목초지가 풍부해야 할 필요가 없다. 소나 말은 목초지가 부족한 11월이 되면 강제로 일정수는 도륙해야 하지만, 돼지는 숲속에 방목하면 밤, 도토리 등을 먹고도 크게 자란다. 프랑스와 독일이 베이컨, 순대, 리예트(돼지고기 볶음) 등 돼지고기와 관련된 음식이 많은 것도 이 때문이다. 김동섭, 『100단어로 읽는 중세이야기』, 책과함께, 2022, p. 200

5 ▨▨▨ 이 역병이 무엇인지에 대한 설은 분분하다. 발진티푸스라는 설, 홍역이라는 설, 천연두(두창)라는 설 등 다양하지만, 확실히는 알 수 없다. 하지만 발레누스가 기록한 내용을 토대로 보면 천연두일 가능성이 매우 높다.

들인 콤모두스 황제의 주치의였던 갈레노스^(Aelius Galenus, 129~216)에 따르면, 환자들은 2주간 혀와 목구멍이 발진으로 뒤덮인 후 피 혹은 딱지를 토해 내고 죽었다고 묘사했다.[6] 이 역병으로 사망한 로마인은 최소한 1천만 명에 이른다. 이 파괴적인 역병은 당시 황제였던 아우렐리우스의 성^(姓)인 안토니누스^(Antonius)를 따서 "안토니누스 역병^(Antonine Plague)" 혹은 그의 시의인 갈레노스의 이름을 따라 "갈레노스 역병^(Plague of Galen)"이라고 이름 붙였다.

그렇다면 이 파괴적인 역병에 대처한 아우렐리우스 황제의 대책은? 아우렐리우스 황제의 역병 대처법은 빵과 서커스의 확대였다. 게르만족의 침입으로 나라 전체가 어수선한데 역병까지 만연하니 사회가 더욱 불안해졌고, 이에 대응해서 국민들에게 더 많은 유흥거리를 제공해야 했던 것이다. 과학적 지식이나 백신이 없었기 때문에 어느 정도 이해는 되지만, 문제는 이 조치는 재정이 추가로 소요된다는 심각한 문제점이 있었다. 우선 역병의 확산으로 군대 병력이 급격히 줄었다. 아우렐리우스는 칼을 들 수 있는 성인이면 검투사든, 팔순 노인이든, 강도 출신이든 거의 모두 징집하여 게르만과의 전투 지역으로 보냈다. 이 때문에 콜로세움에서 싸울 검투사가 사실상 없어졌다. 결국 검투사는 사형을 앞둔 죄수가 맡게 되고, 콜로세움 입장료는 천정부지로 치솟았다. 이 비용은 서커스 확대를 공언한 아우렐리우스 황제의 시책에 따라 모두 국가 부담이었다. 황제의 개인 소장품까지 처분할 만큼 재정 여력이 부족한 상황에서 역병에 따른 재정 소요가 추가된 것이다. 필자가 보기엔 기번스가 극찬한 이 시기 로마의 평화는 한마디로 "대책 없는 로마의 평화"였다.

따라서 제국의 정금이 부족해지는 것은 너무나 당연한 수순이었다. 기번즈가 이들을 오현제라고 부르는 것은 경제적인 측면에서 보면 필자가 보기에는 완전히 말도 안 되는 평가라고 생각한다. 그나마 오현제의 명성에 가장 부합하는 이

---

6 ⬛ 갈레노스의 저작은 성서와 마찬가지로 비판의 대상에서 제외될 만큼, 중세 시대 서양 의학에서 거의 절대적인 위치를 차지한다. 특히 그는 의학에서 관찰과 동물 해부라는 과학적 방법을 처음 도입한 인물로 유명하다. 예컨대 그는 음식이 간에서 혈액으로 전환되고, 심장을 통과할 때 생명의 기운이 더해진다고 주장했다. 물론 그의 이론은 과학적인 결론에 배치되는 점이 많았지만, 그의 저작에 대한 도전은 근대 초까지도 신성 모독으로 간주할 정도로 엄청난 영향력을 발휘했다.

는 다키아 정벌을 나섰던 트라야누스 황제였다. 그는 다키아 정벌을 통해서 황금을 확보했고, 확보한 황금으로 제국의 인프라 구축에 매진했다. 개인적으로는 트라야누스 황제가 아니었다면 오현제는커녕 로마 제국은 국가의 존립 자체가 위협받았을 것이라고 확신한다.

금이 부족한 시기는 아우렐리우스 황제가 처음도 아니었다. 초대 황제인 아우구스투스 황제가 확보한 스페인의 라스 메둘라스 금광의 금은 제국의 확장과 병행하여 제국의 경제적 힘을 배가시켰다. 아우구스투스 황제 때가 로마가 가장 강성했던 이유도 이베리아 반도의 라스 메둘라스 금광과 결코 무관하지 않다. 하지만 라스 메

네로 황제(37~68, 재위 54~68) 시대 금화 아우레우스. 네로 황제는 국정에 거의 관심이 없었고, 오직 향락에만 몰두하면서 자기 관리를 거의 하지 않았다. 이에 따라 나이가 들수록 살이 쪘고, 마지막에는 턱의 윤곽선이 안 보일 정도로 얼굴이 붓게 된다. 그는 55년에 의붓동생 브리타니쿠스(Britannicus, 41~55)를, 59년에 모친인 아그리피나(Agrippina the Younger, 15~59)를, 62년에는 아내 옥타비아(Claudia Octavia, 49~62)를 살해한다. 가장 위쪽 왼쪽(①)은 즉위 초기인 51~54년경의 앳된 모습, 그 오른쪽(②)은 56~57년경. 중간의 왼쪽(③)은 57~58년경, 그 오른쪽(④)은 61~62년경. 가장 아래쪽의 왼쪽(⑤)은 64~65년경, 그 오른쪽(⑥)은 65~66년경으로 사망 직전의 얼굴이다. 불과 1~2년 사이에 턱의 윤곽선이 완전히 없어진 그의 얼굴 모습이 인상적이다. 그는 아우구스투스 황제 이래 지켜진 은화의 순도를 최초로 떨어뜨린 장본인이면서, 로마 大 화재를 계기로 로마 제국 최초로 기독교를 박해한 황제라는 기록도 가지고 있다. 파란만장한 그의 일생에도 불구하고, 그는 불과 31세에 사망한다. 영국박물관 소장

둘라스 금광과 은광에서 채굴되는 금과 은의 양이 줄어들고, 비단이나 보석과 같은 동양의 사치품을 대량으로 수입하면서 제국의 첫 번째 위기가 찾아왔었다. 바로 네로 황제 때였다. 경제 위기가 찾아왔을 때는 황제가 주도적으로 나서서 이를 해결해야 했다. 하지만 네로 황제는 잘 알려진 대로 로마 제국 최악의 황제

로 황실의 재정 건전성에는 아예 관심조차 없었다.

엎친 데 덮친 격으로 네로 황제 때인 64년에는 로마 市 전체가 화재로 불타면서 로마 재건 비용까지 가중되었다. 결국 로마 정부는 어떤 식으로든지 조치를 취해야 했다. 로마 정부가 선택한 정책 옵션은 황실 지출을 줄이거나 검소한 생활로 재정 건전성을 확보하는 것도 아니었고, 새로운 금광을 찾아 나서는 건설적인 제국 확장 정책도 아니었다. 황실 재정을 기술 및 산업과 상업 생산에 투자하는 것은 더더욱 아니었다. 네로 황제의 정책 옵션은 화폐 발행 차익을 강제로 취하는 것, 즉 화폐 가치를 인위적으로 떨어뜨려 정부 재정을 보충하는 것이었다. 네로 황제의 이와 같은 정책 결정으로 거의 300년 동안 98%를 유지했던 데나리우스의 은 함유 순도는 A.D. 63년에 갑자기 93%로 떨어졌다.

이와 같은 로마 정부의 정책 결정은 이후 중세와 근대, 현대에 이르기까지도 엄청난 영향을 미쳤다. 네로 황제의 통화 가치 하락 정책은 이후 왕실과 정부가 부족한 재정을 보충하기 위한 주요 방편으로 활용되었다. 네로 황제는 통화 가치 하락을 통한 재정 부족 해결을 시도한 역사상 최초의 정부 인물인 셈이다. 네로 황제의 선례는 콤모두스 황제(93% → 70%), 카라칼라 황제(70% → 50%), 갈리에누스 황제(50% → 5%)로 이어지는 데나리우스 가치하락 연쇄반응의 첫 번째 고리였다.

영국 왕 헨리 8세가 수많은 전쟁으로 인해 부족한 왕실 재정을 보충하려는 목적으로 금화와 은화의 함량을 50% 이상 급격히 떨어뜨린 "통화 가치 大 하락 정책(Great Debasement: 1544~1551)", 독일 바이마르 공화국이 1차 대전의 패배로 전쟁 배상금을 지급하기 위해 1920년대 초에 엄청난 양의 신용 화폐를 발행하였던 사건도 따지고 보면 네로 황제가 그 시초이다.[7] 이와 같은 역사적 사건들은 옳고 그

---

7   헨리 8세의 통화 가치 大 하락 정책으로 순도가 높은 금화와 은화는 유통 과정에서 거의 완전히 사라졌고 물가는 치솟았다. 이에 따라 영국의 경제는 파탄 직전에 이르렀는데, 그의 딸인 엘리자베스 1세 여왕은 이를 해결하기 위해 불세출의 금융전문가 그래샴(Thomas Gresham, 1519~1579)을 채용하게 된다. "악화가 양화를 구축한다."라는 그래샴의 법칙은 이러한 배경하에서 탄생한 것이다. 그래샴 이전에도 지동설을 주장했던 폴란드의 코페르니쿠스(Nicolaus Copernicus, 1473~1543) 역시 1517년 『화폐론』에서 비슷한 주장을 하였다. 이 때문에 동부 유럽에서는 악화가 양화를 구축한다는 법칙을 그래샴의 법칙이 아니라 "코페르니쿠스의 법칙"이라고 부른다. 한편 영국의 화폐 개혁은 잉글랜드 은행이 출범하면서 대대적으로 이루어졌는데, 이를 "大 화폐 개혁(Great Recoinage, 1696년)"이라고 부른다. 이후 1717년에 「금과 은의 가치와 교환 비율에 관한 보고서」를 발표한 과학자 뉴턴(Isaac Newton, 1643~1727)의 영향으로 영국은 금·은과 화폐의

름을 떠나서 화폐의 주조권을 민간은행이 보유해야 한다는 주장의 가장 중요한 이론적 바탕이 되기도 하였다. 잉글랜드 은행과 미국 FRB 탄생은 네로 황제가 채택한 정책 옵션 때문에 생긴 것이라고 주장해도 결코 과장된 말은 아니라고 생각한다.[8]

특히 네로 황제를 전후한 시기부터 로마 시대는 검소함의 미덕이 완전히 사라졌다. 앞서 언급한 대로 초기 로마인들은 황금보다 명예를 목숨보다 중시한 이들이었다. 하지만 이러한 로마인들의 오래된 전통은 로마가 지중해 패권국가로 부상한 후, 특히 네로 황제를 전후한 1세기경에는 흔적도 없이 사라졌다. 1세기 후반에 활약한 제정 로마 시대 대표적인 시인 유베날리스(Decimus Iunius Iuvenalis, 55~140)는 그의 풍자시에서 로마는 이제 "칼보다 무서운 사치가 자리를 잡았고, 그리하여 정복된 나라가 복수를 가했다."[9]라고 갈파했다. 그는 더 나아가 "로마의 테베레강에는 오론테스(Orontes) 강물이 넘쳐난다."라고 개탄했는데, 이는 아시아의 향락 문화가 로마의 검소한 문화를 이미 집어삼켰다는 깊은 탄식이었다.[10] 유베날리스의 풍자는 로마 전역에 만연한 사치 풍조와 이로 인해 부족한 황금, 네로 황제의 실정, 1년여 만에 4명의 황제가 난립하는 당시의 경제적, 정치적 혼란 상황을 정확히 진단한 촌철살인이었다.

교환 비율을 지정(22캐럿 금 1트로이온스=3.17 파운드)하는 금·은 복본위제(bimetalism)를 채택하게 된다. 뉴턴은 당시 재무부 장관(Chancellor of Exchequer)이었던 찰스 몬태규(Charles Montagu, 1st Earl of Halifax, 1661~1715)의 추천으로 1696년에 조폐국 감독관을 역임하다 1699년 조폐국장으로 승진한 뛰어난 경제학자이기도 했다. 1717년에 뉴턴이 지정한 금 교환 비율은 200여 년 후인 1926년에 처칠이 1차 대전 후 금본위제로 북귀한 영국 파운드의 금 태환 비율로 그대로 채택하면서, 1929년 세계 대공황의 한 원인이 되기도 하였다. 영국은 결국 1931년에 파운드의 금 태환을 정지했다.

8   하지만 2008년 금융위기 시 미국 FRB의 무제한 양적 완화 정책 이후 각국 중앙은행이 경쟁적으로 추진했던 양적 완화 정책에 비추어 보면, 로마 제정의 데나리우스 발행 차익 정책과 같은 사태를 미연에 방지하기 위해서라도 정부가 화폐 주조권을 가져서는 안 된다는 전통적 뱅킹 이론이 얼마나 오랫동안 유지될 수 있을지 의문이긴 하다.

9   마키아벨리, 앞의 책(로마사론), p. 363

10   오론테스강은 시리아와 레바논을 흐르는 강이다. 유베날리스는 오론테스강을 아시아의 사치품 소비문화로 빗대어서 표현한 것이다. 피터 프랭코판, 앞의 책, p. 47

(3) 빚더미로 자식을 팔거나 자살하는 농민들

아울러 로마 군대의 주력이었던 자유농민이 이 시기부터 급속히 감소한다. 부채가 거의 없어 언제나 필요할 경우 군대 소집에 응했던 자유농민은 이 시기에 완전히 몰락의 길을 걷기 시작한다. 토지가 소수의 손에 집중되면서 농민의 토지 소유 규모가 급속히 감소했고, 화폐화가 진전되면서 농민이 부채의 덫에 완전히 걸려들었기 때문이다. 특히 부채를 갚지 못하면 무조건 노예가 되어야 하는 로마법 때문에 자유농민의 몰락이 가속화되었다.

부채로 인한 노예화는 이 시기 이후부터 심각한 사회문제였다. 예컨대 4세기경, 밀라노에 살았던 성 암브로즈(St. Ambrose, ?~397) 대주교는 빚더미로 인해 농민 부모가 자식을 팔아야 했고, 심지어는 자살까지 해야 했다고 기술했다.[11] "자유농민=군인"이라는 로마의 전통 시스템이 붕괴하면서, 로마는 돈을 주고 용병을 고용하는 시스템으로 전환하기 시작한다. 따라서 1세기 이후 로마에게 황금은 곧 군사력을 의미했다. 황금이 없으면 군대를 동원할 수도, 전쟁을 치를 수도 없었다.

그나마 로마 제국이 연명할 수 있었던 것은 혈통보다는 실력이 좋은 이들을 황제로 옹립하는 전통이었다. 재정 개혁을 주도했던 베스파시아누스 황제, 두 번째 성전을 점령하여 막대한 황금을 확보한 티투스 황제, 다키아 정벌을 통해 또 다른 황금 광산을 로마에 헌정한 트라야누스 황제들이 모두 로마 제국의 운명을 연장한 실력 있고 현명한 황제들이었다. 하지만 마르쿠스 아우렐리우스는 살아생전에 수많은 미덕을 지닌 사람들에게 숭상을 받고, 단 한 번도 미움이나 경멸을 받지 않는 성군으로[12] 철학이나 문학적 능력에서는 뛰어난 황제였을지 모르지만, 필자가 보기엔 제국의 경제적 기반에 대해서는 완전히 무지했다. 설상

---

11 David Graeber, *Ibid*, p. 284

12 마키아벨리, *앞의 책(군주론)*, p. 87

가상으로 후계자로 지명된 그의 아들 콤모두스 (Lucius Aelius Aurelius Commodus, 161~192, 재위 180~192)는 경제 상식은커녕, 금 부족으로 기울여져 가는 로마 제국을 부흥시키기에는 인품도, 실력도 턱없이 부족한 이였다. 마키아벨리도 콤모두스가 황제의 존엄성은 안중에도 없고 스스로 검투사와 투기장에서 싸우는 등 황제의 품위를 땅바닥에 내팽개친 인물이라고 혹평하였다.[13]

이런 콤모두스가 재정 건전성을 위해 했던 일이라고는 네로 황제의 조치를 반복한 것이 거의 전부였다. 즉 180년, 콤모두스 황제는 데나리우스 은화의 은 순도를 93%에서 70%로 떨어뜨렸다. 불가피한 측면이 있었지만, 근본적인 해결책은 아니었다. 오히려 은화 가치가 급격히 하락하면서 군인들의 실질 보수까지 하락하는 부작용까지 초래했다. 할 수 없이 콤모두스는 게르마니아 전쟁을 계속하라는 부친의 유언을 어기고, 전쟁을 서둘러 종결하였다. 그나마 게르마니아 정복 전쟁이 종결되면서 황실의 재정은 부친 때보다 나아졌을지는 모르겠다.

역사에 가정을 하는 것은 말도 안 되는 도발이지만, 만약 영화 「글래디에이터」에 나오는 스토리처럼 아우렐리우스가 막시무스를 후계자로 지명했으면 로마의 역사는 달라졌을까? 아니 막시무스는 실존 인물이 아니라 아우렐리우스와 공동 황제였던 베루스 (Lucius Verus, 130~169, 재위 161~169)를 모델로 한 가상의 인물이니, 만약 베루스나 혹은 제3의 다른 현명한 황제가 있었다면 로마 제국의 운명은 달라졌을까? 필자가 보기에는 대답은 단연코 "No"이다.

우선 유럽 제국에는 이제 남아 있는 금이 거의 없었으므로, 제국의 확장으로도 금을 확보할 가능성은 제로였다. 제국이 너무 비대했으므로 제국 유지비용도 만만치 않은 상태에서, 유럽 이외 지역으로 금을 얻기 위해 군사 행동을 하는 것도 현실적으로 가능하지 않은 옵션이었다. 기술 및 산업과 상업 생산 투자가 거의 유일한 정책 대안인데, 이런 선진적인 생각을 가진 황제가 나올 리도 만무하였다. 로마는 기본적으로 군사 대국이었지, 기술 및 산업이나 상업 강국이 아니

---

13 마키아벨리, 앞의 책(군주론), p. 89

었기 때문이다. 특히 농업적 전통과 명예를 중시하는 로마인들의 귀족 정서상, 페르시아의 다리우스 1세와 같은 철저한 장사꾼 마인드를 가진 황제의 등장이 과연 가능한 시나리오일까? 따라서 누가 황제가 되든 이 시기에 기술 및 산업과 상업 생산에 투자해야 한다고 생각하는 로마 황제가 나오기는 어려웠을 것이다. 결론적으로 180년을 전후한 이 시기 로마 제국의 경제적 상황은, 로마 역사를 통틀어 가장 현명한 황제인 아우렐리우스라 해도 본질적으로 해결이 불가능한, 그야말로 구조적 마비 상태였다. 이제 남은 이슈는 언제 로마가 붕괴하는지 뿐이었다.

우측 사진 설명: 유피테르를 조각한 로마 시대(AD 100년경) 대리석 조각상. 유피테르는 로마 제국의 권위를 상징하는 상징물로, 로마 시대에서 유피테르에 대한 숭배는 거의 집착에 가까울 만큼 병적이었다. 유피테르의 원래 명칭은 마르둑(Marduk)이다. 마르둑은 바빌로니아 최고의 신으로, 바빌로니아에서는 제우스 벨로스(Zeus Belos)라고도 불렀다. 바빌로니아의 수도 바빌론에서는 한가운데에 에테메난키 탑, 일명 바벨탑과 함께 제우스 벨로스의 신전인 에사길라(Esagila)가 있었다. 마르둑은 수메르 신화인 에누마 엘리쉬에서 태초의 모태 신인 티아마트를 죽이고, 제1신으로 등극한다. 그리스 사람들은 수메르와 바빌로니아 신화를 모방하여 제우스가 다른 11명의 올림포스 신들과 함께 타이타노마키 12신을 물리쳐 신들의 왕이 된다는 그리스 신화를 만들어 내었다. 로마도 그리스 신화를 그대로 계승하였는데, 다만 명칭은 제우스에서 유피테르라고 바뀐다. 한편 마르둑은 무수큐슈(mushkhushshu)라는 수호 동물을 데리고 다녔는데, 이 무수쿠슈는 바빌론의 이쉬타르의 문 옆 가운데에 부조되어 있다. 머리에는 뿔이 달려 있고, 목은 기다라며, 뒷발은 독수리 발톱을, 앞발은 사자 발톱을 가지고 있다. 무수쿠슈는 그리스 신화로 가면 독수리로 모양이 바뀌는데, 이 독수리는 나중에 로마 제국의 상징이 된다. 이후 로마 제국의 상징이 된 독수리는 나찌, 러시아, 미국 등이 차용하여 사용하게 된다. 러시아 에르미타쥬 미술관 소장

이쉬타르 게이트에 조각되어 있는 무수쿠슈의 모습. 앞발은 사자의 발을, 뒷발은 독수리 발톱을 하고 있는 모습이 인상적이다. 베를린 페르가몬 박물관 소장

(1) 콤모두스 황제, 제국 최악의 황제

180년. 아우렐리우스 황제가 사망했다. 후계자로 지명된 콤모두스는 네로 황제와 함께 로마 제국 최악의 황제였다. 193년. 콤모두스는 검투사 혹은 레슬링 선수로 알려진 용사 나르키수스^(Narcissus)에게 암살되었다. 그가 검투사에게 암살당한 사실은 2000년에 개봉된 영화 「글래디에이터」 스토리 라인의 모티브가 되기도 했다. 하여튼 그가 사망한 193년 한 해 동안 로마 황제는 무려 3명이었다. 혼란기를 안정시킨 세베루스 황제^(Septimius Severus, 145~211, 재위 193~211).

그는 북아프리카 총독 출신답게 주요 군단을 장악하여 로마 제국의 안정을 가져왔다. 하지만 그의 안정은 경제적 안정이 아니라 군대를 통한 무력 안정이었다. 쿠데타를 통해 집권하면서 세베루스는 어떻게든 군인들을 자기편으로 끌어들여야 했다. 결국 세베루스는 로마의 경제적 체력이 바닥난 최악의 상태에서, 군단에 소속된 병사들의 연봉을 300 데나리우스에서 375 데나리우스로 25%나 올렸다. 세베루스의 연봉 인상은 이전 황제의 조치와는 완전히 차원이 달랐다. 이전 황제는 인상된 연봉을 적립했다가 퇴직할 때 지급하는 조치였던 반면, 세베루스의 연봉 인상은 즉시 지급이었다. 다시 말해 엄청난 양의 재정이 즉시 소요되는 구조였다. 군단 수도 30개에서 33개로 늘렸다.

세베루스에 이어 황제가 된 그의 아들 카라칼라 황제^(Caracalla, 188~217, 재위 211~217) 또한 212년, 속주민에게 로마 시민권을 '자동으로' 부여하는 안토니누스 칙령을 발표했다. 이 조치는 대중적 인기몰이와 같이 정치적으로는 환호 받을 일이었는지 모르지만, 경제적으로는 재앙에 가까운 결과를 초래했다. 왜냐하면 속주민에게서 징수했던 속주세^(1/10 稅, 데시마:decima)가 세원에서 사라졌기 때문이다. 특히 군단에 소속된 속주 출신 보조병들이 이 조치를 통해 정규군으로 바뀌면서 33개 군단 정규군이 20만 명에서 40만 명으로 갑자기 두 배가 늘어났다. 재정 부담이 급증할 수밖에 없었다.

세베루스와 바로 뒤이은 카라칼라 황제의 조치는 필자가 보기엔 경제적 측면에서 로마 황실의 자살행위에 가까웠다. 왜냐하면 세수 감소와 제국 확장의 중지로 인해 황제가 보유하는 황금이 갈수록 줄어드는 상태에서, 연봉 인상과 속주민의 정규군화로 황실이 필요한 황금은 더 늘어났기 때문이다. 결국 이들 조치로 인해 로마 제국은 황제의 힘보다 군단의 힘이 더 강해졌다. 세베루스 황제 가문이 멸족하면서 군인 황제 시대^(235~285)가 도래한 것은 결코 우연이 아니었다.

카라칼라 황제도 군사 대국화로 인한 재정 부담이 심각하다는 것을 몸으로 느끼고 있었다. 그는 어떻게든 조치를 취해야 했다. 카라칼라 황제의 조치는 네로 황제나 콤모두스 황제의 조치와 같았다. 즉 화폐 발행 차익을 강제로 취하는 것이다. 214년, 카라칼라 황제는 데나리우스 은 함유량을 기존의 70%에서 50%로 내렸다. 아울러 카라칼라 황제는 은 함유량 50%, 동 함유량 50%의 주화로 2 데나리우스 가치로 고정한 "안토니니아누스^(Antoninianus)"라는 새로운 화폐를 215년에 발행했다.¹

콤모두스와 카라칼라의 이와 같은 화폐 개혁은 종전의 네로 황제와는 차원이 달랐다. 네로 황제의 화폐 개혁은 은의 순도를 98%에서 93% 인하하는 것으로, 논란의 여지는 있지만 급격한 수준은 아니었다. 64년 화폐 개혁 후 100여 년 동안 이 비율이 유지되기도 했다. 달리 말하면 로마 황실은 이 순도를 유지하기

---

1 카라칼라 황제는 재정 건전성을 위해 200년 동안 유지된 로마 시민세 5%를 10%로 올리는 조치를 취하기도 했다. 로마 시민세는 200년 동안 5%였으나, 카라칼라 황제가 안토니누스 칙령을 통해 처음으로 10%로 인상한 것이다. 하지만 속주민을 모두 속주에서 해방하였으므로 속주세가 폐지되는 효과가 있어, 세수 증대 효과는 그리 크지 않았다.

위해 적절히 황실과 제국 운영에 따른 재정지출을 통제했다는 뜻이기도 했다. 하지만 콤모두스와 카라칼라 황제의 화폐 개혁은 그야말로 본말이 전도된 화폐 개혁 조치였다. 즉 이 조치는 로마 황실과 제국의 유지비용을 증가시키기 위해 로마 황제는 언제든지 급격한 화폐 가치 하락을 인위적으로 단행할 수 있다는 의미였다.

콤모두스(Commodus, 161~192) 황제 시절 주조된 동화. 이 동전은 4 AS로 표시되어 있는데, 이는 4 아스(as)라는 뜻이다. 180~191년경, 스파르타 출토. 영국박물관 소장

설상가상으로 제국 주변의 정세도 급변하고 있었다. 우선 300년 가까이 로마 제국의 가상 적국이던 파르티아(Parthia)가 무너지고, 226년에 사산조 페르시아가 등장했다. 파르티아는 알렉산더 대왕 이후 이주한 그리스인들과 스키타이 계통의 기만 민족들이 세운 중계 무역 국가로, 쉽게 말하면 고대 이라크 왕국이었다.[2] 로마 황제들은 파르티아를 가상 적국으로 삼기는 했지만, 파르티아를 멸망시켜야 하는가에 대해서는 로마 내부에서는 의견이 갈렸다. 우선 카이사르가 이집트를 정벌한 이후부터 로마는 이집트 동쪽 지역에 대한 관심이 급격히 고조되었다. 이 때문에 카이사르는 수도를 로마에서 고대 트로이가 위치해 있던 곳으로 옮기려고 시도한 적도 있다. 트라야누스 황제 또한 실제로 캅카스 지역을 넘어 파르티아로 쳐들어가 바스라까지 나아간 적도 있었으니까, 로마 황제에게 파르티아는 정벌 1순위이긴 하였다.

2 　파르티아는 이후 사산조 페르시아에게 멸망한다. 사산조 페르시아는 이후 이슬람 제국에게 멸망당하고, 이후 몽골과 티무르가 이 땅을 지배했다. 이후 등장한 이스마일 1세의 사파비 왕조(1502~1736)는 타브리즈(이후 이스파한)를 수도로 삼고 페르시아 전역과 오늘날 이라크, 튀르키예 동부, 아제르바이잔, 조지아 등을 지배하는 제국으로 부상하여 오늘날 이란의 원형이 된다. 대표적으로 사파비 왕조는 페르시아의 전통 종교였던 조로아스터 교 대신 시아파 이슬람을 국교로 선포한다. 사파비 왕조 이전 페르시아 지방에서는 수니파가 대세였는데, 이스마일 1세는 수니파를 극단적으로 탄압하며 왕조를 시아파 국가로 변모시켰다. 사파비 왕조는 군사는 튀르크 계열, 행정은 페르시아 계열 민족으로 분업 체계를 구축하여 왕조를 운영했다. 하지만 18세기 중엽 오스만 제국과 러시아 제국의 침략으로 버티지 못하고 결국 내분으로 멸망한다. 내분을 주도한 이는 현직 성직자였는데, 성직자가 나라를 통치해야 한다는 현재의 이란 통치 철학에 큰 영향을 미쳤다.

하지만 원로원은 생각이 달랐다. 예컨대 1차 3두 정치를 시행한 정치인 중 크라수스는 BC 53년 파르티아를 정벌하는 과정에서 마지막 카레 전투^(Battle of Carrhae) 중 사망하였는데, 이 전투는 원래 로마 원로원이 반대한 전쟁이었다. 왜냐하면 파르티아가 멸망하는 경우 이 지역에 새로운 통일 국가가 들어설 텐데, 이 새로운 국가가 로마와 군사적으로 대치하는 것을 원로원이 원하지 않았기 때문이다. 파르티아도 로마라는 거대한 시장을 인접 지역에 두고 긴장된 평화를 유지하면서, 로마에 물건을 파는 교역을 수행하는 편이 국익에 훨씬 도움이 되었다. 특히 파르티아는 동방의 비단을 로마에 파는 핵심 중계 국가로, 로마와 필요 이상의 적대적 관계를 유지할 필요가 없었다.

파르티아에 있던 상업의 신 머큐리(Mercury) 신전의 머큐리 조각상. 그의 오른손에는 황금이 들어 있는 돈 자루가 들려져 있고, 발목에는 머큐리의 상징인 날개가 달려 있다. 얼굴의 수염과 두건 비슷한 왕관은 그리스나 로마의 신이 어떻게 현지화되었는지 잘 보여준다. AD 1세기경, 이란 마스지드-이 슐레이만(Masjid-i Suleiman) 출토. 영국박물관 소장

(2) 사산조 페르시아, 로마 황제를 포로로 잡다!

하지만 세베루스 황제는 이와 같은 전략적 가치를 지닌 파르티아의 수도 크테시폰^(Ctesiphon)을 198년 본인이 직접 함락시켰다. 수도 함락으로 파르티아의 세력이 급속히 약해지면서 결과적으로 이 지역에 새로운 세력인 사산조 페르시아가 급성장하는 것을 도와준 꼴이 된 것이다. 특히 사산조 페르시아를 세운 아르다시르 1세^(Ardashir I, 180~241)는 알렉산더 대왕이 멸망시킨 고대 페르시아 제국의 정체성을 확고히 하고 그 부활을 내세웠으므로, 로마 제국과 군사적 충돌이 불가피했다.

역설적으로 사산조 페르시아 국부의 원천은 중국에서 인도를 거쳐 로마로 가

는 비단이었다. 파르티아 멸망을 전후한 시점에 비단을 통한 중계 무역으로 사산조 페르시아는 엄청난 돈을 벌고 있었다. 특히 아르다시르 1세는 당시 막강했던 지방 토후들의 권한을 무력화시키고, 세금 징수를 중앙정부로 단일화했다. 상인과 시장에 대한 중앙정부의 통제도 강화했다. 심지어 시장에서 상인은 중앙정부가 배정한 특정 구역 밖에서는 장사할 수가 없었다. 지금까지 남아 있는 사산조 페르시아 행정 관리자들이 사용하던 수천 개의 도장은 당시 그 개혁이 얼마나 철저하게 이루어졌는지 보여 주는 확실한 반증이다.[3] 그 결과 비단과 같은 사치품의 장거리 교역에서 발생한 막대한 규모의 세금과 운송 수수료가 중앙으로 집결되었고, 이를 바탕으로 재정이 튼튼해지자 사회적 인프라를 구축하고 대규모 군인을 모은 후 훈련하였다.

이렇게 구축된 국력을 바탕으로 244년에는 아르다시르의 아들인 샤푸르 1세 (Shapur I, 215~270)가 로마 황제 고르디아누스 3세 황제(Gordian III, 225~244)를 오늘날 이라크의 안바르(Anbar) 근방인 미시케(Misiche)에서 격파했다. 소아시아의 핵심 경제 도시이면서 시리아 속주의 중심 도시인 안티오키아는 252년 샤푸르가 점령한 후 군데샤푸르(Gunde-Shapur), 즉 "샤푸르의 도시"로 이름이 아예 바뀌었다. 260년에는 로마 황제 발레리아누스(Valerian, 200~260, 재위 253~260)가 사산조 페르시아의 샤푸르 왕과 전쟁 중 포로로 잡히는 사상 초유의 일까지 일어났다! 로마 황제가 전투 중 사망한 일은 있었지만, 전투에서 패배하여 포로로 잡힌 일은 로마 역사상 이 건이 처음이었다.[4] 사산조 페르시아의 영토는 동방으로도 깊숙이 확장되어, 멀리 파키스탄의 고지대 요새라는 뜻의 요충 도시 페샤와르(Peshawar)까지 미치고 현재 신장 위구르 지역의 서쪽 끝인 카슈가르 지구와 현재 우즈베키스탄의 수도인 타슈켄트의 경계까지 닿았다.[5]

3　피터 프랭코판, *앞의 책*, p. 54

4　　로마는 이 전투의 설욕을 위해 카루스(Marcus Aurelius Carus, 222~283) 황제가 사산조 페르시아를 침공하여, 283년에 크테시폰을 다시 함락시킨다. 카루스 황제는 크테시폰 함락 후 사산조 페르시아 영토 깊숙이 들어가 정복 전쟁을 수행하다가, 텐트에 내려친 벼락 때문에 어이없이 사망한다.

5　피터 프랭코판, *앞의 책*, p. 72

사산조 페르시아 동전. 위쪽 가운데(①)와 중간의 3번째 동전(②)은 사산조 페르시아의 국교였던 조로아스터교의 상징인 불. 나머지 동전에 새겨진 인물은 사산조 페르시아의 왕들. 사산조의 아르다시르 1세(Ardasir I, 재위 224~241)부터 야즈데게르드 3세(Yazdegerd iii, 재위 631~651) 시대 동전. 영국박물관 소장

(3) 설상가상

설상가상으로 250년을 전후한 시기에는 지구 전체의 기후가 추워지기 시작했다. 이 기후 변화는 초원 지대에 파괴적인 영향을 초래했고, 자원 쟁탈을 위한 초원 지대 민족의 대이동을 가져왔다. 초원 지대 민족의 대이동은 동쪽과 서쪽을 가리지 않았다. 둔황 부근에서 발견된 소그드 상인의 편지에 따르면 4세기 초, 식량 부족과 기근으로 도시가 약탈당하고 굶어 죽는 사람이 너무 많아, 마치 세상에 종말이 온 것 같다고 하였다.[6] 당시 강국이던 사산조 페르시아도 예외는 아니었다. 캅카스 산맥을 넘어온 파괴적인 민족 이동으로 메소포타미아, 시리아, 소아시아의 도시들도 무차별 약탈의 대상이 되었다. 심지어 서로 적국이던 사산조 페르시아와 로마는 동맹을 맺고, 캅카스 산맥을 가로지르는 200㎞의 거

---

6   피터 프랭코판, *앞의 책*, p. 90

대한 성벽을 쌓고 공동 방어에 나서기도 했다.

초원 지대 민족 이동은 서쪽으로의 민족 이동도 촉발했다. 그 결과 로마인들이 바르바리(barbari)라고 부르던 이민족의 침입까지 대규모로 이루어지기 시작했다. 로마인들은 바르바리를 제국과 가까운 이민족(바르바리 수페리오르, barbari superior)과 제국에서 멀리 떨어진 이민족(바르바리 인페리오르, barbari inferior)으로 구분하고 있었다. 가까운 야만족은 라인강과 다뉴브강 동쪽의 마르코마니족(Marcomanni tribe), 알레마니족(Alemanni tribe), 콰디족(Quadi tribe), 야지게스족(Iazyges tribe) 등이었고, 먼 야만족은 그들보다 동쪽에 거주하는 사르마티아족(Sarmatian tribe), 랑고바르드족(Langobardi tribe), 반달족(Vandals tribe), 고트족(Goth tribe), 프랑크족(Franks tribe), 색슨족(Saxsons tribe), 앵글족(Angles tribe) 등이었다. 아마 이 시기 로마인들은 먼 이민족의 경우에는 이름조차 처음 들었을 것이다.

하여튼 250년을 전후한 시기에 지구 전체의 기후가 추워지기 시작하면서 로마 국경에서 멀리 떨어진 이민족들이 식량을 찾아서 남서 방향으로 대규모 이동을 시작했다. 이에 따라 252년부터 253년의 1년 동안 로마 제국으로 유입된 이민족은 무려 30만 명에 이르는 엄청난 규모였다. 특히 다뉴브강 쪽으로 남하한 고트족은 강성한 로마 육군을 피해, 흑해와 소아시아 앞 바다인 에게해를 해적질로 유린했다.

260년에는 갈리아 지방으로 유입된 프랑크족과의 전투에서 승승장구하여 민심을 장악한 게르만 군단장 포스트무스(Postumus, ?~269)가 갈리아 제국을 앞세워, 발레리아누스 황제의 아들로 공동 통치를 하고 있던 갈리에누스 황제(Gallienus, 재위 253~268)에 반기를 들었다. 이제 로마 제국은 두 개로 분열되었다. 갈리아 지방의 수복을 포기한 갈리에누스 황제는 게르마니아 장벽의 방어를 아예 이민족인 알레마니족에게 맡겨 버렸다. 이 와중에 260년 발레리아누스 황제가 포로로 잡힌 사건을 빌미로, 사막의 베네치아라고 불리던 동쪽의 시리아에 위치한 팔미라(Palmira)의 오데나투스(Odaenathus, 220~267) 왕의 왕후였던 제노비아(Zenobia, c.240~c.274)가 왕국으로 독립해 버렸다. 제노비아는 자신을 이집트 클레오파트라의 여왕이라고 자처하면서, 그 북쪽의 아나톨리아와 그 남쪽의 팔레스타인^(Palaestina)을 정복하더니 로마의 곡창지대로 황제 직속령이었던 이집트까지 접수하였다.[7]

(4) 데나리우스 은화, 깡통이 되다

갈리에누스 황제는 이처럼 제국이 3등분 되는 최악의 로마 재정 상황에 직면하였고, 이에 따라 데나리우스 은화의 은 함유량을 기존의 50%에서 5%로 급격히 내릴 수밖에 없었다. 갈리에누스 황제의 조치로 데나리우스는 더 이상 은화가 아니라 은 도금 동전으로 전락했다. 이제 로마 제국은 3등분 된 늙은 종이호랑이일 뿐

로마 황제 데키우스(Trajan Decius, 201~251, 재위 249~251)가 게르만족을 상대로 승리한 전투를 기념해 만든 은화 동전. 좌측은 데키우스 황제의 모습이고, 우측은 말을 탄 데키우스 황제가 개선하는 모습. 이처럼 로마 변방에 위치한 게르만족들은 기후변화로 인해 3세기 중엽이 지나면서 본격적으로 로마 국경을 넘어 침범하기 시작했다. 이 때문에 3세기 이후 로마 황제들은 게르만족들을 변방에서 쫓아내는 것이 거의 일상 업무가 되었고, 전투에서 승리할 때마다 VICTORIA GERMANICA라는 동전을 찍었다. AD 250년경. 영국박물관 소장

이었다.

271년, 분열된 제국을 통일하기 위해 아우렐리아누스 황제^(Aurelian, c.214~275, 재위 270~275)는 대규모 황금 산지인 다키아 지역에서 로마 군단을 철수시켰다. 아우렐리아누스 황제의 전략대로 274년 제국은 다시 통일되지만, 황금 산지였던 다키

7 　270년 로마 황제가 된 아우렐리아누스(Lucius Domitius Aurelianus, 214~275)는 팔미라의 제노비아를 눈엣가시처럼 여기고, 273년에 팔미라 왕국을 정복한다. 제노비아는 이후 행적이 묘연한데, 포로로 잡혀서 처형당했다는 설도 있고, 로마 귀족과 결혼한 후 티볼리(Tivoli)에서 여생을 마쳤다는 설도 있다. 제노비아는 자신의 초상화가 새겨진 주화도 주조했고, 기독교나 유대교에 관대했으며, 자신의 궁전을 학자들과 철학자들에게 개방할 정도로 지적인 여성 군주로 알려져 있다.

아 지역은 다시는 로마 제국으로 편입되지 않았다. 금 부족으로 시작된 제국의 위기라는 절체절명의 순간에, 금의 주요 산지였던 다키아를 포기하는 이해할 수 없는 일이 벌어진 것이다. 제국의 분열을 통일하기 위한 전략적 희생양으로 황금 산지였던 다키아를 포기한 것이 과연 현명한 판단이었을까?

하여튼 카라칼라 황제가 등극한 211년부터 군인 황제로서 마지막이었던 카리누스 황제[Carinus, ?~285, 재위 282~285]가 사망한 285년까지 황제는 모두 22명이었다. 황제 재위 기간이 평균 4년이 안 되는 극도의 혼란기였던 셈이다. 제국의 분열과 사산조 페르시아의 등장, 이민족의 대거 유입으로 재정 상황도 최악이었다. 군인 황제 말기 로마 제국의 낮은 세율로는 더 이상 제국을 유지할 수 없는 지경에까지 이르렀다.[8]

특히 284년에 황제로 등극한 디오클레티아누스[Diocletian, 244~311, 재위 284~305]는 로마 제국 전체를 4개의 구역으로 나누고 황제 4명이 다스리는 이른바 "4두 정치"를 시작했다. 이 체제를 통해 제국의 치안은 일시적으로 안정은 되었지만, 문제는 병력수였다. 즉 4두 정치체제하에서 황제가 4명이 되자 군단 수가 급증한 것이다. 한 기록에 따르면 305년에는 군단 수가 기존의 33개에서 66개로 2배 급증하면서 로마 정규군은 60만 명을 넘어섰다.[9] 4개 황제가 별도의 관료 체제를 운영하면서 행정비용도 단순 계산으로 4배는 증가했을 것이다. 로마 황제는 전통적으로 세금 인상에 본능적으로 거부 반응을 보였지만, 더 이상 방법이 없었다.

마침내 로마 정부는 디오클레티아누스 황제 재위 기간인 3세기 말부터 농작

---

8 로마의 세금은 옥타비아누스 황제가 기초를 다지면서 제국의 위기가 가시화된 3세기 말 이전 200년 동안 매우 단순하고 세율 또한 낮게 유지되었다. 정복지가 많고 계속해서 황금이 유입되었기 때문이다. 다만 세금을 납부하는 이들은 약 1억 명 정도였던 것으로 추정된다. 요컨대 세금을 내는 사람은 많았고, 세율은 낮았다. 디오클레티아누스 황제 이전까지 로마의 세금은 다음과 같았다. ① 속주민에게 부과된 속주세: 10%(데키마, decima), ② 관세(포르토리아, portoria): 1/20(비케시마, vicesima), 비단·보석 같은 동양의 사치품 25% ③ 매상세(일종의 소비세): 1%(켄테시마, centesima) ④ 로마 시민권에만 부과된 시민세: 5% ⑤ 상속세: 5% ⑥ 노예 해방세: 5%. 이 중에서 가장 대표적인 세금이 속주세와 매상세였다.

9 시오노 나나미는 병력수의 급증이 변방을 지키는 군단 수가 증가한 것이 아니라, 황제가 4명이 되면서 황제 직속의 군인 7만여 명이 증가하면서 전체적으로 60만 명에 이른 것이라고 주장했다. 시오노 나나미, 『로마인 이야기 13』, p. 64

물에 대한 세금을 올리기 시작했다. 4세기가 되면 잉여 농산물의 ⅓이 세금으로 징수되고, 흉작이 드는 경우 잉여 농산물 전부를 로마 정부가 가져갔다. 나아가 로마 전역에 위치한 농지, 초지, 과수원 등의 토지를 닥치는 대로 발굴하여 세금을 부과했다. 세금 부과는 마을 단위였기 때문에 다른 사람이 세금을 내지 못하면 마을의 다른 사람이 세금을 부담했다. 한 기록에 따르면 4세기에는 세금을 내는 사람 수보다 세금을 걷는 사람의 수가 더 많아졌다.[10] 급기야 4세기 중반인 332년에는 로마 정부가 농민들의 이동을 금지했다. 마을 사람들도 이웃의 눈치를 보면서 가급적이면 이동을 자제했다.

로마 제국의 이와 같은 행태는 중세에도 그대로 이어져, 중세 시대 교역 침체와 자급자족 장원경제의 결정적 원인이 되기도 했다. 토지에 대한 세율도 324~364년 기간에 두 배가 올랐다.[11] 4세기 로마의 이와 같은 혹독한 농민 세금은 중세에도 그대로 이어졌다. 중세의 경우 농민이 지주에게 내는 세금은 50%가 기본이었다. 심한 곳은 70~80%까지 세금을 내는 곳도 결코 적지 않았다. 중세의 영주는 이 세금이 농민들의 안전과 치안을 보장하는 치안세라고 둘러댔다.

하지만 이 세금은 치안세가 아니라 로마 말기 최악의 재정 상태를 벗어나기 위한 로마 정부의 최후 발악이 그 기원이었다. 나아가 로마 시민들에 대한 부역 동원도 급격히 증가하였다. 로마 정부가 필요하다고 판단한 선박 건조, 도로 건설, 도시 보수 등에 무차별적으로 시민들의 노동이 강제로 동원되었다. 심지어는 재정 확충을 위해 여성에게도 인두세를 부과했다.

세금이 가중되고 부역이 증가하면서 로마 제국에서 탈출하는 이들이 늘었고, 결국 로마 제국의 인구는 감소하기 시작했다. 특히 250년 이후부터 지구 전체가 추워지면서, 농업 생산량이 급격히 감소하였다. 설상가상으로 추위가 시작되자 동아시아와 중앙아시아에 거주하던 유목민족인 훈족이 남서쪽으로 이동

---

10 시오노 나나미, 『로마인 이야기 13』, p. 99

11 Joseph A. Tainter, 『Collapse and Sustainability: Rome, the Maya, and the Modern World』, Archeological Papers of the American Anthropological Association, 2014, Vol.24(1), pp. 201~221

했다. 이들의 이동은 연쇄적으로 중앙과 북유럽에 거주하던 민족들을 압박하여 로마 제국 내로 대대적으로 밀려서 이동하는 민족 대이동을 촉발했다. 하지만 로마는 이를 방어할 병력의 절대 숫자도 부족했고, 게르만 용병의 충성심을 유지할 충분한 황금도 없었다. 로마 제국의 변방은 이제 사실상 이민족들의 차지가 되었다.

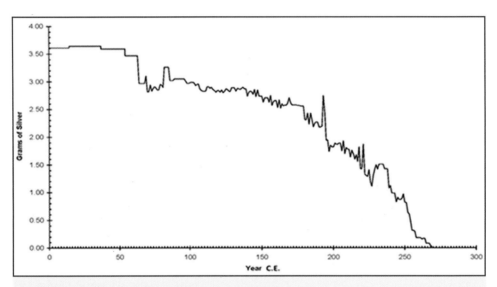

데나리우스 은 함유량 추이(0~300). 로마의 기본 통화인 데나리우스는 BC 270년을 전후한 시점에 은 함유량이 "제로"가 된다. 출처: Joseph A. Tainter, 『*Collapse and Sustainability: Rome, the Maya, and the Modern World*』

특히 데나리우스의 가치는 이제 회복 불가능한 상태로 감소하였다. 은 함유량을 5%로 떨어뜨린 갈리에누스 황제 조치 이후의 270년을 전후한 시기에, 데나리우스가 함유한 은의 무게는 사실상 제로였다. 이제 데나리우스는 더 이상 화폐의 기능을 할 수 없었다. 심지어 로마 정부도 데나리우스를 세금으로 받지 않았다. 바빌로니아 제국 주변의 동방 국가 역시 로마 제국의 데나리우스 동전을 더 이상 환전해 주지 않았다. 문제가 심각해지자 디오클레티아누스 황제는 294년에 화폐 개혁을 단행해 은 함유량이 93%인 아르겐테우스(argenteus) 은화를 발행했다.

하지만 발행 즉시 시장에서 사라졌다. 따라서 아르겐테우스는 화폐로서의 기능을 거의 하지 못했다. 악화가 양화를 구축한 그래샴의 법칙, 코페르니쿠스의 법칙이 그대로 나타난 역사상 최초의 사례였다. 은화가 사라지자 디오클레티아누스 황제는 청동으로 만든 동전에 은으로 코팅을 한 대략 10그램짜리 동전을 발행하는데, 이를 누무스^(nummus) 혹은 폴리^(follis)라고 불렀다. 시쳇말로 무늬만 은화 동전이었다. 발행 당시 은 함유량은 3% 내외였지만, 나중에는 은 함유량이 거의 제로가 된다.

(5) 역사상 최초의 가격 통제까지

이처럼 대량의 불량 은화가 발행되고

유통되면서 밀값이 폭등했다. 아니 정확히 말해 데나리우스 가치가 폭락하면서 밀의 표시 가격이 폭등하였다. 이를 막기

데나리우스 가치가 거의 제로가 되면서 청동으로 만든 동전의 가치가 은화 데나리우스보다 더 비싼 기이한 현상이 일어났다. 즉, 동전을 주조하는 것이 경제적으로 의미가 없어진 것이다. 이에 따라 타키투스(Tacitus, 200~276) 황제 시절인 275~276년경에 동전 주조는 완전히 중단된다. 왼쪽 동전은 253~260년경, 갈리에누스(Gallienus, 218~268) 황제 시절 동전 세스테르티우스(sestertius). 오른쪽 동전은 253~260년경, 발레리아누스(Valerianus, 200~260) 황제 시절 8 아스(as) 혹은 2 세스테르티(sestertii) 동전이다. 영국박물관 소장

위해 301년에 디오클레티아누스 황제는 밀을 포함하여 로마 제국 내의 모든 물품과 서비스에 대한 최고 가격제를 시행했다. 예컨대 도금한 여성 샌들에서부터 자주색의 바빌론식 단화에 이르기까지, 적어도 스물여섯 종류의 신발에 대해서

도 조세 감독관은 상한 가격을 매겼다.[12] 디오클레티아누스의 최고 가격제는 역사상 최초의 사회주의적 가격 통제 제도였다. 그만큼 절박했다는 뜻이다. 디오클레티아누스 황제는 그 절박함 때문에 역사상 최초로 최고 가격제를 통해 세상을 다 뒤집어엎어 버린 것이다.

하기야 최고 가격제는 역사상 가장 자본주의적인 미국에서도 실시한 적이 있는 매우 효과적인 정책 수단이기는 했다. 뭐라고? 정말? 1971년 8월, 당시 미국 대통령인 닉슨은 연간 인플레이션 5%를 억제하기 위해 거의 모든 상품에 대해 최고 가격제도를 시행한 적이 있다. 이 제도는 1974년까지 지속되었고, 석유제품에 대해서는 카터 행정부가 1979년 4월에 폐지하기 전까지 무려 8년 가까이 유지되었다.

가장 자본주의적인 국가인 미국도 시행한 제도를 로마가 못할 이유는 없는 것이다. 로마가 보기에 가장 중요한 밀의 경우도 최고 가격제가

디오클레티아누스 황제가 발행한 누무스(nummus). 청동 동전에 은으로 코팅한 동전이다. 295년경, 트리에(Trier) 출토. 영국박물관 소장

당연히 적용되었다. 하지만 소용이 없었다. 301년 로마 제국에서 밀이 가장 풍부했던 이집트에서 밀 9kg의 가격은 1,000 데나리(denarii)가 안 되었으나, 불과 40년도 안 된 338년에 밀 가격은 10배가 치솟은 10,000 데나리였다.

이제 인플레이션은 통제 불능이었다. 오히려 가격 통제로 인해 모든 경제 활동이 지하 경제로 숨어들었다. 나아가 디오클레티아누스 황제는 금 부족 문제를 해결하기 위해 1 로마 파운드의 황금에 6만 데나리의 가격을 지급한다고 선언하

---

12 · 피터 프랭코판, *앞의 책*, p. 56

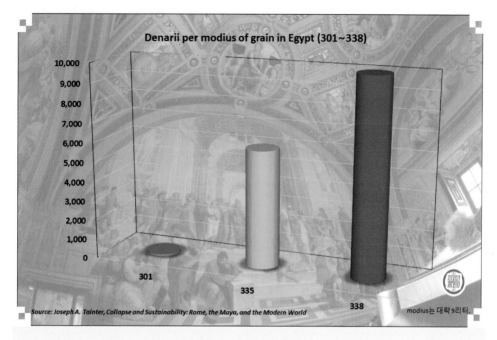

Denarii per modius of grain in Egypt (301~338)

10,000
9,000
8,000
7,000
6,000
5,000
4,000
3,000
2,000
1,000
0

301   335   338

Source: Joseph A. Tainter, Collapse and Sustainability: Rome, the Maya, and the Modern World

modius는 대략 9리터.

로마 밀 가격 추이(301~338)

면서 금을 의무적으로 국가에 팔 것까지 명령했다. 하지만 은이 함유되어 있지
않은 데나리우스를 받고 누런 황금을 로마 황실에 바칠 정신 나간 사람이 누가
있나? 로마의 전통 금화였던 아우레우스 또한 무게가 ⅓로 줄어든 트레미시스
(Tremissis)로 바뀌었다.[13] 더 나아가 원래 데나리우스보다 낮은 화폐 단위였던 동화
아스의 실제 가치가 시장에서 데나리우스보다 더 높게 매겨지면서, 화폐 질서가
사실상 완전히 붕괴되었다. 그 결과 로마는 고대 물물교환 체제로 되돌아갔다.
리디아 금융 제국이 전파하여 유럽 전역에 정착된 동전과 화폐 문화가 1,000년
만에 사라진 것이다. 디오클레티아누스 황제의 모든 노력은 수포로 돌아갔다.
그는 자포자기 상태로 황제에서 퇴임한 후 크로아티아 해변에서 다음과 같은 편
지를 썼다고 한다. "살로나에 오게. 와서 내가 심은 양배추를 봐. 이걸 보면 다시

---

13 트레미시스(Tremissis)는 ⅓이라는 뜻의 라틴어이다. 테오도시우스 황제 때인 380년대에 유행한 소형 금화로 무
게는 약 1.5그램이었다. 8~9세기까지 이탈리아에서 주조되고 사용되었으나, 유럽의 황금이 감소하면서 그 뒤로는 자취를
감추었다.

는 권력 주변을 기웃거리지 않게 될 걸세."[14]

이처럼 4세기에 접어들자 더 이상 로마 제국은 유지가 불가능했다. 330년 콘스탄티누스 대제(Constantine the Great, 272~337, 재위 306~337)는 제국의 수도를 로마에서 새로운 로마, 노바 로마(Nova Roma)인 콘스탄티노플로 옮겼다. 콘스탄티노플 황제의 천도는 사실상 로마가 구제 불능임을 만천하에 알리는 공식적인 사망선고나 다름없었다. 콘스탄티노플은 로마의 모든 것을 그대로 재현한 도시였다.

395년에는 테오도시우스 황제(Theodosius I, 347~395, 재위 379~395)가 죽으면서 제국은 다시 동쪽과 서쪽으로 갈라졌다. 그나마 동로마는 콘스탄티누스 대제의 화폐 개혁 이후 금화였던 솔리더스의 순도를 엄격히 유지하고, 동방과의 교역에 집중하면서 어느 정도 풍부한 재정을 유지할 수 있었다. 하지만 서로마는 정부의 재정이 거의 바닥나면서 현재의 금융 용어로 정부 디폴트 상태와 다름없었다.

(6) 훈족의 결정타와 서로마의 멸망

로마 경제가 최악으로 치닫는 이때 하필 동쪽의 훈족이 서북쪽으로 이동하면서, 훈족의 이동 경로에 놓여 있던 로마 국경 바깥의 여러 민족들이 연쇄적으로 이동하기 시작했다. 훈족의 이동이 왜 시작되었는지 정설은 없지만, 날씨가 추워졌던 기후 변화가 가장 큰 영향을 미쳤던 것으로 추정된다. 하여튼 훈족의 이동은 쇠퇴 일로를 걷고 있던 로마 처지를 감안하면 사실상 확인 사살에 가까운 사건이었다. 통화 가치 하락으로 인해 경제가 마비되고 재정이 바닥난 와중에, 훈족이 로마 내로 유입되면서 유럽 전체가 전쟁의 소용돌이에 말려들었기 때문이다. 날씨가 갑자기 추워진 전 지구적 기후 변화로 기마 민족이 북쪽을 차지하자, 한족이 피난 가듯이 남쪽으로 이동하면서 정착한 덕분에 오히려 양쯔강 이남이 개발되어 경제적으로 급속히 발전한 중국과는 완전히 반대 양상이 전개

---

14   피터 프랭코판, *앞의 책*, p. 57

된 것이다.

훈족은 370년경 카스피해 근처의 중앙아시아를 돌파하여 점령하더니, 400년경에는 흑해 북부까지 들어왔다. 흑해 유역에 거주하던 고트족은 무시무시한 훈족에 밀려 다뉴브강 유역을 넘어 동로마 영토로 물밀듯이 밀려 들어왔다. 고트족은 강성했던 동로마와의 충돌을 피하기 위해 서쪽으로 이동했다. 서로마는 고트족을 용병으로 고용했다.

불행히도 이 시기 서로마는 이미 국가 디폴트 상태였다. 테오도시우스 황제의 아들이자 서로마 황제였던 아르카디우스^{(Arcadius,} 377~408, 재위 383~408)는 훈족의 압박으로 로마 제국 내로 들어온 서고트 용병들에게 급료를 주지 않았다. 아니, 줄 돈이 없었다. 불가피

서고트인들이 발행한 금화. 서고트인들은 서로마를 무자비하게 약탈했지만, 동로마에 대해서는 존경심을 품고 있었다. 예컨대 그들은 남하 초기에는 위 사진처럼 동로마의 유스티니아누스 황제가 새겨진 솔리더스 금화를 자신들의 통화로 그대로 사용했다. 하지만 자신들의 정체성을 수립한 이후에는 금화에 자신들의 왕을 새기게 된다. 527~565년경. 영국박물관 소장

한 선택이었다. 하지만 로마 제국은 중국의 한나라와 달랐다. 로마 황제에 대한 용병들의 충성은 유교 사상에서 비롯된 고상한 정신세계를 기반으로 한 충성심이 아니라, 월급을 받고 이에 대한 반대급부로 제공된 물물교환의 대상일뿐이었다.

월급을 받지 못한 서고트 부족은 결국 로마를 향해 반기를 들었다. 서고트 부족은 알라리크^(Alaric, 370~410)를 왕으로 추대한 후, 로마 교외에 진을 친 다음 황금과 후추를 내달라고 떼쓰듯이 로마를 협박했다. 로마 원로원은 어떻게든 이들 요구를 들어주려고 필사적으로 노력하였다. 그런데 로마에 그런 돈이 어디에 있나? 기다리다가 지친 알라리크는 짜증이 나서, 410년에 신나게 로마로 진격한 후 로마를 철저하게 유린했다. 서로마는 수도를 라벤나^(Ravenna)로 옮겨야 했다. 이 황망한 소식을 전해 들은 예루살렘 신학자인 히에로니무스^{(Eusebius Sophronius}

Hieronymus, 347~420)는 충격에 휩싸여 이렇게 썼다.

> "말하는 소리가 들리지 않았고, 흐느낌 때문에 말을 할 수가 없었다.
> 온 세계를 정복했던 나라가 정복당했다. …
> 누가 이를 믿을 수 있을까?
> 여러 세대에 걸쳐 세계를 정복해 건설한 로마가 거꾸러졌고,
> 만국의 어머니가 만국의 무덤이 되었다는 소식을 누가 믿을 수 있을까?"[15]

한편 서남쪽으로 남하하던 훈족은 다뉴브강 근처에서 두 갈래로 나뉘어 진군했다. 한쪽은 서쪽으로 계속 진출하여 라인강까지 넘어 프랑스까지 쳐들어갔다. 이 때문에 라인강 유역에 거주하던 게르만인들, 특히 반달족들이 406년경부터 라인강을 넘어 남쪽으로 피신했다. 반달족은 스페인을 거쳐 북부 아프리카까지 쫓겨 가 카르타고를 장악하고 독립 왕국까지 세웠다. 반달족은 440년과 455년에는 거꾸로 로마로 쳐들어가 약탈과 파괴를 자행했다. 이때 자행된 광범위한 파괴 현장은 주교 앙리 그뢰과르(Henri Grégoire, 1750~1831)가 프랑스 혁명 당시 자코뱅당의 무차별적인 파괴 행위를 "반달리즘(Vandalism)"이라고 부르면서 근대로 소환되기도 하였다.

훈족은 침략 방향을 서로마로 돌렸다. 훈족이 북부 이탈리아를 침공하자 로마인은 혼비백산하면서 도망쳤다. 훈족은 어릴 때부터 추위, 배고픔, 갈증을 이겨 내도록 혹독한 훈련을 거쳐, 고기도 날것으로만 먹는다고 한다. 훈족은 어릴 때부터 말을 잘 타기 위해 두개골의 앞과 뒤를 인위적으로 압박하는 등 신체를 기괴하게 변형하여 마치 뒷다리로 일어선 동물처럼 보이기도 하였다.[16] 로마인들은 훈족을 늑대라고 불렀다. 특히 훈족은 적을 살상하면 가장 먼저 죽인 적군의

---

15 ・ 피터 프랭코판, *앞의 책*, p. 93
16 ・ 피터 프랭코판, *앞의 책*, p. 94

피를 마셨다. 그리고 자신이 살상한 적군의 머리를 모두 잘랐다. 머리를 절단한 후에는 귀 위쪽 부위를 칼로 잘라서 두뇌를 꺼낸 후 두개골을 떼 내어 두피를 벗겨서 손수건으로 사용했다.

훈족의 잔인함에 로마인은 치를 떨면서 경악했고, 로마인은 훈족의 전투력이 미치지 못하는 해안가로 도망가기에 바빴다. 후일 동방 교역을 독점하면서 중세 서유럽의 패권국가로 부상하는 베네치아라는 도시는 이 과정에서 생겨난 난민촌이었다. 훈족의 이동 방향 동쪽에 있던 동로마는 황제 테오도시우스 2세 황제(Theodosius II, 401~450)가 413년부터 축조한 내부 해자, 5미터 높이의 내성, 12미터 높이의 외성으로 구성된 삼중성벽 덕분에 그나마 훈족의 무자비한 칼날을 피할 수가 있었다. 일설에 따르면 신의 채찍이라 불리던 훈족의 아틸라는 이 삼중성벽의 육중한 모습만 보고는 말머리를 돌려 콘스탄티노플 공격을 포기했다고 한다.

하지만 콘스탄티노플을 제외한 발칸 반도 전역은 로마인들이 "신이 내린 채찍(Scourge of the God)"이라고 두려워했던 공포의 화신, 훈족 최후의 왕인 아틸라(Attila, ? ~ 453) 대왕의 말발굽 아래 산산이 찢기었다. 예컨대 콘스탄티누스 황제의 고향인 현재 세르비아의 나이수스(Naissus)는 아틸라의 공격으로 지도상에서 아예 사라졌다. 아틸라의 공격이 얼마나 매서웠던지 삼중성벽으로 버티고 있던 콘스탄티노플조차도 아틸라에게 막대한 양의 황금을 갖다 바쳐야 했다. 훈족의 영토는 서쪽으로 발트해, 중앙으로는 중부 유럽, 동쪽으로는 발칸 반도와 흑해까지 이르는 대제국이었다.

한편 이 시기 아틸라(Attila, ? ~ 453) 대왕은 서로마 발렌티아누스 3세 황제(Valentinian III, 419~455)의 누이인 호노리아(Justa Grata Honoria, c.418~c.455) 공주의 청혼을 받는 황당한 일을 겪는다. 호노리아는 자유분방한 여성이었는데, 16세부터 시종장과의 부적절한 관계로 인해 440년 무렵부터 콘스탄티노플로 쫓겨나서 금욕생활을 강요당하고 있었다. 10년이 넘는 금욕생활에 지친 호노리아는 자신을 쫓아낸 남동생인 서로마 황제에 대한 복수심에 불타, 인간 같지도 않은 혐오스러운 모습을 한 아틸라 왕에게 밀사를 보내 반지를 보내고 자신을 적법한 배우자로 삼아

줄 것을 "과감하게" 요청한다. 역사에서 이보다 기괴한 청혼이 있을까?

아틸라는 결혼을 수락하되, 그 지참금으로 서로마 제국 절반을 요구했다. 발렌티아누스 3세는 이 청천벽력 같은 소식을 듣고 망연자실해서는 누이 호노리아를 죽이려고 하였다. 하지만 모친의 만류로 죽이지는 못하고, 호노리아를 이탈리아로 소환했다. 그러자 아틸라는 호노리아를 구하러 간다는 명분으로 서로마 영토 갈리아로 쳐들어왔다.

로마는 플라비우스 아에티우스^(Flavius Aetius, 396~454)를 지휘관으로 서고트족, 게르만족, 프랑크족, 부르군트족 등 기마 민족 연합군을 구성했고, 451년 6월, 놀랍게도 현재의 중부 프랑스인 카탈라우눔^(Catalaunum)에서 당시까지 무적 부대였던 아틸라 군대를 격파했다. 에드워드 기번은 아에티우스를 최후의 로마인으로, 카탈라우눔 전투를 서로마 제국의 이름으로 이룩한 최후의 승리라고 평가했다. 그런데 아틸라가 카탈라우눔 전투에서 죽였다고 생각했던 적장은 로마의 지휘관인 아에티우스가 아니라 서고트족의 왕인 테오도리크^(Theodoric I, 390~451)였다. 이 때문에 아에티우스는 아틸라를 자살하도록 유도하기 위해 장작더미까지 쌓아 놓고 있을 정도로 아틸라를 몰아붙였는데, 어쩐 일인지 아에티우스는 아틸라의 도주를 묵인해 주었다.

구사일생으로 살아났지만, 화가 머리끝까지 치민 아틸라는 452년, 북부 이탈리아를 넘어 라벤나와 로마로 진격했다. 아틸라는 이전의 알라리크도 피해 갈만큼 방비가 튼튼했던 고대 로마의 요새 도시였던 아퀼레이아^(Aquileia)를 3개월 동안 집요하게 공격했다. 결국 로마에 이은 인구 10만이 넘는 최대 규모의 도시 아퀼레이아는 지도상에서 완전히 사라졌다. 그 뒤로 아퀼레이아의 영광은 다시는 오지 않았다. 아퀼레이아는 오늘날 인구도 3,000명이 되지 않는 농촌에 불과하다. 북부 이탈리아가 아틸라의 말발굽에 짓밟히고 있는데도, 카탈라우눔 전투의 영웅이었던 아에티우스 장수는 갈리아에서 이때까지만 해도 꿈쩍도 하지 않앞다.[17] 하기야 카탈라우눔 전투의 승리는 갈리아 지역의 프랑크족과 서고트족이 없었으면 절대 가능하지 않았던 승리였다. 프랑크족과 서고트족이 자기네 땅도 아닌 북부 이탈리아로 아틸라와 맞서기 위해 움직일 리가 없었다.

아틸라는 파두아, 비첸차, 베로나, 밀라노를 거쳐 서로마의 수도 라벤나를 결국 점령하였다. 라벤나 점령 전에 발렌티아누스 3세 황제는 로마로 도주했다. 라벤나 함락 후 아틸라는 고대부터 서로마의 천년 수도였던 로마까지 직접 공략을 시도했다. 아마 교황 레오 1세[Pope Leo I, 400~461]의 중재가 아니었다면 아틸라가 로마를 그야말로 완전히 초토화하면서 지구상에서 영원히 사라져 버렸을 것이다.[18] 마치 로마가 페니키아의 도시 카르타고를 철저히 파괴하면서 지도상에서 완전히 지워 버렸듯이. 일설에는 만투아[Mantua] 인근의 민치오[Mincio]에서 레오 1세를 만난 아틸라가 레오 1세의 뒤편 하늘에서 베드로와 바울이 나타나 칼을 휘두르는 모습을 보고 놀라워하면서, 교황이 제안한 평화 협상을 받아들였다고 한다. 이 전설적인 장면은 바티칸 성당의 사도궁[Palazzi Pontifici]에 르네상스 천재 화가 라파엘로가 그대로 그려 놓았다. (라파엘로가 그린 이 그림은 이 책 어딘가에 수록해 두었다.)

한편 서양 역사학자들은 476년 오도아케르가 서로마 황제 로물루스 아우구스툴루스[Romulus Augustulus, 460~c.507, 재위 475~476]를 축출하면서 서로마가 멸망했다고 주장한다. 476년에 오도아케르가 동로마 황제 제노[Zeno, 425~491, 재위 474~475]에게 자신이 세운 국가인 이탈리아 왕국의 복종을 선언했고, 그 이후 서로마의 정식 황제도 더 이상 없었기 때문이다. 하지만 476년 오도아케르의 황제 축출은 정치적으로도, 경제적으로도, 역사적으로도 아무런 의미가 없는 사건이었다. 오도아케르의 영토는 이탈리아 반도에 국한되어 있었는데, 이탈리아 반도 하나가 동로마 지배에 들어갔다고 서로마가 멸망했다고 판정하는 것이 과연 옳은 것인가? 아

17　아에티우스는 나중에 자신의 아들을 발렌티아누스 3세 황제의 딸과 결혼시켰고, 그의 권력을 두려워한 로마 원로원은 그를 암살한다.

18　교황 레오 1세의 중재 방식은 아이러니하게도 아틸라에게 여자를 아내로 바치는 것이었다. 당시 정략결혼의 대상이 되었던 여성은 일디코(Ildico)였고, 일설에 따르면 아틸라는 일디코와 첫날밤을 보낸 그날 사망했다고 한다. 이때가 453년이다.

울러 476년 이후에도 이탈리아 반도 이외의 지역에서 자칭 서로마 황제라고 칭하는 이들이 여럿 있었다. 이들의 선언은 오도아케르 이후에도 서로마가 명목상으로는 계속 존재했다는 것을 의미하는 것이다.

이 때문에 필자가 보기에는 서로마 제국은 476년이 아니라, 452년 훈족인 아틸라가 서로마 수도 라벤나를 점령하면서 사실상 멸망한 것이다. 특히 이 시기 이전인 330년에 비잔틴 제국의 수도 콘스탄티노플이 완성되면서 정치적으로도, 경제적으로도 서로마는 존재감이 전혀 없었다. 정치적·경제적 무게 추는 이미

서로마의 마지막 황제 로물루스 아우구스툴루스(Romulus Augustulus)가 그려진 트레미시스 금화. 475~476년경, 로마 주조. 영국박물관 소장

동로마로 이동한 뒤였다. 민족의 대이동으로 서로마 전체가 난도질당하면서 이 지역을 실질적으로 지배하는 이도 없었다. 심지어 역사학자들이 서로마 마지막 황제라고 부르는 로물루스 아우구스툴루스조차도 제국의 영역이 아니라 이탈리아 반도만 형식적으로 지배하는 왕에 불과했다. 아마도 오도아케르의 서로마 황제 축출 사건이 역사상 가장 조용한 제국의 멸망 사건일 수밖에 없었던 이유는 서로마가 이미 멸망한 뒤였기 때문은 아닐까?

서양 사학자들은 동양의 훈족에게 로마가 멸망 당했다는 치욕적인 해석을 피하려고, 차라리 같은 서양 민족인 게르만 용병에게 서로마가 멸망 당했다는 해석을 내리는 것이 오히려 더 편안했을지도 모른다. 그렇게 해석해도 로마의 수명은 기껏 24년밖에 연장되지는 않지만. 더구나 아틸라는 453년 봄, 어떠한 상처

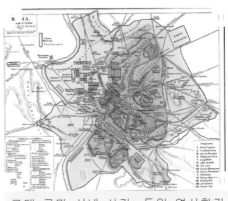

고대 로마 시내 사진. 독일 역사학자 드로이센(Johann Gustav Droysen, 1808~1884)의 유작인 『일반 역사 휴대 지도(Allgemeiner Historischer Handatlas, 1886)』. Public Domain

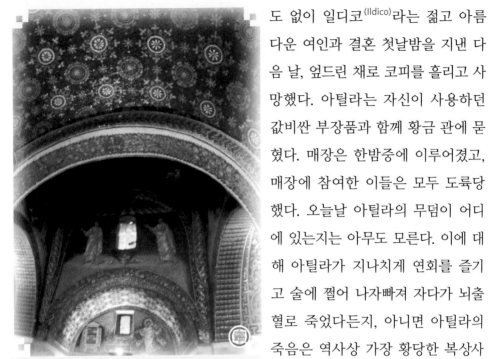

서로마 마지막 황제 아우구스툴루스의 모친이자, 테오도시우스의 딸인 갈라 플라치디이아(Galla Placidia)의 영묘 내부. 라벤나 소재

도 없이 일디코(Ildico)라는 젊고 아름다운 여인과 결혼 첫날밤을 지낸 다음 날, 엎드린 채로 코피를 흘리고 사망했다. 아틸라는 자신이 사용하던 값비싼 부장품과 함께 황금 관에 묻혔다. 매장은 한밤중에 이루어졌고, 매장에 참여한 이들은 모두 도륙당했다. 오늘날 아틸라의 무덤이 어디에 있는지는 아무도 모른다. 이에 대해 아틸라가 지나치게 연회를 즐기고 술에 쩔어 나자빠져 자다가 뇌출혈로 죽었다든지, 아니면 아틸라의 죽음은 역사상 가장 황당한 복상사라는 식의 서양 역사가들의 폄훼 또한, 동양 역사를 비하하려는 서양인들의 편향된 무의식에서 비롯된 비

아냥은 혹시 아닐까?

Pax Romana의 국제무역 ① 와인과 소금

샤토 라피트 로쉴드, 프랑스 보르도 소재

(1) 농업 국가 로마, 폼페이 멸망 후 와인에 미치다!

로마는 농업 국가로 출발했다. 농민이 로마 시민이고 곧 로마 군인이었다. 따라서 국가의 기간산업은 농업이었다. 제조업, 상업, 금융업, 해운업은 초기 로마가 관심을 기울인 산업이 아니었다. 타렌툼 정복과 포에니 전쟁 이전 초기 로마 사회에서는 사회 지도층이 부를 축적한 주요한 수단이 토지 소유나 전쟁 후 노예와 같은 전리품 획득이었지, 상업 활동은 절대 아니었다.

하지만 타렌툼 정복과 포에니 전쟁 이후 로마가 국제교역 활동 체제에 편입되면서, 국제교역 활동은 이윤을 창출하는 새로운 성장 산업이 되었다. 이렇게 되자 귀족들 또한 국제교역 활동에 적극 투자하기 시작했다. 로마는 그리스의 상업적 전통을 그대로 계승하였으므로, 국제교역과 관련된 유한책임회사 형태 또한 그리스와 비슷한 형태로 존재했다. 그리스의 나우티콘 다네이온^(nautikon daneion)과 유사한 로마의 제도는 나우티쿰 포에누스^(nauticum foenus) 혹은 나우티쿰 피큐니아^(nauticum pecunia) 등이었다.

두 회사 모두 유한책임회사 형태로 국제교역을 수행하기 위한 법률적 제도였다. 즉, 자금을 출자하거나 대출하는 출자자^(대출자)와 항해를 수행하는 항해사, 선박 소유자 등으로 구분되어 국제교역을 수행한 후 투자 수익이나 이자를 분배하는 것이다. 나우티쿰 포에누스는 선주에 자금을 대출하되 대출자인 유한책임 사원에게 법정 이자율인 12% 이상 매우 높은 수준의 이자율을 허용한 유한책임 회사였다. 나우티쿰 피큐니아는 선주에 대한 투자이지만, 오직 항해가 성공했을 때만 이윤을 허용한 유한책임 회사였다. 이 점에서 나우티쿰 포에누스는 유한 책임사원이 "대출"을 한 것이고, 나우티쿰 피규니아는 유한책임사원이 "투자"를 한 것이다. 정확한 기록은 없지만 로마 귀족들 또한 1차 포에니 전쟁을 전후한 시기에 국제교역 활동에 상당한 자금을 투자한 것으로 추정된다. 2차 포에니 전쟁 직전인 BC 218년에 만들어진 클라우디아 법^(Lex Claudia)이 그 근거이다.

 이 법은 평민이 선출한 호민관 퀸투스 클라우디우스^(Tribune, Quintus Claudius, BC ?~?)가 발의한 법이다. 이 법에는 원로원 의원이나 그의 아들이 7톤 이상의 교역용 선박을 소유하는 것을 아예 금지했다. 이 조항을 뒤집어 이야기하면 1차 포에니 전쟁 후에 원로원이 국제교역에 사용되는 선박 투자나 자금 대출 활동이 매우 활발하였다는 뜻이다. 도대체 얼마나 활발했으면 평민들이 법으로까지 금지하려고 시도했을까?

특히 포에니 전쟁 이전에는 국제 해상교역이 위험도가 높아 한 번의 투자 실패가 막대한 손실을 가져올 수 있는 구조였지만, 포에니 전쟁 이후 지중해 해상 교역을 로마가 독점하면서 위험도가 급격히 내려갔다. 따라서 이 법안이 발의되자마자 거의 원로원 의원 전원이 격렬하게 반대했다. 하지만 국가가 전쟁과 같은 중대한 결정을 내릴 때, 지도층의 경제적 이익과 충돌되어서는 안 된다는 가이우스 플라미니우스^(Gaius Flaminius Nepos, BC 260~217) 집정관의 주장을 겨우 원로원이 받아들여서 법안이 통과되었다.

클라우디아 법안 통과 후 대외교역은 주로 외국인이 담당했다. 공화정 수립 이전에도 활발한 대외교역은 로마인이 아닌 에트루리아인들 몫이었다. 로마인들이 운영하거나 담당하는 제조업과 해운업은 소규모에 그쳤다. 로마 시민들은 기본적으로 농민이었고, 자금이 풍부한 사회 지도층은 대규모 국제교역 활동 종사가 법적으로 차단된 데다 상업 활동이 고귀하지도 않다는 인식이 팽배해 있었기 때문이다.

이 때문에 사회 지도층은 토지를 대량으로 소유하고, 전쟁으로 획득한 노예를 활용해 토지를 경작하여 수확한 작물을 팔아서 부를 축적했다. 지주였던 사회 지도층에게는 자신들의 토지에 어떤 농작물을 경작하는지가 가장 중요했다. 왕정과 공화정 시대에는 당연히 곡물이 재배 1순위였다. 하지만 로마가 제국으로 부상한 이후 곡물 창고인 이집트를 로마로 편입하면서 가장 대표적인 고대 로마 제국의 농산품은 곡물이 아니라 와인의 원료인 포도가 되었다.

와인은 앞서 언급한 대로 그리스인들이 수출을 목적으로 대량으로 재배하기 시작했다. 남부 이탈리아에 거주하던 그리스인들은 와인을 로마 사람들에게 전파한 장본인이었다. 나아가 로마 왕정 초기에는 이탈리아 반도에 정착해 있던 에트루리아인들 또한 그리스인들을 모방하여 와인을 재배·수출하고 있었다. 하지만 에트루리아인들이나 이들을 수용한 로마인들의 와인 재배는 그리스인들보다 규모가 크지 않았다. 왜냐하면 초기 왕정 시대에는 와인보다 직접 인구를 부양하기 위한 곡물 재배가 더 중요했기 때문이다. 따라서 여유분의 토지가 있었다면 와인용 포도보다는 주로 곡물을 재배하기 위한 농지로 개발되었을 가능성이 높다.

기원전 4~3세기 로마가 내전을 마무리하고 안정되면서 인구 또한 급격히 늘었다. 아마 이 시기에 이탈리아 반도 전체의 농지 개발은 마무리되고, 추가로 농지가 필요했을 것으로 보인다. 로마인들은 추가적인 곡물 재배를 위한 농지를 물색하기 시작했는데, 지리적으로 가장 가까운 지역에 농지가 풍부한 곳이 바로 시칠리아섬이었다. 불행히도 시칠리아섬에는 이미 카르타고인들이 진출해 있었다. 로마가 이 농지를 점령하기 위해서는 카르타고와의 군사적 충돌은 불가피했을 것이다. 필자는 1차 포에니 전쟁이 곡물 전쟁이라고 정의해도 크게 틀린 것은 아니라고 본다.[1]

---

1 포에니 전쟁을 계기로 로마는 바다의 중요성을 절감했다. 1차 포에니 전쟁 당시에 로마가 해상 제국 카르타고와 해전에서 승리할 수 있었던 이유도 코르부스(Corvus, 까마귀)를 장착한 함선 때문이었다. 코르부스는 배가 근접했을 때 코르부스 끝에 달린 뾰족한 송곳을 적함에 고정함으로써 배 사이에 다리 역할을 하여, 해상전을 로마군에게 유리한 육상전으로 바꾸는 역할을 하였다. 코르부스가 처음 사용된 해전은 BC 260년 밀라에(Mylae) 해전이었다. 이처럼 로마는 1차 포에니

하지만 포에니 전쟁 이후 로마가 지중해 패권을 장악한 후 스페인, 프랑스, 북아프리카, 동유럽 등으로 영토를 넓혀 나가면서, 와인은 새로운 투자 대상으로 급격히 부상했다. 로마가 곡창지대였던 시칠리아에 이어 카르타고의 본거지였던 북아프리카의 튀니지, 이집트까지 접수하자, 곡물 가격이 하락하여 곡물은 더 이상 매력적인 투자 대상이 아니었기 때문이다.[2]

나아가 기원전 1세기부터 서기 1세기를 전후한 시점 사이에 로마인들은 죽이 아니라, 빵을 주식으로 먹기 시작했다. 건성 음식인 빵이 주식이 되면서, 목을 축여야 하는 와인은 로마인들의 식탁에서 빠질 수 없는 필수 음식이 되었다. 이 때문에 로마인들의 와인에 대한 수요가 급격히 늘어나기 시작했다. 한 기록에 따르면 서기 1세기경 로마인들의 와인 수요는 1년에 1억 8천만 리터, 오늘날 750㎖인 와인 병으로 2.4억 병에 이르렀다고 한다.[3] 이 수치는 2022년 기준 34억 리터를 마셔 전 세계에서 와인을 가장 많이 소비한 미국의 5% 수준인

폼페이의 거대 원형 경기장. 원형 경기장 뒤편으로 도시 성벽, 그 우측에는 수영장도 보인다. 이 장면은 59년에 벌어진 원형 경기장 투우사들의 살인적인 전투 장면인데, 너무 많은 투우사가 사망하여 로마 원로원이 폼페이에서 10년 동안 투우사 전투를 금지하기도 했다. 1세기경 작품. 나폴리 국립미술관(Museo Archeologico Nazionale di Napoli) 소장. Public Domain

데, 대량 생산체제가 갖추어지기 약 1500년 전에 이 정도의 와인을 소비했다는

전쟁 이후 상선과 해군에 막대한 자금을 투자한다. 하지만 코르부스 자체가 너무 무거워 함선의 균형을 깨뜨리면서 폭풍우라도 닥치면 배가 그대로 침몰하는 단점이 있었다. 따라서 1차 포에니 전쟁 이후 로마 해군은 더 이상 코르부스를 쓰지 않았다고 한다.

2 　　　튀니지는 오늘날은 사막 지대이지만, 로마 시대에는 풍부한 곡창지대였다. 한편 포에니 제국 멸망 이후 카르타고는 쇠퇴했지만, 698년 이슬람이 북아프리카를 정복하면서 카르타고가 아닌 오늘날 튀니스(튀니지의 수도)에 해당하는 지역이 개발되기 시작했다. 이후 북아프리카에서는 아글라브 왕조, 파티마 왕조, 무라비트 왕조, 하프스 왕조 등 지배 세력이 여러 번 교체되었다. 1270년에는 프랑스 왕 루이 9세가 8차 십자군 원정을 떠나 이곳 튀니스에서 병사하기도 하였다. 중세 이슬람을 대표하는 여행가인 이븐 바투타는 이곳 튀니스 출신이다. 튀니지는 근대화 시기인 1883년 프랑스의 보호령이 되었고, 1956년에 프랑스로부터 독립한다. 튀니지는 2011년, 아랍의 봄으로 가장 먼저 독재 정권을 무너뜨린 국가이기도 하다.

3　R. Phillips, 『A Short History of Wine』, Harper Collins, 2000, pp. 35~45

사실이 그저 놀라울 따름이다.

이후부터 로마인들은 자신들이 점령한 스페인, 프랑스, 동유럽 등에 미친 듯이 포도 밭을 만들기 시작했다. 와인 수요가 폭증했으므로 포도는 재배하

폼페이 가정집에 그려진 벽화. 여인이 들고 있는 악기는 고대 그리스의 현악기인 키타라(kithara). 여인의 옆에는 연인으로 보이는 남자가 그녀에게 음악을 가르치고 있다. 폼페이는 로마 최대의 와인 소비 도시였던 만큼, 쾌락과 향락의 도시였다. 폼페이 市에는 매춘 집도 있었는데, 성인인지 아닌지 구분하기 위해 일정한 크기의 발 사이즈를 바닥에 새겼다. 만약 그보다 크면 성인으로 인정되어 매춘이 허락되었다. 50~79년경, 폼페이 출토. 영국박물관 소장

는 즉시 팔렸다. 로마 귀족들의 주요한 수입원이 와인으로 바뀐 것이다. 이처럼 로마에 와인을 처음 전파한 이는 그리스인이었지만, 유럽 전역에 와인을 확산시킨 일등 공신은 누가 뭐라 해도 로마인들이었다.

이탈리아 와인은 주변 지역에서 인기도 높았다. 예컨대 기원전 7~6세기, 갈리아 지방에서도 이탈리아 반도로부터 와인을 수입해서 마시기 시작했다. 프랑스 남부 항구인 마르세이유는 이탈리아 반도로부터 와인을 수입하는 중요한 교역 항구였다. 한 기록에 따르면 갈리아 지방에 수입된 와인의 90%가 로마 와인이었다.[4] 갈리아 지방은 로마 와인을 구입하기 위해 주로 노예를 로마에 팔았다. 로마 상인들도 이 지역에 와인 교역을 위해 이미 진출해 있었다. 갈리아를 정복

---

4   http://www.mariamilani.com/ancient_rome/Ancient%20Roman%20Trade.htm

한 카이사르 또한 갈리아 지방에 자신보다 먼저 진출한 로마의 와인 상인들을 보고 깜짝 놀랐다고 한다. 갈리아 지방이 얼마나 로마 와인을 갈구하였는지를 보여 주는 대목이다.

로마 제국의 가장 주요한 와인 생산·소비 도시와 교역 항구는 베수비오 화산 폭발로 79년에 사라진 폼페이(Pompeii)였다. 폼페이에는 와인 주점만 200여 개가 있었고, 로마와 지중해 전역으로 와인이 교역되는 로마 최대 항구이기도 하였다. 와인에 대한 폼페이인들의 열정도 뜨거워서, 상업의 신인 머큐리(Mercury)와 와인의 신인 바쿠스(Bacchus)를 묘사한 벽화가 폼페이 유적 전역에서 발견된다. 이 당시 폼페이 와인은 폼페이 가짜 상징이 찍힌 짝퉁 와인이 거의 모든 유럽 국가에서 발견될 정도로 유럽 전역에서 인기가 매우 높았다. 이 때문에 폼페이 상징이 찍힌 암포라(amphora)는 진짜이든 가짜이든 보르도, 툴루즈, 스페인 전역에서 발견된다.

폼페이는 로마 와인의 메카였다. 폼페이 근처의 보스코레알레(Boscoreale) 빌라에서 발견된 와인의 신인 바쿠스(그리스 명 디오니소스)와 그의 양아버지인 뚱보 실레누스(Silenus). 폼페이와 그 근교에는 이처럼 와인의 신인 바쿠스를 벽에 그려 놓고 24시간 와인을 소비했다. BC 30년경. 영국박물관 소장

불행히도 폼페이는 화산 폭발로 하루아침에 갑자기 사라졌다. 대표적인 와인 생산 도시가 갑자기 종적을 감추면서 로마 전역에 와인 가격이 급등하였다. 와인 가격의 급등으로 와인 밭은 그야말로 노다지가 되었다. 와인이 붉은 황금으로 바뀌자, 너도나도 와인 생산에 뛰어들었다. 이미 곡물을 재배하고 있던 경작지도 포도 밭으로 바뀔 정도였다. 와인이 곡물을 대체하자 로마인들을 부양해야

할 기본적인 식량까지 부족해졌다. 이쯤 되자 도미티아누스 황제^(Domitian, 51~96)는 92년에 칙령을 반포하여, 포도밭을 신규로 만드는 것을 금지하는 것은 물론이고 로마 속주에 이미 경작되고 있는 포도 밭의 절반을 갈아엎었다.

(2) 소금 길, 비아 살라리아(Via Salaria)

와인 이외의 중요한 품목은 소금이었다. 로마인들이 소금을 확보하기 시작한 시점은 기원전 7세기경으로 추정된다. 즉, 로마 4대 왕인 앙쿠스 마르키우스^(BC c.642~c.617)가 테베레강 하구의 오스티아^(Osita)를 점령함으로써, 소금을 확보할수 있었던 것이다. 어떤 이는 마르키우스 왕이 아예 오스티아 항구를 새로 만들었다고 주장하기도 한다. 오스티아 항구를 점령하였든 새로 만들었든, 오스티아 항구는 로마가 지중해를 접촉한 첫 계기였다. 특히 이 항구를 점령하면서 로마는 소금을 대량으로 확보할 수 있었다. 소금은 인체의 신경 기능 유지를 위해 반드시 필요한 물질이었고, 음식 보존과 조리에도 필수적인 물자였다. 그리스도가 산상수훈에서 세상에 "소금과 빛"이 되라고 설교할 만큼 말이다. 기원전 600년 당시에만 해도 소금은 매우 귀한 물자였으므로, "하얀 황금"이라고 불릴 정도였다.

어떤 경우에는 소금이 황금과 마찬가지로 화폐의 역할을 하기도 했다. 따라서 당시 로마는 소금을 군인들의 월급으로 지급했다. 급료를 뜻하는 영어의 샐러리^(salary)는 소금을 뜻하는 라틴어 살^(sal, 그리스어로는 할, hal)에서 유래한 것이다. 유럽 전역에서 "살"이나 "할"이 들어가는 도시도 어떻게든 소금과 관련이 있는 도시다. 모차르트의 고향인 오스트리아의 잘츠부르크^(Salzburg)나 유명 관광지 할슈타트^(Hallstatt)가 대표적인 사례이다.[5] 하여튼 로마는 오스티아로부터 소금을 수송하

---

5 모차르트(Wolfgang Amadeus Mozart, 1756~1791)는 잘츠부르크에서 태어났지만, 주로 비엔나에서 활동했다. 부친인 레오폴드 모차르트는 잘츠부르크의 궁정 관현악단 악장인 카펠마이스터였다. 원래 부친은 모차르트의 누나인 마리아 안나 모차르트(Maria Anna Mozart, 1751~1829, 일명 나넬)에게 음악을 먼저 가르쳤다. 이때 모차르트는 어깨 너머로 피아노 치는 법을 배웠고, 부친은 모차르트의 재능을 알아보고는 본격적으로 그를 가르쳤다고 한다. 모차르트는 바흐의

기 위해 오스티아부터 로마까지 "비아 살라리아^(Via Salaria)," 즉 소금 길을 만들었다. 이 소금 길을 통해 오스티아 항구의 소금을 로마는 값싸게 공급받을 수 있었다. 값싸게 확보한 소금을 바탕으로 로마는 건실한 군대를 유지하고 확대할 수 있었다.

하여튼 앙쿠스 마르키우스 이후 국제교역을 중시하는 에트루리아인들이 5, 6, 7대 왕이 되면서, 오스티아 항구는 그 중요성이 배가되었다. 특히 오스티아는 지중해로부터 로마로 곡물을 수입하는 가장 핵심적인 항구로 부상하였다. 410년 고트족이 로마를 유린할 때 오스티아 항구는 로마의 아킬레스건으로서 고트족의 핵심 공격 타겟이 되기도 했다.

오스티아 항구가 그려진 네로 황제 시대 구리 합금 동전. 오스티아 항구에는 상선들이 항상 가득 차 있었다. 로마 건국 초기 에트루리아인들이 교역 중심지로 삼았던 이 항구는 로마 전성기 시절 제국의 핵심 항구로 부상한다. 50년경. 영국박물관 소장

아들로 알려진 요한 크리스티안 바흐(Johann Christian Bach, 1735~1782)에게도 작곡법을 배웠고, 하이든에게는 직접 교육을 받았다. 25살 때 비엔나로 이주하였고, 당시 신성로마제국의 황제로 하루에 1시간씩 바이올린 연습을 하던 요제프 2세(Joseph II, 1741~1790)의 후원을 받았다. 하지만 자유분방한 성격의 소유자였던 모차르트는 귀족의 후원 대신 스스로 곡을 팔아 생계를 유지하는 편을 택했다. 이 때문에 모차르트는 엄청난 양의 곡을 작곡해야 했다. 휴식 시간이 없고 끊임없이 일했으며, 작업실이 따로 없이 집에서 작곡했다. 예컨대 그가 작곡한 6개의 현악 4 중주곡 중 2번째 곡인 D 단조는 아내 콘스탄체가 출산하는 와중에 작곡한 것이다. 나름대로 수입이 괜찮았던 모차르트는 고급 의류, 고급 음식, 도박에 돈을 많이 썼다. 특히 그는 당구를 매우 좋아했는데, 실력은 별로 없어 내기를 하면 언제나 졌다고 한다. 한편 음악 도시 비엔나에는 수많은 음악 애호가들이 거주했기 때문에, 청중이 요구하는 음악 수준이 매우 다양했다. 모차르트는 비엔나의 모든 음악 청중들이 자신의 곡을 좋아하도록 쉬운 음악과 어려운 음악을 동시에 섞는 기법을 많이 사용했다. 이 때문에 모차르트의 곡은 치기 쉬운 것 같으면서도 동시에 매우 치기 어려운 곡으로도 유명하다. 에릭 와이너, 『천재의 지도』, 문학동네, 2016, pp. 338~352

10 Pax Romana의 국제무역 ② 비단

비단 옷을 입은 한나라 남녀, 대만 국립고궁박물관 소장

(1) 로마와 한나라

기원전 1세기를 전후한 시기, 카이사르의 갈리아 정벌과 그의 양자 옥타비아누스의 이집트 정벌로 로마는 제국으로서 지위가 확고해졌다. 옥타비아누스 황제가 사망할 무렵인 서기 14년에 로마 전체의 인구도 5,400만 명에 이르렀는데,[1] 이 기록은 산업 혁명으로 유럽 인구가 본격적으로 증가하기 전까지 깨지지 않은 대기록이다. 제국이 정치적, 군사적으로 안정화되면서 경제적으로도 안정을 찾아갔다. 이에 따라 카이사르는 금화

영국 브레드가(Bredgar)에서 발견된 로마의 37개 금화 아우레우스. 이 금화는 영국 정벌 당시 군단에게 지급된 군인들의 보수였던 것으로 추정된다. 발견 지역으로 추정컨대 AD 43년, 메드웨이(Medway) 강에서 벌어진 전투(Battle of the Medway) 당시 지급된 군인들의 보수였던 것으로 보인다. 2,000년이나 지나도 변하지 않는 황금의 속성을 그대로 보여주고 있다. AD 43년경, 브레드가 출토. 영국박물관 소장

---

1 윌리엄 맥닐, 『전염병의 세계사』, 이산, 2021, p. 126. 로마와 동시대였던 한나라도 로마와 인구가 비슷했다. 즉 서기 2년, 인구 조사 결과 漢 나라의 인구는 5,950만 명 혹은 5,700만 명이었다고 한다.

와 은화의 비율을 지정하고 황제가 될 자신만 금화와 은화를 주조할 권리를 보유한다는 화폐 개혁을 시도했다. 하지만 그가 암살되면서 카이사르의 화폐 개혁은 그의 양자 옥타비아누스가 계승했다. 옥타비아누스 황제는 1 금화 아우레우스의 가치를 25 은화 데나리우스, 100 동화 세스테리우스로 고정했다. 화폐가 안정화되고 국제 평화까지 정착되면서 이때부터 국제교역이 활발하게 전개된 것은 매우 자연스러운 현상이었다. 옥타비아누스 황제 또한 교역로의 확장과 안정에 많은 관심을 가지고 있었다.

때마침 동양에서는 BC 202년에 건국된 한나라가 기원전 1세기를 전후한 시기에 최고의 전성기를 맞이했다. 로마 최고의 전성기 시대 지도자인 카이사르(재위 BC 49~44)와 옥타비아누스(BC 27~AD 14)의 재위 기간 또한 한나라 무제의 재위 기간(BC 141~BC 87)과 거의 비슷했다. 이와 같은 역사적 우연의 일치에 따라 세계 최강국인 로마와 한나라 간의 국제교역은 필연적 결과였다. 물론 직접적인 접촉은 아우렐리우스 황제 이전까지는 없긴 하였지만.

(2) 고대 에르메스, 비단

한나라의 특산품은 비단이었다. 비단은 BC 5,000년~BC 3,000년 사이에 중국에서 탄생했다고 알려져 있다. 중국 전설의 황제인 삼황 중 염제신농(炎帝神農)의 후손인 누조(嫘祖)는 오제 중 첫 번째 인물인 황제헌원씨(黃帝軒轅氏, 公孫 軒轅, 별칭 黃帝, Yellow Emperor)의 왕비였다.[2] 누조는 궁궐 뽕나무에서 누에고치를 따다가 우연히 고치가 찻잔에 떨어지자 질긴 실이 나온다는 것을 발견했다고 한다.[3] 이 실이 바로 비단의 원료였다. 이때가 최소 BC 3,000년경이다. 하지만 일설에 따르면 이보다 훨씬 오래전부터 비단이 만들어졌다는 주장도 있다.

---

2   누조는 서릉국(西陵國, Xiling Kingdom)의 왕녀이다. 서릉국은 역사서에만 등장하고 실제 위치가 어디인지 오늘날까지도 밝혀지지 않았다.

3   누에고치는 비단의 원료인 명주실을 제공하고, 누에 번데기는 단백질이 풍부한 식용으로도 사용되었다.

고대 중국에서는 오직 황실이나 황실의 하사품으로만 비단을 사용했다. 때로는 외교적인 목적으로 비단을 사용하기도 했다. 외교적인 목적으로 비단을 사용한 대표적인 사례가 바로 흉노족에 대한 공물이다. 한 나라는 중국을 통일한 진시황 때부터 북쪽에 위치한 흉노족이 언제나 골칫거리였다. 특히 흉노족은 어려서부터 말을 타고 성인이 되어서는 말을 귀신같이 잘 다루는 기병 위주의 군대를 이루고 있어, 말을 부리는 기술도 부족한데다가 말 자체가 부족한 한나라로서는 언제나 골칫거리였다. BC 200년경부터 중국의 차를 수출하고 티벳의 말을 수입하면서 만들어진 차마고도^(茶馬古道)는 흉노족에 대항하기 위해 한나라가 대규모 말을 수입해야 하는 국가 정책적 산물로 만들어진 것이다.

예컨대 한 고조^(BC c.247~195)는 중원을 통일한 후 변경을 자주 침략하는 흉노의 수장 묵특선우^(冒頓單于, 재위 BC 209~174)와 정면으로 맞서기로 결심했다. 하지만 BC 200년 백등산^(白登山) 포위전에서 묵특선우의 전략에 휘말려 오히려 한 고조가 백등산에서 철저히 고립되면서 거의 죽기 직전까지 몰렸다. 묵특선우는 BC 209년 몽골 지역 전체를 통일하여 흉노족 최초의 통일 국가를 세운 명장 중의 명장이기도 하였다. 특히 기병 전술뿐 아니라, 말의 수까지 부족한 한족이 말이

한 고조 유방. 한 나라 초대 황제로 원래 좋게 말해 협객이고 객관적으로 말해 완전한 한량이었다. 즉 그는 가업은 내팽개치고 거의 매일 주색에 빠져 있던 한심한 지방의 관리였다. 하지만 그가 술을 마시러 가면 이상하게도 그날 그 주막에 손님이 넘치고, 하늘에서 용의 기운이 넘쳐 술값을 내지 않아도 주막 주인이 전혀 개의치 않았다고 한다. 진나라 말기 진승오광의 난 때 반란군에 가담하였고, 이후 주변에 모인 수많은 인재들을 바탕으로 세력을 키웠다. 특히 그의 핵심 장수인 한신은 원래 항우의 부하였으나 항우가 그의 재능을 전혀 알아주지 않자, 유방에게 의탁하여 나중에 대장군이 된다. 항우와의 수많은 전투에서 연전연패했지만, 마지막 전투에서 항우를 제압하여 유방은 천하를 통일한 후 한나라의 황제가 된다. 천하 통일 후 흉노족을 정벌하러 갔다가 묵특선우에게 대패하여, 비단을 뇌물로 주고 흉노를 형, 한나라를 동생으로 하는 형제동맹을 맺고 겨우 목숨을 건진다. 작자 미상. 명나라 시대 작품. 출처: Wikipedia. Public Domain

달리기 좋은 스텝 지역으로 나가서 유목민족과 전투를 벌이는 것은 글자 그대로

자살행위였다. 다행히 진평의 책략으로 비단과 미인계를 활용, 묵특의 왕비를 설득하여 포위를 풀고 포위 일주일 만에 겨우 살아나올 수 있었다. 묵특과의 화친 이후 한 황실은 묵특의 왕비를 비롯한 흉노족들에게 비단을 화친의 증거로 매년 증정했다.[4] 아마 비단이 아니었으면, 한 고조 유방의 삶은 백등산에서 끝났을지도 모르겠다.[5]

이처럼 중국의 경우 비단은 국가적 전략산업이었다. 즉 중국 황실이 비단 산업을 직접 육성하고 제조비법을 철저히 비밀에 부쳤다. 비단 원료인 명주의 생산 기간은 길었고 제조 과정 또한 매우 복잡했으므로, 제조비법을 비밀로 하는 것은 그리 어렵지 않았다. 예컨대 실을 뽑아 누에고치를 만드는 누에는 자기 고치를 만들 때까지 자기 몸무게의 무려 3만 배를 먹어 치우므로, 하루에 8번 먹이를 주어야 한다.[6] 그나마 아무 뽕잎도 먹지 않는다. 오직 새로 딴 신선한 뽕잎만 먹는다. 그리고 누에를 기르

뽕잎에서 누에를 기르는 송나라인들. 송나라 화가 량카이(梁楷; c.1140~c1210)의 12~13세기 작품(그가 지은 『잠직도(蠶織圖)』에서 발췌). 클리블랜드 미술관(Cleveland Museum of Art) 소장. 출처: Wikipedia. Public Domain

는 쟁반은 청결해야 하므로 최소한 하루 세 번은 갈아 주어야 했다. 실내 온도도 1령과 2령은 26도, 성충인 3령은 25도에 맞추어야 한다. 이 범위를 벗어나면 발육이 좋지 않거나 모두 죽어 버린다. 이는 누에를 기르기 위해서는 24시간 철저히 관리해야 하는 사람이 있어야 한다는 뜻이다. 특히 누에가 명주실을 토해 내

---

4 이 정책은 한무제가 흉노를 일부 진압한 이후에도 계속되었다. 예컨대 기원전 1년, 흉노에게 중국이 제공한 비단은 무려 3만 필이었고, 비슷한 양의 명주실과 370벌의 옷도 추가 제공되었다. 피터 프랭코판, *앞의 책*, p. 37

5 [백등산 전투 이후 한나라는 북쪽으로는 만리장성을 쌓고 비단과 같은 상품 교역으로 유목민족에 대해서는 유화 정책을 펼치고, 동, 서, 남쪽으로 정벌을 통한 팽창에 나서게 된다. 대표적으로 한나라 무제는 BC 138년에는 장건을 서역에 파견하였고, BC 137년에는 남쪽에 있는 베트남 북부의 남월을 정복하였으며, BC 109년에는 서쪽 윈난 지역의 전(滇) 나라를 복속시킨 한편, BC 108년에는 흉노족과 연합한 동쪽의 고조선(위만조선)을 정복했다.

6 케네스 포메란츠, 스티븐 토픽, *앞의 책*, p. 456

어 누에고치를 만드는 시기는 4~6월이었다. 쌀농사 위주의 동양에서는 딱 모내 기하는 시기였기 때문에, 별도의 관리 인력도 필요했다.

비단옷을 입은 한나라인 남녀 한 쌍, 한나라에서도 비단은 화폐로 쓰일 만큼 엄청난 고가였다. BC 206~AD 9, 대만 국립고궁박물관 소장

이와 같은 비단 생산의 비밀이 해외로 알려 진 것은 대한민국이 최초였다.[7] 사마천은 사기 에서 은나라 말기 세 사람의 성인(殷末三人) 중 한 사람인 기자(箕子)가 연나라 동쪽으로 가, 비단의 원료를 뽑아낼 수 있는 누에치기를 가르쳤다고 기록했다.[8] 기자 조선의 존재 여부에 대해서는 아직까지 논란이 계속되면서 정설은 없으나, 고조선이 비단을 제조한 것은 중국의 제조기법 이 전해졌기 때문이라는 증거로서는 충분하다 고 본다.

한국 이외 지역 또한 비단 생산 비법을 캐내 기 위해 혈안이 되어 있었다. 예컨대 타림 분지 근방에 위치했던 코탄(우전국, 于闐國) 왕국의 왕은 비단 제조비법을 캐내기 위해 중국의 공주와 결혼까지 하였다.[9] 누에고치 알을 숨기고 우전국으로 돌아온 중국의 공주 때문

7 　중국이 아니라 한국이 비단을 처음으로 생산했다고 주장하는 이들도 있다. 즉, 요서 지방에서 BC 4,000년을 전후 하여 번영한 홍산(紅山) 문화는 한족이 아니라 동이족이 이룩한 문화인데, 홍산 문화가 번영한 요서 지방에서 발굴된 뽕잎을 근거로 동이족이 역사상 처음으로 비단을 만들었다고 주장하는 것이다. 이외에도 고조선이 중국과 다른 독자적인 명주 제조 기법이 있었다는 설도 있다. 고조선이 번영한 이유 중의 하나도 비단을 자체적으로 생산하였고, 이를 주변국에 팔았기 때문 이다. 한반도 내의 비단 생산에 대해 문헌상으로는 등장하는 최초 기록은 『삼국사기』에 신라 시조 박혁거세(BC 69~AD 4) 가 누에치기를 권장했다는 기록이 그것이다.

8 　은나라가 멸망한 주왕(紂王) 시절 은나라에는 3명의 현자가 있었다. 즉, 주왕의 숙부로 왕의 스승인 태사(太師)를 지내고 있던 기자(箕子), 주왕의 배다른 형으로 후에 송(宋)의 제후로 임명되는 미자계(微子啓), 주왕의 또 다른 숙부로 과 거 재상이나 총리에 해당하는 소사(小師)였던 비간(比干). 3현은 주왕에게 여러 차례 직언하였으나 주왕은 듣지 않았다. 오 히려 비간은 그로 인해 죽임을 당했고, 기자는 망명을 떠나라는 주위의 권고를 물리치고 미친 척하여 감옥에 갇혔다. 미자계 는 주나라로 망명하여 후에 주 무왕이 송나라의 제후로 봉한다.

9 　호탄에서는 지금도 비단을 중국의 공주들이 가르쳐 준 바에 따라, 누에고치를 가마에 넣고 삶아 물레로 실을 뽑아 비단을 만든다. 당시 중국의 황제들은 요청이 있거나 필요할 경우 후궁을 통해 낳은 공주들을 주변국에 혼인시켜, 주변국을 통제하는 주요한 수단으로 삼았다.

에 타미르 분지 서남쪽의 인도에도 비단 제조기법이 전해졌다. 이처럼 한국이나 호탄, 인도로 비단의 제조기법이 전해지기 전까지, 중국이 비단 제조법을 비밀로 한 기간은 대략 2,000년 이상이 된다.

중국이 비단 제조법을 비밀로 한 이유는 비단이 엄청난 고가였기 때문이었다. 이 때문에 비단은 대외교역 과정에서 주로 금이나 상아와 교환되었다. 한나라는 일반인들의 동전 주조를 제한적이나마 허용하여 위조 화폐가 성행했는데, 이 시기에 비단은 화폐 그 자체의 역할을 하기도 했다.[10] 중국이 북방에 사는 유목민들의 말을 구입하기 위해 지급한 수단도 비단이었다. 중국뿐 아니라 중앙아시아와 이슬람 문화에서도 최고급 물품은 언제나 금과 비단이었다.[11] 예컨대 중앙아시아의 한 불교 사원에서 교단의 규율을 어긴 승려에 대한 벌금은 비단의 원료인 명주실이었다.[12]

(3) 비단 = 황금

비단 가격은 지역이나 시기에 따라 달랐지만, 대략 1세기 전후 비단길을 거쳐 로마에 도착한 비단 가격은 같은 무게의 금과 가격이 같았다. 육로를 통해 수입되는 비단의 경우는 각종 통행세가 더해지면서 금보다 가격이 더 높았을 것이다. 특히 로마에 인접한 파르티아(Parthia)는 비단의 중계 무역을 통해 막대한 양의 부를 챙겼다. 파르티아가 오랫동안 강성했던 이유 중의 하나도 바로 비단의 중계 무역 덕택이었다.

기록에 따르면 한나라의 비단은 BC 114~120년 기간 중 오늘날 우즈베키스

---

10 알레산드로 지로도, *앞의 책*, p. 67

11 이슬람 문화권에서는 비단을 오로지 여성만 입었다고 한다. 워낙 고가였기 때문에 무함마드가 남성의 비단 착용을 금지했기 때문이다. 만약 이슬람 남성도 로마처럼 비단옷을 입었다면 아마 경제적으로 로마와 비슷한 운명을 밟지 않았을까?

12 피터 프랭코판, *앞의 책*, p. 38

파르티아의 동전들. 초기 파르티아 동전 앞면에는 수염을 기르고 왕관을 쓴 왕의 모습을, 뒷면에는 궁수의 모습이 그려져 있다. 파르티아 후기로 가면 앞면은 동일하나, 뒷면에 나체 신의 모습을 새겼다. 후기 동전에는 메소포타미아 지방에서 통용되던 왕의 명칭인 "왕 중의 왕(king of king)"이라는 글자도 그리스어로 새겨 넣었다. 카이사르는 종신 독재관에 오른 후 이 파르티아를 정복하려다가, BC 44년 반대파인 브루투스에게 암살당한다. 1~3세기경, 이란과 조지아 출토. 영국박물관 소장

탄의 사마르칸트(Samarkand)로 전해졌다고 한다.[13] 원래 사마르칸트(그리스어로 마라칸다, Marakanda)는 BC 6세기경 페르시아계의 소그드인들이 오아시스 근처에서 거주지를 형성하면서 생성된 도시이다. 대략 700미터 고원에 위치하지만, 녹지와 물이 풍부한 매우 아름다운 도시이다. 알렉산더 대왕도, 이슬람 여행가 이븐 바투타(Ibn Battuta, 1304~1369)도 사마르칸트의 아름다움을 격

찬해 마지않았다.[14]

특히 사마천이 소그드인을 비롯한 중앙아시아인들을 "무기를 다루는 데는 서투르지만 장사에는 수완이 있다"라고 기록할 정도로[15] 소그드인들이 워낙 상업 활동을 중시하고 이에 전념했기 때문에 사마르칸트는 얼마 지나지 않아 중앙아시아의 핵심 교역 도시로 부상한다. 심지어 소그드어는 중앙아시아 상업 활동

---

13   Marco Galli, 『Beyond frontiers: Ancient Rome and the Eurasian trade networks』, Journal of Eurasian Studies 8, 2017, p. 4

14   사마르칸트 특산품 중에서 중국에 잘 알려진 특산품은 노란색 금빛 복숭아였는데, 중국인들은 이를 황금 복숭아, 즉 금도(金桃)라고 불렀다. 거위알만큼 크고 맛있어서, 매우 인기가 많았다고 한다. 금빛 복숭아 재배법을 알고 있던 이는 장안의 정원사인 곽탁타(郭橐駝)였다. 그의 본명은 알 수 없지만, 등이 낙타처럼 굽었다고 해서 붙여진 이름이다. 곽탁타는 금빛 복숭아뿐 아니라, 거의 모든 나무를 심고 기르는데 달인이자 천재였다고 한다. 현재 사마르칸트는 이슬람이 주요 종교이지만, 6~7세기 기독교 공동체의 중심인 적도 있었다.

15   피터 프랭코판, 앞의 책, p. 37

의 공용어이기도 했다.[16] 한나라가 중원을 통일하고 장건이 다녀간 이후인 BC 2세기경부터는 한나라가 사마르칸트를 포함한 이 지역의 도시들과 외교 관계를 형성하면서, 한나라의 각종 물품이 이 도시를 거쳐 서쪽으로 전해지게 된다. 비단 또한 그 과정에서 서양으로 전해진 것이다.

한편 7세기 불교 경전을 찾아 나선 현장법사도 사마르칸트를 지나 인도로 들어갈 정도로 이 도시는 중국에서도 매우 유명한 도시였다. 사마르칸트는 페르시아 출신 소그드인의 나라였으므로 원래 조로아스터교를 믿었으나, 8세기 초 우마이야 왕조가 이쪽 지역으로 진출하면서 이슬람 국가로 바뀌게 된다. 751년 우마이야 왕조와 당나라가 격돌한 탈라스 전투에서 당나라 포로들이 잡혀간 곳도 이곳 사마르칸트이다. 사마르칸트는 이를 계기로 서양으로 비단에 이어 중국의 종이 기술까지 전달하는 중요한 도시가 되기도 한다.[17]

이후 몽골 제국의 침략으로 도시가 거의 파괴되었으나, 몽골 제국의 후예를 자처한 티무르가 이곳을 수도로 정하면서 다시 부흥한다. 즉 사마르칸트는 "칭기즈 칸이 파괴하고 티무르가 재건한 곳"이다. 티무르가 명나라를 정복하다 사망하고, 연이어 튀르크 계열인 우즈베크인이 이 지역을 정복하면서 사마르칸트는 쇠퇴의 길을 걸었다. 대항해 시대 이후 비단길이 쇠퇴하면서 사마르칸트는 더이상 과거의 영광을 재연하지는 못했지만, 오늘날도 여전히 "실크 로드"의 중심 도시로서, 그리고 우즈베키스탄 제2의 도시로서 과거의 화려한 모습을 간직한 유명한 관광지로 남아 있다.[18]

한편 사마르칸트에 비단이 전해진 시기인 BC 2세기경보다 훨씬 이전에 이미 중국의 비단이 서쪽으로 전해졌다는 주장도 있다. 일례로 BC 10세기경 고대 이집트 21왕조(BC 1069 ~ BC 945) 시대, 테베(Thebe)에서 미이라로 매장된 여인의 머리카

---

16 에드워드 H. 셰이프, 『사마르칸트의 황금 복숭아』, 글항아리, 2021, p. 33

17 탈라스 전투에서 종이가 이슬람으로 전해졌다는 통설을 명백히 허구라고 주장하는 이도 있다. 피터 프랭코판, 앞의 책, p. 166

18 사마르칸트의 대표적인 유적이 왕의 무덤이라는 뜻의 구르 에미르(Gur-Emir)이다. 티무르가 자신의 손자를 위한 무덤으로 만들었는데, 정작 티무르 자신도 이곳에 묻혀 있다.

락에서 실크가 발견되었다.[19] 당시 비단은 중국에서만 생산되었으므로, 이집트에서 발견된 실크의 출처는 당연히 중국이다. BC 1,000년을 전후한 시기에 비단이 중국에서 이집트로 흘러 들어간 경로가 어딘지는 아직까지도 정확히 밝혀진 바 없다. 개인적으로는 누군가 이 책을 읽는 독자 중에 이 불가사의한 사실을 파헤칠 사람이 나타났으면 좋겠다.

여담이지만 고대 이집트에서 발견된 불가사의한 비단 사례 외에도 고대 이집트, 고대 메소포타미아와 고대 중국 문화가 상호 교류했다는 증거는 또 있다. 바로 고대 중국의 건국 신화에 등장하는 복희(伏羲)이다. 복희는 중국 건국 신화 삼황오제(三皇五帝)의 첫 번째 시조이다. 복희는 뱀의 몸에 사람의 머리를 하고 있으며, 보통 그의 누이이자 아내인 여와(女媧)와 함께 등장한다. 삼황오제 신화에 따르면 복희와 여와는 대홍수 뒤에 살아남은 유일한 존재이다. 홍수 뒤에

여와와 복희. 왼편에 콤파스를 들고 있는 여와와 오른편에 직각자를 들고 있는 복희. 이 유물은 일본인 오타니 고즈이(大谷光瑞, 1876~1948)가 중앙아시아를 탐험한 후 수집한 유물 중 하나이다. 삼베에 채색한 그림. 7세기경, 투르판 아스타나 출토. 국립중앙박물관 전시

아무도 남지 않아 무료했던 여와는 흙을 빚어 인간을 만들기도 한다. 복희와 여와 스토리의 서사 구조는 메소포타미아 지역의 대홍수 이야기나 구약성서의 인

---

19 G. Lubec, J. Holaubek, C. Feldl, B. Lubec, E. Strouhal, 『Use of Silk in Ancient Egypt』, www.silk-road.com/artl/egyptsilk.shtml, 1993

간 창조 신화와 매우 흡사하다.

한편 중국 신장 지구 투르판의 아스타나^(阿斯塔那) 고분군에서 발견된 복희여와도^(伏羲女媧圖)는 복희와 여와가 마주 보면서 하반신은 뱀처럼 서로 꼬여 있는 모습을 보여 준다. 복희와 여와가 마주 보는 형상은 고대 이집트의 오시리스와 이시스 신화를 묘사한 여러 형상과 매우 흡사하다. 나아가 뱀처럼 꼬여 있는 문양은 메소포타미아 지하 세계의 신인 닝기쉬지다^(Ningishzida)의 상징과 완전히 동일하다. 닝기쉬지다는 메소포타미에서 매우 인기 있는 신이었다. 예컨대 BC 2110년경 라가쉬의 통치자 우르-닝기르수^(Ur-Ningirsu, BC 22세기경)는 닝기쉬지다를 얼마나 열정적으로 숭배했는지, 아예 자신의 이름을 그를 추모하여 지었다.

닝기쉬지다를 상징하는 문양은 그리스 문화에도 전파되어, 두 마리의 뱀이 꽈리를 틀고 있는 헤르메스의 지팡이인 카두케우스^(Caduceus 혹은 케르케이온)에도 그대로 남

닝기시지다의 상징은 두 마리의 뱀이 꼬여 있는 형상이다. 수메르의 구데아(Gudea, 통치 BC c.2080~c.2060) 왕의 것으로 추정되는 동석(스테어타이트, steatite) 술잔(libation)에 새겨진 닝기시지다의 상징인 두 마리의 뱀 모양이 선명하다.(그림 ③) 구데아 왕은 닝기시지다를 자신의 수호신으로 열렬히 숭상했다. 닝기시지다 양측은 상상의 수호 동물인 기니(genii). 1910년 라가쉬 출토. Public Domain

아 있다. 카두케우스는 『**황금, 설탕, 이자 - 성전기사단의 비밀**^(하)』編에서 설명할 「헤르메스 트리스메기스투스^(Hermes Trismegistus)」에 따르면, 대립된 물질을 통합해서 완벽한 금속인 황금을 만드는 마법의 지팡이기도 하다. 헤르메스 트리스메기스투스는 메소포타미아의 문명이 그리스적 감수성과 결합되어 만들어진 일종의 융합 스토리임을 보여 준다. 이는 메소포타미아의 문명이 중국 쪽으로 전파되어 중국 문화와도 융합되었을 가능성이 있다는 뜻이다. 즉, 필자는 닝기쉬지다의 상징이 신장 지구를 통해 전파되어 고대 중국의 복희와 여와 스토리로 각색되어 창조되었을 가능성이 있다고 본다.

특히 복희여와도에서 여와는 콤파스를 들고 있고, 복희는 직각자를 들고 있다. 콤파스와 직각자는 플라톤과 고대 이집트 사제를 계승했다는 프리메이슨의 상징이기도 하다. 복희여와도가 프리메이슨의 상징을 들고 있다는 것은 고대 문화의 동서 교류가 예상보다 훨씬 일찍 시작되었음을 의미하는 것은 아닐까? 도대체 복희여와도와 프리메이슨은 도대체 어떤 관련성을 가지고 있는 것일까?

(4) 비단길(Silk Road)

하여튼 중국에서 로마로 비단이 수출된 무역로의 출발은 오늘날 중국 최대의 셰일 가스 매장지인 타림 분지였다. 타림 분지는 오늘날 신장 위구르 자치구의 남쪽 지역으로, 이 분지의 대부분은 위구르어로 "한 번 들어가면 나올 수 없다"라는 뜻의 타클라마칸 사막이다. 이 분지의 동쪽 끝, 중국과 끝자락에서 연결된 도시는 둔황(敦煌)과 안서(安西)이다. 둔황과 안서에서 한 나라 수도 장안(長安)까지는 동북쪽에 고비 사막이, 남서쪽으로는 만년설이 쌓인 치롄산맥(祁連山脈, 기련산

맥) 사이로 폭이 수 km~100km에 이르는 평지 길이 대략 1,000km나 뻗어 있다. 자

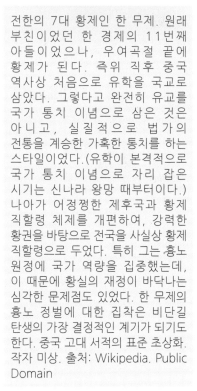

연이 만든 일종의 고속도로인데, 이 평지 길을 "하서주랑(河西走廊)"이라고 부른다.[20] 하서주랑은 흉노족이 한나라를 침공하는 주요 공격로였다. 즉, 하서주랑은 둔황, 안서, 가욕관(嘉峪關)을 거쳐 장액(張掖), 무위(武威) 등의 도시를 지나고 이를 지나면 난주(蘭州), 천수(天水)를 거쳐 바로 장안으로 들어갈 수 있었다.[21]

한편 한 고조가 흉노에 패한 이후 한나라는 흉노라는 나라에 대해서는 비단과 같은 값비싼 공물만 바치고 아예 북벌을 금지하는 등 전전 긍긍한 태도를 견지하고 있었다. 하지만 한 무제(武帝, BC 141~87)가 등장하자 상황이 급격히 바뀐다. BC 141년에 황제로 등극한 한 무제는 그간 축적된 강한 국력을 바탕으로 흉노를 제압해야 한다고 결심하고, 흉노 토벌 작전을 수립한다.[22] 특히 왕회(王恢, BC ? ~ 134)의 주장으로 30만 병력까지 모집하여 흉노 정벌에 나섰으나, 유인 작전이 실패했다는 이유로 전투 한 번 제대로 하지 못하고 아무런 성과 없이 패퇴한다. 이일로 왕회는 참수형을 받았고, 무제는 한 나라 혼자서는 흉노 정벌이 어렵다고 판단하기에 이른다.

전한의 7대 황제인 한 무제. 원래 부친이었던 한 경제의 11번째 아들이었으나, 우여곡절 끝에 황제가 된다. 즉위 직후 중국 역사상 처음으로 유학을 국교로 삼았다. 그렇다고 완전히 유교를 국가 통치 이념으로 삼은 것은 아니고, 실질적으로 법가의 전통을 계승한 가혹한 통치를 하는 스타일이었다. (유학이 본격적으로 국가 통치 이념으로 자리 잡은 시기는 신나라 왕망 때부터이다.) 나아가 어정쩡한 제후국과 황제 직할령 체제를 개편하여, 강력한 황권을 바탕으로 전국을 사실상 황제 직할령으로 두었다. 특히 그는 흉노 원정에 국가 역량을 집중했는데, 이 때문에 황실의 재정이 바닥나는 심각한 문제점도 있었다. 한 무제의 흉노 정벌에 대한 집착은 비단길 탄생의 가장 결정적인 계기가 되기도 한다. 중국 고대 서적의 표준 초상화. 작자 미상. 출처: Wikipedia. Public Domain

20　　장안의 현재 이름은 시안(西安)인데, 시안은 중국의 서쪽에 있는 수도이면서 한나라 수도 장안의 이름이 합쳐진 것이다.

21　가욕관은 만리장성의 서쪽 끝에 위치한 성채 관문 형태의 군사시설이다.

22　한 무제가 수립한 흉노 토벌 계획에 따라 진행된 한나라와 흉노 사이의 45년간 전쟁을 한-흉노 전쟁이라 한다. 보통 BC 133 ~ AD 89년까지를 그 기간으로 본다.

장건의 원정대 출발 모습. 당나라 막고굴(Mogao Cave) 벽화. 작자 미상. 8세기경. 출처: Wikipedia. Public Domain

이때 한 무제는 흉노족들이 최근에 제압하여 복속시킨 월지(月氏)라는 나라에 주목했다. 특히 한 무제는 정탐을 통해 흉노의 왕인 노상선우(老上單于 BC ?~161)가 월지(越氏)의 왕을 잡아 두개골로 술잔을 삼는 등 월지와 흉노의 사이가 매우 안 좋다는 사실을 파악했다. 옳거니! 한 무제는 이 적대 관계를 이용, 월지와 연합하여 흉노를 치기로

결심한다. 이를 위해 BC 138년(혹은 139년), 스스로 이 여행을 자원한 장건(張騫, BC ?~114)을 월지로 파견하여, 흉노를 동서에서 협공할 동맹을 맺으라고 명하였다. 당시 월지로 가기 위해서는 하서주랑을 거쳐서 서쪽으로 나아가야 했는데, 이 시기 하서주랑은 흉노가 정복한 월지의 동쪽 왕(우현 왕)인 혼야왕(渾邪王, BC ?~116)이 다스리고 있었다. 더구나 하서주랑으로 가기 위해서는 흉노족이 다스리는 간쑤성(甘肅省) 지역도 반드시 먼저 통과해야 한다.

예상대로 장건은 한나라 지배 영토를 벗어나 간쑤성에 거의 들어서자마자 흉노족에게 붙잡힌다. 수행원이 무려 100명에 이르렀으니, 흉노족 눈에 안 띌 수가 있나? 흉노족 왕으로 노상선우의 아들인 군신선우(軍臣單于, BC ?~127)는 장건에게 "만약 내가 한나라 남쪽의 월나라에 동맹을 맺기 위한 사신을 보낸다면 그대는 어떻게 하겠는가?"라고 말하면서, 장건을 감옥에 가둔다. 다만 군신선우는 그를 죽이지는 않고, 흉노 여인까지 내주면서 아예 흉노 땅에서 살게 하였다. 장건은 졸지에 흉노족의 사람이 되었다.

한 무제는 이런 사실도 모르고 하염없이 장건을 기다렸다. 스마트폰이 없던 시절이니, 그가 도대체 어디에 있는지조차 알 수가 없었다. 한 무제는 기다리다 지쳐서 드디어 군사 행동을 개시하는데, 장건을 월지로 보낸 지 대략 10년 만인

BC 129년 기병술에 능했던 위청^(衛靑, BC ? ~ 106)과 곽거병^(霍去病, BC 140~117)을 대장으로 삼고 간쑤성의 흉노를 공격하기 시작했다. 예상외로 위청과 곽거병은 흉노와 월지 군대를 대파하는데, 화가 난 군신선우는 한 나라 군대에 제대로 대응하지 못했다는 이유로 월지의 좌현 왕과 우현 왕 모두를 소환한다. 이에 겁을 먹은 좌현 왕 휴저왕^(休屠王)과 우현 왕 혼야왕은 아예 한 무제에 투항해 버렸다. 특히 혼야왕은 한 무제에 투항할 때 하서주랑을 통째로 한 무제에게 갖다 바쳤다. 한 무제는 하서주랑에 서쪽으로부터 차례대로 돈황군^(敦煌郡), 주천군^(酒泉郡), 장액군^(張掖郡), 무위군^(武威郡)의 4개 군, 이른바 하서사군을 설치하여 타림 분지로 가는 직통 평지길인 하서주랑을 확보하게 된다. 이때가 BC 119년 무렵이다.

한편, 월지로 가다가 흉노에게 포로로 잡힌 장건은 탈출할 기회만 엿보고 있었다. 그는 10여 년째 되는 해, 즉 한 무제가 장건을 더 이상 기다리지 못하고 흉노 공격을 개시하던 시점에, 가족들과 부하 장수들을 데리고 흉노의 감시가 소홀한 틈을 타서 기어이 서쪽으로 탈출했다. 장건은 서쪽으로 이동하면서 오손^(烏孫), 대완^(大宛), 강거^(康居)라는 나라들을 거쳐 우여곡절 끝에 마침내 월지에 도착했다. 그런데 이게 웬걸? 월지는 간쑤성에서 흉노족에 쫓겨난 후, 다시 오손의 세력 확장으로 더 남쪽으로 쫓겨나 있었다. 거기다가 새로 쫓겨나 터전을 잡은 '소그드'^(Sogd)의 '땅'^(ia)'이라는 뜻의 소그디아나^(Sogdiana)는 중심 도시 사마르칸트를 비롯하여 물자가 매우 풍부했고 그 남쪽의 대하^(大夏)라는 나라까지 정복한 터라, 월지인들은 흉노족에 대한 원한은 이미 오래전에 까맣게 잊어버린 상태였다!!!²³

장건은 어쩔 줄을 몰라 월지에서 1년을 넘게 머물렀지만, 한나라와의 동맹은 그야말로 언감생심이었다. 그는 할 수 없이 한나라로 귀국하기로 결심한다. 장건은 또 다른 우여곡절 끝에 한나라 수도 장안으로 결국 귀향하였다. 이때가 BC 125년, 월지를 향해 출발한 지 무려 13년 만이다. 원래 계획했던 월지와의 동맹은 어이없이 실패한 채로 말이다.

---

23 대하는 알렉산더 대왕이 세운 박트리아인데, 장건은 이 박트리아까지 내려간 것으로 추정된다.

그렇다면 과연 장건의 13년 고난 여정은 완전한 헛짓이었을까? 장안으로 돌아온 장건은 자신이 방문한 나라들에 대해 자세히 이야기를 전한다. 사기 「대완열전^(大宛列傳)」에 따르면, "대완은 흉노의 서쪽에 있고, 핏물 같은 땀을 흘리는 한혈마라는 천리마가 있다. 대완의 북쪽에는 강거, 서쪽에는 대월지, 서남쪽에는 대하, 동북쪽에는 오손이 있다. 나아가 대월지의 수천 리 서쪽에 있는 안식^(安息)이라는 나라는 은으로 돈을 만들고 그 표면에 왕의 얼굴을 새겨 넣으며, 왕이 죽으면 동전의 얼굴을 새로운 왕의 얼굴로 다시 바꾼다. 그 서쪽에는 다시 조지^(條枝)라는 나라가 있는데, 안식의 서쪽 수천 리 되는 곳에 있으며 서해에 닿는다." 사마천은 장건이 보고 듣고 온 이들 나라의 풍습과 물자 등에 대해서도 소상히 기록했다. 예컨대 사마천은 장건이 대하에서 생산되는 베를 보고 어디서 나는지 물으니, 대하 상인들이 "신독^(身毒)의 시장"에서 사 온 것인데, 그곳 사람들은 코끼리를 타고 싸운다고 말했다. 장건이 보고 들은 것을 정리하면 대하는 박트리아(Bactria), 안식은 파르티아(Parthia), 조지는 오늘날 시리아(Syria), 신독은 오늘날 힌두의 나라인 인도를 의미하는 것으로 추정된다.

하여튼 장건이 온갖 고생을 하며 다녀온 이 루트와 풍물들은 한나라 상인들의 입소문을 타고 삽시간에 퍼졌다. 특히 한 무제가 하서주랑을 확보하면서, 서역으로 가는 무역로에 흉노족들의 위협이 완전히 사라졌다. 이 시기 이후 장건의 월지 동맹을 위한 13년간 헛짓 루트는 비단을 비롯한 한나라의 상품이 중앙아시아를 거쳐 로마로 전파되는 역사적인 무역로가 된다. 장건의 이 역사상 "가장 위대한 뻘짓"이 바로 실크 로드^(Silk Road)의 탄생으로 이어진 것이다.

한나라 무제 이후 중국은 이민족에게 다시 타림 분지를 일시적으로 뺏긴 적도 있다. 그러나 타림 분지를 무력으로 탈환한 후한의 반초^(班超, Pan Chao, 33~102) 이후 부침은 있었지만 타림 분지에 대한 중국의 지배권은 오늘날까지도 변함없이 유지되고 있다. 오늘날 타림 분지가 위치한 지역은 청나라가 1884년 무력으로 병합한 이후 중국의 신장 위구르 자치구로 편입되어 있다. 신장 위구르 자치구는 현재 중국에서 면적이 가장 넓은 지방성이다.

오늘날 신장 위구르 자치구는 비단과 같은 사치품이 이동하는 국제무역로가 아니라, 타림 분지에서 생산되는 석유와 가스를 중국 국내로 공급하는 중요한 전략 지역의 역할을 하고 있다.[24] 예컨대 신장 위구르 자치구의 카라마이(Karamay) 市에서 생산된 석유는 동서 송유관을 통해 동쪽 끝의 상하이 市까지 연결된다. 특히 타클라마칸 사막에는 중국의 가장 중요한 핵실험장이 위치해 있다. 이곳이 없다면 중국은 핵무기를 업그레이드 할 수가 없다. 어쨌든 장건과 반초 이후 타림 분지는 중국이 로마를 비롯한 서역 국가와 무역으로 접촉하는 중요한 교두보가 되었다.

타림 분지가 서양 무역과의 교두보가 되면서 비단은 타림 분지의 서역 남로와 서역 북로가 합류하는 도시인 카슈가르 (Kashgar)에서 출발하여, 오늘날 우즈베키스탄의 사마르칸트(Samarkand)에서 집결한 후 대상(caravan)을 통해 인도, 박트리아 (Bactria, 대식국 혹은 대하)나 파르티아(Parthia, 안식국) 등 각지로 전해졌다. 사마르칸트에서 서쪽으로 중국 제품을 실어 나르던 주인공은 다름 아닌 소그드 상인들이었다.

비단을 팔기 위해 사마르칸트 궁전으로 가져와서 왕을 알현하는 소그드 상인들. 중국산 비단을 로마로 전달하는 데 가장 핵심적인 역할을 한 이들이 바로 소그드 상인들이다. 아프라시아브 벽화(Afrasiab mural paintings, 아프라시아브는 오늘날의 사마르칸트이다.). 7세기 중반. 아프라시아브 박물관 소장. 사진: Thorsten Greve. 출처: Wikipedia. Public Domain

소그드 상인들은 타고 난 상업적 기질을 가지고 거미줄 같은 네트워크와 신용 거래를 효율적으로 활용함으로써, 중국 제품을 멀리 인도까지 실어 나르는 장거리 교역을 완전히 지배하고 있었다. 20세기 초 영국 탐험가로서 둔황학을

---

24   오늘날 타림 분지는 세계 최대 셰일 가스 매장지이기도 하다. 하지만 현재 셰일 가스는 물을 이용한 수압 파쇄법으로 추출하기 때문에, 이 지역의 부족한 물 상황을 고려할 경우 아직까지는 경제성이 거의 없다. 이 때문에 중국 정부는 물이 아니라 인공 지진 기술을 적용하여 셰일 가스를 채굴하려고 한다는 소문이 있다.

정립한 오렐 스타인^(Aurel Stein, 1862~1943)이 둔황 인근의 망루에서 발견한 편지 뭉치에 따르면, "소그드인들은 체계적인 외상 판매제를 통해 금은제 장신구, 그릇, 리넨 모직 옷, 샤프란, 후추, 특히 비단 무역에 집중했다."[25] 인도에 도착한 중국의 비단은 쿠샨 제국을 거쳐 인도 서북쪽 항구들 혹은 육로를 통해 로마로 흘러 들어갔다. 아마 소그드 상인이 없었다면 중국의 비단이 대량으로 로마까지 흘러 들어가는 일은 아마 없었을 것이다.

타림 분지는 타클라마칸 사막 유역이므로, 타림 분지 근방의 이동 수단은 주로 낙타였다.[26] 단봉 낙타 한 마리는 말보다 대략 4배 무거운 짐을 지고 일일 50km를 이동할 수 있다. 체중의 25% 정도까지는 탈수를 견딜 수 있어, 물 없이 2주 이상을 버틸 수도 있다. 발굽 사이의 거친 피부 덕택에 뜨거운 모래를 장시간 이동하는 데 아무런 문제도 없다. 모래바람이 얼굴을 때려도 콧구멍을 닫아 호흡에 문제가 없으며, 바람막이 같은 속눈썹을 움직여 눈에 모래가 들어가는 것을 막을 수도 있다.[27] 쌍봉낙타는 후각이 놀라울 정도로 발달하여 지하수가 어디에 있는지를 알려 주기도 한다. 심지어 모래 폭풍이 불어오면 낙타들은 이를 미리 감지하고 일제히 울음소리를 내며 멈춰 선다. 즉 "사막의 용권풍^(龍卷風, 일종의 회오리바람)이 불어올라치면, 나이 많은 낙타들은 이 바람에 대한 경험이 있어서 즉시 함께 모여서 으르렁거리며 둘러앉아 입을 모래 안에 파묻는다. 대상들은 이것을 모래폭풍의 징조로 여긴다."[28] 이 때문에 낙타는 사막의 이동 수단으로서 오래전부터 적극적으로 활용되어 왔다. 오늘날에도 거대한 사막을 건너기 위해서는 자동차보다는 낙타가 더 유용할 정도이다.

둔황을 지나면 서역으로 가는 두 갈래 길인 천산북로^(天山北路)와 천산남로^(天山南路)가 있다. 천산북로에는 그 관문인 옥문관^(玉門關)을 지나 투르판^(Turfan), 쿠차^(Kuqa),

---

25 피터 프랭코판, *앞의 책*, p. 106
26 낙타는 중국에 없었다. 따라서 중국인들이 낙타를 구하기 위해서는 위구르나 티베트에서 수입해야 했다. 위구르나 티베트는 낙타를 중국 황제에 대한 선물이나 조공품을 바치기도 했다.
27 팀 마샬, *앞의 책*, p. 298
28 에드워드 H. 셰이퍼, *앞의 책*, p. 37

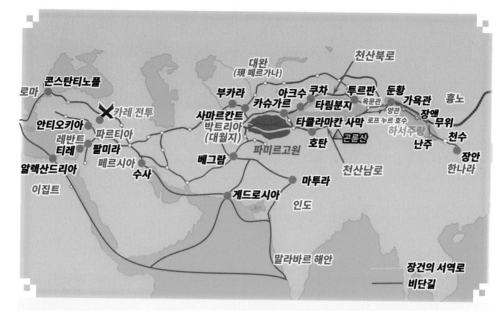

비단길 지도

아크수^(Aksu) 등의 주요 도시가 위치한다.[29] 천산남로는 관문인 양관^(陽關)을 거쳐 소금 호수인 로프 누르^(Lop Nur) 호수를 지나 서유기에 나오는 곤륜산 북쪽 루트를 타고 호탄을 지나는 루트이다.[30] 천산북로이든 천산남로이든 사막 폭풍, 도적 떼, 가혹한 날씨 등으로 인해 동물과 사람의 해골들이 즐비하여 목숨을 건 위험천만함을 무릅써야 한다.

타림 분지의 북쪽인 천산북로와 그 남쪽인 천산남로를 이동해야 하는 대상은 대략 300마리의 낙타와 60여 명의 대원으로 구성되었다. 1마리의 낙타가 운반할 수 있는 물품은 대략 200kg 정도였다고 한다. 천산북로와 천산남로가 만나는 카슈가르^(Kashgar)에서는 사마르칸트를 거쳐 박트리아, 페르시아를 거쳐 파르티아, 레반트나 이집트에서 로마로 향하는 육로가 있었다. 사마르칸트가 아니

---

29   옥문관은 한 무제가 하서사군을 만들 때 이 문을 통해 큰 옥을 가져왔다고 하여 붙여진 이름이다.

30   곤륜산은 현재 지명으로 쿤룬 산맥이다. 중국인들은 곤륜산이 세상에서 가장 높은 산이며, 이곳에 전설의 신선인 서왕모가 살고 있다고 생각했다. 실제로 쿤룬 산맥에는 해발 7,649m에 이르는 쿤구르산이 최고봉을 자랑한다. 당나라 승려 삼장법사가 인도로 가기 위해 밟았던 코스가 바로 쿤룬 산맥 북쪽의 천산남로이다.

팔미라 전경. 팔미라는 비단의 중개 무역을 통해 급성장한 도시이다. 267년에는 이 도시를 중심으로 제노비아라는 여걸이 로마에 반기를 들고 로마 제국과 페르시아 제국에 맞서는 국력을 자랑하기도 했다. 하지만 얼마 안 가 로마가 팔미라를 정복한 후 도시가 완전히 화염에 불태워졌다. 현대에 와서는 관광 도시로 변모하여, 시리아 내전 이전 시리아 최고의 관광 도시가 바로 이곳 팔미라였다. 17세기 폐허로 된 팔미라 그림이지만, 화려했던 고대의 모습이 폐허 속에서도 그대로 드러나 보인다. 네덜란드 화가 게라드 에센(Gerard Hofsted van Essen, fl.1690~1720)의 1693년 작품. 출처: Wikipedia. Public Domain

라 3,000m 이상의 고지대인 파미르 고원을 넘는 길도 있었는데, 파미르 고원을 넘기 위해서는 낙타에서 당나귀로 바꿔서 물건을 운반했을 것이다. 파미르 고원을 넘으면 현재의 아프가니스탄 베그람(Begram)에 도착하고, 여기서 인도와 현재의 파키스탄인 게드로시아(Gedrosia)로 향한다. 게드로시아에 도착한 향신료는 페르시아만을 거쳐 로마로 들어간다. 베그람에서 인도를 향한 무역로는 현재의 뉴델리 남부인 마투라(Mathura)에 도착한 후 말라바르 해안, 인도양, 페르시아만, 홍해와 알렉산드리아를 경유하여 로마로 향한다.

독일 지리학자 페르난트 폰 리히트호펜(Fernand Von Richthofen, 1833~1905)은 타림 분지에서 로마까지 1만여 km에 이르는 이 육상 교역로를 "비단길(Silk Road)"이라고 이름 붙였다.[31] 물론 한나라 장건 이전에도 비단길을 통해서이든, 아니면 다른 루트를 통해서이든 고대 메소포타미아, 고대 이집트, 고대 중국이 교류했을 가능성은 매우 높다. 그 증거는 고대 미이라에서 발견된 비단, 그리고 닝기쉬지다와 복희여와도의 유사성 등이다.

---

31 이 무역로는 비단 이외에도 동양과 서양의 물품이 교환되는 주요 경로였으므로, 비단길이라고 부르는 것이 적절치는 않다는 의견도 있다.

(5) 소금으로 흥하고, 비단으로 망하다!

로마 영토 내에서 중국의 비단이나 인도의 향신료가 집산하는 주요 도시는 오늘날 시리아에 위치한 팔미라^(Palmyra)였다. 팔미라는 시리아 사막 한가운데에 위치해 있지만, 석주가 750여 개에 이르는 거대 도시일 정도로 번성한 도시였다. 오직 비단 하나만으로 팔미라가 대형화되었다고 이야기하면 과장이겠지만, 비단이 팔미라의 대형화에 결정적 역할을 한 것은 틀림없는 사실이다.

팔미라의 비단은 티레^(Tyre), 시돈^(Sydon), 안티오키아^(Antiochia) 등의 지중해 연안 도시나 대도시로 팔려나갔다. 로마인들은 수입된 중국의 비단을 그대로 쓰지 않고, 비단옷을 해체하여 실을 뽑은 후 완전히 새로운 의류로 만들었다. 특히 시돈에서는 로마인들이 황실의 색으로 간주한 자주색 염료를 사용하여, 중국에서 수입된 비단옷을 자주색으로 염색하여 황실에서 사용하였다. 한나라 사람들은 로마인들이 이렇게 해서 만든 로마의 자주색 비단옷을 역수입하기도 했다.

페르세폴리스를 보수한 아르타크세르크세스 3세(Artaxerxes III, 재위 BC 359~338)의 석문. 이 석문에는 "지구, 하늘, 인간, 인간의 행복, 그리고 바로 나 아르타크세르크세스를 창조하신 이는 위대한 신 아후라 마즈다(Ahura Mazda)이시다. 이 돌계단은 나의 시대에 내가 만든 것이다. 아후라 마즈다이시여, 그리고 미트라스(Mithras) 신이시여. 나와 이 나라, 그리고 내가 만든 이것들을 보호해 주소서!"라고 새겨져 있다. BC 4세기경, 페르세폴리스 석문 부조. 영국박물관 소장

비단이 언제 로마로 전해졌는지 정확한 기록은 없다. 일설에 따르면 비단은 로마의 크라수스가 파르티아와 벌인 카레^(Battle of Carrhae) 전투를 하는 중에 알려졌

다고 한다.[32] 즉 시리아 속주 총독으로 카이사르, 폼페이우스와 함께 삼두정치를 하고 있었던 크라수스(Marcus Licinius Crassus, BC 115~53)가 BC 53년, 오늘날 튀르키예의 하란이 위치한 유프라테스강 유역의 카레(Carrhae)에서 파르티아에 크게 패했다. 이 전투에서 2만여 명의 로마군이 몰살당하고 크라수스의 아들까지 죽었지만, 파르티아 사상자는 100여 명에 불과했다. 크라수스는 전투 후 대패했다는 책임 때문인지 살해당한다. 일설에 따르면 파르티아인은 크라수스의 탐욕을 비난하며 그의 목구멍에 황금을 녹여 들어부었다고 한다. 하여튼 로마 군인들이 카레 전투 중에 파르티아의 깃발이 비단으로 만들어진 것을 처음으로 보았다는 것이다.

페르세폴리스 전역에 새겨진 사자와 황소 그림. 이 조각상이 무엇을 뜻하는지는 설이 분분하다. 어떤 이는 조로아스터교의 절대 신인 아후라 마즈다의 상징인 사자가 악의 신인 아리만(Ahriman)의 화신인 황소를 멸한다고 해석한다. 다른 이는 사자는 왕을 상징하고 황소는 반란군을 의미하는 것으로, 왕이 반란군을 진압하는 장면으로 해석한다. 또 다른 이는 천문학적으로 해석한다. 즉, 태양이 춘분날 떠오르는 별자리가 BC 4300~2150년에는 황소자리였는데, 세차 운동에 따라 이 시대가 끝났음을 의미하는 조각이라고 주장한다. 이 조각은 아파다나 궁전의 벽에 조각된 것이다. 영국박물관 소장(원본이 아닌 복사본)

하지만 이보다 훨씬 전부터 비단 왕국 쎄레스(Seres)의 존재는 고대 페르시아, 그리스, 로마에 알려져 있었다. 일례로 페르시아 제국을 건설한 다리우스 1세 때 수도인 페르세폴리스에는 각국의 사신들이 다리우스 1세를 알현하는 아파다나(Apadana) 궁전이 있었다. 페르세폴리스는 다리우스 1세가 왕이 된 직후인 BC 518년부터 건설하여, 그의 손자 때인 아르타크세르크세스 1세(Artaxerxes I, 재위 BC 465~424)까지 60여 년 동안 건설

---

32 Marco Galli, *Ibid*, p. 6. 로마인은 비단을 세리쿰(sericum)이라고 불렀다. 비단을 만드는 중국인은 쎄레스(Seres), 비단옷은 쎄리카(serica), 비단을 파는 상인을 쎄리키(serici)라고 불렀다. 특히 로마는 중국을 비단옷의 나라, 세리카 레지오(Serica Regio 혹은 시나에, Sinae)라고 불렀다.

된 페르시아의 새로운 수도였다.

이 아파다나 궁전의 정문인 "만천하의 문(Gate of All Lands)"으로 오르기 위한 계단 옆 부조에는, 주변 속국의 사신들이 각종 헌상

아파다나 궁에 있는 만천하의 문에 오르는 111개 계단 옆에 조각된 사신들의 부조 중 카파도키아 사람들로 추정되는 사신들의 행렬에 비단으로 보이는 물품이 묘사되어 있다. 바로 오른편 끝에 서 있는 이들이 들고 있는 옷감이 비단이다. 이 만천하의 문 양쪽에는 라마수(황소의 몸, 독수리 날개, 사람의 얼굴을 하고 있는 상상의 동물)라는 거대한 조각도 설치되어 있었다. BC 6세기경, 페르세폴리스 만천하의 문 계단 옆 부조 주물. 영국박물관 소장

품을 가져오는 장면이 부조로 묘사되어 있다. 이 부조 중에 비단으로 보이는 물품이 묘사되어 있다. 이는 BC 6세기경에 이미 중국의 비단이 페르시아 지방에 전해져 있었다는 뜻이다. BC 4세기, 알렉산더 대왕이 다리우스 3세를 사로잡았을 때도, 다리우스 3세가 입고 있었던 것은 휘황찬란한 비단옷이었다. 알렉산더 대왕은 비단의 화려함에 압도당하면서 말문을 잃을 정도였다고 한다.

이처럼 비단이 언제 로마로 전해졌는지는 확실치 않다. 하지만, AD 1세기를 전후한 고대 로마 제국 초기에 비단은 이미 사치품으로서 널리 사용되고 있었다는 것만큼은 확실하다. 예컨대 제국 초기의 로마 시인 마르쿠스 마르티알리스(Marcus Valerius Martialis, c.38~c.102)는 사치품으로서 비단이 옷감으로서뿐만 아니라, 심지어 베개에도 사용되었다고 그의 풍자시(epigram)에서 개탄했다. 마르티알리스의 말대로 고대 로마 제국에서는 황실부터 평민에 이르기까지 비단에 거의 미쳐 있었다.[33]

---

33   히틀러에 이은 나찌 독일의 제2인자 헤르만 괴링 또한 비단에 미쳐 있었다. 그는 자신의 나찌 제복을 통째로 비단으로 만들어 입기도 했다.

티베리우스 황제의 죽음. 티베리우스 황제는 당시 로마 최고의 미녀 리비아 드루실라(Livia Drusilla, BC 59 ~ AD 29)의 장남이었다. 그녀의 미모에 반한 옥타비아누스가 리비아와 결혼한 후에 옥타비아누스의 양자가 되고, 마침내 로마 2대 황제가 된다. 황제가 된 후 재정이 낭비되는 전차 경기 대회, 검투사 대회, 비단옷 착용 금지 등을 시행하여 로마 황실의 안정을 가져왔다. 하지만, 이 때문에 대중들에게는 별로 인기가 없었다. 말년에는 나폴리 인근의 카프리섬에 거주하며 자신의 근위대장을 통해 로마를 통치하기도 했다. 한편 그는 나폴리에 있는 자신의 빌라에서 78세 생일 한 달 전인 37년 3월 16일에 침상에서 숨을 쉬지 않는 듯했다고 한다. 주변에서 이를 보고 당시 후계자로 빌라에 머물고 있던 칼리굴라 황제를 축하하고 있었는데, 잠시 후 황제가 다시 일어나 의식을 찾았다는 뉴스가 도착했다. 모든 사람들은 기겁을 하고 도망쳤는데, 당시 칼리굴라의 측근이었던 근위대의 마르코(Naevius Sutorius Macro, BC 21 ~ AD 38)가 침실로 달려가 티베리우스 황제를 이불로 질식시켰다는 설이 있다. 이 장면은 바로 그 장면을 그린 것이다. 프랑스 화가 장-폴 로렌스(Jean-Paul Laurens, 1838~1921)의 1864년 작품. 조르주 라비 박물관(Musée Georges Labit) 소장. 출처: Wikipedia. Public Domain

비단에 미친 나라는 로마만이 아니었다. 전술한 대로 한나라는 묵특선우 이후의 흉노족에게도 비단을 헌상했는데, 흉노족들도 비단의 촉감에 완전히 빠져 있었다. 예컨대 묵특선우의 아들인 노상선우(老上單于, 재위 BC 174~161)가 즉위하자 한 나라 문제(文帝, 재위 BC 180~157)는 관례에 따라 황족의 딸과 후견인을 보냈다. 후견인으로 선발된 환관 중행열(中行說, BC 2세기경)은 그 임무를 사양했으나, 허락되지 않자 열을 받아 아예 흉노로 귀환했다. 중행열은 흉노족에게 여러 가지 개혁 조치를 시행했는데, 그중의 하나가 흉노족들이 애용하는 비단 사용을 금지하라는 조언이었다. 즉, 한나라의 비단을 입는 자는 가시밭 속을 달리게 하여, 흉노의 모피와 동물 가죽이 얼마나 뛰어난 옷감인지 깨닫게 하도록 했다.[34]

로마인이나 흉노족들을 사로잡은 비단의 가장 독특한 매력은 바로 비단의 촉감이었다. 비단은 마치 미국 팝송 가수 테일러 스위프트(Taylor Swift, 1989~)의 녹아내릴 듯

---

34 모피는 동물의 가죽을 말한다. 검은담비, 회색다람쥐, 밍크, 여우, 비버, 얼룩 토끼 등이 모피 재료이다. 흉노족처럼 초원 지대에서는 한겨울이 매우 춥다. 따라서 몸을 따뜻하게 데우는 모피는 높은 신분의 상징이었고, 화폐로도 쓰일 만큼 매우 인기가 높았다. 모피 재료 중 가장 따뜻하고 수분이 적은 모피는 검은 여우 모피라고 한다. 일설에 따르면 초원 지대에서 이슬람 지역으로 7~8세기경 한 해에 대략 50만 장의 모피가 수출되었을 것이라고 추정한다. 초원 지대의 모피와 이슬람을 연결하는 교역 도시는 현재 투르크메니스탄의 메르브(Merv)이다. 피터 프랭코판, 앞의 책, p. 186

한 감미로운 팝송처럼 그 촉감이 부드러워 다른 어떤 옷감도 비단의 감촉을 흉내 낼 수 없다. 특히 비단은 옷감 중에서 염색이 가장 잘 되는 옷감으로, 로마인들의 풍부한 감수성을 색감으로 가장 잘 구현할 수 있었다. 다만 비단의 유일한 단점이 무겁다는 것인데, 아마와 면을 비단과 적절히 혼합하면 순수 비단보다는 가벼운 옷감이 탄생한다. 이 혼합 비단 옷감으로 로마 황실에서는 속옷인 튜니카(Tunica)를 만들어 입었다. 자연스럽게 튜니카는 로마 황실을 상징하는 고가 명품이 되었다.

세네카의 죽음. 세네카는 스토아 철학자로 정치가이기도 하다. 칼리굴라 황제와 충돌하였다가 죽을 뻔했으나, 죽을 날이 얼마 남지 않았다는 그의 변론을 듣고 겨우 목숨을 건졌다. 칼리굴라 황제를 이은 클라우디스 황제 때는 조카딸과 간통했다는 이유로 코르시카로 쫓겨나기도 하였다. 그 후 클라우디스 황제의 황후인 아그리피나의 도움으로 겨우 로마로 돌아왔고, 이후 정치적 세력을 키운다. 나중에 클라우디스 황제가 암살되자 사실상 로마의 실권을 장악했으며, 나중에는 네로 황제의 스승까지 된다. 하지만 정치적 동지였던 브루스(Sextus Afranius Burrus, 1~62)가 사망하자 경계에서 은퇴했다. 불행히도 은퇴 생활 중에 네로 황제의 암살에 가담했다는 혐의를 받고 손목을 그어 자살형을 받게 된다. 스페인 화가 마뉴엘 산체스(Manuel Domínguez Sánchez, 1840~1906)의 1871년경 그림. 프라도 미술관 소장. 출처: Wikipedia. Public Domain

사치품으로서 비단이 사회적으로 문제가 되자, 옥타비아누스 황제 다음 황제인 티베리우스 황제(Tiberius, BC 42~AD 37, 재위 14~37)는 남자가 여자처럼 보인다고 해서 비단 튜니카를 금지했다. 하지만 바로 다음 황제인 칼리굴라 황제(Caligula, 12~41, 재위 37~41)는 속옷뿐 아니라, 아예 겉옷도 모두 비단으로 된 옷을 입었다.[35] 의류 외에도 실내 장식에서도 비단이 사용되었다. 비단에 금으로 무늬를 새긴 금 자수 비단 제품은 로마 황실 최고의 실내 장식품이었다.

비단이 사치품으로 확고한 위상을 점유하자 황실은 물론이고, 로마 귀족들과 심지어 평민들도 비단에 미쳐갔다. 로마의 지도층과 귀족들은 고급 창녀들에게

---

35 칼리굴라 황제는 즉위 후 반년쯤에 중병을 앓았는데, 그때부터 사람이 급격히 변모하였다. 사람들이 칼리굴라 황제를 보고 미치광이라고 부를 정도였으니까. 예컨대 자신이 타는 말을 보석으로 치장하고는 원로원의 집정관으로 임명하는가 하면, 근친상간 관계였던 자신의 누이동생 드루실라가 죽자 그녀를 신으로 추앙했다. 칼리굴라 황제는 즉위 4년도 안 되어 극장에서 칼에 찔려 만신창이로 되어 암살당한다. 칼리굴라 황제의 중병은 바이러스가 뇌를 공격한 뇌염으로 추정된다.

비단을 선물하기 위해 앞다투어 비단을 구매했다. 네로 황제의 개인 교사를 지냈던 스토아 철학자 세네카^(Lucius Annaeus Seneca, BC 4 ~ AD 65)는 "몸의 곡선이 벌거벗은 것처럼 보이는 것 외에는 아무런 기능도 하지 않는" 비단옷을 향한 여인들의 열망을 한없이 비꼬았다.[36] 유베날리스의 말대로 실제 가격보다 100배나 비싼 비단도 못 구해서 안달이었다.

로마인들이 얼마나 비단을 애용했는지는 비단 중 최고급이 자주색 비단인 것만 보아도 알 수 있다. 왜냐하면 자주색은 로마 황실을 상징하는 색이었고, 지중해 연안인 시돈^(Sidon)에서 중국에서 수입된 비단옷을 해체하여 자주색으로 염색한 후 로마 디자인으로 다시 만들어서 로마 황실에서 착용했기 때문이다. 로마 황실이 비단 색깔의 시장 등급을 결정해 버린 것이다. 자주색 비단옷이 최고급 비단옷으로 간주되면서, 중국으로 이 자주색 비단옷이 역수입되는 웃지 못할 해프닝도 벌어졌다. 이처럼 로마인들의 비정상적인 비단 구입에 대한 열풍 과정에서 엄청난 양의 황금과 은이 제국 밖으로 유출되었다.

고대 로마에서 비단 가격이 품목별로 정확히 얼마인지는 알려져 있지 않다. 다만 7세기 비잔틴 제국에서 만들어진 로디아 해양법^(Lex Rhodia)에 따르면, 아우렐리우스 황제 때 비단의 가격이 같은 무게의 금과 같았다는 기록이 있다. 따라서 1 로마 파운드^(328.9g)의 비단옷은 10 트로이 온스의 금과 가격이 같았다. 최고 가격제를 실시했던 디오클레티아누스 황제도 비단 1 로마 파운드^(328.9g)당 12,000 데나리를 최고 가격으로 정했다. 디오클레티아누스 황제 당시 12,000데나리는 금화 1 로마 파운드의 가치와 같았으므로, 비단의 가격이 황금의 가격과 "최소한" 같았다는 뜻이다.[37] 요컨대 고대 로마에서 비단의 평균 가격은 황금과 가격이 같았다. 비단이 곧 황금이었던 것이다!!!

---

36 알레산드로 지로도, *앞의 책*, p. 66

37 1 트로이 온스는 31.1g이고 1 로마 파운드는 328.9g이다. 한편 디오클레티아누스 황제 때는 극도의 인플레이션 상태였다. 화폐 개혁 직전 네로 황제(재위 54~68) 때 금화 1 로마 파운드 시세는 약 1,126 데나리였다. 이 시세가 디오클레티아누스 황제(재위 284~305) 때 12,000 데나리로 올랐다는 것은 물가가 200여 년 만에 약 10.7배 올랐다는 뜻이다.

로마 아고네 성당의 아네스 조각상. 성녀 아네스(Sancta Agnes, 291~304)는 초기 그리스도교의 순교녀이다. 그녀는 미모가 매우 출중하여 주변에 청혼을 하는 남자들이 많았는데, 그리스도교이던 그녀는 순결을 이미 서약한 몸이었다. 그 결과 청혼자 중에 거절당한 남자가 아네스를 그리스도 교인이라고 고발하였고, 디오클레티아누스 황제 치하의 기독교 박해 정책에 따라 체포되었다. 로마 총독 앞에서 그리스도 배교를 거부하자, 그녀는 나체로 매음굴에 내던져졌다. 이후 아네스를 덮치려던 남자는 즉사하거나, 시력을 잃는 기적이 일어났다. 이에 총독은 아네스를 다시 체포하여 화형에 처했으나, 불길이 갈라지면서 아네스는 죽지 않았다. 결국 아네스는 참수형으로 순교하게 된다. 그녀가 순교한 자리에 콘스탄티누스 황제의 첫째 딸인 콘스탄티나 공주가 세운 성당이 바로 아고네(Agone) 성당이다. 아고네 성당의 아네스 조각은 불꽃 사이에서도 불꽃이 갈라지며 살아나는 기적적인 순간을 묘사한 조각상이다. 로마 아고네 성당 소장

Codex Atlanticus: 비단길, 황금길, Homo Aurum

1세기경 한(漢)나라 이야기를 기록한 서경잡기(西京雜記)에 따르면 한나라 선제 (宣帝, BC 91~49) 때 비단 명장인 진보광(陣寶光) 부부는 60일 만에 비단 1필을 만들었다고 한다.[38] 비단 1필은 보통 12m의 길이를 가지고 있었고 거래의 기본 단위도 1필이었다.[39] 이 비단 1필의 가격이 1만 전이었다고 하는데, 한나라에서 노예 가격도 대략 1만 전이었다. 이보다 약간 앞선 시대인 아테네의 노예 가격은 은화 180드라큼(774g)이었다.

완성된 새 비단의 마무리 작업을 하고 있는 송나라 여인들(女士们做新丝绸). 당나라 화가 장쉬안(張萱, 713~755) 작품. 8세기경. 보스톤 미술관(Museum of Fine Arts Boston) 소장. 출처: Wikipedia. Public Domain

노예의 가격이 동서양이 같다는 가정하에 비단 가격을 추정하면, 한나라 때 산지의 고급 비단 1필 가격은 은화 약 774그램이다. 2020년 은 1그램이 대략 0.5불이므로, 한나라의 고급 1필과 아테네의 노예 가격은 대략 명목 가치로 387불이었던 셈이다. 2024년 기준으로는 은 1그램이 0.8불을 넘으므로 고급 1필의 가격은 최소 619불이다. 로마에서 데나리우스의 가치가 평가 절하되기 전의 은 함유량이 대략 3.9그램이었으므로, 비단 1필의 생산지 가격은 로마 은화로 환산했을 때 약 198데나리가 된다.

한편 조선 철종 때(1853) 발행된 『물료가치성책(物料價值成冊)』에는 남운색 비단 1필의 무게가 2근 9냥이라는 기록이 있다.[40] 비단 1필의 단위 가격은 고대부터

---

38 『서경잡기』는 한나라의 유흠(劉歆, ? ~ AD 23)이 지은 것을 후대 진(晉)나라 갈홍(葛洪, 238~363)이 편재한 일종의 이야기책이다.

39 앤드류 엘리엇, 앞의 책, p. 87

40  『물료가치성책』에는 총 60개의 목차가 존재한다. 이 책의 1장이 수입한 비단의 목록을 기재한 '필단능초건

거의 무게가 변하지 않았으므로, 이를 통해 추정하면 비단 1필의 무게는 대략 1.5kg이다.[41] 이를 앞의 계산에 적용하면 비단 1.5kg이 198데나리가 된다. 전한 시대에는 황금 1kg이 대략 2만 반량전이었으므로, 만약 비단 1필이 1만 반량전이었다면 비단 2필인 3kg의 가격이 대략 황금 1kg의 가치와 같았던 셈이다. 즉 무게로 따지면 한나라 산지에서 비단과 황금의 교환 비율은 3:1이었다. 이것이 한나라 산지의 비단 가격이다.

하지만 카슈가르에서 출발한 대상들이 박트리아, 파르티아, 인도를 거치면서 최종 소비 시장인 로마에 도착했을 때는 비단 1.5kg의 가치는 약 금 1.5kg의 가치와 같았다. 비단 1필 가격인 금 1.5kg을 데나리우스로 환산하면 네로 황제 때 시세로는 5,180데나리, 디오클레티아누스 황제 때 시세로는 55,200데나리이다.[42] 결론적으로 198데나리우스의 한나라 비단이 최종 소비재 시장인 로마에서는 산지 가격의 26배인 5,180데나리에서, 많게는 279배인 55,200데나리로 팔린 것이다.

다만 디오클레티아누스 황제 때 데나리우스 시세는 로마가 사실상 극도의 인플레이션 상태였으므로, 정상적인 가격 비교는 아니다. 따라서 비단 교역이 200배가 넘는 마진이 있었다고 보기는 어렵다. 또한 네로 황제의 화폐 개혁은 비단 수입과 어떻게든 관련이 있었으므로, 화폐 개혁 후의 시세로 비교하는 것도 정확한 비교는 아닐 수 있다. 따라서 네로 황제의 화폐 개혁 직전 시세로 반영하면, 비단 교역을 하는 상인은 산지 가격의 최소 24배$^{(4,848.4/198)}$에 해당

(匹緞綾絹絹)'이다. 그만큼 궁중에서 비단이 중요했다는 뜻이다. 필단능초견에는 다음과 같은 문장이 있다. "藍雲紋緞 1疋 重2斤9兩 玄艮8兩 黃艮2兩 燕賀尙方." 이는 "남운색 비단 1필은 무게가 2근 9냥으로 현銀 8냥, 황銀 2냥에 해당하며, 상방원(왕실의 의상을 맡은 기관)이 중국에서 무역을 통해 수입한다."라는 뜻이다.

41 1근은 대략 600g, 1냥은 37.5g이다. 따라서 2근 9냥은 대략 1.5kg이다.

42 1.5kg은 약 4.6 로마 파운드(1,500/328.9)이다. 데나리우스의 평가 절하 직후의 네로 황제 때는 7.3g의 금을 함유한 아우레우스 1냥이 25 데나리였으므로, 1 로마 파운드(328.9g)의 금은 1,126(25X328.9/7.3) 데나리이다. 따라서 4.6 로마 파운드는 화폐 개혁 직후 시세로 약 5,180 데나리이다. 최고 가격제를 실시했던 디오클레티아누스 황제 때는 1로마 파운드가 12,000 데나리였다. 따라서 4.6 로마 파운드는 5,180 (4.6 로마 파운드 X 1,126) ~ 55,200 (4.6 로마 파운드 X 12,000) 데나리이다.

하는 가격으로 로마에서 비단을 팔 수 있었다.[43]

역설적이게도 이와 같은 엄청난 마진의 가장 큰 수혜국은 비단의 원래 생산국인 중국이 아니라, 월지국의 한 일파인 쿠샨족이 세운 나라로 인도 북부에 위치한 쿠샨 제국이었다. 이는 로마의 아우레우스 금화와 데나리우스 은화가 대량으로 발견되는 곳이 중국이 아니라 바로 인도라는 사실에서도 드러난다. 필자는 大 플리니우스가 지적한 로마 제국 무역적자 규모인 1억 세스테리우스의 절반 이상은 바로 인도와의 교역에서 비롯된 것이라고 본다.

이는 비단길이 육로보다는 해상로가 더욱더 중요했다는 뜻이기도 하다. 육로는 수송 비용이 높고, 도적 떼의 약탈 가능성도 컸다. 각종 통행세 때문에 비단 가격 자체도 상승한다. 수송 능력도 육상의 수송 능력은 해상의 수송 능력을 결코 따라갈 수 없다. 따라서 육로보다는 해상로가 비단 수송에 더 적합한 것은 자연스러운 현상이다. 지리적으로 인도는 중국의 한나라와 로마 제국 사이에 위치해 있었고, 정치적으로도 이 시기에 쿠샨 제국(30~375)이라는 강력한 통일 왕국이 성립되어 있었다.[44]

이에 따라 인도 쿠샨 제국의 금화는 사실상 로마 제국의 아우레우스 금화를 그대로 사용한 것이라고 해도 결코 틀린 말이 아니다. 실제로 쿠샨 제국 기본 금화의 금 함유량은 초기 로마 제국 아우레우스의 금 함유량인 7.9그램과 정확히 같다. 추정컨대 쿠샨 제국의 통화는 로마 아우레우스를 그대로 사용하되, 앞면과 뒷면의 도안만 바꾼 것으로 보인다. 쿠샨 왕조의 초기 화폐 또한 금화가 기본이었으나, 제국 후기에는 금화가 아니라 은화의 발행이 급증한다. 이는 로마 제국 초기 사치품 수입을 위해 금이 유출되다가, 금이 부족해지는 제국 후기에는 금이 아니라 은이 유출되는 현상과도 거의 일치한다.

---

43 ███ 전술한 대로 평가절하 직전 1 로마 파운드는 화폐 개혁 직전 시세로 1,054(25X328.9/7.8) 데나리이다. 따라서 비단 1필 무게였던 4.6 로마 파운드는 4,848.4(1,054X4.6) 데나리이다.

44 ███ 쿠샨 제국은 흉노족에게 쫓겨난 월지국의 유목민들이 박트리아를 접수한 후, 월지의 5 부족 중 한 부족인 귀상(貴霜) 족이 인도까지 진출하여 세운 나라이다.

로마 제국은 엄청난 무역 적자의 주요 원인이 비단이라는 것을 잘 알고 있었다. 따라서 로마는 어떻게 해서든 중국의 비단 제조법을 파악하기 위해 사력을 다하였다. 6세기 동로마의 전성기를 이루어 내었던 유스티니아

유스티니아누스 1세(Justinianus I, c.484~565)가 그려진 동로마 황금 동전 솔리더스. 유스티니아누스 황제는 제국 영역을 확대하면서 6세기 동로마의 전성기를 이루어 내었던 황제였다. 동시에 그는 비단 제조 기법을 알아내기 위해 각고의 노력을 기울인 황제이기도 하였다. 522~527년경, 콘스탄티노플 출토. 영국박물관 소장

누스 황제(Justinian I, c.484~565)는 비단의 제조기법을 알아내기 위해 페르시아, 에티오피아에 산업 스파이를 여러 차례 보내었다. 하지만 모두 실패했다. 마지막으로 동로마의 수도승들이 유스티니아누스 황제에게 산업 스파이 역할을 하겠다고 자청했고, 이 수도승들이 인도로 가서 누에알을 결국 도입했다.

유스티니아누스 황제가 시작한 비단 산업을 적극 육성한 이는 『*황금, 설탕, 이자 - 성전기사단의 비밀*(下)』編에서 언급하게 될 철혈여제 이레네(Irene of Athens, 752~803, 재위 797~802)이다. 이레네는 비단 제조기법을 철저히 비밀리에 붙였다. 하지만 이레네가 권좌에서 축출되면서 비단 제조기법은 결국 새어 나갔고, 이들의 기술을 바탕으로 유럽은 8세기 말부터 비단을 직접 생산하기 시작했다. 주요 생산지는 아테네와 테베 등 그리스 지역이었다. 하지만 비단의 제조기법 자체가 워낙 복잡하고 까다로워 대량 생산 체제는 아니었다.

유럽의 비단 생산이 본격화된 것은 바이킹 출신의 시칠리아 왕 루지에로 2세(Ruggeru II di Sicilia, 1095~1154, 재위 1130~1154) 때부터였다. 루지에로 2세는 노르만인으로 남부 이탈리아를 통일하고, 강력한 중앙집권 체제를 확립했다. 그는 노르만 출신 상인답게 산업 육성과 무역 활성화에 관심이 많았는데, 그의 관심 산업 중의 하나가 비단 생산이었다. 그는 이레네가 애지중지하던 비단 기술자들을 납치까지 하면서 비단 생산에 열을 올렸다. 그의 집요한 노력 덕분에 12세

Codex Atlanticus

콘스탄티노플의 비단 테피스트리로 군터의 수의로 불리는 "군터투치(Gunthertuch, 'Gunther's shroud)." 이 테피스트리에 새겨진 요아니스 치미스 1세(John I Tzimiskes, c.925~976)는 불가리아와의 전투에서 승리한 후 971년 콘스탄티노플로 환궁했는데, 이 테피스트리는 이 장면을 묘사한 것이다. 이 테피스트리를 군터투치라고 부르는 이유는 1064년 수도사였던 밤베르크의 주교인 군터(Gunther of Bamberg, c.1025~1065)가 예루살렘 순례 후 콘스탄티노플에 들른 후 가져 온 이 비단 테피스트리를 자신의 몸에 감싸고 무덤에 묻혔기 때문이다. 군터가 이 비단 테피스트리를 어떻게 획득했는지는 알려져 있지 않다. 이처럼 동로마는 10세기에 이미 비단 산업이 고도로 발달해 있었다. 작자 미상. 970년경. 출처: Wikipedia. Public Domain

기부터 시칠리아에 양잠업이 시작되었다. 동로마와 달리 시칠리아의 비단 생산은 대량 생산 체제였다.

시칠리아의 양잠 기술은 십자군 전쟁을 통해 전 유럽으로 전파되었고, 시칠리아의 바로 맞은편 남부 이탈리아의 칼라브리아(Calabria) 지방, 토스카나 지방의 도시 피사(Pissa), 북쪽의 루카(Lucca), 프랑스와 이탈리아 접경인 밀라노(Milano)와 코모(Como)가 이때부터 유럽 비단 생산의 중심지로 부상했다.[45] 레오나르도 다 빈치의 초상화 모나리자 실제 모델로 알려진 리자(Lisa di Antonmaria Gherardini, 1479~1542)는 비단 무역을 통해 부를 축적한 밀라노의 상인 프란체스코 델 조콘도(Francesco del Giocondo, 1465~1542)의 세 번째 어린 부인이었다.[46] 비단 무역이 없었으면 아마도 인류 역사상 가장 위대한 초상화인 모나리자도 탄생하지 못했을 것이다.

코모 또한 비단 생산지로 유명한 곳이다. 코모는 밀라노 북쪽의 조그만 도시이다. 고대 로마 시대부터 이탈리아 사람들에게 가장 인기 있는 휴양지였다. 지금도 이탈리아 사람들이 신혼여행지로 즐

---

45 알레산드로 지로도, *앞의 책*, p. 68.

46  프란체스코는 밀라노에서 비단 사업을 영위했지만 그는 피렌체 시민이었다. 그의 부인인 리자 또한 피렌체의 부유한 귀족 집안인 제라르디니(Gheradini) 가문 출신의 피렌체 시민이었다.

겨 찾는 곳이다. 이탈리아 독재자 무솔리니(Benito Mussolini, 1883~1945)도 그의 연인 클라라 페타치(Clara Petacci, 1912~1945)와 함께 코모에서 살았다. 영화배우 조지 클루니(George Clooney)의 별장도 이곳에 있다. 「스타워즈 에피소드 2, 클론의 습격」에서 스카이워커와 레아 공주가 사랑을 키우는 장면도 이 도시와 코모 호수를 배경으로 촬영되었다. 코모는 코모 호수를 둘러싼 여러 개의 마을을 일컫는데, 과거부터 밀라노와 경제적, 정치적으로 경쟁 도시였다. 코모는 오늘날에도 여전히 비단의 도시로 불리는 곳이다.

하여튼 이와 같은 비단의 엄청난 마진이 바로 장장 12,000㎞에 이르는 인류 역사상 가장 길고 고단했던 여정인 비단길의 탄생 이유였다. 20배가 넘는 엄청난 마진과 황금이 아니었다면 풀 한 포기 없는 사막을 목숨 걸고 건너야 하는 위험도, 고도 4,000미터를 넘나드는 산맥을 당나귀에만 의존해서 넘어야 하는 극한의 고충도 견뎌냈을 리가 없다. 비단길은 그야말로 일확천금을 꿈꾸는 상인들의 열정이 만들어낸 인류 역사상 가장 길었던 "황금 길(Gold Road)"이었던 것이다. 오즈의 마법사에서 도로시가 자신을 구원해 줄 마법사 오즈를 찾아가는 황금 길의 모티브가 혹시 비단길은 아니었을까? 정녕 인간은 황금을 갖기 위해 목숨까지 버릴 수 있는 호모 아우룸(Homo Aurum)[47]이란 말인가?

오늘날에도 비단의 최대 생산국은 여전히 중국이다. 중국은 2015년에 17만 톤의 비단을 생산하여 전 세계 비단 생산의 80% 이상을 장악한 비단 산업의 절대 강자이다. 2위가 인도로 28,000톤 정도를 생산해 전 세계 비단 생산의 15%를 점유하고 있다. 다만 2019년 코로나 사태로 중국의 비단 생산은 급격히 감소하고 인도는 오히려 생산량이 늘어 2022년 기준으로 중국은

클라라 페타치. 그녀는 부친이 의사인 집안에서 부유하게 태어났다. 어릴 때부터 열렬한 파시스트 지지자로서 첫 결혼에 실패한 후에는 무솔리니의 연인이 된다. 작자 미상. 1944년 이전. 출처: Wikipedia. Public Domain

47   aurum은 금을 뜻하는 라틴어이다.

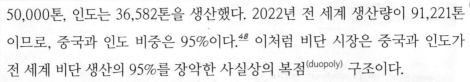
50,000톤, 인도는 36,582톤을 생산했다. 2022년 전 세계 생산량이 91,221톤이므로, 중국과 인도 비중은 95%이다.[48] 이처럼 비단 시장은 중국과 인도가 전 세계 비단 생산의 95%를 장악한 사실상의 복점(duopoly) 구조이다.

비단의 고급화 명성은 오늘날에도 이어져, 영국의 버버리(Burberry)와 미국의 랄프로렌(Ralph Lauren) 등의 고급 의류 회사는 비단을 원료로 고가 의류를 제작하여 명품 브랜드의 명성을 이어가고 있다. 비단은 의류 산업에만 사용되는 것이 아니다. 비단은 탄성과 강도가 매우 높아 의류 산업 외에도 활용 범위가 매우 넓다. 예컨대 레오나르도 다 빈치는 자신이 만든 인간 새 장치의 부품들을 연결하기 위해 가벼우면서도 강도가 쎈 비단실을 사용했다.[49] 다 빈치의 선견지명에 놀라울 따름이지만, 비단은 다 빈치의 시도처럼 오늘날에는 전자산업, 의료산업, 자동차 산업에도 투입될 만큼 그 사용범위가 크게 확대되었다.

비단이 워낙 고가이다 보니, 화학 산업이 발전했던 19세기에는 비단을 화학적으로 복사하려는 시도가 수도 없이 많았다. 일례로 1870년대 프랑스의 엔지니어였던 힐레르 드 샤르도네(Hilaire de Chardonnet, 1839~1924)가 우연히 콜로디온(collodion) 용액이 응고하는 것을 보고, 여기서 비단과 같은 실을 뽑아 낼 수 있다는 것을 발견했다. 하지만 화학적으로 합성된 비타민 C와 천연 비타민 C의 화학식이 완전히 같은 것과는 달리, 이 실은 천연 명주실의 화학식 일부만이 복제된 불완전한 인공 비단실이었다. 기술이 발전한 오늘날까지도 비단을 100% 인공적으로 복사하는 것은 여전히 불가능하다고 한다. 이와 같은 점에서 고대부터 생산자든, 상인이든, 소비자이든 사람들이 왜 그렇게 유난스럽게 비단에 목숨을 걸었는지 조금은 이해가 될 법도 하다.

48　출처: International Sericultrual Commission, https://inserco.org/en/statistics

49　『Turin Codex』, "Per fugire il pericolo della ruina (to escape the perils of destruction)." 다 빈치는 자신이 고안한 인간 새 장치가 비행 중에 부서지는 것을 막기 위해 각종 장치를 부착했는데, 그 중의 하나가 바로 비단실이었다. Charles Nicholl, *Ibid*, pp. 394~395

이와 같은 가격 체계하에서 로마 제국은 비단을 구입하기 위해 얼마나 많은 금과 은을 제국 밖으로 유출시켰을까? 이에 대한 정확한 기록은 없다. 다만 大 플리니우스는 "보수적으로 추산해도 인도, 중국, 아라비아 반도로 매년 최소 1억 개의 세스테리우스가 유출되고 있다"라고 평가했다.[50] 1억 개의 세스테리우스는 1백만 개의 아우레우스에 해당하는 것이다. 옥타비아누스 황제 때 아우레우스의 금 함유량은 7.9그램이었으므로, 이는 매년 최소한 7.9톤의 금이 제국 밖으로 유출되었다는 뜻이다. 로마 최전성기 GDP는 100억 세스테리우스, 금화로 1억 아우레우스였다고 한다.[51] 즉, 금 790톤이 로마의 GDP였다. 따라서 7.9톤의 금은 로마 GDP의 1% 수준에 해당한다.[52]

하지만 필자가 보기엔 이보다 훨씬 많은 양의 금과 은이 제국 밖으로 유출되었을 가능성이 높다. 우선 비단 1필의 무게는 약 1.5kg이다. 비단 1필은 보통 장정 한 사람의 옷을 만드는 데 사용된다. 로마 전성기 때 인구는 100만~150만 사이이고, 귀족(패트리키안, patricians)들은 로마 인구의 5%를 차지했다. 즉 로마 귀족들은 5만~7.5만 명 수준이었다.

가장 보수적으로 가정해서 이들이 매년 비단으로 된 옷 한 벌만 장만한다고 하면, 비단 가격이 황금의 가격과 같았으므로 로마 제국은 비단을 구입하기 위해 매년 75,000~112,500kg의 금이 필요했을 것이다.[53] 로마 최대의 금광 라스 메둘라스에서 250년 동안 채굴한 금의 총량은 전술한 대로 1,645톤이었다. 이는 귀족들이 매년 비단 한 벌만 입는다고 가정해도, 라스 메둘라스 금광에서 채굴한 금은 길면 20년[(1,645/75)], 짧으면 15년[(1,645/112.5)] 만에 모두 탕진한다는 뜻이

---

50 Pliny, the Elder, 『Historia Naturae』, 12.41.84. 에드워드 기번은 플리니우스의 수치가 연간 80만 파운드라고 주장했다.

51 Marco Galli, 『Beyond frontiers: Ancient Rome and the Eurasian trade networks』, Journal of Eurasian Studies 8, 2017, p. 6. 1억 아우레우스이면 금 함유량 7.9그램을 기준으로 계산할 경우, 금 790톤이다. 2017년 4월 기준 금 시세가 kg당 USD 41,196이고, 2024년 기준으로는 7만 불을 넘으므로 명목 가치로 최소 553억 불이다.

52 로마의 GDP는 금 790톤이었다. 금 75톤이면 790톤의 9.5%(75/790)이다.

53 5만 명×1.5kg(비단 한 필의 무게) ~ 7.5만 명×1.5kg(비단 한 필의 무게)

다.

하지만 로마 귀족들은 자신들의 가족 이외에 선물용으로도 비단이 더 필요했다. 의류 외에도 장식용으로 사용하였으므로 귀족들의 수요를 충족하기 위해 매년 한 필의 비단으로는 턱없이 부족했을 것이다. 더욱이 제국의 후기로 갈수록 로마 귀족 외에도 부유한 평민들도 비단을 애용하였다. 이런 정황들을 고려하면 플리니우스가 추산한 금의 유출보다 훨씬 많은 양의 황금이 유출되었을 것이다. 만약 로마 귀족들이 매년 3필의 비단이 필요했다면, 75,000~112,500kg의 3배인 매년 225~338톤의 금이 필요했을 것이다. 이 경우, 라스 메둘라스 금광의 황금은 비단 수입을 위해 길어야 7년 남짓이면 모두 탕진이다!!!

금이 아니라 데나리우스 은화로 계산하면 더욱 더 놀라운 결과가 나온다. 225톤이면 684,099 로마 파운드이다. 카이사르와 옥타비아누스 황제의 화폐 제도 정비 이후와 네로 황제가 화폐 개혁을 실시하기 이전 1 로마 파운드의 금화는 대략 1,054 데나리우스의 은화와 가치가 같았다.[54] 즉 684,099 로마 파운드이면 약 7.2억 데나리였다. 이 시기는 로마 제국 전성기 때이므로, 로마 화폐의 구매력이 가장 높았던 때이다.

한편 옥타비아누스 황제 때 로마 군인의 연봉은 매년 225 데나리우스였다. 옥타비아누스 황제 때는 군단이 25개, 병력수는 150,000명이었으므로, 옥타비아누스 황제 때 군대 운용비용은 매년 33,750,000 데나리우스였다. 달리 말해 로마 귀족들이 매년 평균 3벌의 비단을 새로이 입었다면 로마 제국은 군대 운용비용의 20배가 넘는 자금을 비단 구입에 사용한 셈이 된다!!![55]

가장 보수적으로 가정했을 때 비단을 구매하기 위해 유출된 금은 전술한 대로 최소 75,000kg, 즉 75톤이고, 로마 최전성기 GDP는 금 790톤이었다. 따라

---

54 평가 절하 직전의 아우레우스의 금 함유량은 7.8g으로 화폐 개혁 후의 금 함유량보다 0.5g 높았다. 아우레우스 1냥은 25데나리였으므로, 1로마 파운드는 화폐 개혁 직전 시세로 1,054(25X328.9/7.8)데나리이다.

55 7.2/0.3375=21.3

서 75톤의 금은 로마 GDP의 9.5% 수준에 해당한다.[56] 만약 이 규모의 금이 매년 비단 구입을 위해 제국 밖으로 빠져나갔다면 제국의 유지가 과연 가능했을까? 우선 大 플리니우스가 금의 유출 규모로 추산한 최소 7.9톤이 맞다면, 로마 제국의 무역적자는 로마 GDP의 △1%에 그친다. 이 정도면 제국이 붕괴할 정도는 당연히 아니다.

하지만 로마는 네로 황제 때 데나리우스 가치를 인위적으로 평가절하했다. 데나리우스 가치를 평가절하했다는 것은 무역수지가 GDP의 일정 부분을 넘었다는 뜻이다. 그 일정 부분이란 GDP의 몇 %일까? 현대 거시 경제학에서는 경험적으로 경상수지 흑자나 적자가 GDP의 3% 이내이면 환율 변동이 거의 없다는 사실이 알려져 있다. 만약 GDP의 3%를 넘으면 환투기 세력이 개입하면서 환율 변동이 시작된다. +3%이면 평가절상, △3%이면 평가절하가 시작된다. 예컨대 IMF 외환위기 직전인 1996년에 한국의 경상수지 적자는 GDP의 △4.7%였다. 이 때문에 '97년 초부터 원/달러 환율 상승에 베팅하는 투기 세력이 집중되면서, 원달러 환율은 100% 가까이 상승했다. 환투기를 주도하는 헤지펀드는 아예 GDP의 ±3% 혹은 어떤 헤지펀드는 민감도를 높여 ±2.5%를 모델에 내재화하고, 자동으로 투기 포지션을 취한다.

물론 고대 로마는 현대의 국제 금융 시장처럼 민감도가 당연히 높지 않았을 것이다. 이는 고대 로

카라칼라 황제. 세베루스(Septimius Severus, 145~211) 황제의 장남으로 부친과 공동 황제를 하다가, 나중에는 동생인 게타(Publius Septimius Geta, 189~211)와 공동 황제가 된다. 동생과 달리 성격이 포악하고 난폭하여, 콤모두스 황제와 함께 로마 황제 최악의 폭군으로 뽑힌다. 예컨대 부친이 사망하자 주변에 신망이 높던 동생 게타를 공동 황제임에도 불구하고, 자신이 직접 살해하였으며, 동생의 지지자들도 모조리 죽였다. 카라갈라가 군인의 연봉을 25% 인상한 것 또한 이런 상황과 무관하지 않다. 결국 그는 기도를 위해 신전으로 이동하는 중, 소변을 보다가 자신이 박대한 백인대장인 마르티알리스(Justin Martialis)에게 암살당한다. 작자 미상. 212~217년경. 메트로폴리탄 박물관 소장. 출처: Wikimedia, Public Domain

---

56   로마의 GDP는 금 790톤이었다. 금 75톤이면 790톤의 9.5%(75/790)이다.

마의 무역수지 적자 상황이 현대의 △3%보다 훨씬 안 좋았다는 뜻이다. 필자는 고대 로마의 무역수지 적자 상황을 매우 보수적으로 추산하기 위해서 네로 황제가 데나리우스 가치를 평가절하했다면, 이는 로마의 무역적자가 최소한 GDP의 최소한 △3%를 넘었다는 뜻으로 해석한다. 달리 말해 大 플리니우스가 추산한 매년 7.9톤보다 최소 3배 이상 많은 금과 은이 유출되었다는 의미이다. 특히 네로 황제 이후 콤모두스 황제(93% → 70%), 카라칼라 황제(70% → 50%), 갈리에누스 황제(50% → 5%) 등이 은화 함량을 떨어뜨림으로써 데나리우스 가치를 지속적으로 평가절하했다. 이는 로마 제국의 무역적자가 네로 황제 이후 단순히 GDP의 △3%가 아니라, △3% 이상으로 지속적으로 악화되었다는 뜻이다. 다시 말해 통화 가치를 계속해서 떨어뜨려야 할 만큼 로마 제국 밖으로 금과 은이 심각한 수준으로 유출된 것이다. 따라서 필자의 추산대로 로마의 무역적자가 로마 제국 GDP의 △10% 수준을 넘어 지속적으로 확대되었을 가능성도 배제할 수 없다고 본다.[57]

결론적으로 大 플리니우스가 로마 제국의 금 유출로 추산한 연간 7.9 톤은 지나치게 과소평가된 수치다. 만약 大 플리니우스의 계산대로 매년 7.9톤의 금이 유출되었고 그 금이 모두 비단을 구매하는 데 사용되었다면, 매년 5,000여 명이 한 벌의 비단을 입을 수 있는 규모밖에 안 된다는 뜻이다.[58] 로마 귀족이 최소한 5만 명인데, 이는 로마 귀족 중 10%만 비단을 입었다는 이야기이다.

---

57 다만 필자의 계산은 다소 과장된 측면은 있을 수 있다. 우선 로마 귀족들 모두가 비단을 입지는 않았을 것이고, 비단을 소비한 부유한 평민들도 많지 않았을지도 모른다. 비단 가격도 같은 무게의 금 가격보다 저렴하였을 수도 있었을 것이다. 아울러 한 번 구매한 비단은 여러 해 입을 수 있으므로, 매년 새로운 비단이 필요하지도 않았을 것이다. 한편 『로마 제국 쇠망사』를 저술했던 에드워드 기번은 인도와 아라비아에 유출되는 은의 양이 로마 제국의 부를 고갈시킬 정도는 아니었다고 주장했다. 그 주장의 근거는 플리니우스 시대와 유스티니아누스 황제의 금과 은의 교환 비율을 비교하여, 이 비율이 지속적으로 상승했다는 것이었다. 기번은 이를 은의 양이 풍부해졌다는 증거라고 해석했다. 아울러 그는 로마 제국의 금이 줄어들었다고 가정할 이유가 없다고 주장했다. 에드워드 기번, 『로마 제국 쇠망사 1』, ㈜민음사, 2008, p. 61. 하지만 이는 완전히 잘못된 해석이다. 우선 4세기부터 로마의 황금 부족은 매우 심각한 상황이었다. 금 부족이 얼마나 심각했는지 디오클레티아누스 황제는 신나라의 왕망이 했던 것처럼 민간이 보유한 금을 황실에 의무적으로 매도하라고 명령할 정도였다. 금이 풍부했다면 황제가 왜 이런 명령을 내렸을까? 나아가 금과 은의 교환 비율 상승은 은이 많아서 생긴 현상이 아니라, 금화의 가치 상승과 은화의 가치 하락이 동시에 진행되면서 생긴 현상이다. 즉, 금은 부족해지고 은화의 은 함유량이 떨어지면서, 금화의 가치는 오르고 은화의 가치가 하락하여 발생한 불가피한 현상이다. 이를 은의 양이 풍부해졌다고 해석하는 것은 완전히 앞뒤가 뒤바뀐 주장이다.

58 7,900kg/1.5kg=5,267명

이 정도이면 세네카가 로마인들이 비단 사용하는 모습을 보고 개탄까지 할 수준은 결코 아니었을 것이다. 大 플리니우스 스스로도 7.9톤이 보수적이라고 밝히지 않았던가. 설사 비단 사용이 초기에는 제한적이었다 하더라도, 로마 후기로 갈수록 귀족들 사이에서 비단 사용이 보편화되는 것은 막기 어려웠을 것이다. 필자가 보기엔 네로 황제의 데나리우스 은화 평가 절하는, 로마에서 구할 수 없었던 사치품인 비단을 수입하기 위한 금과 은의 대규모 역외 유출에 따른 최초의 불가피한 선택이었음이 거의 확실하다.

은나라 말기 3현자 중 한 사람이었던 기자(箕子)도 은나라 주왕이 당시로서는 중국에서 나지 않는 수입 사치품인 상아로 만든 젓가락으로 음식을 먹는 것을 보고, 은나라의 멸망을 예언했다고 한다. 즉, 상아 젓가락 후에는 곧 옥잔을 쓰게 될 것이고, 머지않아 천하의 귀한 사치품을 모조리 끌어다 쓸 것이라는 것이다.[59] 기자가 이 예언을 하는 모습은 세네카가 로마 귀족들이 사치품인 비단에 미쳐가는 세태를 보고 가슴을 치며 개탄하는 것과 본질적으로 크게 다르지 않다. 필자는 로마가 "소금으로 흥하고 비단으로 멸망"하게 되었다는 비아냥이 결코 진실과 동떨어진 말은 아니라고 생각한다. 르네상스 시대 피렌체의 조각가 도나텔로 (Donatello, 1386~1466)가 「유디트와 홀로페르네스(Judith and Holofernes)」라는 조각상에 새긴 문구 **"Regna cadunt luxu, Surgunt virtutibus urbes."** 즉 **"제국은 사치로 멸망하고 도시는 선행으로 비상한다."** 바로 그대로다.[60]

사치품인 비단의 과도한 수입으로 멸망한 로마의 사례는 미국의 트럼프와 바이든 대통령이 너 죽고 나 죽자는 식으로 사활을 걸고 중국과 무역전쟁을 벌이는 이유를 잘 설명해 준다. 로마처럼 미국의 무역적자가 GDP의 △4~△5%를 넘어가는 기간이 10년 이상 지속될 경우, 미국 세계 패권의 핵심 기반인 달러의 철옹성 같은 신뢰가 한 순간에 붕괴할 것이기 때문이다. 따라서 트럼프나 해리스가

---

59   기자의 이 예언으로부터 사소한 것만 보아도 그 결과를 예측할 수 있다는 고사성어 견미지저(見微知著)가 유래했다.

60   Realms fall through luxury, Cities rise through their virtues.

유디트와 홀로페르네스. 유디트는 이스라엘 베툴리아(Bethulia) 마을의 부유한 과부였다. 그러던 중 아시리아의 대장군 홀로페르네스가 유다를 정복하려고 10만여 명의 병력으로 바빌론 인근 평야를 정복한 후, 베툴리아를 공격한다. 한 달 가까이 포위당한 이스라엘의 베툴리아인들은 보급이 차단되면서 마지막에는 항복을 결정하려고 하였다. 이때 유디트는 시녀와 홀로 적진에 잠입하여 홀로페르네스의 환심을 산 후, 연회에서 마신 포도주로 취해 잠든 홀로페르네스의 목을 잘랐다. 이 이야기는 사실이라는 주장도 있으나, 단순한 전설이라는 주장이 다수설이다. 도나텔로의 1457~1564년 작품. 베키오 궁전 소장

아니라 그 누가 미국의 대통령이 된다 하더라도, 어떻게든 중국과의 무역적자를 줄임으로써 전체 무역적자 규모를 축소하여 제국의 패권을 유지하려고 하는 것은 미국의 피할 수 없는 전략적 숙명이다. 필자는 미국이 로마 제국보다 패권적 지위를 더 오래 향유하기 위해서는 대규모 무역적자를 어떻게든 축소해야 한다고 생각한다. 이를 해결하지 않으면 아무리 달러라고 하더라도 붕괴는 일순간이다. 현재 달러는 로마의 통화처럼 황금으로 만든 금화 아우레우스도 아니고, 은으로 만든 은화 데나리우스조차도 아니며, 그저 닉슨 대통령이 언젠가는 황금으로 다시 바꿔 주겠다고 TV 방송을 통해 말로만 선언한 단순한 종잇조각에 불과하기 때문이다.

미국 무역수지의 미래

Codex Atlanticus: 미국 무역수지의 미래

로마 제국의 아바타인 미국은 1960년부터 1970년까지 상품무역 수지가 흑자였다. 지금 시점에서 보면 이상하게 보이지만, 60년대까지만 해도 미국의 제조업 경쟁력은 전 세계 최고였다. 하지만 절대 강세는 아니었다. 독일과 일본의 추격으로 상품무역 수지는 추세적으로는 감소세를 보이고 있었다. 이에 따라 1960년 49억 불이었던 상품무역 수지 흑자 규모는 1969년에 6억 불로 쪼그라들었다.

< 미국 상품 수지(1960~1970) >

1960	1961	1962	1963	1964	1965	1966	1967	1968	1969	1970
4,892	5,571	4,521	5,224	6,801	4,951	3,817	3,800	635	607	2,603

출처: US Census, 단위: 백만 불

미국은 혹시라도 무역수지가 적자가 될 것을 우려하여, 1962년 통상확대법(Trade Expansion Act: TEA)에 252조를 추가함으로써, GATT를 위반하여 미국 상품의 수입을 제한할 경우 보복 조치를 할 수 있고, 농산물에 대해서는 GATT 위반 여부와 상관없이 보복 조치가 가능하도록 법을 개정했다.[61] 아울러 각

---

61 이 통상확대법은 원래 공산주의가 지배, 조종하는 국가에 대한 양허를 철회할 수 있도록 하는 것이 주 골자였다. 하지만 악화하는 미국의 무역수지를 어떻게든 막아 보려는 제도적 장치를 추가하는 것도 또 다른 주요 목표였다. 즉, 1962년 통상확대법 직전인 1961년부터 미국과 EC는 미국의 닭고기 수출과 관련한 분쟁을 겪고 있었다. 예컨대 독일은 자국 가금업자의 육성을 위해 닭고기 관세율을 파운드당 4.8센트에서 13.43센트로 3배 가까이 올렸다. 독일에 막대한 양을 수출하던 미국 닭고기 수출업자는 패닉에 빠졌고, 미국과 EC 양측이 합의가 안 되자 미국은 보복 조치를 구상했다. 문제는 EC가 미국에 수출하는 닭고기가 거의 없었다는 점. 할 수 없이 미국의 존슨 대통령은 EC, 특히 독일의 트럭, 브랜디, 감자 전분에 대한 관세를 올리겠다고 위협했다. 미국은 결국 트럭에 대한 관세 25%만 신설했는데, EC와 미국의 이 통상 분쟁을 "닭고기 전쟁(Chicken War)"이라고 부른다. 닭고기 전쟁 이후 미국은 해당 분야와 상관없이 다른 분야까지 보복 조치를 확대할 수 있는 국내법 조항의 필요성을 절감하여 1962년의 통상확대법을 제정하게 된다. 통상확대법은 이후 1974년 무역법의 301조, 1988년의 슈퍼 301조로 진화한다.

황금. 설탕. 이자(金糖利: Gold. Sukkar. Más)

바빌로니아의 수수께끼 編 (下-2) 券 - 이원희 著

金糖

국과의 효율적인 통상 협상 창구로서 통상 협상 특별대표^{(Special Representative for} ^{Trade Negotiation: SRTN)}라는 기구도 만들었다.⁶²

나아가 1955년 창설되어 당시 급성장하던 유럽경제공동체^(EEC) 시장 진출을 주요 목표로 하여 1964년부터 다자간 통상 협상을 시작한다. GATT의 여섯 번째 협상으로 알려진 이 통상 협상을 케네디 행정부가 시작했다고 하여, 케네디 라운드라고 부른다. 하지만 해외 상품의 미국 시장 잠식은 멈추지 않았고, 철강 분야를 중심으로 반덤핑, 상계 조치가 넘쳐나게 된다. 미국은 할수 없이 EC와 일본을 상대로 1968년과 1969년에 철강 분야에서 대미 수출을 자율적으로 제한하는 이른바 "수출자율규제^(Voluntary Export Restraint, VER)" 협약을 맺었다.

그러나 이와 같은 눈물겨운 노력에도 불구하고 1970년까지 흑자였던 미국의 상품무역 수지는 기어이 1971년에 무역적자를 기록한다. 1971년 무역적자가 확실하다고 미국 정부가 판단했던 때문일까? 이 해 8월 15일에 닉슨은 달러의 금 태환을 정지했다.

< 미국 상품 수지(1971~1979) >

1971	1972	1973	1974	1975	1976	1977	1978	1979
△2,260	△6,416	911	△5,505	8,903	△9,483	△1,091	△33,927	△27,568

출처: US Census, 단위: 백만 불

미국은 다급한 나머지 금 태환 정지에서 더 나아가 그 유명한 301조^{(Section} ^{301~309 of the Trade Act of 1974)} 조항을 1974년에 입법화한다. 특히 1961년 EC와 닭고기 전쟁을 치르면서, 중대한 이익임에도 불구하고 GATT 규정이 보호하지 않는 미국의 수출 이익과 보복 조치의 범위를 확대할 필요성이 커졌다. 이것

---

62 SRTN은 1974년 관세법을 통해 그 무시무시한 USTR이 된다.

Codex Atlanticus

이 1962년의 통상확대법(TEA)을 확대한 301조 제정 이유이다[63] 301조에 따르면 외국 정부의 행위(action), 정책(policy), 관행(practice)이 미국 상업을 불합리하게 제한하거나, 무역협정 상 부여된 권리를 부인하는 경우 미국 업계의 신청으로 행정부가 조사를 실시한 후 양국이 협상한다. 양측이 합의하여 미국 수출을 늘리는 개선안을 마련하되, 만약 양측이 합의안 도출에 실패하여 미국 수출이 개선되지 않으면 미국 정부는 상대국에 대해 관세 조치 등 일방적 보복 조치를 할 수 있다.

아울러 빛의 속도로 악화되는 무역적자를 어떻게든 관리하기 위해 기존에 의회가 보유하고 있던 통상협상권을 행정부에게 위임하는 이른바, 신속 협상 권한(Fast Track Authority) 제도를 도입했다.[64] 특히 케네디 라운드에서 관세 인하를 통해서도 미국 상품의 수출 증가세가 신통치 않자, 1974년부터는 비관세 장벽(Non-trade barriers: NTB)의 개선을 위한 다자간 협상, 이른바 동경 라운드를 개시하게 된다. 특히 1974년 관세법을 통해 1916년에 설치된 관세위원회(U.S. Tariff Commission)를 국제무역위원회(U.S. International Trade Commission, ITC)로 개편하면서 위원 임기를 6년에서 9년으로 늘렸다. 1979년에도 통상 관련 조직 개편을 단행하여 기존의 SRTN을 USTR로 확대·개편하였고, 상계관세와 반덤핑 조사 및 판정

---

63 301조는 1988년 옴니버스 법 제정 때 삽입된 슈퍼 301조 이후에는 일반 301조(Regular 301)라고 부른다.

64 미국 행정부는 헌법 조항상 통상 협상을 할 수 있는 권한이 없는데, 의회가 위임 입법을 통해 허락하면 가능하다. 이 신속 협상 권한은 대공황 시절인 1934년에 루즈벨트 대통령에게 관세 감축 통상협정 권한을 위임한 상호무역협정법(Reciprocal Trade Agreements Act, RTAA) 제정이 최초이다. 이 법은 1945년 종료될 예정이었으나, 의회가 RTAA를 이 해에 연장했다. 이 연장 조치로 인해 1947년에 GATT가 탄생할 수 있었다. 다만 1974년 신속 협상 권한의 시한은 1980년이었는데, 1979년부터 여러 차례 연장하여 1994년 4월에 만료되었다. 미국 의회는 1994년 이후 한동안 이 권한을 행정부에 위임하지 않다가, 2002년 통상법(Trade Act of 2002)에 이름을 Trade Promotion Authority(TPA)로 바꾸어서 2007년까지 위임해 주었다. 이 법이 하원을 통과할 때 찬성 215, 반대 212로 의회의 반발이 매우 컸다. 2007년 이후는 기존에 체결된 FTA 협정의 협상에 대해서만 개별적인 협상 권한 위임이 이루어졌으나, 포괄적인 TPA는 2015년까지 없었다. 예컨대 부시 행정부가 미국-콜롬비아 FTA 이행법안을 2008년에 의회에 제출하였으나, 의회는 TPA 권한 위임이 없었다는 이유로 부결시켰다. 그러다가 2015년에는 당시 오바마 행정부가 야심차게 준비하던 환태평양 파트너쉽(Trans-Pacific Partnership Agreement, TPPA) 협정 타결을 위해 Trade Priorities and Accountability Act를 통해 의회로부터 3년간 TPA 위임권한을 받았다. 이때도 하원 통과 시 찬성 218, 반대 208로 진통이 있었다. 이 TPA도 2021년에 만료되어 2024년 기준 미국 행정부는 현재 TPA 권한이 없다.

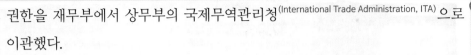

권한을 재무부에서 상무부의 국제무역관리청(International Trade Administration, ITA)으로 이관했다.

불행히도 달러의 금 태환 정지와 1974년 무역법 제정, 동경 라운드 개시와 통상 조직 개편에도 불구하고 무역수지 적자 추세는 반전되지 않았다. 그 결과 미국은 1973년과 1975년 단 두 해를 제외하고는 2024년까지 53년 동안 만성적인 상품무역 수지 적자를 기록하는 나라로 전락했다. 현재도 그렇고 미래도 마찬가지겠지만, 미국은 상품무역 수지가 흑자로 전환될 가능성이 거의 없다. 마치 비단 수입 때문에 만성적인 상품무역 수지 적자를 기록한 로마처럼.

불행히도 1980년대부터 미국의 상품무역 수지 적자는 통제 가능한 수준을 넘게 된다. 즉, 미국의 상품무역 수지 적자는 레이건 행정부 시절인 1984년에 1,000억 불을 넘었다. 1986년에는 사상 처음으로 상품무역 수지 적자 규모가 GDP의 △3%를 넘었다. 이 시기 미국에 상품을 공급한 국가는 독일과 일본 외에도 미국 시장에 공격적으로 진출하던 한국, 대만, 싱가포르, 홍콩 등 아시아의 4마리 용 등이었다. 미국 정부와 의회는 어떻게든 적자 수준을 줄이기 위해 1984년에 미국의 상품, 서비스, 투자에 악영향을 미치는 전 세계 주요국의 불공정한 행위, 정책, 관행 등에 관해 조사하고, 미국 정부의 조치 내역까지 담은 보고서인 국별무역장벽 보고서(National Trade Estimate, NTE)를 USTR로 하여금 의무적으로 매년 발행하도록 하는 1984년 통상법을 제정했다.

그러나 무역수지 적자 추세는 꺾이지 않았고, 1986년에는 서비스무역 수지를 합친 미국의 경상수지 적자 규모도 GDP의 △3%에 달했다. 원래 경상수지 적자 규모가 GDP의 △3%를 넘으면 비단 수입에 몰두했던 로마처럼 해당 국가의 통화는 절하되어야 한다. 이처럼 세계 패권의 전제인 달러 가치가 위협받게 되자 레이건 행정부는 할 수 없이, 상상을 초월하는 초강수를 두게 된다. 즉, 1985년 9월, 프랑스, 독일, 영국과 일본 재무장관을 뉴욕의 플라자 호텔로 불러, 달러화 대비 프랑화, 마르크화, 파운드화와 엔화의 통화 가치를 인위

적으로 급격히 올랐다.

< 미국 상품 수지(1980~1989) 및 GDP 대비 비중(Goods BOP/GDP) >

1980	1981	1982	1983	1984	1985	1986	1987	1988	1989
△25,500	△28,023	△36,485	△67,102	△112,492	△122,173	△145,081	△159,557	△126,959	△117,749
△0.85%	△0.85%	△1.07%	△1.77%	△2.71	△2.75%	△3.11%	△3.19%	△2.35%	△2.05%

출처: US Census, World Bank, 단위: 백만 불, 비율은 필자가 계산

미국은 이것도 모자라 1988년에는 이른바 종합 무역경쟁력 강화법(Omnibus Trade and Competitiveness Act of 1988)을 통과시켜 상대국 시장을 강압적으로 개방하고, 미국의 지식재산권을 보호하며, 개방에 실패하면 미국 시장은 철저히 봉쇄하는 정책을 강행했다. 이 옴니버스 법에 따라 1974년 제정된 일반 301조는 신청 이외에 직권 조사 규정이 추가되었고, 310조 조항도 새로 삽입되었다.

새로 삽입된 310조에 따르면 USTR은 매년 작성되는 무역 장벽 보고서(National Estimate, NTE) 발표(3월 30일) 30일 이내에, 미국의 상품, 서비스, 투자에 장벽을 구축하는 불공정한 무역 관행(unfair trade practice)을 개선하기 위해 우선 현상 대상국(priority foreign countries, PFC)과 그 관행(priority foreign country practice, PFCP)을 지정한 후 의회에 보고해야 한다. 이 조항 삽입으로 과거와 달리 개별 상품이나 서비스 장벽 외에도 특정되지 않는 국가 전체의 시장 폐쇄성을 문제 삼을 수도 있게 되었다.

나아가 미 상무부는 의회 보고 후 21일 이내에는 조사개시를 결정하고, 조사개시 후 12개월(보조금 이슈를 제외한 WTO 이슈는 18개월) 이내에 조사를 마쳐야 한다. 만약 협상에 실패하는 경우 그로부터 30일 이내에 보복 조치를 부과할 수 있다. 보복 조치의 범위는 협상의 대상이 된 관행과 관련이 없는 모든 상품 및 분야(any goods or sector)를 포함한다. 이 조항은 2년 동안 한시적으로만 운영하되, 대통령 행정명령으로 언제든지 부활할 수 있게 규정하였다. 사람들은 이 무지막지

한 보복 조치 조항을 "슈퍼 301조"라고 불렀다. 부시 행정부 시절 USTR 대표였던 칼라 힐스(Carla Anderson Hills, 1934~) 또한 슈퍼 301조를 상대방 시장을 강제로 개방하는 "쇠 지렛대(crowbar)"라고 평가하기도 했다.[65]

미국 경상수지의 방어막으로 등장한 지재권에 대한 보호조치도 강화되었다. 즉, 지재권에 대해서는 182조를 별도로 추가하여, 미국의 지재권에 대한 불공정한 무역관행을 확인하고 이를 개선하지 않을 경우, 일반 301조에 따른 보복조치가 가능해졌다. 즉, 미국의 지재권을 보호하지 않으면, 공산품이나 농산물과 같은 다른 분야에서 보복 조치가 가능해 진 것이다. 이를 스페셜 301조(Special 301)라고 부른다.[66]

하여튼 1980년대 미국의 무지막지한 조치 중에서 그나마 플라자 합의(Plaza Accord)를 통해서 유럽과의 무역수지 적자는 어느 정도 줄기는 했다. 하지만 일본으로의 무역수지 적자는 전혀 줄지 않았다. 따라서 플라자 합의와 슈퍼 301조 조항 신설에도 아랑곳하지 않고, 미국의 무역수지는 계속 악화되었다. 하지만 달러는 글로벌 기축통화였다. 오히려 레이건 행정부가 세계 패권 전략을 강화함에 따라 달러 가치가 올라가는 말도 안 되는 현상이 일어났다. 이유는 아무도 모른다. 바로 「바빌로니아의 수수께끼(Babylonian Enigma)」이다. 역설적으로 우리나라는 이 시기 강한 달러로 인한 저유가, 원화 저평가, 플라자 합의로 인한 엔고 현상이 달러 강세로 인한 미국인들의 수요 증가와 겹치면서 엄청난 호황을 누렸다.

이처럼 눈물겨운 미국의 필사적인 노력 덕분인지 몰라도 1980년대를 지난 1990년대 초반 미국은 상품무역 수지 적자의 절대 규모도 줄었고, GDP 대비 비율도 △2% 이내에서 움직였다. 즉, 1990년대 초반까지만 해도 미국은 GDP 성장세에 비해 과도한 소비를 하지는 않았다. 그럼에도 불구하고 미국의 다른

---

65 슈퍼 301조에 다른 조사는 신청이나 청원으로는 개시할 수 없다.

66 스페셜 301조는 트럼프 대통령이 2018년 중국을 대상으로 전격 발동함으로써 다시 한번 세간의 주목을 받게 된다.

나라 시장 개방 압력은 멈추지 않았다. 미국은 특히 일본을 상대로 미국을 향한 과도한 무역수지 흑자를 줄이라고 압박했다. 이를 위해 1990년에 「무역 및 구조조정 협의(Structural Impediments Initiative, SII)」라는 괴상한 이름의 협상을 진행하여, 일본의 서비스 시장을 개방하고 미국의 슈퍼컴퓨터 수출 협상도 진행하였다.

하지만 1990년대 중반부터 상품무역 수지 규모가 1,900억 불을 넘더니 1998년에는 2,000억 불을 넘었다. 사태가 심상치 않자, 부시 행정부 내내 잠자고 있던 조항이었던 슈퍼 301조를 클린턴 행정부가 1994년과 1996년에 부활시켰다. 이 때문에 한국은 미국과 자동차 개방 협상을 벌여야 했고, 일본은 미국산 상품의 수입을 늘려야 했다.

불행히도 미국의 상품 수지 적자 추세는 개선되지 않았다. 결국 1999년에 상품무역 수지 적자 규모가 마지노선인 GDP의 △3%를 넘었다. 1986년 이후 13년 만이었다. 이 당시 수입 급증의 원인은 다름 아닌 중국의 부상 때문이었다. 중국이 1990년대 내도록 엄청난 규모의 외국인직접투자(FDI)를 유치한 이후 생산력을 극적으로 확장하여 전 세계의 공장으로 부상한 것이다. 전 세계의 공장이 된 중국은 싼 임금을 바탕으로 전 세계, 특히 미국에 저가 공산품을 쓰나미처럼 공급했다.

< 미국 상품 수지(1990~1999) 및 GDP 대비 비중(Goods BOP/GDP) >

1990	1991	1992	1993	1994	1995	1996	1997	1998	1999
△11,037	△76,937	△96,897	△132,451	△165,831	△174,170	△191,000	△198,428	△248,221	△337,068
△1.85%	△1.23%	△1.45%	△1.89%	△2.22%	△2.24%	△2.31%	△2.26%	△2.67%	△3.40%

출처: US Census, World Bank, 단위: 백만 불, 비율은 필자가 계산

1999년, 미국은 할 수 없이 슈퍼 301조를 다시 부활시켰다. 1995년에 WTO가 출범하면서 슈퍼 301조가 사실상 WTO 협정에 위반되는 조항이 되었음에도 불구하고, 클린턴 행정부 내에서 세 번째로 이를 부활시킨 것이다. 하기야 미국은 WTO에 가입할 때 WTO 가입으로 인해 미국의 301조 발동을 제한하지 않는다는 조건을 걸고 가입했으니, 미국 국내 법적으로는 아무 문제가 없었다. 미국 정치권에서도 WTO 분쟁 조정이 3년 가까이 되는 장기간이고, 이행도 확실하게 담보되지 않는다는 비판이 많기도 했다. 하여튼 부활된 슈퍼 301조를 근거로 1999년 4월에 발간된 USTR의 핵심 목표는 미국의 지재권 보호였고, 중국을 처음으로 모니터링 대상에 포함시켰다.

한편 1990년대는 특이하게도 미국의 서비스 수출도 급증했다. 미국의 서비스 수출액은 이전까지만 해도 상품 수출액의 20~30% 수준이었다. 하지만 1982년부터 서비스 수출액이 증가하면서 상품 수출액의 30%를 넘더니, 1990년대는 상품 수출액의 40%까지 육박했다. 이 때문에 1999년에는 상품무역 수지는 GDP의 △3.4%였지만, 서비스무역 수지가 GDP의 +0.8% 흑자를 기록하면서, 경상수지는 △3%$^{(△3.4\%+0.8\%=△2.6\%)}$를 넘지는 않았다.

< 미국의 상품 수출과 서비스 수출 및 서비스/상품 수출액 비율 (1990~1999) >

	1990	1991	1992	1993	1994	1995	1996	1997	1998	1999
상품	387,401	414,083	439,631	456,943	502,859	575,204	612,113	678,366	670,416	698,524
서비스	147,832	164,261	177,251	185,920	200,395	219,183	239,489	256,087	262,758	271,343
서비스/상품	38.2%	39.7%	40.3%	40.7%	39.9%	38.1%	39.1%	37.8%	39.2%	38.8%

출처: US Census, World Bank, 단위: 백만 불, 비율은 필자가 계산

미국 상품무역 수지 악화의 정점은 2000년대였다. 즉, 2004년에는 상품무역 수지 규모가 사상 처음으로 GDP의 △5%를 넘었다. 2004년 이후인 2008

년까지 미국인들은 무려 5년 동안이나 GDP의 △5% 내외, 2006년부터는 3년 동안 8,000억 불이 넘는 엄청난 규모의 상품무역 수지 적자를 기록했다. 미국의 막대한 수입 수요 덕택에 이 시기 중국의 생산력도 엄청나게 성장했다. 어쨌든 이 정도 수준이면 로마의 비단 수입으로 인한 데나리우스 은화의 평가 절하처럼 달러 가치는 "무조건" 절하되었어야 한다. 하지만 달러 가치는 절하되지 않았다. 이유는? 달러가 전 세계인이 모두 인정하는 국제 결제 수단으로서의 권위, 즉 황금과 같은 힘 때문이었다.

< 미국 상품 수지(2000~2009) 및 GDP 대비 비중(Goods BOP/GDP) >

2000	2001	2002	2003	2004	2005	2006	2007	2008	2009
△446,783	△422,370	△475,245	△541,643	△664,766	△782,804	△837,289	△821,196	△832,492	△509,694
△4.28%	△3.96%	△4.29%	△4.60%	△5.31%	△5.87%	△5.96%	△5.59%	△5.72%	△3.48%

출처: US Census, World Bank, 단위: 백만 불, 비율은 필자가 계산

오히려 미국인들은 2000년대 중국의 값싼 소비재를 대량으로 수입하면서 그야말로 소비가 제공하는 쾌락을 마음껏 누렸다. 당시 연준 의장이던 그린스펀은 이 시기를 "위대한 안정 ^(Great Moderation)"의 시대라고 불렀다. 위대한 안정이란 말이 마치 공정한 게임의 규칙 하에서 달성한 최적의 균형 상태인 것처럼 들린다. 미국 관점에서는 당연히 그렇겠지. 하지만 이 시기 위대한 안정은 달러가 가진 황금과 같은 마법의 힘 때문에 생긴 "불공정한 게임의 최고봉"이었다.

즉, 위대한 안정의 근본 원인은 달러가 바로 "오즈의 마법사"였기 때문에 가능한 것이었다. GDP의 △5%가 넘는 막대한 상품 수입을 5년 동안이나 계속해 놓고도 통화 가치가 하락하지 않고 계속해서 수입을 늘릴 수 있었다고? 이것이 마법의 힘 말고 달리 설명이 가능한가? 그렇다면 과연 오즈의 마법사가 마력을 가진 진짜 마법사였나? 아니면 주름진 얼굴과 대머리에, 키 작고 보잘것없는 영감이 종이로 만들어진 세트 뒤에서 허세를 부리는 사기꾼이었

나? 차라리 이 시기 미국은 위대한 안정의 시대라는 위선적인 표현보다는, 영화 오즈의 마법사에 나오는 음악 가사처럼 "무지개 너머 저편(somewhere over the rainbow)"에서 "오즈의 마법사가 통치하는 에메랄드 시"라고 부르는 것이 더 어울릴지도 모르겠다.[67]

미국인이 향유한 이 광란의 소비 열풍은 2008년 금융위기로 인해 마침내 멈추었다. 금융위기의 원인은 여러 가지이겠지만, GDP의 △5%를 넘는 막대한 상품 수입도 당연히 그 원인 중의 하나였다. 로마도 이 시점을 넘어서자 제국 내의 금을 모두 몰수하고 비단 사용을 엄격히 금지하면서 위기를 극복하려고 시도했다. 하지만 로마는 실패했다. 이미 비단 사용에 미친 귀족들이 비단 사용을 중단한다는 것은 어불성설이었다. 유일한 해법이 금의 추가 발굴이었는데, 유럽에는 금 광산이 많지도 않았고 인도나 중동으로부터 금을 획득하기 위한 산업 생산 기반도 로마는 거의 없었다. 결국 로마는 붕괴했다.

하지만 미국은 로마와 달랐다. 달러가 일국의 통화이면서 동시에 세계 모든 나라가 국제무역 결제 수단으로 인정하는 기축통화였기 때문이다. 자국 통화이면서 기축통화인 달러 덕택에 미국은 달러를 "단순히 인쇄기로 찍기만 함으로써" 위기를 손쉽게 탈출했다. 미국이 금융위기를 탈출하기 위해 인쇄기로 새로 찍은 달러 규모는 무려 4조 달러였다.[68] 달러가 기축통화이므로 4조 달러 추가 발행은 황금을 공중에서 그냥 만들어낸 "금융의 연금술(Alchemy of Finance)"과 같았다. 바로 오즈의 마법사가 부린 마술이다!!!

우연히도 이 4조 달러는 중국의 수 억 명 노동자들이 하루 10시간 이상 저

---

67 실제로 레이건 대통령은 미국의 비전을 언덕 위의 빛나는 도시로 설명했다. "내 마음속에서 그 도시는 대양보다도 더 강한 바위 위에 세워지고, 강한 바람에 노출되어 있지만 신의 축복을 받고, 서로 조화롭고 평화롭게 살고 있는 모든 부류의 사람들로 붐비는 높고 자랑스러운 도시였다. 이 도시에는 교역과 창의성이 넘쳐나는 자유로운 항구들이 있고, 만약 성곽이 있어야 한다면 그 성곽에는 문이 있고, 그곳에 들어가고자 하는 의지와 마음이 있다면 그 문은 누구에게든 열려 있었다." 헨리 키신저, 앞의 책(세계 질서), pp. 347~348. 필자가 보기엔 레이건 대통령이 묘사했던 언덕 위의 빛나는 도시는 달러가 없었다면 존재는커녕, 상상에도 등장하지 못하는 신기루에 불과하다.

68 미국이 양적 완화를 통해 전 세계에 뿌린 달러 양의 계산식은 『대체투자 파헤치기(상)-구원투수 버냉키』編 참조

미국 무역수지의 미래

임금을 바탕으로 피땀 흘린 노동을 투입하여 축적한 2014년 중국의 외환보유고 4조 달러와 정확히 같았다. 하지만 미국은 4조 달러를 만드는 과정에서 중국 노동자처럼 피땀을 흘려 가며 10시간 이상 막노동을 할 필요도, 고대 이집트의 하트셉수트 여왕처럼 대규모 선단을 구성하여 뜨거운 태양 아래서 땀을 뻘뻘 흘리며 무더운 남아프리카로 금광을 찾아서 떠나는 생고생을 할 필요도, 로마의 디오클레티아누스 황제나 신나라의 왕망, 심지어 1933년 미국의 루즈벨트 대통령이 했던 것처럼 민간이 보유한 금을 황실이나 연방정부에 의무적으로 매도하라고 명령할 필요도 없었다. 나아가, 1차 세계 대전 당시 이탈리아 국민이나 IMF 사태 때 우리 나라 국민이 한 것처럼 자발적으로 금을 모아야겠다는 생각조차 할 필요 없었고, 몇 달 동안 수 백 대의 컴퓨터를 동원하여 엄청난 전기료를 지급하고 밤낮으로 비트코인을 채굴하는 미친 짓도 할 필요 없었다. 그저 인쇄기로 달러를 찍어 내면 그만이었다. 이게 마법이 아니고 도대체 무엇인가?

2008년 추가로 발행된 종잇조각 달러는 쿠빌라이 칸의 교초나 1차 대전 후 바이마르 공화국 시절 독일이 인쇄기로 찍어낸 마르크화와 인쇄 방식이 100% 동일했다. 하지만 그 결과는 하늘과 땅 차이였다. 쿠빌라이 칸의 교초나 바이마르 공화국의 마르크는 남발되는 순간, 그 가치가 발행량에 비례해서 폭락했다.

예컨대 마르크화의 가치는 1923년 1차 대전 이전 가치의 1조분의 1로 폭락했고, 1923년 바이마르 공화국에서 빵 한 조각은 1,400억 마르크였다. 그나마 아침에 빵을 사 두지 않으면 저녁에는 1,500억 마르크였다. 독일에서 마르크화의 남발로 인한 식량과 생필품 가격의 폭등은 1923년 11월, 히틀러 나찌 정권 창출의 출발점이 된 뮌헨 맥주 홀 폭동의 직접 원인이었다.[69] 필자는

---

69 나찌 당원들은 정권 장악 이후 이런 말을 하였다고 한다. "우리는 빵 값이 오르는 것을 원하지 않는다. 내리는 것도 원하지 않는다. 변하지 않는 것도 원하지 않는다. 우리는 나찌당이 빵값을 정하기를 원한다." 에이미 추아, *앞의 책*, p. 380

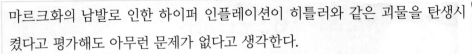

마르크화의 남발로 인한 하이퍼 인플레이션이 히틀러와 같은 괴물을 탄생시켰다고 평가해도 아무런 문제가 없다고 생각한다.

특히 하이퍼 인플레이션을 초래했던 마르크화와 동일하게 인쇄된 달러는 원나라 교초나 바이마르 공화국의 마르크화보다 더 심각한 인플레이션을 초래할 수도 있었다. 왜냐하면 금융기관이 발달한 현대 자본주의 체제에서 4조 달러는 "승수효과" 때문에 대략 그보다 7~8배나 많은 30조 달러 내외의 신용을 만들 수 있기 때문이다. 하지만 최소 30조 달러 내외에 이르는 이 엄청난 규모의 달러는 2008년 금융위기 당시 전 세계 모든 금융기관들이 결제 수단 부족으로 파산 직전에 내몰렸을 때, 이를 해결한 극심한 가뭄 속의 소나기와 같은 존재였다. 왜? 달러가 바로 기축통화인 황금과 같았기 때문이다. 즉, 바이마르 공화국의 마르크화는 너무 뻑뻑해서 이웃 국가인 프랑스에서도 화장실의 휴지 조각조차 대체할 수 없었지만, 달러는 전 세계 금융기관은 물론이고 아프리카 기니 공화국에서조차 자국의 특산품인 인광석이나 보크사이트를 팔아야만 획득할 수 있는 황금과 같았기 때문이다.

양적 완화 시 달러 남발로 인한 인플레이션 우려가 전혀 없었던 것은 아니었다. 양적 완화 직후 글로벌 원자재 시장은 예상대로 극도의 인플레이션을 예상했다. 예컨대 양적 완화 직후인 2012년 전 세계 원유 가격은 배럴당 120불을 넘었고, 황금의 가격도 2011년 고점이 트로이 온스당 1,900달러 이상이라는 기록을 세웠다. 하지만 이 현상은 그리 오래가지 않았다. 오히려 2014년 이후 유가는 폭락하여 2019년 기준 70~80불 내외였고, 황금의 가격은 2019년에는 온스당 1,300불을 넘지도 않았다. 이것이 바로 「바빌로니아의 수수께끼(Babylonian Enigma)」인 달러의 마법과도 같은 힘이다.

불행인지, 다행인지 2008년 금융위기 당시 대량으로 인쇄된 「바빌로니아의 수수께끼(Babylonian Enigma)」 달러는 교초나 바이마르 공화국의 마르크화처럼 인플레이션을 초래하기는커녕 미국을 포함한 전 세계 금융기관을 구원한 바

빌로니아의 마르둑(Marduk)과 같은 절대 신으로 군림했었다. 달러에 새겨진 호루스 눈은 달러가 마르둑과 같은 절대 신의 힘을 보유한 전 세계 기축통화라는 무시무시한 경고와도 같았던 셈이다. 마치 리디아의 기게스(Gyges of Lydia, 재위 BC 716~678) 왕이 보잘 것 없었던 일렉트럼 통화에 여신 아스타르테(Astarte)의 상징인 황소를 새겨 넣으면서 리디아의 금화가 신의 힘을 가진 지중해의 기축통화로 부상했듯이.

그 결과 2008년 금융위기 시 달러는 "지옥의 제일 밑바닥인 제7 고리에서 불타는 모래에 파묻혀 있던" 미국의 금융기관을 극적으로 구원했다. 만약 FRB 의장인 버냉키(Ben Shalom Bernanke, 1953~)가 인쇄기로 찍어 추가로 달러를 발행하지 않았으면 금융기관 상호 간 대출 시장이 마비되면서, 아마 소행성이 지구를 충돌한 직후 공룡들의 운명과 마찬가지로 거미줄처럼 연결된 전 세계 금융기관은 완전히 절멸했을 것이다. 버냉키의 이 마법과 같은 양적 완화는 미국을 비롯한 전 세계 금융투자업자들이 두 손을 들고 환영했음은 물론이다. 이런 점에서 달러에 대한 전 세계 금융기관의 경배는 마르둑이나 디오니소스, 아스타르테를 숭배하는 고대 광신도들의 컬트와도 같은 비밀의식을 닮았다. 하기야 1달러 지폐에 고대 이집트의 신인 호루스의 눈이 그려진 이유도 바로 이와 같은 무조건적인 광란의 경배 의식을 명령하는 상징이 아니었던가?

하여튼 금융위기 직후 미국은 중국을 통한 소비를 줄이기 시작했다. 자국 제조업의 역량을 키우면서 자국 상품 소비에도 정책적 역량을 집중했다. Buy America 법, JOBS 법 등이 시행되고, 미국 제조업의 국내 복귀(reshoring) 혹은 인근 국가 배치(near-shoring)가 권장되었다. 그 결과 상품수지 적자가 GDP의 △4% 이내에서 안정되기 시작했다. 상품무역 수지 적자 규모도 2016년까지 8,000억 불 이내에서 유지되었다. 서비스무역 수지 흑자 규모도 급격히 확대되었다. 특히 2012년에는 서비스무역 수지 흑자가 사상 처음으로 2,000억 불을 넘었다. 서비스무역 수지 흑자가 확대되면서 2013년부터 전체 경상수지

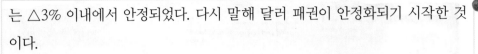
는 △3% 이내에서 안정되었다. 다시 말해 달러 패권이 안정화되기 시작한 것이다.

하지만 2017년부터 미국은 상품무역 수지 적자 규모가 8,000억 불을 다시 넘었고, 2018년에는 9,000억 불에 육박한 상품무역 수지 적자를 기록했다. 2018년에는 경상수지도 △3%를 넘기 직전까지 확대되었다. 하필 이 시기는 무역협정에 극도의 알레르기 반응을 보이던 트럼프가 대통령인 시절이었다. 하기야 필자가 보기에도 미국은 1960년대부터 상대방 국가 관세율 인하, 인위적 환율 절상, 비관세 장벽 철폐, 자국의 지재권 보호 등 할 수 있는 모든 조치는 다 한 상태였다.

< 미국 상품·서비스수지(2010~2018) 및 GDP 비율(BOP/GDP) >

	2010	2011	2012	2013	2014	2015	2016	2017	2018
상품	△648,671	△740,999	△741,119	△700,539	△749,917	△761,868	△751,051	△807,495	△891,320
BOP/GDP	△4.26%	△4.69%	△4.53%	△4.10%	△4.20%	△4.15%	△3.96%	△4.07%	△4.27%
서비스	153,446	191,300	203,711	239,404	260,333	263,343	249,050	255,219	255,219
BOP/GDP	1.0%	1.2%	1.2%	1.4%	1.5%	1.4%	1.3%	1.3%	1.3%
서비스+상품	△3.26%	△3.49%	△3.33%	△2.7%	△2.7%	△2.75%	△2.66%	△2.77%	△2.97%

출처: US Census, World Bank, 단위: 백만 불, 비율은 필자가 계산

이제 남은 것은 단 하나뿐이었다. 트럼프는 2018년 3월 1일, 아닌 밤중에 홍두깨식으로 1988년 제정된 301조 조항을 근거로 지재권 침해와 관련된 340억 불 규모의 중국산 818개 품목에 대해 1차로 2018년 7월 6일부터 25%의 관세를 부과했다. 2018년 8월 23일에는 279개 품목을 추가하였으며, 2018년 9월 21일부터는 무려 2,000억 불에 이르는 5,745개 품목에 이르는 중국산 상품에 대해 2018년 12월까지는 10%, 2019년 5월 10일부터는 25% 관세를 부과했다. 거의 비슷한 시기인 2018년 3월 8일에는 무역확장법 232조

에 의거하여 군가 안보를 이유로, 수입 철강에 25%, 수입 알루미늄에 10%의 관세를 부과한다고 발표했다. 트럼프 대통령의 이 조치는 미국이 공개적으로 중국을 상대로 관세율을 통한 무역전쟁을 개시한 역사적인 조치가 되었다.

그렇다면 과연 미국 상품수지 적자의 가장 큰 원인은 무엇일까? 1980~1990년대는 그 원인이 독일·일본과 아시아의 4마리 용이었지만, 2000년 이후 미국 정부는 그 원인을 중국으로 간주한다. 물론 수치로 보면 확실히 드러난다. 즉 미국의 중국에 대한 상품무역 수지 적자 규모는 2012년에 3,000억 불을 넘었고, 그 후 지속 증가하여 2017년에는 3,758억 불에 달했다. 트럼프 대통령이 중국과 무역전쟁을 개시한 연도가 2018년인데, 왜 그런지 충분히 이해가 된다. 역설적으로 2018년은 미국의 중국에 대한 대규모 보복 관세 부과를 앞두고 미국 기업들이 관세 부과를 피해 중국을 대상으로 미리 앞당겨 주문하면서 증가 폭이 오히려 더 늘어, 사상 처음으로 4,000억 불을 넘어 최고 기록을 세운 해였다.

< 미국의 對中 상품수지 적자(무역적자) 규모(2010~2018) >

2010	2011	2012	2013	2014	2015	2016	2017	2018
△273,042	△295,250	△315,103	△318,684	△344,818	△367,328	△346,997	△375,576	△419,162

출처: US Census, 단위: 백만 불

불행히도 미국의 중국 공세는 2022년까지는 그다지 큰 효과가 없었다. 즉 2020년 미국의 경상수지는 결국 GDP의 △3%를 다시 넘었고, 급기야 2021년에는 상품무역 수지 적자 규모가 사상 처음으로 1조 불을 넘었다. 상품수지 적자 규모는 급격히 증가하고 있지만, 2022년까지만 해도 서비스수지 흑자 규모는 정체되거나 오히려 하락 추세였다. 특히 2022년 3월에는 사상 처음으로 월별 상품수지 적자 규모가 1,000억 불을 넘어 1,098억 불을 기록했고, 경상수지도 2022년에는 △4%에 가까운 △3.7%를 기록했다.

다만 2023년에는 미국의 적극적인 對中 견제 효과가 본격화되면서 상품 무역 수지도 크게 개선되고 서비스 수출도 늘어 경상수지가 GDP의 △3% 아래로 떨어졌다. 이런 추세가 미래에도 계속되려면 미국은 중국 봉쇄를 더욱더 강화해야 할 것이다. 그래서일까? 트럼프가 개시한 중국을 향한 관세 전쟁은 바이든 행정부도 그대로 사용했다. 즉 바이든 행정부는 2024년 5월 15일, 중국산 전기차 관세율을 기존의 27.5%에서 102.5%로 4배 가까이 올렸고, 리튬 이온 배터리는 7.5%에서 25%로, 태양광 전지는 25%에서 50%로, 중국산 크레인은 0%에서 25%로, 주사기를 비롯한 의료용품은 무관세에서 50%로, 마스크는 0~7.5%에서 50%로, 흑연 등의 배터리 재료 광물에 대해서는 무관세에서 2026년부터 25%로 올렸다.[70]

< 미국 상품·서비스수지(2019~2024.1~6) 및 GDP 비율(BOP/GDP) >

	2019	2020	2021	2022	2023	2024.1~6
상품	△845,759	△901,482	△1,083,511	△1,183,010	△1,059,631	△574,198
BOP/GDP	△3.96%	△4.28%	△4.64	△4.65	△3.89	–
서비스	268,859	219,782	241,938	231,822	2791,837	147,106
BOP/GDP	1.2%	1.0%	1.0%	0.9%	1.0%	–
서비스+상품	△2.7%	△3.2%	△3.6%	△3.7%	△2.9%	–

출처: US Census, World Bank, 단위: 백만 불, 비율은 필자가 계산

미국의 對中 무역수지 또한 중국에 대한 적극적인 관세 및 경제 제재 조치 덕분에 2019, 2020, 2021년에는 對中 상품수지가 감소 추세였다. 하지만 월별 무역 수지 적자가 처음으로 1,000억 불을 넘은 2022년에는 3,823억 불로

---

70 미국은 다른 나라와 달리 수입업자가 관세를 내는 것이 아니라, 수출업자가 관세를 낸다. 따라서 트럼프든, 바이든이든 관세를 올리는 순간, 미국으로 수출하는 수출업자가 관세를 내야 한다.

다시 확대되었다. 다만 2023년에는 對中 상품수지가 1,000억 불 이상 크게 감소하였고, 2024년 6월까지도 이 추세가 지속되었다. 이와 같은 對中 상품수지 감소가 일시적인 현상인지, 아니면 對中 견제 효과로 인한 추세적 성과인지는 좀 더 지켜보아야 할 것으로 생각한다. 주목할 부분은 2019~2021 기간 동안 對中 상품수지 적자 규모는 줄었지만, 미국 전체 상품수지 적자 규모는 오히려 늘었다는 점이다. 이는 미국의 상품수지 적자가 반드시 중국이 원인이 아닐 수도 있다는 것을 보여 준다. 그러나 상품수지 규모가 급격히 감소한 2023년의 경우에는, 對中 무역수지가 1,030억 불, 전체적으로는 그보다 더 규모가 큰 1,230억 불의 무역수지가 감소하였는데, 이는 미국의 산업 경쟁력이 최소한 추세적으로 악화되는 것은 아닐 수도 있다는 것을 시사한다.[71]

< 미국의 對中 상품수지 적자(무역적자) 규모(2019~2024.1~6) >

2019	2020	2021	2022	2023	2024.1~6
△342,629.5	△307,967	△352,854	△382,295	△279,423	△127,653

출처: US Census, 단위: 백만 불

따라서 미국은 달러 패권을 지키기 위해서 상품무역 수지 적자의 가장 큰 원인인 중국에 대한 무역적자를 반드시 줄여야 하고, 동시에 자국 상품과 서비스의 국제경쟁력을 어떻게든 올려야 한다. 따라서 미국은 Product of USA의 항공기든, 셰일 오일이든, 농산물이든 경쟁력 있는 자국 물건을 중국에 대해 강매하지 않으면 안 될 처지에 놓여 있다. 독일이나 일본으로부터의 자동차 수입도 어떻게든 줄여야 한다. 중국산 철강과 알루미늄에 대해서는 해당 제품은 물론이고, 이를 활용해서 부품으로 만든 모든 제품에 대해서도 반덤핑, 상

---

71 다만, 2024년 상반기 기준으로는 전년 대비 對中 무역수지 적자는 120억 불 정도 감소하였고, 전체 무역수지 적자는 전년 대비 이보다 더 큰 440억 불 정도 증가했다. 이는 2019~2021년 추세와 비슷한 결과로, 미국의 산업 경쟁력 약화가 반드시 중국 때문이 아닐 수도 있다는 것을 다시 한번 보여 준다.

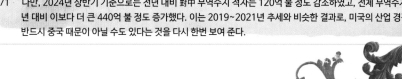

계관세, 세이프가드 조치를 취할지도 모르겠다. 나아가 서비스수지 흑자 규모를 지금보다 더 확대해야 한다. 즉, 미국은 전 세계적으로 자국의 특허권, 저작권, 실용신안권, 영업비밀 등의 지식재산권 보호에 사활을 걸어야 한다.

이것이 바로 미국과 중국, 미국과 EU 무역 분쟁의 가장 본질적인 원인이다. 즉, 미국 세계 패권의 핵심인 달러 패권을 지키기 위해서는 對中 무역적자를 포함한 상품무역수지 적자 규모를 반드시 줄여야 하고, 중국의 지식재산권 강제 이전 요구 등을 무조건 저지해야 한다. 그렇지 않으면 달러 패권은 붕괴된다. 트럼프 대통령이 주도했던 America First, 트럼프 대통령의 선거 구호였던 MAGA^(Make America Great Again), 바이든 대통령이 주도했던 Buy America의 본질은 바로 이것이다.

다만 필자가 보기에 달러는 기축통화이기도 하고, 2008년 역사적 경험도 있으므로 달러 패권은 경상수지 규모가 GDP의 △3%가 아니라 △5%까지는 어떻게든 유지될 수 있을 것이라고 생각한다. 따라서 미국 관점에서 경상수지 적자 규모는 GDP의 △5%를 넘어가서는 절대 안 된다. 과연 미국은 이 마지노선을 지킬 수 있을 것인가?

미국의 경상수지 적자 규모는 2010년대 평균 약 3% 증가했다. 미국과 중국의 무역 분쟁 결과 양측의 합의가 이루어지지 않았다고 가정하면, 이 증가세는 그대로 유지될 가능성이 높다. 실제로도 미국은 2020년대 들어서는 경상수지 적자 규모가 GDP의 △3%대로 진입하여, 구조적 하락 추세가 뚜렷함을 보여 주고 있다. 아울러 미국 GDP의 경우 같은 기간 2010년대 평균 4% 증가했다. 하지만 2018년 GDP 규모가 21조 4,102.3억 불인 경제가 앞으로도 매년 평균 4% 이상 성장한다는 것은 필자가 보기에는 거의 신기에 가깝다. IMF에 따르면 2018년 스위스의 GDP가 7,793억 불이었는데, GDP 20조 경제가 매년 4% 성장한다는 것은 매년 스위스보다 큰 경제를 "새로이" 창출한다는 뜻이다. 따라서 필자는 향후 미국의 평균 경제 성장률이 4%를 기록하

기는 쉽지 않다고 본다. 최선의 시나리오가 대략 3% 내외이고, 1~2%가 가장 현실적인 시나리오라고 생각한다. 이런 가정 하에서 미국의 경상수지 적자 규모는 향후 어떻게 될 것인가? 아래는 계산 결과이다.

< 미국의 경상수지/GDP 비율 예상(2019~2050) >

시나리오 연도	3% 성장 시	2% 성장 시	1% 성장 시
2019	△2.98%	△3.01%	△3.04%
2020	△2.98%	△3.04%	△3.10%
2021	△2.98%	△3.07%	△3.16%
2022	△2.98%	△3.10%	△3.22%
2023	△2.98%	△3.13%	△3.29%
2024	△2.98%	△3.16%	△3.35%
2025	△2.98%	△3.19%	△3.42%
2026	△2.98%	△3.22%	△3.49%
2027	△2.98%	△3.26%	△3.56%
2028	△2.98%	△3.29%	△3.63%
2029	△2.98%	△3.32%	△3.70%
2030	△2.98%	△3.35%	△3.77%
2031	△2.98%	△3.38%	△3.85%
2032	△2.98%	△3.42%	△3.92%
2033	△2.98%	△3.45%	△4.00%
2034	△2.98%	△3.49%	△4.08%
2035	△2.98%	△3.52%	△4.16%
2036	△2.98%	△3.55%	△4.24%
2037	△2.98%	△3.59%	△4.33%
2038	△2.98%	△3.62%	△4.41%
2039	△2.98%	△3.66%	△4.50%
2040	△2.98%	△3.70%	△4.59%
2041	△2.98%	△3.73%	△4.68%
2042	△2.98%	△3.77%	△4.77%
2043	△2.98%	△3.81%	△4.87%
2044	△2.98%	△3.84%	△4.96%
2045	△2.98%	△3.88%	△5.06%
2046	△2.98%	△3.92%	△5.16%
2047	△2.98%	△3.96%	△5.27%
2048	△2.98%	△4.00%	△5.37%
2049	△2.98%	△4.03%	△5.48%
2050	△2.98%	△4.07%	△5.58%

출처: 필자가 직접 계산

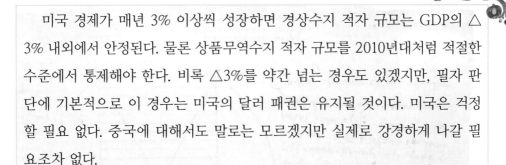
미국 경제가 매년 3% 이상씩 성장하면 경상수지 적자 규모는 GDP의 △3% 내외에서 안정된다. 물론 상품무역수지 적자 규모를 2010년대처럼 적절한 수준에서 통제해야 한다. 비록 △3%를 약간 넘는 경우도 있겠지만, 필자 판단에 기본적으로 이 경우는 미국의 달러 패권은 유지될 것이다. 미국은 걱정할 필요 없다. 중국에 대해서도 말로는 모르겠지만 실제로 강경하게 나갈 필요조차 없다.

하지만 미국 경제가 만약 2% 성장에 그친다면, 어떻게 될까? 미국은 2008년 금융위기 이후 2020년까지 연평균 성장률이 대략 2.1%였다. 2% 성장 시 나리오에서는 지금부터 대략 30년 후인 2048년 즈음 미국의 경상수지 적자 규모가 GDP의 △4%를 넘게 된다. 표에는 나와 있지 않지만, △5%에 도달하는 시기는 지금부터 대략 50여 년 후인 2071년이다. 2048년이면 미국의 달러 패권 이후 103년째이고, 중국이 사회주의 국가를 건설하고 정확히 99년째가 되는 해이다. **2048년은 미국이나 중국 모두 가장 중요한 시점을 시작으로 100년을 전후한 연도이므로, 이 시기는 양국 모두에게 국가의 운명이 결정되는 분기점이 될 것이다. 필자 생각에는 미국에게 최선의 시나리오 하에서조차도 아마 달러 패권이 붕괴되기 시작한다면 2048년 전후가 될 것이다.**

문제는 또 있다. 필자가 2010년대 상품수지 적자추세 3%와 미국의 2% 성장추세를 고려하여 2019년부터 모델을 돌렸을 때, 2022년 경상수지 추정치는 대략 GDP의 △3.1%였다. 하지만 실제 수치는 △4%에 가까운 △3.7%였다! 필자 모델에 따르면 이 시점은 2040년에 도래했어야 한다. 하지만 무려 18년이나 앞당겨 도래한 것이다!!! 거기다가 필자 모델에는 미국의 향후 성장률을 2%라고 가정한 최선의 시나리오였다. 이는 특단의 조치가 없다면 실제 미국의 경상수지 악화 추세가 필자 모델보다 더 빨리 도래하여 어쩌면 달러 패권이 2030년대에도 붕괴할 조짐이 있을 수도 있음을 시사한다.

뭐라고? 달러 패권이 붕괴된다고? 무슨 정신 나간 소리? 하지만 고대 그

리스 철학자인 헤라클레이토스^(Heraclitus, BC c.535~c.475)는 "만물은 유전^(流傳)한다 (Everything changes and nothing remains still.)"라고 하지 않았던가? 이 세상에 영원한 통화 패권이 도대체 어디에 있나? 동로마의 솔리더스도 600년, 베네치아의 듀캇도 500년, 이슬람의 디르함과 피렌체의 플로린도 300년, 영국의 파운드화는 100년도 안 되어 기축통화의 지위를 달러에 빼앗겼다. 단언컨대 영원한 통화 패권은 존재하지 않는다.

특히 시진핑이 중국이 미국을 추월하는 시기로 못 박은 해는 2049년이다. 이 시나리오대로 되려면 중국은 2049년 전후부터 미국의 달러 패권을 완전히 뒤엎어야 한다. 그러기 위해서는 2030년을 전후한 시점부터 위안화의 금 태환을 통해 달러 패권을 공략해야 할 것이다. 나아가 자국의 뱅킹 산업을 신창 타이든, 아니면 리커노믹스든, 신품질 생산력이든 어떤 방식을 사용하든 발전시켜야 한다. 위안화의 금 태환과 중국 뱅킹 산업의 발전으로 달러 패권이 붕괴되면 그 순간이 바로 중국의 세계 패권이 완성되는 시점이 될 것이다.

한편 미국은 2% 성장이라는 평범한 시나리오 하에서도 앞으로 30년 이후부터는 달러가 바빌로니아 제국 주변의 동방 국가조차도 환전해 주지 않았던 로마의 데나리우스처럼 될지도 모를 운명을 각오해야 한다. 그리고 그로부터 20여 년 후에 미국의 무역적자가 GDP의 △5%를 넘는 2070년부터는 달러가 국제무역 결제의 통화 지위에서 영원히 추방될지도 모른다는 가능성을 인식해야 한다. 만약 그런 일이 일어나면 서로마가 훈족의 아틸라에게 멸망 당했듯이, 미국의 달러 패권은 황금과 교환되는 한족의 위안화 때문에 완전히 공중분해 될지도 모르겠다.

만약 미국 경제가 2%가 아니라 매년 1%씩 성장하면 어떻게 될까? 레이 달리오는 그의 저서 『변화하는 세계 질서』에서 미국의 향후 10년 예상 성장률 평균이 1.3%라고 예측했다. 2024년 6월 기준, 미국 연준은 미국의 장기 성장률을 1.8%로 계산했다. 즉, 필자가 보기에는 1%대 성장 시나리오가 가

장 현실적인 시나리오이다. 어쨌든 그렇게 되면 달러 패권의 붕괴 시기는 더 앞당겨진다. 계산 편의를 위해 1% 성장을 가정하면 앞으로 대략 10여 년 후인 2033년에 미국의 경상수지 적자 규모가 GDP의 △4%를 넘게 된다. 그리고 △4% 적자 상태가 지속되다가 그 12년 후인 2045년에 GDP의 △5%도 넘게 된다. 2033년과 2045년 사이에는 12년이라는 세월이 있다. 필자가 보기에는 만약 이 시나리오라면 2033년부터 2045년 사이의 12년 동안에 굳이 중국이 나서서 위안화를 금으로 태환해 준다고 선언하지 않더라도 달러 패권은 시장의 힘에 따라 자연스럽게 붕괴할 수도 있다고 생각한다.

왜? GDP의 △4%를 넘는 경상수지 적자 상태가 10년이 넘게 지속되는데, 이 국가의 통화를 국제무역 결제 수단인 기축통화로 사용한다고? 과연 어느 나라가 동의할 것인가? 종이로 만든 무대 세트 뒤에서 버냉키와 같은 또 다른 오즈의 마법사가 사기치는 것을 그냥 바라만 볼 것인가? 그때도 전 세계 모든 사람들이 고대 비밀종교와 같은 집단 컬트 의식에 동참할 것인가? 물론 2008년 금융위기 직전에 미국의 상품과 서비스수지를 합한 경상수지가 △4%를 넘는 기간이 무려 6년 동안 지속된 적이 있다. 그때는 많은 사람들이 미국 경제가 말기 서로마처럼 붕괴할 수도 있다는 사실을 눈으로 직접 목도하기 전이었다.

< 미국 경상수지(2000~2009) 및 비율(BOP/GDP) >

2000	2001	2002	2003	2004	2005	2006	2007	2008	2009
△372,517	△361,511	△418,955	△493,890	△609,883	△714,245	△761,716	△705,375	△708,726	△383,774
△3.6%	△3.4%	△3.8%	△4.2%	△4.9%	△5.4%	△5.4%	△4.8%	△4.9%	△2.6%

출처: US Census, 단위: 백만 불, 비율은 필자가 계산

하지만 2008년 금융위기는 미국 경제와 달러 패권이 신기루일수 있다는 사실을 확실히 보여 주었다. 필자는 단언컨대 이 시기에 바빌로니아의 수수께

미국 무역수지의 미래

끼 같은 힘을 보유한 달러가 아니었으면, 미국은 4세기 서로마처럼 국가 디폴트 상태로 직진했을 것이라 확신한다. 특히 이 책의 중요한 목적 중의 하나는 그런 국가의 통화는 기축통화의 자격이 없다는 사실을 세상에 전파하기 위한 것도 있다. 역사적으로도 로마의 데나리우스, 이슬람의 디르함, 동로마의 솔리더스, 베네치아의 듀캇, 피렌체의 플로린, 영국의 파운드화 등 주요 기축통화들이 자국의 산업과 무역이 쇠퇴하면서 기축통화의 위상을 잃었다. 달러가 왜 예외가 되어야 하나? 우리는 지금 모두 매트릭스에 나오는 코치닐 염료처럼 붉은 색깔을 띤 알약을 먹고 마취된 허상의 꿈에서 깨어나 진실을 냉정하게 직시해야 한다.[72]

따라서 그때는 프랑스의 드골 대통령이나 중국의 시진핑 주석과 같은 개별 국가가 아니라, 미국을 제외한 G20를 중심으로 달러 패권에 반기를 들 것이다. 아니 들어야 한다. 더 나아가 일국의 화폐이면서 동시에 기축통화를 사용하는 불공정한 화폐와 무역 질서를 폐지하고, 세계 각국이 결제 수단으로 인정하는 신뢰성 있는 "세계 화폐"를 사용하자는 논의에 본격 돌입해야 한다.

특히 미국의 저성장이 고착화되면 미국 정부는 달러 부채를 상환하지 못하고 오히려 달러 부채는 시간이 지날수록 눈덩이처럼 불어날 것이다. 실제로 미국의 국가 부채는 2022년 10월, 31조 달러였다. 그러다가 8개월 만인 2023년 6월, 32조 달러를 돌파했고, 3개월 만인 2023년 9월에 33조 달러를 넘었다. 그 110일 후인 2024년 1월 2일에는 34조 달러를 넘었고, 160일 만인 2024년 5월 13일에는 35조 달러를 넘었다. 즉 2023년 말부터 대략 100일 내외의 기간마다 2024년 사우디아라비아의 GDP와 맞먹는 규모인 1조 달러씩 미국 정부의 부채가 늘어나는 것이다. 2024년에 갚아야 할 이자 부담만 2024년 폴란드의 GDP

---

72 천연염료는 보통 식물성 원료에서 추출하지만 붉은색을 띤 코치닐 염료는 연지벌레(cohineal) 암컷에서 추출한다. 연지벌레가 주로 선인장을 먹고 좁은 채마밭에서 생산되는 것이 훨씬 품질이 좋기 때문에, 대량 생산에 적합하지 않다. 따라서 코치닐 염료는 가격이 매우 비싸 최상급 휘장 혹은 비단옷에만 사용되었다. 주홍글씨의 모델인 헤스터 프린(Hester Prynnes)이 가슴에 달고 다닌 주홍색 A 글씨는 이 코치닐 염료로 염색한 것이다. 케네스 포메란츠, 스티븐 토픽, *앞의 책*, p. 253

보다 많은 8,700억 불이다.

필자가 보기에는 이 상태이면 미국 정부는 정부 지출을 무조건 줄여야 한다. 아마 기축통화 달러가 아니었으면, 미국 정부는 로마 정부와 마찬가지로 국가 디폴트 상태에 직면했을 것이다. 물론 아직까지는 달러가 기축통화의 힘을 보유하고 있으므로, 미국 정부가 정부 지출을 줄일 가능성은 제로이다. 그렇다면 모든 것이 해결될까?

절대 아니다. 미국 정부가 지출을 줄이지 않거나 계속 늘리게 되면, 이때는 미국 정부가 빌린 원금의 이자라도 갚기 위해서는 갈수록 더 많은 국채를 찍어야 한다. 다른 방법이 어디에 있나? 그렇게 되면 달러 표시 국채 금리는 계속 올라갈 수밖에 없다. 그럴 경우 전 세계는 부채의 덫에 걸린 달러를 기축통화로 사용함으로써 필연적으로 발생하는 고금리 금융 환경에 무조건 직면하게 되고, 그 결과 고금리에 따른 저성장의 덫에 걸리는 파멸의 구렁텅이에 스스로 빠질 것이다. 이처럼 잘못된 기축통화를 사용하면 인류 전체는 생산력의 발전을 결코 기대할 수 없다. 기축통화는 인류 전체의 번영과 이익을 위해서 사용되어야 한다. 그 누구도 절대 신과 같은 기축통화의 힘을 독점해서는 안 된다. 그때야말로 고르디우스의 매듭^(Gordian Knot)처럼 얽힌 「바빌로니아의 수수께끼」를 과감하게 풀어야 하는 시점이다. 물론 필자는 지금부터라도 이 논의를 시작해야 한다고 생각한다.

그러나 미국이 과연 이와 같은 불편한 시나리오들을 가만히 앉아서 두고만 볼 것인가? 당연히 아니다. 미국은 어떻게든 자국의 제조업을 부흥시켜 상품무역수지 적자를 줄이고, 지재권 보호에 앞장서 자국의 서비스 무역 흑자 규모를 확대할 것이다. 미국 경제도 사활을 걸고 미래 산업 경쟁력의 핵심 요소인 인공지능, 빅데이터, 바이오 산업 등의 패권을 확보하여, 매년 2~3% 이상 경제가 성장하도록 사력을 다해야 할 것이다.

통상 측면에서는 어떻게든 미국은 중국과 무역 불균형 상태를 시정하고, 중국의 강압적인 지식재산권 이전 관행을 절대 금지하도록 요구할 것이다. 나

아가 자국 산업 패권의 가장 위협적인 요소인 「중국 제조 2025」나 「신품질 생산력」을 철폐하라고 지속 요구할 것이다. EU와 일본에 대해서도 자동차 분야의 적자 규모를 줄이기 위해 물불을 가리지 않을 것이다. 향후 미국의 패권 행보는 미국 경제의 성장률이 지속적으로 2%를 넘는지 여부와 미국의 경상수지 적자 규모를 어떻게 적절하게 관리하느냐에 달려 있다고 과언이 아닌 셈이다.

만약 미국이 2% 이상의 성장과 경상수지 적자의 GDP △3~△5% 관리 유지에 모두 실패한다면, 차라리 미국이 먼저 나서서 새로운 기축통화인 세계 통화 도입을 주도하는 편이 나을 것이다. 왜냐하면 저성장에다가 경상수지까지 적자인 미국을 제외한 전 세계가 미국보다 경제 성장률이 높고 경상수지가 흑자인 나라의 통화를 시장에서 자연스럽게 기축통화로 삼을 것이기 때문이다. 이런 과정을 통해 향후 자연스럽게 기축통화가 될 가능성이 가장 높은 통화는 단연 위안화이다. 다시 말해 최악의 상황에서 미국 달러는 시장의 힘에 밀려 자연스럽게 기축통화의 지위를 상실할 것이다. 차라리 그럴 바에야, 아예 지금부터 세계 통화 도입 논의를 미국이 주도하는 것이 훨씬 미국에게 유리하지 않을까?

마지막으로 미국은 서비스무역 수지 흑자 이외에 전 세계의 달러를 자국으로 환류시키는 독특한 시스템을 보유하고 있다. 그 체계는 바로 미국의 국채 매각 시스템이다. 이는 달러 패권을 지키기 위한 또 하나의 강력한 무적 방패인 이지스가 별도로 존재한다는 뜻이다. 대표적인 증거가 일본이다.

일반적으로 미국은 다른 국가들이 환율 조작을 통한 수출 촉진 정책에는 알레르기 같은 거부 반응을 보인다. 예컨대 2019년 5월 미국 상무부 장관 윌버 로스(Wilbur Ross, 1937~)는 의도적인 통화 가치 평가절하를 "통화 보조금(currency subsidy)"이라고 간주하고, 이들 국가의 상품에 대해서는 상계관세(countervailing measures)를 부과하겠다고 엄포를 놓았다. 물론 엄포만이 아니었다. 미국은

2020년 환율 저평가 국가에 대해 상계관세 부과가 가능하도록 법률을 개정했고, 2021년에는 실제로 베트남과 중국에 대해 환율 상계관세를 부과하기도 하였다.

하지만 미국은 엔화의 평가절하를 통해 수출 확대와 경기부양을 추구하는 아베노믹스는 2012년부터 20년 넘게 진행되고 있었음에도 불구하고, 대체로 용인한다. 아베노믹스는 2010년대까지는 특별한 효과가 없었으나, 2023년부터 그 효과가 본격화된다. 대표적으로 일본의 대표기업 소니의 영업이익은 약 1.2억 엔(10.7조 원)으로, 7.5조 원의 영업이익을 기록한 삼성전자를 24년 만에 처음으로 넘어섰다. 토요타와 현대자동차의 매출 차이도 2010년대는 200조 원 내외였으나, 2023년에는 매출 격차가 270조 원까지 벌어졌다. 2023년부터 일본의 철강회사도 평가절하를 이용해 철강 후판을 한국에 저가로 수출하면서, 한국 철강기업이 벼랑 끝으로 내몰리는 중이다. 닛케이225 주가지수 또한 2024년 2월에는 1990년 1월 거품 경제 시절 최고치인 38,712.88을 갱신하여 39,000을, 2024년 3월에는 4만 고지도 넘었다. 이처럼 환율 저평가는 경쟁국의 경제를 희생하여 자국의 이익을 도모하는 대표적인 "근린궁핍화 정책 (Beggar-thy-neighbour Policy)"이다. 미국이 통화 가치 평가절하를 통화 보조금이라고 간주하고 이를 결사적으로 저지하는 이유이다.

이처럼 불공정 무역의 대표적인 사례인 일본 엔화의 평가절하 정책은 2012년부터 미국의 용인하에 10년이 넘도록 지속되고 있다. 아베노믹스의 엔화 평가절하 방식은 일본 정부가 국채를 거의 무한대로 찍고, 일본 중앙은행은 만기 10년의 일본 국채를 0.25%로 고정해서 매입하는 방식으로 수행한다.[73] 다만 2022년부터 FED가 금리를 급격히 인상하자 일본 중앙은행도 할 수 없이 2022년 12월에는 지정가 매입 금리를 10년 만에 처음으로 0.5%로 올렸고, 2023년 7월에는 1.0%로 더 올리기는 했다. 하여튼 원래 국채는 시장

---

73 이를 지정가 매입 오퍼레이션이라고 부른다.

에서 소화가 안 되는 물량을 중앙은행이 나중에 사는 것이 일반적인 관행인데, 아베노믹스 이후 일본은 이를 뒤집어 일본 중앙은행이 일본 국채를 먼저 시장에서 매입하고 남으면 시중은행이 매입하는 구조로 바뀌었다.

아베노믹스는 글로벌 금융시장에서 금리 차이를 이용한 엔 캐리 트레이딩(carry trading) 열풍을 몰고 왔다. 예를 들면 다음과 같다. 우선 미국의 헤지펀드가 3~4%대 금리의 미국 국채를 매입한다. 그리고 이 국채를 담보로 일본의 일반은행에서 자금을 빌린다. 일본은행의 기준 금리는 2024년 3월 폐지되기 전까지 △0.1%, 2024년 7월 31일 0.25%로 기준 금리를 올리기 전까지 0.1% 내외였고, 장기 금리도 지정가 매입 오퍼레이션으로 인해 0.25~1% 밴드에서 억제된 상태이므로 이자 부담이 거의 없다. 헤지펀드는 이렇게 빌린 엔화를 달러로 환전^(이 과정에서 엔화는 약세가 된다.)하여 수익률이 10% 내외가 되는 개도국의 채권과 주식에 투자한다. 처음에 미국 국채를 매입할 때 헤지펀드가 자기 자본이 아니라 돈을 차입하게 되면, 즉 레버리지를 일으키면 단순한 산수로도 최상의 조건에서 수익률이 100%가 넘어간다.

엔캐리 거래 구조

만약 글로벌 금융 시장에 예상치 못한 리스크 요인이 발생하면, 헤지펀드들이 개도국에 투자한 주식과 채권을 일거에 회수할 수도 있다. 만약 한 개 헤지펀드가 아니라 여러 헤지펀드가 동시에 엔 캐리 포지션을 갑자기 청산하면, 개도국 주식과 채권이 폭락하는 등 글로벌 금융 시장이 큰 혼란에 빠지게 된다. 아울러 이 청산 과정에서 헤지펀드가 일본의 은행으로부터 차입한 엔화를 갚기 위해 대량으로 엔화를 매수하게 되면 엔화 가치는 다시 상승하게 된다.

엔캐리 청산 구조

소설 쓰지 마라고? 엔 캐리 드레이딩으로 인한 글로벌 금융 시장의 교란은 가장 최근인 2024년 7~8월에도 발생했다. 2024년 7월 기준으로 보면, 미국 중앙은행의 기준 금리는 5.25~5.5%, 일본 중앙은행의 기준 금리는 0.1%로 초단기 금리는 대략 5% 내외의 금리 차이가 났다. 한편 이 시기 미국 10년 국채 금리는 대략 3~4% 밴드였고, 일본은 지정가 매입 오퍼레이션으로 장기 국채 금리가 1% 미만이었으므로, 미일 간 장기 금리 차이는 대략 2~3%이었다. 2024년 상반기에 이 금리 차이를 이용하여 엔 캐리 트레이드를 집중해서 벌인 헤지펀드의 매수 대상은 황금, 비트코인, 인공 지능 관련 빅 테크(Big Tech)

미국 무역 수지의 미래

주식 등 사실상 모든 투자자산이었다. 즉 미 국채를 매입하고 이를 담보로 일본의 은행에서 엔화 자금을 빌린 후, 대출받은 엔화를 팔고 (이 과정에서 엔화는 약세가 된다.) 달러로 환전하여 황금, 비트코인, 주식 등을 대거 매수한 것이다. 이 때문에 2024년 상반기에는 위험 자산과 엔화를 제외한 안전 자산 등 모든 자산 가격이 오르는 "Everything (except Yen) Rally"라는 기이한 현상이 나타났다. 그러다가 인공 지능 관련 주식에 대한 거품론과 미국 고용 지표 악화 우려가 제기되자, 2024년 7월 25일 하루 동안에만 나스닥 △3.64%, S&P500 △2.31%로 주식 시장이 하락했다. 헤지펀드들이 미국 주식을 대량으로 매도한 그날 헤지펀드들은 일본에서 빌린 돈을 갚기 위해 엔화를 대량으로 매수하였고, 그 결과 달러당 160엔대 내외를 기록하던 엔화 가치는 7월 25일 하루에만 153.92엔으로 상승했다.

이 와중인 2024년 7월 31일, 일본 은행은 17년 만에 기준 금리를 0.1%에서 0.25%로 올렸고, 동시에 국채 매입액도 당시의 월 6조 엔 규모에서 2026년 1사분기까지 월 3조 엔까지 줄이겠다고 발표했다. 즉, 일본 중앙은행이 단기와 장기 금리를 모두 올리겠다고 선언한 것이다. 특히 일본 중앙은행이 기준 금리를 추가로 올릴 수도 있다는 신호를 시장에 던진 것이 더 큰 문제였다. 사람들이 가득 들어찬 어두운 극장에서 어디선가 연기 냄새가 조금씩 나고 있었는데, 73세 노익장 우에다 가즈오 (植田和男, 1951~) 일본 은행 총재가 갑자기 "불이야"라고 외친 격이다. 이 전격적인 "불이야" 조치 발표 직후인 2024년 8월 1일, 단기 투자의 달인인 헤지펀드는 아베노믹스가 사실상 종료되었다는 공포감에 휩싸였고, 이에 따라 기존의 엔 캐리 포지션을 서둘러 청산하기 시작했다. 그날 미국의 S&P는 △1.37%, 나스닥은 △2.3% 하락했다. 문제는 미국 시장이 아니었다. 미국 시장 포지션 청산에 이어 전 세계 금융 시장에서도 헤지펀드들이 서둘러 엔 캐리 포지션을 청산하면서, 그다음 날인 8월 2일에 개장한 일본 증시의 니케이 지수는 하루에만 △5.81%, 주말을 지난 8월 5일에는

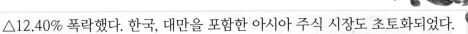

△12.40% 폭락했다. 한국, 대만을 포함한 아시아 주식 시장도 초토화되었다.

이처럼 2024년 상반기 전 세계를 주름잡았던 엔저, Everything Rally와 2024년 8월 초 주식 시장을 강타한 패닉 셀링의 주범은 바로 아베노믹스와 이로 인한 엔 캐리 트레이딩이다. 하여튼 지속된 아베노믹스 정책의 결과 일본 국채를 보유하고 있는 투자자 중 일본은행이 차지하는 비중 또한 2013년 3월 11.5%에서 2023년 9월 무려 53.9%, 2024년 3월에는 53.2%로 치솟았다.[74]

이처럼 엄청난 엔화 찍기로 엔화 가치를 떨어뜨리는 일본에 대해서 미국은 아무런 말이 없다. 오히려 트럼프 대통령은 아베 총리와 같이 하루 종일 골프를 치고, 스모를 같이 관람한 후 미국에서 제작한 트로피를 직접 수여하고, 자위대 함대에 동승하고, 무역 협상 일정을 참의원 선거 일정 뒤로까지 연기하는가 하면, 바이든 행정부는 주일 미군을 '합동군사령부[(JFHQ)]'로 재구성하여 더 큰 권한을 부여하는 등 극도의 호의를 일본에게 베푼다. 그 이유는? 바로 일본이 벌어들인 달러로 행하는 특이한 국채 투자방식 때문이다.(이 방식이 무엇인

지는 밝히지 않겠다. 이 부분은 독자의 상상력에 맡기려고 한다.)

하지만 일본이나 사우디아라비아 등 특수한 국가를 제외하고는 전 세계가 미국의 국채에 투자하는 가장 근본적인 이유는 크게 두 가지이다. 첫째는 인플레이션 우려다. 즉 흑자국이 달러를 모두 자국 통화로 환전하는 경우 엄청난 인플레이션에 직면하기 때문이다. 대표적인 국가가 노르웨이이다. 이 국가는 북해 유전에서 발견된 원유를 팔아 벌어들인 달러를 대부분 노르웨이 통화인 크론(krone)으로 환전했다. 그 결과 1.5 리터 생수 한 병 가격이 우리나라 돈으로 만 원이 넘는다.

---

74 Ministry of Finance, 『Japanese Government Bonds』, January 2024 Newsletter, p. 14. 2024년 통계는 https://www.statista.com/statistics/756192/japanese-government-bonds-by-type-of-holders/. 이렇게 엄청난 규모의 국채를 보유하고 있기 때문에, 2023년 전 세계 각국이 금리를 올렸지만, 일본 중앙은행은 금리를 급격히 올리지 못했다. 왜냐하면 금리를 올리는 순간 일본 중앙은행이 보유한 일본 국채의 시가가 폭락하기 때문이다. 그러다가 2024년부터 물가 상승 국면이 뚜렷해지자, 2024년 3월에는 17년 만에 마이너스 금리 정책, 즉 △0.1%의 단기 금리 목표치를 해제하여 0~0.1%로, 2024년 7월 31일에는 0.25%로 수정했다.

미국 무역수지의 미래

따라서 달러 흑자국은 재앙에 가까운 인플레이션을 피하기 위해서는, 남아도는 달러를 국내가 아니라 어떻게든 해외에 다시 투자해야 한다. 중국 정부가 2000년대 내도록 벌어들인 엄청난 규모의 달러 대부분을 미국 국채와 모기지 채권에 투자한 것처럼 말이다. 물론 2018년 미국과 중국의 본격적인 무역전쟁 개막으로 중국은 미국의 국채 보유액을 줄이고 있기는 하다. 예컨대 2018년 이전에는 중국이 1조 달러가 넘는 미국 국채를 보유한 세계 1위 미국 채 보유 국가였으나, 2024년 기준으로 중국은 미국 국채 보유액이 1조 달러가 안 된다. 그래도 여전히 세계 2위 국가이다.[75] 이처럼 2008년 이전 무지막지한 중국 정부의 미국 모기지 채권 투자는 2008년 금융위기의 근본 원인이 되기도 한다.[76]

우리나라도 마찬가지다. 우리나라는 시중에 남아도는 달러를 통화안정증권을 통해 한국은행이 흡수한다. 한국은행이 시중의 달러를 흡수하지 않을 경우, 아마 우리나라도 2리터짜리 생수 한 병이 1만 원에 육박할 가능성이 높다.[77] 하지만 통화안정증권을 통해 시중의 달러를 흡수하려면 그 가격(발행 이자)을 지급해야 한다. 한국은행은 응찰 금리를 제시하고 보통 경매를 통해 이 가격을 확정한다. 예컨대 2020년 6월 3일, 한국은행은 2.5조 원에 이르는 만기 2년의 통안증 발행을 위해 이자율을 경매에 붙였다. 응찰 범위는 0.6~0.82%였고, 최종 낙찰 수익률은 0.74%였다. 한국은행은 이 통안증 발행으로 흡수한 달러를 어떻게든 운용해야 한다. 아무런 운용을 하지 않으면 0.74%의 확정 금리에 필요한 자금을 조달할 수 없기 때문이다.

---

75 미국채 보유 순위(미국 재무부): ① 2022년 기준: 1위 - 일본: 1조 2,182억 불, 2위 - 중국: 9,800억 불, 3위 - 영국: 6,340억 불, 4위 - 스위스: 2,941억 불, ② 2023년 9월 기준: 1위 - 일본: 1조 982억 불, 2위 - 중국: 7,696억 불, 3위 - 영국: 6,930억 불, 4위 - 룩셈부르크: 3,454억 불, 5위 - 케이만 군도: 3,238억 불 ③ 2024년 5월 기준: 1위 - 일본: 1조 1,283억 불, 2위 - 중국: 7,683억 불, 3위 - 영국: 7,234억 불, 4위 - 룩셈부르크: 3,854억 불, 5위 - 캐나다: 3,545억 불

76 중국의 미국 모기지 채권 투자가 2008년 금융위기를 촉발한 상세한 과정은 『대체투자 파헤치기(상)』 참조

77  한국은행이 통안증 발행을 통해 확보한 달러 누계가 대체로 한국의 외환보유고와 일치한다.

만약 이 달러를 미 국채에 투자하면 어떻게 될까? 2020년 6월 29일, 2년 만기 미국 국채[US Treasury Note]의 금리는 0.156%였다. 즉, 0.74%의 가격을 지급하고 확보한 달러를 0.156%의 수익에 불과한 미 국채에 투자하는 것이다. 다시 말해 한국은행은 확보한 달러를 미국 국채에 투자하는 순간 무조건 손해다. 이 때문에 한국은행 이자 부채의 40% 내외가 이 통안증 운용에서 발생한다.

따라서 미국 국채 투자는 현재의 달러 패권이 초래한 불공정 거래의 대표적인 사례이다. 어떻게 보면 달러 흑자국이 미국 국채에 투자하는 순간, 미국 정부에게 세금을 납부하는 것이나 마찬가지다. 이유는? 미국 정부가 발행하는 국채 금리는 이 국채를 사려는 사람이 많으면 당연히 내려가기 때문이다. 즉, 해외에서 미국 국채를 사려는 사람이 많을수록 미국 정부의 부담은 내려간다. 이 때문에 미국 국채 투자는 미국 정부 처지에서는 납세나 마찬가지인 것이 되는 셈이다. 이것이 바로 달러 패권의 한 단면이다. 따라서 미국 처지에서는 달러 패권을 절대로 포기할 수도 없고, 포기해서도 안 된다.

둘째는 해외 투자 대상 중 미국 국채가 그나마 안전하고 수익성도 좋기 때문이다. 즉, 달러 흑자국은 대체로 미국 경제의 미래 건전성이 투자할 만하다고 판단한다. 지금은 미국이 무역 패권, 기술 및 산업 패권을 기반으로 한 달러 패권을 소유하고 있기 때문에, 이 판단은 매우 합리적이다. 하지만 만약 미국 경제가 1% 내외 성장에 그친다면? 아니 1% 밑으로 성장한다면? 필자가 보기에는 로마 시대 말기의 제국 은화 데나리우스처럼, 아마도 나중에는 그 누구도 미국 국채는 쳐다보지도 않을 것이다.

특히 향후 미국은 연방 정부의 재정 악화로 미국 국채를 추가로 발행할 가능성이 크다. 이는 장기 국채 이자율이 상승할 가능성이 크다는 뜻이므로, 미국 국채를 많이 보유하는 것은 가만히 앉아서 손해를 본다는 뜻이 된다. 예컨 대 2023년 10월 19일, FED의 금리 인상과 하마스의 이스라엘 공격으로 미국 국채 발행 증가가 예상되자, 2007년 이후 16년 만에 처음으로 장중에 미국 10

년물 국채 금리가 5%를 넘기도 하였다. 따라서 갈수록 국채 매수자 관점에서도 미국 국채를 많이 보유하는 것이 결코 유리한 상황이 아니다. 필자 판단에는 그럴 경우에는 미국 국채보다 차라리 황금을 확보하는 것이 더 나을 것이다. 이것이 바로 중국이 추구해야 하는 위안화 패권 전략의 일환이 될 수도 있다고 본다. 그렇게 되면 미국으로 환류하는 달러의 미 국채 매매 시스템과 이를 바탕으로 한 미국의 세계 패권은 그저 "한단지몽^(邯鄲之夢)"에 불과하게 될 것이다.[78]

결론적으로 미국 세계 패권의 핵심인 달러 패권이 지속될 것인지 여부는 미국이 기술 패권, 산업 패권, 무역 패권을 얼마나 오랫동안 유지하는지 여부에 달려 있다. 예컨대 한 척에 100억 달러가 넘는 신형 항모 제럴드 포드 항모는 미국 정부가 국채를 발행하지 않으면, 단 한 척도 건조할 수 없다. 항모가 없으면 미국의 세계 패권은 한마디로 파도치는 바닷가에 쌓아 놓은 모래성에 불과하다. 따라서 미국은 필자 용어로 어떻게든 황금, 설탕, 이자에 대한 자신의 지배권을 확고히 다져야 한다. 그러기 위해서 미국은 무슨 수를 쓰든 중국의 무역 패권 기반을 훼손시키고, 미래 중국의 기술 및 산업 패권 장악을 반드시 저지하여 달러 패권을 유지해야 한다. 그렇지 않으면 미국은 중국의 비단 때문에 멸망한 서로마의 운명을 그대로 따라갈 것이다! 즉 미국이라는 제국이 영원히 세계 패권을 유지할 것이라고 생각하면 완벽한 오산이다!! <u>Regna cadunt luxu!!!</u>

---

78 한단(邯鄲)은 춘추전국시대 중국의 거의 중앙에 위치한 조나라의 수도이다. 물자가 풍부하여 살기가 좋았고, 24시간 불야성이었던 꿈의 도시였다고 한다. 특히 미녀가 많아서 상인들에게는 매우 인기가 많았다. 한나라 상인 출신인 여불위의 첩이자 진시황의 모친이었던 진의 태후도 조나라 한단 출신이다. 한편 한단지몽이란 당나라 현종(玄宗, 685~762) 시대, 도사 여옹(呂翁)의 일화에서 유래한다. 여옹은 한단으로 가는 도중 주막에서 노생(盧生)이라는 젊은 이를 만나는데, 아무리 애를 써도 가난을 면하지 못한다는 노생의 신세한탄을 듣고는 양쪽에 구멍이 뚫린 자신의 도자기 베개를 꺼내 준다. 노생은 그 베개를 베고 잠이 들었다. 그는 꿈에서 최 씨 명문가 딸과 결혼하고, 과거에 급제하여 재상이 되었다. 재상이 된 후에는 역적으로 몰렸지만, 죽기 직전 모함임이 밝혀져 다시 벼슬길에 올라 아들 5명과 10명의 손자를 거느리고 80세까지 산다. 그런데 노생이 깨어보니 모두 꿈이었다. 주막집 주인이 짓는 밥에는 아직도 뜸이 들지 않아 연기가 나고 있었다. 그 짧은 시간에 80년의 인생을 경험한 것이다. 여옹은 노생에게 "인생이란 다 그런 것이라네." 라고 노생을 가르친다. 미국의 달러 패권이 노생의 꿈과 다를 것이라고 과연 누가 장담할 수 있나?

Pax Romana의 국제무역③
향신료

11

어린 시절의 키케로, 월라스 박물관 소장

(1) 후추, 알라리크(Alaric)를 미치게 하다!

로마의 주요 사치 수입품은 비단만 있었던 것은 아니었다. 로마 제국은 향신료 구입에도 열을 올렸다. 향신료가 그리스나 로마로 전해진 것은 알렉산더 대왕의 동방 원정 덕분이라고 한다. 하지만 알렉산더 대왕의 동방 원정 이전에도 유향길(Incense Road)을 따라 이집트와 그리스로 동방의 향신료가 전해졌을 가능성이 높다. 향신료는 후추(pepper), 정향(clove), 캐러웨이(caraway), 아니세(anise), 커민(cumin), 육두구(nutmeg), 겨자(mustard), 생강(ginger), 박하(mint), 바질(sweet basil), 계피(cinnamon) 등으로 독특한 향기를 풍기는 식물성 재료이다.

향신료는 주로 음식 첨가물로 사용했다. 하지만 사실 향신료는 맛이 없다. 다만 독특한 화학 구조 때문에 혀의 통증을 유발하는 효과가 있을 뿐이다. 단지 사람들은 이를 매운맛이라고 착각하는 것이다. 향신료는 때로 의료용이나 신전 의식 등에도 사용되었다. 예컨대 65년, 네로 황제는 자신이 살해한 것으로 의심받는 두 번째 부인인 사비나(Poppaea Sabina, 30~65) 장례식에 로마에 있던 계피 1년 치 물량을 모두 태워서 그녀를 애도하기도 했다. 향신료는 특히 육식을 주식으로 하는 유럽인에게는 없어서는 안 될 필수품이었다. 왜냐하면 향신료의 톡 쏘는 자극적인 맛 덕택에 음식의 독특한 풍미를 더했을 뿐 아니라, 육류 고기의 부패를 방지하여 고기를 저장할 수 있는 기능이 있었기 때문이다. 따라서 향신료는 냉장고가 발명되기 전 유럽 식탁을 제패한 음식료의 제왕이었다.

하지만 향신료는 로마에 없었다. 로마에서 가장 인기 있었던 향신료는 후추였는데, 그 대부분을 인도에서 수입했다.[1] 로마가 수입하여 사용한 후추의 원산지였던 남부 인도의 말라바르 지방(Malabar Region)에서는 지금도 로마의 아우레우스 금화와 데나리우스 은화가 대량으로 발견된다. 인도차이나와 말레이 반도에서도 로마 화폐가 발견될 정도이다. 그만큼 로마인은 후추를 포함한 향신료 수입에 몰두하였다. 심지어 도미티아누스 황제(Domitian, 51~96, 재위 81~96)는 92년에 후추를 국가가 저장하는 창고(호레아 피페라타리아, horrea piperataria)를 건설하고, 만일에 대비하여 후추를 국가 전략물자로 비축하기까지 했다. 로마 시대의 후추가 오늘날의 외환보유고와 사실상 역할이 같았던 셈이다.

역설적이게도 향신료는 로마 제국의 확장 경로를 따라 유럽 전역으로 그 사용이 확대되었다. 일단 향신료를 첨가한 음식을 한 번 먹고 난 후에는, 다시는 향신료 없이는 음식을 먹지 못한다. 일례로 로마가 게르만족들을 격퇴하는 과정에서 로마 국경 밖으로 전파된 향신료 때문에, 게르만족이 향신료를 확보하기 위해 다시 로마로 쳐들어오는 경우도 있었다. 410년 로마를 유린했던 서고트의 장수 알라리크(Alaric)는 로마 해방의 조건으로 금, 보석, 비단 외 특히 후추 3만 파운드를 요구했다. 이처럼 로마 제국과 그 주변의 유럽 민족은 이미 향신료, 특히 후추의 완벽한 노예가 되어 있었다.

(2) 후추 항로

향신료의 이와 같은 특성 때문에 로마와 인도 사이에는 향신료 교역을 위한 무역로가 자연스럽게 형성되어 있었다. 로마와 인도 사이의 국제무역로는 크게 세 가지이다. 인도에서 페르시아·파르티아를 거쳐 시리아로 향하는 육로, 인도에

---

1 육두구와 정향은 수량이 워낙 적어 후추보다 가격이 훨씬 비쌌다. 육두구와 정향은 후일 대항해 시대를 개막한 가장 중요한 원동력이었다. 특히 육두구는 오직 인도네시아의 반다(Banda) 제도에서만 재배가 가능했으므로, 향신료 중에서 가장 희귀했다.

서 페르시아만을 거쳐 시리아로 향하는 육·해상로, 마지막으로 인도에서 인도양을 건너 홍해의 알렉산드리아까지 직접 연결되는 해상로. 육로는 도적 떼도 많고 로마에 적대적인 국가를 통과해야 하므로, 로마는 해상로 개척에 혼신의 힘을 기울였다.

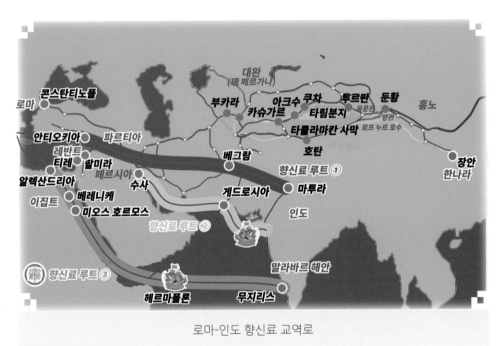

로마-인도 향신료 교역로

추정컨대 로마와 인도 사이의 직접 해상로는 로마 대외무역에서 가장 핵심적인 루트였을 것으로 보인다. 아마도 로마와 인도 사이에는 대규모 무역선이 정기적으로 왕래하는 항로가 있었던 것이 거의 확실하다. 실제로 BC 1세기경 그리스의 상인인 히팔루스(Hippalus 혹은 Hypalus, ?~?)가 발견한 6~9월 사이에 인도양에서 부는 남서 계절풍, 이른바 '히팔루스 바람(Hippalus Wind)'의 존재가 AD 45~47년쯤에 로마에 이미 알려졌다고 한다. 이 바람을 타면 홍해에서 인도양까지 큰 어려움 없이 바람을 타고 40여 일 만에 도달할 수 있다. 인도와의 해상교역을 위한 로마 제국의 도시는 홍해에 접해 있는 이집트의 미오스 호르모스(Myos Hormos)와 베레니케(Berenice)였다.

특히 미오스 호르모스에서부터 인도 서남부의 무지리스(Muziris) 항구까지는 헤르마폴론(Hermapollon)이라 부르는 거대 상선 120척이 옥타비아누스 황제 때부터 정기적으로 왕래하고 있었다. 이 헤르마폴론에는 인도에서 로마로 수출되는 비단과 향신료가 잔뜩 실려 있었을 것이다. 이집트에서 짐을 부리면 헤르마폴론들은 로마의 수출품인 와인과 올리브, 금과 은, 유리 세공품 등을 인도로 실어 날랐다.[2]

무지리스에서 발견된 파피루스(Muziris Papyrus)에는 이 선박들을 소유한 이들과 상인들 간의 대출에 대한 기록이 있다.[3] 즉, 관세 25% 부과 전 어느 헤르마폴론 배 한 척에는 9,215,803 세스테리우스 어치의 물건을 실었다고 기록되어 있다. 9,215,803 세스테리우스는 9,216 아우레우스이다. 아우레우스의 금 함유량이 옥타비아누스 황제 때 7.9그램이므로, 72.8kg의 금에 해당한다. 오늘날 명목 가치로 이는 약 4~5백만 불이다.[4] 미오스 호르모스와 무지리스는 연간 120척의 상선이 왕래했으므로, 평균적으로 이 항구들에서만 명목 가치 약 48~60억 불의 양국 간 교역이 발생한 것이다. 로마의 GDP가 명목 가치로 대략 325.5억 불이었으므로, 미오스 항과 무지리스 항구 사이의 교역만 보아도 GDP의 10%를 넘는 막대한 규모였다.

중국에 대한 의존도가 전 세계에서 가장 높은 국가 중의 하나인 한국은 2017년을 기준으로 對中 수출 규모가 1,421억 불로 전체 수출의 24.8%였다. 홍콩에 대한 수출 391억 불도 중국 수출로 포함하면 한국의 對中 수출은 1,812억 불로 전체 수출의 31.6%이다. 한국의 2017년 GDP가 1.7조 달러이므로 홍콩을 포함한 對中 수출액은 한국 GDP의 10.7%에 해당하는 규모이다. 2017년 기준으로 전 세계 10대 무역 국가 중에 제1 수출국가에 이 정도의 수출과 GDP에 노

---

2 에드워드 기번, 『로마 제국 쇠망사 1』, ㈜민음사, 2008, p. 60

3 Marco Galli, 『Beyond frontiers: Ancient Rome and the Eurasian trade networks』, Journal of Eurasian Studies 8, 2017, p. 6

4 2017년 4월 20일 금 현물 가격은 kg당 가격 41,196 USD이고, 2020년 6월 4일 기준으로는 54,614 USD이다. 2024년은 이보다 더 올라서 kg당 7만 불이 넘는다.

출된 나라는 한국뿐이다.[5] 이는 지리적으로 인접해 있고, 중국의 시장 규모가 매우 큰데다가, 한국의 중간재를 중국이 완제품 제조에 사용하는 독특한 양국 간 분업 구조 때문이다. 하지만 로마와 인도 동부 해안까지는 직선거리로 약 8,000km이다. 나아가 로마는 인도로부터 오직 소비재만을 수입하였다. 그럼에도 불구하고 로마의 인도로부터 수입이 하나의 항구에서만 GDP의 10%까지 이르렀다는 것은, 로마와 인도와의 교역이 얼마나 엄청난 규모로 이루어졌는지에 대한 강력한 증거이다.

더욱 중요한 것은 로마의 향신료 수입과 전 유럽 전파는 서유럽 역사뿐 아니라 세계 역사에서 지워지지 않는 흔적을 남겼다

가장 왼쪽(①)은 알렉산드리아의 은화 테트라드라큼(tetradrachum), 가운데(②)는 시리아의 안티오크에서 유통되던 은화 테트라크큼(tetradrachum), 가장 오른쪽(③)은 카파도키아 지방의 카에사리아(Caesarea)에서 유통되던 디드라큼(didrachum). 이 당시 알렉산드리아, 안티오크, 카에사리아는 인도와 중국에서 들여온 비단과 향신료의 대규모 거래 도시였다. 54~68년경. 영국박물관 소장

는 점이다. 로마가 수입한 향신료는 유럽인들의 입맛과 식탁을 완전히 정복하였고, 향신료 없이는 유럽인들의 정상적 식생활이 불가능하였다. 특히 유럽인의 주식이었던 육식을 보관하는데 향신료는 없어서는 안 될 필수품이 되었다. 로마가 전해 준 향신료 때문에 게르만족이 로마 영토 내로 침공하여 로마가 멸망했다고 이야기하면 지나친 비약인가? 다행히도 이 시기에 로마는 인도와 직접 항로를 통한 향신료 수입이 가능했다. 즉 황금만 있으면 산지 가격과 아주 큰 차이 없이 구매가 가능했던 것이다.

---

5   1대 수출국 비중(2017년 기준, 출처: 무역협회) - ① 중국 2조 2,792억 불(對美 수출: 4,318억 불, 18.9%), ② 미국 1조 5,467억 불(對 캐나다 수출: 2,825억 불, 18.3%), ③ 독일 1조 4,479억 불(對美 수출: 1,123억 불, 8.8%), ④ 일본 6,715억 불(對美 수출: 1,511억 불, 19.3%), ⑤ 네덜란드 6,518억 불(對 독일 수출: 22.5%), ⑥ 한국 5,737억 불(對中 수출: 1,421억 불, 24.8%, 對 홍콩 수출: 391억 불, 6.8%), ⑦ 프랑스 5,351억 불(對 독일 수출: 785억 불, 14.7%), ⑧ 이탈리아 5,061억 불(對 독일 수출: 629억 불, 12.4%) ⑨ 영국 4,449억 불(對美 수출: 585억 불, 13.1%), ⑩ 벨기에 4,294억 불(對 독일 수출: 707억 불, 16.5%)

하지만 로마가 멸망하고 7세기 이슬람 국가가 서유럽과 인도 사이에 강국으로 등장하면서 인도와의 향신료 "직접" 교역로는 사실상 단절되었다. 이때부터는 베네치아, 콘스탄티노플 등 유럽의 극히 일부 도시나 이슬람 국가만을 통해서만 향신료 수입이 가능했다. 이때부터 향신료 가격은 제2의 비단 가격이 되었다. 즉 향신료가 금값이 된 것이다. 예컨대 중세 유럽에서 후추 1 파운드^(453g)면 농노 1명을 해방할 수도 있었다.[6]

향신료의 중개 무역을 통해 이슬람 국가는 황금으로 엄청난 부를 축적하였고, 소금으로 연명하던 신생 도시 베네치아는 황금·은의 직접 교역과 향신료 교역으로 금 방석에 앉았다. 이 때문에 베네치아나 콘스탄티노플을 제외한 포르투갈, 스페인, 네덜란드, 영국, 프랑스 등은 황금과 향신료를 구하기 위한 신대륙 발견에 국가의 명운을 걸었다. 1498년 인도에 도착한 포르투갈인 바스코 다 가마의 선원들에게 현지 무어^(Moor)인이 왜 이 먼 곳까지 왔냐고 방문 목적을 물었을 때, 그들의 대답은 다음과 같았다. "Christos e espiciarias!" 즉, "그리스도와 향신료"를 위해서!!!

6　페니 르 쿠터, 제이 버레슨, 『역사를 바꾼 17가지 화학 이야기 1』, ㈜ 사이언스 북스, 2016, p. 33

12

Pax Romana의 뱅킹 동전 공화국

카밀루스의 승리를 환호하는 로마 시민들, 베키오 궁전 소장

유노 여신상. 유노는 그리스의 헤라 여신과 같은 위치에 있는 로마의 여신이다. 로마 전설에 따르면 BC 390년, 갈리아인의 침입 때 유노 여신에게 바쳐진 거위들의 울음으로 갈리아인들의 습격을 막을 수 있었다고 한다. 이때부터 유노 여신은 모네타 유노로 불리기 시작했다. 바티칸 미술관 소장

(1) 모네타 유노(Moneta Juno)

로마 고왕국 최후의 왕인 타르퀴니우스 수페르부스 왕(Tarquinius Superbus, BC ?~495, 재위 BC 534~510)[1]은 유피테르, 유노, 미네르바 3명의 신을 기리기 위해 카피톨리노 언덕에 유피테르 신전을 세웠다.[2] 이 신전을 건설하기 위해 시민들을 대규모로 동원하여 원성이 자자했지만, 일단 건설된 후에는 로마의 명소가 되었다.

BC 390년, 갈리아인들이 이탈리아 반도를 침공하였다. 이탈리아 반도 북부를 초토화하고 로마로 진격한 갈리아인들은 카피톨리노 언덕에 대피해 있던 로마인들을 야간에 기습할 계획을 세웠다. 카피톨리노 언덕의 절벽을 기어올라 야간 습격을 감행하던 날, 유노 여신에게 바쳐진 신성한

---

1 수페르부스란 라틴어로 '거만한'이라는 뜻이다. 직역하면 거만한 타르퀴니우스라는 뜻으로 5대 왕인 루키우스 타르퀴니우스 프리스쿠스(Lucius Tarquinius Priscus, 재위 BC 616~578)와 구분하기 위해 부르는 이름이다.

2 고대 로마의 시내에는 7개의 언덕이 있었는데, 그중 가장 높은 언덕이 카피톨리노(Capitolino) 언덕이었다.

거위들의 울음소리에 마르쿠스 만리우스 카피톨리누스^(Marcus Manlius Capitolinus, BC 384) 장수가 경계 강화를 지시하면서 갈리아인들의 야습 공격을 성공적으로 막아내었다. 이후 로마인들은 너도나도 유노 신을 "모네타 유노^(Moneta Juno)," 즉 "경고자 유노"라는 별칭으로 부르기 시작했다.[3]

카밀루스는 로마의 두 번째 건국자라는 명칭이 있다. 그만큼 그는 로마 시민으로부터 진심으로 추앙받는 지도자였다. 특히 유능한 장수로 외적의 침입을 물리치기 위해 무려 5번이나 독재관을 지내 모두 승리했지만, 단 한 번도 정치에 욕심을 내어 집정관의 자리에 오르지도 않았다. 그림처럼 첫 번째 전투를 승리로 이끈 후 4두 마차를 타고 화려하게 로마로 귀환하면서 수많은 로마 시민들의 환호를 받았는데, 카밀루스는 이런 환대가 과도하다고 보고 이후에는 전투에서 승리하더라도 어떠한 공식적인 개선식을 하지 않았다. 『영웅전』을 지은 플루타르코스는 카밀루스를 그리스의 테미스토클레스와 대등한 위치로 평가하기도 하였다. 피렌체 출생 화가인 프란체스코 살비아티(Francesco Salviati, 1510 - 1563)의 1545년 작품으로 르네상스 당시의 화풍이 그대로 묻어난다. 피렌체 베키오 궁전 소장

BC 396년, 제2의 로마 건국자로 5번이나 독재관^(딕타토르, Dictator)에 임명된 로마 사령관 마르쿠스 프리우스 카밀루스^(Marcus Furius Camilus, BC 446~365)는 에트루리아인이 점령했던 도시 베이^(Veii)와의 전쟁에서 승리하면, 유노 신에게 별도의 신전을 바

---

3 모네타(Moneta)는 경고하는 여인이라는 뜻으로, 그리스 기억의 여신 므네모시네(Mnemosine)에서 유래한 것이다. 잊지 않게 한다는 의미에서 기억, 경고의 의미를 가지고 있다. 라틴어 동사는 monere로 '경고하다, 조언하다, 다시 알려 주다'라는 뜻을 가지고 있다. monere에서 나온 말 중 monstrum이 있는데, 이는 악운을 미리 알려 주는 징조라는 뜻이다. 영어의 monster가 여기서 유래한 말이다.

치겠다고 약속했다. 이 전쟁^(Battle of Veii)에서 승리하자, 로마인들은 BC 344~343 의 1년 동안 모네타 유노 신을 기리기 위한 신전을 별도로 설립했다. 로마인들은 이 유노 신전에 각종 보물들을 보관하기 시작했다. 모네타 유노의 신화 때문에 안전하다고 생각했기 때문이다.

나중에 로마인들은 유노 신전에 동전을 주조하는 주조소까지 설치했다. 로마 인들은 이 유노 신전에서 주조한 동전을 유노 모네타라는 별칭에 착안하여, "모 네타^(moneta)"라고 불렀다. 이것이 바로 오늘날 돈^(money), 화폐국^(mint)의 유래이다. 아울러 로마의 동전 화폐는 머니어^(moneyer)라는 공무원이 제조하였는데, 그들은 자신이 만든 동전에 자신의 이름을 새겨 넣었다.

유노 모네타의 영향인지 몰라도 고대 로마는 동전 공화국이라고 불러도 좋 을 만큼, 이전의 어떤 시대보다 동전을 많이 주조했다. 로마 시대 이전에는 금으 로 된 장식품이나 잉곳 등으로 자신의 부를 과시했었다. 금관, 금 의자, 금 침대, 금으로 장식한 비단옷 등이 그것이다. 하지만 부의 상징으로 엄청나게 많이 축적 된 금화나 은화 동전이 된 시점은 바로 로마 시대부터이다. 그만큼 로마는 동전 을 많이 찍고 대중화시켰다. 오늘날 동전과 같은 화폐나 이를 이용한 영업 행위, 즉 뱅킹의 실질적인 원조는 사실상 로마라고 봐도 무방하다.

(2) 리브라 폰도(Libra Pondo)

우선 로마 시대의 화폐는 로마 제2대 왕인 누마 폼필리우스^(Numa Pompilius, BC 715~673)가 BC 7~8세기경 청동^(靑銅)을 소재로 주조한 화폐가 최초였다. 전술한 대 로 일렉트럼 통화에 아스타르테^(Astarte)의 상징인 황소를 새겨 넣어 통화에 신의 힘을 부여했던 리디아의 기게스는 BC 716년부터 678년까지 약 40년 동안 리디 아를 다스렸다. 기게스의 통치 기간이 폼필리우스의 통치 기간과 겹치는데, 기게 스의 화폐 개혁이 로마의 청동 화폐 주조에 어떤 영향을 미쳤을지도 모르겠다. 하여튼 폼필리우스가 만든 청동 화폐의 단위는 아스^(as) 혹은 아사리우스^{(assarius,}

그리스어 아사리온 assarion)였다.[4]

후술하는 아우구스투스 황제의 화
폐 개혁으로 아사리우스는 청동이 아
니라 순수한 구리로도 제작된다. 이 화
폐는 표시된 단위가 아니라 무게를 단
위로 거래되었고, 그 모양은 원형이 아
니라 벽돌(bar) 형태의 잉곳(ingot)이나 쐐
기(wedge) 모양이었다. 이때가 기원전
715년경이다. 이후 로마 화폐는 콰드
리가투스(quadrigatus)가 주조되는 기원
전 230년 전후까지 정형화된 동전이라
기보다는 벽돌 형태나 원반 형태의 덩

기원전 211년 통화 개편 직후의 동전
아스(as). 좌측은 아스의 뒷면이고 우측은
아스의 앞면. 뒷면에는 뱃머리 혹은 배꼬리,
앞면에는 야누스의 얼굴이 새겨져 있다.
이처럼 청동으로 된 아스 동전의 뒷면에는
뱃머리(prow) 혹은 배꼬리(stern)가,
앞면에는 언제나 야누스의 2개 머리가 새겨져
있었으므로, 로마인들은 동전 던지기 게임의
결과를 물을 때 항상 "heads or ship?"이라고
물었다고 한다. BC 210년경. 영국박물관
소장``

어리였다. 필자는 냉정히 말해 콰드리가투스(quadrigatus)가 주조되는 기원전 3세기
중반까지 로마는 동전다운 자체 동전이 없었다고 생각한다.

덩어리 형태의 화폐가 일반화되면서 고대 로마 화폐의 단위는 무게를 측정
한다는 의미의 "리브라 폰도(libra pondo)"였다. 라틴어로 "리브라(libra)"는 저울이고,
"폰도(pondo)"는 무게라는 뜻이다. 따라서 "리브라 폰도"는 "저울로 달다"라는 뜻
이다. 오늘날 영국의 화폐 제도가 파운드(pound)인데, 이는 로마 화폐 무게의 중량
단위 중 폰도만 남아서 만들어진 것이다. 하지만 영국 화폐 단위인 파운드의 약
자는 폰도가 아니라 리브라의 약자인 lb(£)를 사용한다. EU가 출범하기 전 이탈
리아의 화폐 단위 역시 리라였는데, 이는 폰도를 빼고 리브라만 사용해서 만들
어진 것이다. 페이스북이 추진한 적이 있는 암호 화폐 리브라도 로마의 화폐 단
위인 리브라 폰도에서 따 온 것이다.

4　　　 청동 화폐 말고 구리에 니켈을 합금으로 처리한 동전이 등장하는데, 이 놋쇠 동전은 듀폰디우스(dupondius)라 불
렀다. 듀폰디우스는 2 아스(as)의 가치를 지녔다. 옥타비아누스 화폐 개혁 당시에는 순수 구리로 만들기도 하였다. 이후 듀
폰디우스는 일정한 기준 없이 구리 합금으로 제조하는 경우가 많았다.

무게로 거래되던 BC 300년경 초기 고대 로마와 주변 도시 국가의 화폐들. 이 유물을 보면 로마의 화폐 단위가 왜 무게를 달다라는 뜻의 "리브라 폰도"이었는지 잘 알 수 있다. 고대 로마 역사가 리비우스(Titus Livius, BC 59 ~ AD 17)는 이 당시 화폐 거래 관행을 다음과 같이 기록했다. "동전으로 만든 은이 없었기 때문에 사람들은 마차에 무게가 나가는 놋쇠 장식품을 잔뜩 싣고 와서 세금을 납부했다. 마치 자신들이 얼마나 부자인지 과시라도 하듯이." 영국박물관 소장

한편 이탈리아 반도의 남부 지역은 타렌툼과 같은 그리스 식민지가 일찍부터 형성되어 지중해 다른 지역과 국제교역이 매우 활발하였다. 이에 따라 이 지역에서는 동전다운 동전이 없었던 로마와 달리 그리스의 영향을 받아 일찍부터 동전 화폐가 대량으로 유통되었다. 특히 BC 280~270년경에는 그리스의 활발한 대외교역 활동의 영향으로 은을 소재로 한 동전이 로마에서도 제작되었다. 하지만 이 은화는 남부 이탈리아의 그리스 식민지에서 유통되던 그리스 은화인 디드라큼 (didrachm)을 그대로 모방한 것이었다. 금화 역시 그리스의 스타테르를 모방하여 유통되었는데, 대외교역량이 적었기 때문에 이 금화의 유통량은 아직 많지는 않았다. 다시 말해 이탈리아 반도 통일 초기의 은화와 금화는 주로 국제무역 결제 통화로 사용되었고, 로마 국내에서는 거의 사용하지 않았다.

하지만 1차 포에니 전쟁 승리로 인한 전

기원전 4~3세기경, 이탈리아 반도의 동전. 이 당시 로마의 은화는 자체 주조된 은화가 없었고, 그리스 은화를 모방해서 주조하거나 사실상 그대로 사용한 것이었다. 로마의 은화임에도 그리스식으로 장식한 인물이 눈에 띈다. 좌측은 BC 300년경 남부 이탈리아 출토. 우측은 BC 4세기경 타렌툼 만의 서쪽에 위치한 그리스 식민지 메타폰툼(Metapontum) 출토. 영국박물관 소장

쟁 배상금을 바탕으로 로마는 자신들 고유의 문양을 새겨 넣은 로마 자체 은화로 무게 6.8그램인 콰드리가투스^(quadrigatus)를 제작한다. 이때가 대략 BC 230년 전후이다. 콰드리가투스는 로마 최초의 자체 은화이다. 로마 역사가 리비우스^(Titus Livius, BC 59 ~ AD 17)는 디드라큼과 콰드리가투스 모두를 데나리우스라고 불렀는데, 엄격히 말하면 이 은화들은 데나리우스와 은 함유량의 차이가 커서 완전히 다른 통화이다.[5]

로마의 은화 동전 콰드리가투스. 이 동전을 주조한 이(moneyer)의 이름은 동전 표면에 새겨진 대로 푼다니우스(Fundanius)이다. 4마리의 말이 이끄는 전차 모습이 매우 역동적이다. 4마리의 말이 끄는 중전차는 동서를 막론하고 모두 전장에서 표준이었다. 한자어 중에도 네 마리의 말이 끄는 전차를 뜻하는 한자인 사마(四馬) "駟(사)"라는 글자가 있다. BC 100년경. 영국박물관 소장

콰드리가투스는 2차 포에니 전쟁 중에 도입된 은화 데나리우스 이전 로마의 주력 통화였다. 군인들의 월급은 물론이고, 국내 상업 활동에서도 콰드리가투스는 기본 결제 통화였다. 하지만 2차 포에니 전쟁이 터지자 로마 정부는 부족한 전비를 마련하기 위해, BC 211년에 통화 체계를 전면 개편했다. 통화 개편의 핵심은 주력 통화인 콰드리가투스의 은 함유량을 대폭 줄이는 것이었다. 즉, 기존의 은 함유량을 6.8그램에서 4.5그램으로 30%가량 줄였다.[6]

로마 은 디드라큼의 앞면. 로마에서 주조된 것이지만 그리스 양식을 그대로 모방한 것이다. 이 동전에 새겨진 인물은 두 얼굴을 가진 야누스(Janus) 신이다. BC 220년경, 로마 출토. 영국박물관 소장

사람들은 이 은화를 데나리우스^(denarius)라고 불

---

5 물론 전술한 대로 디드라큼은 그리스 통화, 콰드리가투스는 로마 통화라는 점 말고는 디드라큼과 콰드리가투스는 사실상 같은 통화이다.

6 　　　　로마의 데나리우스는 무게가 4.3그램인 그리스의 드라큼과 무게가 거의 같았다. 추정컨대 로마의 데나리우스 또한 그리스의 드라큼을 모방했을 가능성이 높다.

렀다. 최초 통화 개혁 당시 데나리우스는 동으로 만
든 동전인 아스^(bronze as or bronze assarius)의 10개에
해당하는 가치를 지니고 있었다. 데나리우
스라는 명칭도 "10에 해당^(containing ten)"이라
는 의미의 라틴어 데니^(denii)에서 유래한 것
이다. 데나리우스 가치의 1/4에 해당하는
소액 은화도 도입하였는데, 이를 세스테르티
우스^(sestertius)라고 불렀다.

데나리우스는 이후 로마가 가장 많
이 사용하던 기본 화폐로 확립되었다.
데나리우스는 로마의 대외무역에도 사
용되었고, 국내 상업 활동에도 광범위

로마에서 주조한 금화 스타테르. 이 금화는
로마가 2차 포에니 전쟁 직후 통화 체계를
전면 개편하기 직전에 만든 금화로 그리스
스타일을 그대로 따랐다. BC 217년경.
영국박물관 소장

하게 사용되는 로마의 대표 통화로 진화했다. 이에 따라 옥타비아누스가 화폐
제도를 통일할 때에도 데나리우스 은화를 기본으로 한 화폐 체계는 바꾸지 않
았다. 데나리우스는 이후 서로마가 멸망하는 5세기까지 약 600여 년 동안 로마
의 주력 통화였다. 로마가 광활한 영토를 가진 제국이었으므로, 로마 제국의 기
본 통화인 데나리우스는 유럽 전체와 이슬람 지역에 엄청난 영향을 미쳤다. 오
늘날로 치면 데나리우스는 달러와 마찬가지의 지위를 보유한 기축통화였던 셈
이다. 대표적으로 이슬람 지역의 은화인 디르함^(dirham)은 로마의 데나리우스를 모
방해서 탄생한 통화이다. 데나리우스와 함께 청동 동전인 아스도 전면 개편되었
다. 아스 동전의 크기도 세분화되어 1 아스^(as)를 기본으로 하고, ½ 아스를 세미
스^(semis), ⅓ 아스를 트리엔스^(triens), ¼ 아스를 쾨드란스^(quadrans), ⅙ 아스를 섹스탄
스^(sextans)라고 불렀다. 데나리우스가 군인의 월급 등 다소 규모가 큰 거래액의 결
제 수단이었다면, 동전은 생활 용품의 거래에 필수적인 결제 수단으로 정착된다.

일반 로마인들이 동전으로 앞면^(face or heads)인지 뒷면^(tail)인지 내기를 하는 경
우도 데나리우스가 아니라 아스를 사용하였다. 그만큼 아스가 데나리우스보다

기원전 211년경에 도입된 초기 데나리우스. 통화 개편의 핵심은 주력 통화인 콰드리가투스의 은 함유량을 6.8그램에서 4.5그램으로 30%가량 줄여 새로운 통화인 데나리우스를 주조하는 것이었다. BC 210년경. 영국박물관 소장

훨씬 보편적이었다는 뜻이다. 오늘날에도 동전 던지기 내기는 앞면을 머리(heads)라 하고 뒷면을 꼬리 혹은 끝(tail)이라고 하는데, 이는 로마의 동전 앞면이 야누스의 머리 2개가 새겨져 있었고 뒷면은 배의 끝부분이 새겨져 있었기 때문이다. 요컨대 오늘날 동전 던지기 내기는 로마 동전인 아스의 전통이 그대로 이어진 것이다.

한편 배의 머리나 꼬리를 동전의 뒷면에 처음으로 새긴 이들은 다름 아닌 바빌로니아인들이었다. 즉, 로마의 아스 동전 문화는 바빌로니아인들의 전통을 그대로 따라 한 것이다. 이는 로마의 동전 문화가 바빌로니아의 영향을 직접 받았음을 보여 주는 것이다. 왜 로마가 바빌로니아 동전 문화의 영향을 직접 받았는지는 향후 연구를 통해 밝혀야 할 흥미로운 주제라고 생각한다. 어떤 이는 바빌로니아의 뱅커들이 대거 로마로 이주했기 때문이라고 주장하는 이도 있다.

기원전 207년경에는 로마에서도 마침내 금을 소재로 한 금화가 제작되어 유통되기 시작했는데, 이를 아우레우스(aureus)라고 불렀다.[7] 아우레우

로마 시대 청동 화폐 바(bar). 코끼리 모양은 로마가 포에니 전쟁에서 카르타고에 승리한 이후 자주 이용되던 문양이었다. 한니발과 함께 알프스 산맥을 넘어 오직 한 마리만 살았다는 그 코끼리가 로마에서 어지간히 인기가 많았던 모양이다. BC 275년경, 로마 출토. 영국박물관 소장

---

7   콘스탄티누스 대제 때의 금화는 특별히 솔리더스(solidus)라고 불렀다. 콘스탄티누스 대체의 비잔틴 제국은 솔리더스를 바탕으로 한 금본위제였다. 솔리더스는 4.55그램의 금화였다. 로널드 펀들레이, 케빈 H, 오루크, 『권력과 부』, 에코리브루, p.

위쪽부터 차례로 ① ½ 아스인 세미스(semis), ② ⅓ 아스인 트리엔스(triens), ③ ¼ 아스인 콰드란스(quadrans), ④ ⅙ 아스인 섹스탄스(sextans). BC 210년경. 영국박물관 소장

스는 가치가 높았으므로, 은화보다는 유통량이 적었다. 나아가 초기 로마인들은 금을 사치스러운 물품으로 보고 금화 사용에 소극적이기도 하였다. 하지만 스페인의 라스 메둘라스 금 광산 점령 이후에는 아우레우스의 유통량도 점진적으로 증가했다.

금화 아우레우스의 무게는 도입 당시 대략 8그램이었다. 아우레우스 금화의 주조를 적극적으로 주도한 이는 다름 아닌 카이사르이다. 카이사르는 사실상 로마를 공화국에서 제국으로 변모시킨 인물이므로, 그에 맞추어 금화 도입의 필요성도 높아졌을 것이라 생각한다. 아우레우스는 디오클레티아누스 황제와 동로마의 콘스탄티누스 대제가 별도의 금화 솔리더스(solidus)를 도입하기 전까지 약 500년 동안 로마 제국 금화의 표준이었다. 후술하겠지만 네로 황제 때부터는 제국의 금과 은이 부족해지면서 아우레우스의 금 함유량도 지속적으로 하락하게 된다.

(3) 카이사르의 화폐 개혁

이처럼 로마의 통화는 청동으로 된 아사리우스가 가장 먼저 만들어졌다. 다

---

96. 솔리더스는 영국의 화폐 단위인 스털링(sterling)의 어원이기도 하다.

음으로 남부 이탈리아의 그리스 식민지 영향을 받아 그리스 은화를 모방한 쾌드리가투스와 이를 대폭 축소한 데나리우스를 도입한다. 마지막으로 로마가 제국으로 부상하면서 금화 아우레우스를 본격 도입하게 된다. 금화, 은화, 동화가 혼재되어 사용되면서 화폐 제도를 통일할 필요성은 로마 제국의 영토가 넓어지자 갈수록 증가했다. 이와 같은 화폐 제도의 개혁 이슈에 관심을 가진 이는 다름 아닌 카이사르였다. 카이사르는 동전 화폐의 질서와 교환 비율을 지정할 정도로 경제적 안목이 높은 천재 군인이었다. 불행히도 카이사르가 암살되면서 이를 시행한 이는 그의 양자인 옥타비아누스 황제였다.

카이사르와 옥타비아누스 화폐 제도의 가장 핵심은 화폐의 액면 가치와 실질 가치를 일치시키는 것이었다. 즉, 금화 아우레우스는 금 함유량 99% 이상, 은 데나리우스는 은 함유량 99% 이상으로 고정했다. 이는 로마 화폐가 제국 전역에 신뢰성을 가지고 유통되어 기축통화의 역할을 하기 위한 필요충분조건이었다. 이는 2차 대전 이후 달러를 세계 기축통화로 만들기 위해, 미국이 달러와 금 교환 비율을 지정한 것과 사실상 동일한 조치였다. 카이사르가 어떤 경로로 이런 천재적인 아이디어를 무려 2천 년 전에 구상했는지 알 수는 없지만, 그의 아이디어는 결국 로마의 데나리우스를 서양의 기축통화로 만들면서 로마 제국의 번영을 가져온 가장 핵심적인 경제적 초석이 되었다.

카이사르를 암살한 브루투스(Marcus Junius Brutus, BC 85~42) 얼굴이 새겨진 로마의 금화 아우레우스. 브루투스의 생모인 세르빌리아(Servilia Caepionis)는 카이사르의 연인이기도 하였다. 한편 카이사르는 영웅답게 반대파에 대해 매우 관대한 인물이었다. 그런 그의 기질 때문에 그는 천재적 영웅임에도 불구하고 반대파에게 일찍 암살당하는 불운을 겪는다. 셰익스피어는 카이사르가 마지막에 "브루투스, 너마저도(Et tu, Brute)"라는 말을 남겼다고 창작했는데, 이는 카이사르 스스로도 반대파들의 활개를 알고 있었을 것이라는 작가적 상상력의 결과이다. 기원전 43~42년경. 영국박물관 소장

< 로마 금화 및 은화의 무게 및 순도 변화 추이 >

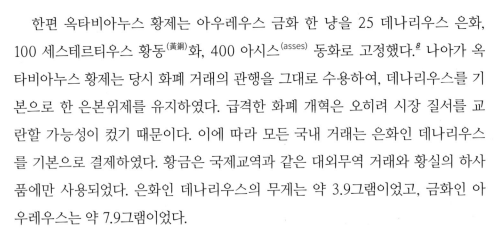

구분	통화명	황제	시기	무게(그램)	순도(%)
금화	아우레우스	아우구스투스	BC 23	7.9	99
		네로	AD 64	7.3	99
		카라칼라	215	6.5	99
		디오클레티아누스	295	5.4	99
	솔리더스	콘스탄티누스	325	4.55	99
은화	데나리우스	아우구스투스	BC 23	3.9	99
		네로	AD 64	3.41	92
		카라칼라	215	3	70
		디오클레티아누스	295	3	5

한편 옥타비아누스 황제는 아우레우스 금화 한 냥을 25 데나리우스 은화, 100 세스테르티우스 황동(黃銅)화, 400 아시스(asses) 동화로 고정했다.[8] 나아가 옥타비아누스 황제는 당시 화폐 거래의 관행을 그대로 수용하여, 데나리우스를 기본으로 한 은본위제를 유지하였다. 급격한 화폐 개혁은 오히려 시장 질서를 교란할 가능성이 컸기 때문이다. 이에 따라 모든 국내 거래는 은화인 데나리우스를 기본으로 결제하였다. 황금은 국제교역과 같은 대외무역 거래와 황실의 하사품에만 사용되었다. 은화인 데나리우스의 무게는 약 3.9그램이었고, 금화인 아우레우스는 약 7.9그램이었다.

아울러 금화와 은화는 오직 황제에게만 주조권을 부여했다. 금화와 은화 주조권의 황제 전속은 고대 리디아 제국의 기게스 황제가 도입한 것으로, 로마가 이를 그대로 계승한 것이다. 하지만 동화인 세스테르티우스 동전은 원로원이 주조권을 보유하고 있었다. 동화 주조권을 원로원에 부여한 이 조치는 과거에는 없

---

8   BC 211년 통화 개편 시기에는 세스테르티우스는 은화였다. 하지만 옥타비아누스 황제의 화폐 개혁 당시 세스테르티우스는 구리와 아연을 혼합한 황동 동전(brass coin)이었다.

던 역사상 최초의 조치이다. 하기야 로마가 공화정으로 세계를 제패한 제국이었으므로, 원로원이라는 제도 자체가 역사에서 처음으로 등장한 것이기는 하다. 이에 따라 세스테리테우스 동전 뒷면에는 S와 C라는 글자가 새겨져 있는데, 이는 "세나투스 콘설툼(Senatus Consultum)," 즉 원로원 권고의 약자이다. 원로원이 동전을 주조할 수 있는 권한을 보유한 로마법의 전통은 근현대에도 그대로 전해 졌다.

대표적인 사례가 미국이다. 미국은 헌법에 미국 의회가 동전 주조권을 보유한다고 명시하고 있다.[9] 이 헌법 조항에 따라 만들어진 법이 "주조법(Coinage Act of 1792)"이다. 하지만 동 조항의 해석을 놓고 미국 내 주류파와 비주류파의 견해는 극명하게 나뉜다. 주류파에 따르면 의회는 오직 동전 주조권만 보유하고, 정부를 포함한 의회는 지폐 발행권이 없다. 글자 그대로의 법 해석상으로는 맞는 말이지만, 오늘날 화폐 발행권을 민간은행이 독점하고 있는 미국의 독특한 제도에 반기를 들고 있는 비주류파들의 견해는 전혀 다르다. 즉, 주조권 조항은 미국 의회에 지폐를 포함한 화폐 전체의 발행권을 위임한 조항이며, 따라서 FED가 달러 지폐 발행을 독점하는 현재의 체제는 위헌이라고 주장한다. 이에 더 나아가 이들은 미국 의회가 지폐 발행권을 당장 가져와야 한다고 강력히 주장한다.

누구 말이 맞는지는 독자 판단에 맡기겠다. 다만 역사적인 관점에서만 보면 주류파 주장은 상당한 근거가 있다. 즉, 미국 헌법의 화폐 제도는 영국의 시장 관행을 명문화한 것인데, 당시 영국의 관행이 주류파의 주장과 일치한다. 18세기 당시 영국은 동전 주조권이 오직 왕실에 있었다. 18세기 영국의 금화는 "기니(guinea)"라고 불리는 금화였는데, 영국의 민간인들은 기니 금화를 주조할 수 있는 권한이 없었다. 다만 금화나 실제 금덩어리를 보관하고 보관증서를 발행했던 금장인(goldsmith)의 금보관증서와 영란은행이 금화를 보관하고 발행했던 잉글

9　████ 이 조항을 보통 주조권 조항(Coinage clause)이라고 부른다. US Constitution Article I, §8, Clause 5 "Congress shall have power to coin money, regulate the value thereof, and of foreign coin, and fix the standard of weights and measures."

랜드 은행권(the Bank note)이 지폐 역학을 하면서 금화 유통을 보조하고 있었다. 영국의 민간인들이 황금과 교환되는 지폐라는 개념을 스스로 발명한 셈이다. 요컨대 18세기 영국의 금화 동전은 왕실이 주조하였고, 왕실이 주조한 황금 동전으로 교환이 가능한 지폐는 민간이 만들어 유통시키고 있었다. 따라서 당시 미국 헌법이 영국의 시장 관행을 수용했다는 역사적인 맥락에서만 보면, 미국 헌법상 의회의 동전 주조권은 지폐 주조권이 아닌 글자 그대로 동전 주조권에 국한된다.

다만 영국의 이런 관행은 지폐도 황실이 주도해서 찍어냈던 중국과는 완전히 반대이다. 예컨대 8~9세기 발명된 당나라의 비전(飛錢)과 이후 10세기 전후 송나라 상인들이 확대 사용한 교자(交子)는 모두 중국 정부

아일랜드에서 발견된 대량의 로마 은화. 발견된 은화는 1500여 개로 410년을 전후한 시기에 묻힌 것으로 추정된다. 동전뿐 아니라 잉곳, 은으로 만든 식기류 등이 같이 발견되었다. 아일랜드는 로마의 지배를 받지는 않았지만, 로마의 동전을 수입해서 화폐로 사용했다. 용도는 로마가 용병을 수입하면서 지급한 황실의 용병 고용에 대한 대가였던 것으로 보인다. 잉곳과 식기류가 같이 발견된 것으로 미루어 보아, 아일랜드인은 로마의 은화를 녹여서 은으로 각종 제품을 만들었던 것이 아닐까 생각한다. 이처럼 본문에서 언급한 대로 로마는 유럽 전역에 동전 문화를 확산시킨 장본인이다. 300~400년경, 북부 아일랜드의 발린리스(Balinress) 출토. 영국박물관 소장

의 관리 하에 있었다. 특히 송나라는 교자의 결제 불이행이 빈번해지자, 1023년에 교자무(交子務)라는 관청을 만든 후 지방 정부가 독점적으로 교자를 발행한다. 송나라의 교자는 뒤이어 등장한 원나라의 쿠빌라이 칸이 1260년에 황실 주조

소까지 만들어 인쇄한 교초^(交鈔)로 계승된다. 영국과 달리 교초는 황금과 은으로 교환되는 교환증서가 아니라, 위조하거나 결제를 거부하면 사형에 처한다는 조건이 부여된 무시무시한 법정 지폐^(fiat currency)였다. 동전 주조권 해석에 대한 미국 내 비주류파가 사실상 동양에서 발전된 지폐의 역사와 맥락이

같다는 점이 왠지 아이러니하기만 하다.

하여튼 화폐 개혁을 주도한 옥타비아누스 황제 이후 290년 동안 금화와 은화는 프랑스의 리옹에서, 동화는 원로원이 위치한 수도 로마의 유노 모네타에서 주로 주조하였다. 불행히도 3세기 말부터 막대한 무역적자로 인해 로마의 황금과 은이 급격히 부족해지기 시작했

프랑스 리옹의 크루아루스(Croix-Rousse) 언덕에 위치한 로마 시대 원형 경기장. 기원전 1세기에 세워진 것이지만 무려 1만 명을 수용할 수 있는 대규모 원형 경기장이다. 로마는 식민지를 정복한 후 식민지인을 지배하기 위해 가장 먼저 원형 경기장을 식민지에 건설하였다. 리옹은 로마 황제가 금화와 은화를 제조했던 핵심 도시였다.

다. 이 때문에 로마 제국은 대외교역의 기본 통화인 금화에 대해서는 순도를 계속 유지하되, 은화인 데나리우스의 가치는 의도적으로 순도를 하락시켰다. 예컨대 금 1로마 파운드는 네로 시대의 1,125 데나리였으나, 300년에는 6만 데나리에 육박하였다. 즉, 3세기 말이 되면 데나리우스는 은화의 기능을 사실상 상실하게 된다.

때마침 북방의 민족들이 이동을 시작하자 로마 변방의 방어 능력 또한 급격히 저하되었다. 이때부터 동전의 주조권은 사실상 속주의 군단장에게로 넘어갔다. 대표적으로 3세기 말 디오클레티아누스 황제와 비슷한 시기에 쿠데타를 일으켰던 율리아누스^(Marcus Aurelius Sabinus Julianus, ?~c.285)는 속주인 크로아티아에서 금화와 은화를 직접 주조하여, 자신을 황제라 사칭하고 군인들의 충성심을 "구매"하였다.

이처럼 로마의 제정이 불안해지면서 로마는 가히 동전 공화국이라 불릴 만큼 엄청난 양의 동전이 주조되고 유통되었다. 금화와 은화의 주조권은 황제에게만 있었는데, 황제의 권한이 약해지면서 군단장급도 금화나 은화 동전을 주조할 수 있었기 때문이다. 이는 로마 제국 말기 하이퍼–인플레이션^(hyper-inflation)의 직접적인 원인이 되기도 한다. 반면 로마는 이 과정을 통해 동전 문화를 유럽 전역으로 확산시켰다. 동전이야말로 로마가 유럽에 남긴 진정한 경제적 유산인 것이다. 이에 따라 13세기 이탈리아 롬바르드 상인들이 이슬람으로부터 수입한 교환증서가 등장하기 전까지 동전은 유럽 화폐 제도의 근간으로 확고히 정착되었다.

교황 레오 1세와 아틸라와의 만남. 452년 아틸라가 라벤나를 함락하고 로마로 쳐들어 가려고 할 때, 레오 1세 교황은 무장 수행원도 없이 일부 시종만 데리고 나가 협상을 벌여 아틸라의 로마 입성을 저지했다. 어떤 대가가 오고 갔음은 확실한데, 그 내용은 알려져 있지 않다. 전설에 따르면 레오 1세가 아틸라를 만나러 나갈 때, 하늘에서 성 베드로와 성 바오로가 칼을 들고 레오 1세를 호위했다고 한다. 이 모습을 보고 겁을 먹은 녹색 말을 탄 아틸라가 두 손을 옆으로 제치며 기겁을 하는 모습이 인상적이다. 르네상스 3대 거장인 라파엘로가 1514년 무렵 그림. Palazzi Pontifici 소장. Public Domain

13

Pax Romana의 뱅킹 ②
콘스탄티누스 황제와 솔리더스(solidus)

콘스탄티노플 건설을 지시하는 콘스탄티누스 황제, 에르미타쥬 박물관 소장

(1) 엔 투토이 니카(En Toútõi Nika)

4세기의 로마는 황제가 4명인 4두 정치와 무려 7명에 이른 7두 정치(heptarchy) 시대였다. 이 극심한 혼돈기를 안정시킨 황제는 바로 콘스탄티누스 황제 (Constantine the Great, 272~337, 재위 306~337)였다. 전설에 따르면 콘스탄티누스 황제는 권력 다툼 최후의 전쟁인 312년 10월, 로마 근교 밀비오 다리의 전투(Battle of the Milvian Bridge) 전날 꿈을 꾼다. 그는 꿈에서 십자가 모양의 빛과 "엔 투토이 니카(en toútõi nika)"라는 그리스 글씨를 보았다.[1] 그리스도는 이 꿈에 따라 전투에서 이길 것이라고 말하고는 사라졌다. 콘스탄티누스 황제는 현몽대로 전투에서 승리했고, 이후 단독 황제가 되는 결정적인 계기를 잡는다.

이 때문인지 몰라도 콘스탄티누스 황제는 313년 2월, 밀라노 칙령을 통해 로마가 더 이상 특정 종교를 강요하지 않을 것이라 선언한다. 밀라노 칙령 이전 로마는 기독교에 대해서는 잔인할 정도로 가혹했는데, 이는 적군에 대한 무자비한 가혹행위를 칭송하던 로마의 전통적 군사 문화와 신과 같은 로마 황제의 권위가 유일신을 신봉하는 기독교의 박애 정신과 정면으로 충돌하였기 때문이다. 특히 로마 시대만 하더라도 기독교는 유럽 종교가 아니었다. 기독교는 동방의 종교였

---

1   승리의 징후라는 뜻의 그리스어.

다. 초기 그리스도의 이야기는 모두 히브리어와 아람어로 기록되었으니까.[2] 특히 예루살렘을 포함한 동방은 로마가 정벌해야 할 대상이고, 지배해야 할 대상이었다. 이 때문에 로마 제국의 기독교 탄압은 너무나도 당연한 논리적 귀결이었다.

아리안(Arian)의 이교도 책을 불사르라고 명하는 콘스탄티누스 대제(좌측 위)와 325년에 콘스탄티누스가 소집하여 사상 처음으로 개최된 325년의 역사적인 니케아 공의회 장면(우측 위). 895년경 교회법 개요서에서 발췌. 베르첼리 도서관(Biblioteca Capitolare, Vercelli) 소장. Public Domain

이런 상황에서 콘스탄티누스 황제가 기독교 박해 중지를 선언한 것이다. 그의 진짜 동기가 성령이 꿈에 나타나 그를 승리로 이끈 개인적 경험에서 비롯된 것이든, 아니면 군대 내에 이미 만연한 기독교에 대한 박해를 금지함으로써 군대를 실질적으로 장악하려는 정치적 의도에서 비롯된 것이든, 밀라노 칙령은 로마 역사 아니 세계 역사에서 가장 혁명적인 조지 중의 하나였다. 이에 따라 기독교인들은 자유롭게 종교 활동을 할 수 있었고, 황제는 여기서 더 나아가서 기독교를 아예 국교로 삼는 등, 자신의 정치적 입지를 확고히 하면서 로마의 혼란 시대를 종식하려고 노력했다.[3] 기독교 박해를 금지하고 기독교를 유럽 전체에 확산시켰다는 점에서, 기독교인들에겐 콘스탄티누스 황제는 예수에 버금가는 중요한 존재일지도 모르겠다. 그의 명칭에 대제라는 이름이 붙은 것도 이와 무관치 않다. 하지만 무엇보다도 뱅킹이라는 측면에서 그가 단행한 가장 혁명적인 조치는 은본위제를 폐기하고 금본위제를 도입한 것이었다.

콘스탄티누스 대제의 금본위제는 주변 국가인 이슬람 국가들은 물론이고, 13세기 베네치아 도제 엔리코 단돌로의 콘스탄티노플 약탈과 피렌체의 머천트

2 ▨ 그리스도의 이야기는 유럽으로 전파될 때는 히브리어나 아람어가 아니라 그리스어로 전해졌다.

3 ▨ 기독교를 최초로 공인한 황제는 콘스탄티누스 황제가 아니다. 밀라노 칙령 이전인 303년경, 디오클레티아누스 황제가 이미 기도교인의 유혈 박해를 금지한 칙령을 발표한 바 있다. 콘스탄티누스 황제가 이전 황제와 다른 점은 기독교를 적극 장려했다는 점이다. 대표적으로 그는 323년 기독교를 로마 제국의 유일한 국교로 선포한다.

콘스탄티노플을 성모 마리아에게 바치는 콘스탄티누스 대제. 하기야 소피야 성당 모자이크. 1000년경 작품. 출처: Wikipedia. Public Domain

뱅커들의 활약으로 전 유럽으로 확산한다.[4] 결과적으로 콘스탄티누스 대제의 금본위제 도입은 중세 유럽은 물론이고 근대와 현대에 이르기까지 엄청난 영향력을 남긴, 뱅킹 역사상 가장 혁명적인 조치가 되어 버렸다. 콘스탄티누스 황제가 금본위제를 단행할 당시, 자신의 금본위제가 인류 무역과 뱅킹의 역사에 얼마나 어마어마한 영향을 미칠 것인지 상상조차 하였을까?

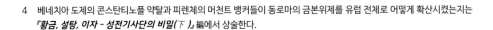

4 베네치아 도제의 콘스탄티노플 약탈과 피렌체의 머천트 뱅커들이 동로마의 금본위제를 유럽 전체로 어떻게 확산시켰는지는 『황금, 설탕, 이자 – 성전기사단의 비밀(下)』編에서 상술한다.

Codex Atlanticus: 콘스탄티누스 대제, 성군? 폭군?

콘스탄티누스 황제(Contantine the Great, 272~337)의 부친은 콘스탄티우스 클로루스(Constantius Chlorus, 황제 부제 재위 293~305, 황제 정제 재위 305~306)였다. 그는 막시미아누스(Maximianus, 250~310)의 부하 장수이면서 동시에 양자였는데, 막시미아누스는 디오클레티아누스가 4두 정치를 시행할 때 서방의 정제(아우구스투스, Augustus)였다.

막시미아누스는 막센티우스(Maxentius, c.278~312)라는 아들이 있었음에도, 서방의 부제(카이사르, Caesar)로 콘스탄티우스를 임명하려고 하였다. 그러자 디오클레티아누스 황제는 부제가 되기 위해서는 정제의 딸과 혼인해야 한다는 조건을 붙였다. 이에 따라 콘스탄티우스는 막시미아누스의 의붓딸 테오도라(Theodora, 293~306)와 결혼하기 위해, 당시 그의 부인이자 콘스탄티누스 황제의 생모였던 헬레나(Helena, c.248~c.329)와 이혼했다.

이때 콘스탄티누스는 동방의 정제를 맡고 있던 디오클레티아누스 황제에게 의탁하여 군사 경험을 쌓았다. 디오클레티아누스 황제에 의탁하여 쌓아올린 군사 경험을 바탕으로, 콘스탄티누스는 후일 황제로 등극하는 치열한 권력 다툼과 군대를 동원한 무력 전투 과정에서 최종적으로 승리하게 된다. 이처럼 디오클레티아누스 황제와 콘스탄티누스 황제는 개인적인 인연이 있었으므로, 디오클레티아누스의 화폐 개혁도 콘스탄티누스 황제가 옆에서 지켜보았을 가능성이 높다.

한편 305년, 디오클레티아누스와 막시미아누스가 동시에 정제에서 사퇴했다. 이때부터 누가 정제가 될지, 누가 부제가 될지를 두고 권력자들 사이에서 치열한 암투가 시작되었다. 우연히도 이 와중인 306년 콘스탄티누스 부친인 정제 콘스탄티우스가 별세하면서, 콘스탄티누스는 정제가 될 기회를 잡게 된다. 하지만 당시 실권자였던 또 다른 정제 갈레리우스(Galerius, 250~311)의 뜻에

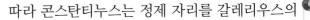
Codex Atlanticus

따라 콘스탄티누스는 정제 자리를 갈레리우스의 군사 부관이던 세베루스^(Valerius Severus, ?~307)에게 양보하고, 자신은 부제가 된다.

그러나 사퇴는 했지만 엄연한 정제였던 막시미아누스의 아들인 막센티우스가 이를 가만히 두고 볼 리 없었다. 306년 10월, 막센티우스는 스스로 정제로 칭하고 군사 반란을 일으켜 로마를 점령했다. 막센티우스는 단독 정제가 멋쩍었는지, 그의 부친인 막시미아누스를 자신보다는 권한이 적은 공동 정제로 임명했다. 그후 막센티우스는 라벤나로 도망간 세베루스 정제까지 포로로 잡았다. 정식 정제였던 갈레리우스는 반역자 막센티

막센티우스의 황금 메달. 막센티우스는 콘스탄티노플과 황제의 자리를 두고 치열하게 경쟁한 이다. 이 황금 메달은 4 아우레우스의 가치를 지닌 것으로, 자신의 정제 등극을 지지한 이들에게 308년에 하사한 하사품이다. 308년, 로마 출토. 영국박물관 소장

우스를 제압하려고 하였지만, 계속해서 실패했다. 오히려 이 때문에 포로로 잡힌 세베루스까지 처형되어 버렸다.

한편 이 당시 콘스탄티누스는 프랑스에 머물고 있었는데, 탁월한 지도력으로 군인들 내에서 지지도가 매우 높았다. 아들인 막센티우스에게 공동 정제로 추앙된 막시미아누스는 콘스탄티누스가 아들에 대해 군사적 중립을 지켜줄 것을 요청하기 위해 프랑스로 친히 행차했다. 막시미아누스는 콘스탄티누스에게 아들인 막센티우스와 함께 로마 제국을 양분해서 통치하는 정제 자리를 제안했다.

콘스탄티누스 대제,
성군? 폭군?

엔 투토이 니카. 312년 10월, 콘스탄티누스 황제가 밀비오 다리의 전투 전날 꾼 꿈을 묘사한 그림. 어른편 하늘에 EN TOTOI NIKA(붉은색 네모 안이라는 금씨가 새겨진 깃발이 선명하게 보인다. 르네상스 3대 거장 라파엘로의 1520~1524년 작품. 바티칸 박물관 소장

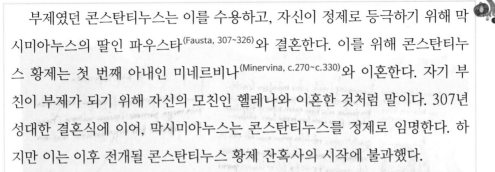

　　부제였던 콘스탄티누스는 이를 수용하고, 자신이 정제로 등극하기 위해 막시미아누스의 딸인 파우스타(Fausta, 307~326)와 결혼한다. 이를 위해 콘스탄티누스 황제는 첫 번째 아내인 미네르비나(Minervina, c.270~c.330)와 이혼한다. 자기 부친이 부제가 되기 위해 자신의 모친인 헬레나와 이혼한 것처럼 말이다. 307년 성대한 결혼식에 이어, 막시미아누스는 콘스탄티누스를 정제로 임명한다. 하지만 이는 이후 전개될 콘스탄티누스 황제 잔혹사의 시작에 불과했다.

　　308년, 갈레리우스는 막센티우스와의 전쟁 과정에서 사망한 세베루스 정제의 후임을 지명하기 위해 전임 정제였던 디오클레티아누스와 막시미아누스를 소집했다. 그 결과 갈레리우스의 또 다른 군사 부관이던 리키우스(Licius, 263~325)가 새로운 정제로 부임했다. 디오클레티아누스와 막시미아누스는 들러리였고, 현직 정제인 갈레리우스의 의지대로 된 것이다. 당연히 막센티우스와 콘스탄티누스는 리키우스의 정제 등극을 인정하지 않았다. 이로써 308년 로마에는 정제만 갈레리우스, 리키우스, 막센티우스, 콘스탄티누스 등 4명인 시대가 열렸다.

　　혼란이 극에 달한 310년, 자신의 장인이면서 동시에 자신의 부친을 양자로 들였던 막시미아누스가 콘스탄티누스를 상대로 전쟁을 일으켰다. 아들인 막센티우스에게까지 배신당한 막시미아누스가 자포자기 상태에서 스스로 정제가 되기 위해 콘스탄티누스를 정제 자리에서 제거하려고 한 것이다. 막시미아누스는 수비가 견고한 마실리아(Massilia, 현재의 마르세이유)를 거점으로 삼고 방어벽을 구축했다.

　　하지만 콘스탄티누스의 영향력 아래 있던 군인들이 막시미아누스를 추종했을 리가 없다. 성벽은 쉽게 열렸고 콘스탄티누스는 이 반란을 진압했다. 장인인 막시미아누스는 겉으로는 스스로 목을 매다는 형식이었지만, 콘스탄티누스 황제가 거의 반강제로 자살을 강요하면서 목숨을 잃었다. 파우스타의 오빠로 자신에게는 처형이 되는 막센티우스 또한 황제 쟁탈전 과정에서 콘스탄티누스 황제에게 목숨을 잃었다.

콘스탄티누스가 통일 황제가 된 이후에는 첫 번째 아내 미네르비나의 아들 크리스푸스(Crispus, 305~326)가 그의 두 번째 아내인 파우스타와 간통했다는 이유로 아들을 사형에 처했다. 아무리 그렇다 해도 황제의 자리를 이을 수 있는 친아들을 죽인다는 것이 말이 되나? 콘스탄티누스 황제가 큰아들 크리스푸스를 죽인 이유는 아직도 미스테리이다. 크리스푸스와 파우스타 두 사람의 나이가 두 살 차이로 비슷했다는 점에서 연인 관계였을 가능성이 없지는 않다. 그리스 신화에도 페드로(Phaedro)와 히폴리토스(Hippolytus)처럼 이와 비슷한 이야기가 있지 않나?[5]

하지만 크리스푸스는 콘스탄티누스 황제와 마지막까지 황제 자리를 다툰 경쟁자 리키우스 정제와의 이스탄불 해전에서 결정적인 승리를 부친에게 안겨 준 가장 중요한 개국 공신이었다. 이런 아들이 부친의 아내이면서 황후와 간통을 했다는 것은 쉽게 납득이 가지 않는다. 필자가 보기엔 그리스

크리스푸스와 파우스트의 관계 상상도. 크리스푸스를 침대로 유혹하는 파우스트와 기겁을 하고 도망치는 크리스푸스. 이탈리아 화가 피에트로 다 코르토나(Pietro da Cortona, 1596~1669)의 작품. 피티 궁전 소장. Public Domain

신화의 테세우스와 마찬가지로 콘스탄티누스 황제가 철저히 오해했을 가능성이 높다. 일설에는 파우스타가 자신이 낳은 아들을 황제에 앉히기 위해 크리

5　그리스 신화에 따르면 아테네의 왕 테세우스(Theseus)의 두 번째 아내 파에드라(Phaedra)가 테세우스의 아들인 히폴리토스(Hippolytus)를 미치도록 사랑했다. 히폴리토스는 테세우스가 아마존의 여왕과 결혼하여 낳은 자식이다. 불행히도 히폴리토스는 파에드라의 사랑을 거절했고, 이 때문에 파에드라는 자살한다. 테세우스는 아들 히폴리토스가 아내 파에드라를 강간한 것으로 오해하였고, 그를 아테나에서 영원히 추방한다.

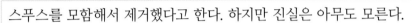
Codex Atlanticus

스푸스를 모함해서 제거했다고 한다. 하지만 진실은 아무도 모른다.

크리스푸스가 죽은 지 얼마 후 콘스탄티누스 황제는 파우스타도 뜨거운 증기탕에 가두어 죽였다. 파우스타가 증기에 질식해서 죽었는지, 아니면 욕실 물에 익사했는지는 알려져 있지 않다. 혹자는 크리스푸스를 모함해서 죽인 것이 알려지자, 격분한 콘스탄티누스 황제가 파우스타를 죽였다고 한다. 진실은 알려져 있지 않다. 다만 확실한 것은 크리스푸스의 죽음과 파우스타의 죽음이 밀접히 관련되어 있다는 점뿐이다.

결론만 놓고 보면 이유야 어떻든 콘스탄티누스 황제는 황제가 되는 과정에서 장인, 처형, 아들과 아내를 차례로 죽인 사람이었다. 마치 네로가 황제가 된 후에 그의 의붓동생과 모친, 그리고 그의 아내를 차례로 죽인 것처럼 말이다. 물론 과정과 동기는 완전히 다르긴 하다. 하여튼 그는 화폐 질서 개혁, 기독교 장려와 콘스탄티노플 건설 등을 주도한 역사적 명군임에는 틀림이 없다. 하지만 이처럼 잔인한 가족사 앞에서 콘스탄티누스 황제가 과연 성군인지, 폭군인지 여부는 독자들 판단에 맡겨야 할 것 같다.

(2) 세금은 오직 솔리더스와 황금으로, 솔져(Soldier)의 탄생!

4세기 로마에서는 이미 데나리우스가 화폐 기능을 거의 상실하였다. 따라서 특단의 조치가 필요했다. 콘스탄티누스 황제는 295년 디오클레티아누스 황제처럼 순도가 높은 새로운 은화를 발행해서 화폐 질서를 확립할 수도 있었다. 하지만 그는 디오클레티아누스 황제가 발행한 은 함유량 93%인 아르겐테우스(argenteus) 은화가 발행되자마자, 즉시 시장에서 사라진 것을 바라보고 있었다. 따라서 새로운 은화의 발행은 해법이 아니라는 것을 인식하고 있었을 것이다. 악화가 양화를 구축한다는 통화 법칙은 16세기 폴란드의 코페르니쿠스나 영국의 그래샴이 먼저 인식한 것이 아니고, 콘스탄티누스 황제가 역사상 가장 먼저 인식한 것은 아닐까?

하여튼 콘스탄티누스 황제가 데나리우스 가치하락으로 인한 화폐 경제 붕괴의 해답으로 시행한 것은 새로운 화폐의 도입이 아니었다. 그가 제시한 것은 금화를 일상적인 국내외 결제의 기본 수단으로 채택하자는 것이었다. 즉 금본위제의 도입이었다. 사실 콘스탄티누스 황제 시대에 확산한 금화 "솔리더스(solidus)"는 그가 처음으로 주조한 것도 아니었다. 솔리더스는 301년에 화폐 개혁에 심혈을 기울인 디오클레티아누스 황제가 처음으로 주조하였다. 디오클레티아누스 황제가 도입한 순도가 93%인 은화 아르겐테우스도 그의 화폐 개혁 과정에서 탄생한 것이다. 하지만 디오클레티아누스는 새로운 화폐를 발행하면서, 화폐의 "유통" 가능성을 간과했다. 즉 돈은 돌고 도는 것인데, 그는 이 중요한 특성을 간파하지 못했다. 새로운 화폐를 시장에 주입하는 곳에만 몰두했지, 이를 다시 환수하는 방법은 생각하지 못한 것이다.

콘스탄티누스 황제는 달랐다. 그는 솔리더스를 대량으로 주조하면서 동시에 이 솔리더스를 다시 황실로 환수할 수 있는 조치를 취했다. 그가 취한 조치는 매우 간단했다. 즉, 콘스탄티누스 황제는 금이나 솔리더스를 세금으로 받은 것이다. 예컨대 원로원 의원들에게 아우룸 오블라티키움(aurum olbaticium)이라는 세금을 부과하고, 이를 금으로 납부하라고 명령했다. 도시에 있는 의회인 큐리아(curia)에 대해서도 아우룸 코로나리움(aurum coronarium)을 부과하고, 중앙정부에 바치는 세금을 금으로 납부하라고 명령했다. 세금 납부는 솔리더스가 아니라도 금이기만 하면 상관이 없었다. 어떤 경우에는 지방 의회가 금화인 솔리더스가 아니라 금관(crown)을 세금으로 납부하기도 했다.[6]

상인들에게는 4년마다 크리사르지론(khrysargyron)이라는 세금을 부과했다.[7] 도입 초기의 크리사르지론은 금이나 은으로 납부해도 상관이 없었다. 하지만 4세기 말부터는 크리사르지론도 반드시 금으로 납부해야 했다. 크리사르지론은 콜라티오 루스트랄리스(Collatio Lustralis)라고도 불리웠는데, 나중에는 상인뿐만 아니라 기술자, 대출업자, 심지어 매춘부와 같이 수수료를 받고 소득을 받는 모든 이들에게 부과되었다.

콘스탄티노플 황제는 이보다 더 나아가서 황제 직속의 군인들에게도 솔리더스를 월급으로 지급했다. 이미 데나리우스는 실질 가치가 없었기 때문에 군인들을 통솔하기 위한 새로운 월급 수단이 필요한 시점이기도 했다. 이때부터 황제 직속의 군인들은 솔리더스를 받는 이라고 하여 "솔다리우스(soldarius)"라고 불렸다. 이 솔다리우스가 영어로 군인이라는 뜻인 "솔져(soldier)"의 어원이 된다.

312년, 콘스탄티누스는 라이벌이었던 막센티우스(Maxentius, c.278~312)에게 승리한 이후 솔리더스의 무게를 1/72 로마 파운드, 약 4.55그램으로 확정하였다. 그리고 1/72를 뜻하는 로마 숫자 LXXII 72를 솔리더스에 표시하였다.[8] 솔리더스는

6   Michael F. Hendy, 『Studies in the Byzantine Monetary Economy, c.300~1450』, Cambridge University Press, 2008, p. 175

7   크리사르지론은 그리스어로 금과 은이라는 뜻이다. 크리사르지론은 콘스탄티노플 황제가 도입했다는 설이 있고, 이전 황제인 세베루스 알렉산데르(재위 222~235) 황제가 도입했다는 설이 있다.

8   로마 숫자는 다음과 같다. I=1, V=5, X=10, L=50, C=100, D=500이고, 로마 숫자 중 가장 큰 수는 M, 즉 1,000이다. 그 이상의 수는 윗줄을 그었다. 예컨대 C에 윗줄을 그으면 100의 1,000배인 십만, M에 윗줄을 그으면 1,000의 1,000배인 백만인 식이다. 로마인의 1,000 단위 인식은 이후 유럽인들이 수를 셀 때 1,000단위에서 변하는 체계를 만드는 계기가 된다. 로마 이후 단위를 재정비한 한 나라는 프랑스 혁명 이후 프랑스이다. 프랑스는 지구의 북극에서 적도까지의 거리를 1천만으로 나눈 길이를 미터로 정했으며, 10의 배수를 기준으로 다음과 같은 접두사를 정했다. 10=데카(deca-), 10^2=헥토(hecto-), 10^3=킬로(kilo-), (10^4, 10^5는 없음), 10^6=메가(mega-), 10^9=기가(giga-), 10^{-1}=데시(deci-), 10^{-2}=센티(centi-), 10^{-3}=밀리(mili-), (10^{-4}와 10^{-5}는 없음) 10^{-6}=마이크로(micro-), 10^{-9}=나노(nano-). 프랑스식 미터법도

"견실한, 안정된"이라는 이라는 의미의 라틴어에서 유래한 만큼, 금화의 순도를 유지하고 추가로 금화를 발행하기 위해서는 황금이 반드시 필요한 상태가 되었다.

324년, 콘스탄티누스 황제는 기독교를 로마의 유일한 공식 종교로 인정하였다. 이 조치는 독실한 기독교 신자였던 콘스탄티누스 황제의 종교적 신앙심에서 비롯된 것이기는 하다. 하지만 100% 종교적 동기만 있었던 것은 아니었다. 여기에는 황금을 확보하기 위한 경제적 동기도 존재했다. 이에 따라 콘스탄티누스 황제는 324년 이후 그리스, 로마, 소아시아 반도, 메소포타미아 등지의 이른바 "이교도" 신전을 기독교라는 이름으로 파괴했다. 그 과정에서 그리스·로마신, 배화교, 유대교 등 각종 종교 신전에 보관된 황금이 대량으로 약탈되어 콘스탄티누스 황실로 유입되었다.

331년에는 소아시아 반도 전체로 신전의 파괴와 황금의 약탈이 확산하였다. 이에 따라 로마 제국 전체의 금 유통량이 310년

콘스탄티노플 건설을 지시하고 있는 콘스탄티누스 대제. 이 그림은 루벤스(Peter Paul Rubens, 1577~1640)의 그림을 양탄자(Tapestry)로 옮긴 작품(The Raphael de la Planche manufactory, 1633~1668)이다. 상트 페테르부르크 에르미타쥬 미술관 소장. 이 양탄자 그림은 프랑스의 웬만한 성(castle)에서도 쉽게 볼 수 있다.

로마 숫자 체계인 1,000에 따라 변하고 있음을 알 수 있다. 프랑스식 미터법을 쓰지 않는 나라는 지구상에 단 세 나라가 있는데, 미얀마, 리베리아, 그리고 미국이다.

60톤에서 370년 약 200톤으로 급증하였다고 한다.[9] 콘스탄티누스 황제는 이처럼 이교도 신전에 대한 파괴와 약탈 과정에서 획득한 금으로, 324년부터 기독교인의 이상이 실현된 기독교인을 위한, 기독교인에 의한, 기독교인들만의 도시를 새로 건설한다. 바로 콘스탄티노플(Constantinople)이었다. 12년 동안 이 도시를 건설하고 남는 황금은 솔리더스의 재료로 사용하였다.

이와 같은 콘스탄티누스 황제의 금본위제 핵심은 카이사르나 옥타비아누스 황제의 화폐 개혁과 맥락이 같았다. 즉 솔리더스의 액면가치와 실질가치를 일치시키는 것이었다. 동로마 제국의 황제들은 솔리더스의 철학적 바탕을 잘 이해하고 있었다. 따라서 콘스탄티누스 황제 이후의 황제들도 황금을 확보하여 솔리더스의 100% 순도를 유지하는

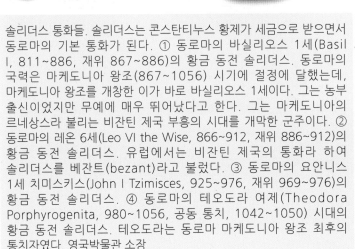

솔리더스 통화들. 솔리더스는 콘스탄티누스 황제가 세금으로 받으면서 동로마의 기본 통화가 된다. ① 동로마의 바실리오스 1세(Basil I, 811~886, 재위 867~886)의 황금 동전 솔리더스. 동로마의 국력은 마케도니아 왕조(867~1056) 시기에 절정에 달했는데, 마케도니아 왕조를 개창한 이가 바로 바실리오스 1세이다. 그는 농부 출신이었지만 무예에 매우 뛰어났다고 한다. 그는 마케도니아의 르네상스라 불리는 비잔틴 제국 부흥의 시대를 개막한 군주이다. ② 동로마의 레온 6세(Leo VI the Wise, 866~912, 재위 886~912)의 황금 동전 솔리더스. 유럽에서는 비잔틴 제국의 통화라 하여 솔리더스를 베잔트(bezant)라고 불렀다. ③ 동로마의 요안니스 1세 치미스키스(John I Tzimisces, 925~976, 재위 969~976)의 황금 동전 솔리더스. ④ 동로마의 테오도라 여제(Theodora Porphyrogenita, 980~1056, 공동 통치, 1042~1050) 시대의 황금 동전 솔리더스. 테오도라는 동로마 마케도니아 왕조 최후의 통치자였다. 영국박물관 소장

---

9 알레산드로 지로도, 앞의 책, p. 58

데 엄청난 노력을 기울였다. 이에 따라 솔리더스는 동로마 마케도니아 왕조 마지막 통치자인 테오도라 여제(Theodora Porphyrogenita, 980~1056, 공동 통치, 1042~1050) 시절인 AD 1,000년 전후까지 무려 600년이 넘는 기간 동안 진정한 유럽의 기축통화로서의 지위를 누렸다. 특히 로마 영토 깊숙이 들어왔던 프랑크족과 게르만족들은 서로마 영토는 신나게 약탈하면서도, 동로마의 금화 솔리더스는 서로 모방하기에 바빴다. 심지어 서고트족은 동로마 황제 유스티니아스를 자신들의 금화 솔리더스에 그대로 사용하기도 하였다.

테우데베르트 1세(Tehudebert I, 503~c.548)의 금화 솔리더스. 테우데베르트 1세는 프랑크족이었지만 동로마의 금화 시스템을 그대로 채용해서 모방했다. 534~548년경, 런던 인근 피너(Pinner) 출토. 영국박물관 소장

데나리우스가 불과 300여 년만에 시장에서 자취를 감춘 것을 고려하면, 솔리더스 혹은 다른 이름으로 비잔틴 제국의 통화라는 뜻인 베잔트(bezant)의 생명력이 얼마나 길었는지 가늠이 될 것이다.[10] 더 나아가 필자 연구에 따르면 솔리더스, 혹은 베잔트는 인류 역사상 베네치아 듀캇 500년, 이슬람의 디르함과 피렌체 플로린 300년, 영국 파운드화 100년 등을 넘어서 600년이라는 최장기간 기축통화 지위라는 기록을 가진 무시무시한 통화이다. 달러가 솔리더스 지위를 획득하려면 1945년을 기점으로 2545년까지 기축통화이어야 한다.

솔리더스 혹은 베잔트가 이렇게 오랫동안 기축통화로서의 지위를 계속 유지했던 이유는 다름 아닌 동로마의 기술·산업 및 무역 패권 때문이었다. 우선, 콘스탄티노플은 동방으로부터 향신료나 비단이 집산하는 교역의 중심지였다. 이곳에서 제노바나 베네치아, 피사의 이탈리아 상인들이 향신료나 비단을 구입해

---

10   원래 베잔트(bezant)는 비잔틴 제국의 금화를 통칭해서 부르는 용어이다. 따라서 4세기에 발행된 솔리더스(solidus)나 11세기에 발행된 금화 하이퍼피론(hyperpyron)도 모두 통칭해서 베잔트라고 불렀다. 이슬람인들은 동로마의 솔리더스를 모방해서 금화 디나르(dinar)를 제작했으므로, 이탈리아 상인들, 특히 베네치아 상인들은 이슬람의 금화도 베잔트라고 불렀다. 후일 십자군 원정으로 성립되는 예루살렘이나 트리폴리 왕국도 금화를 발행하는데, 이 금화도 베잔트 혹은 사라센 베잔트(Saracen bezant)라고 불렀다.

서 서유럽으로 팔았다. 이 과정에서 콘스탄티노플은 중계 무역의 이점을 톡톡히 누렸다. 그뿐만 아니라 콘스탄티노플 자체도 장신구 산업에서 유럽 최고의 기술 수준을 보유하고 있었다. 특히 『*황금, 설탕, 이자 – 성전기사단의 비밀*$^{(下)}$』編에서 서술하게 될 이레네 여제의 성상 파괴 운동 저지 이후 9세기부터 콘스탄티노플은 기독교의 교리와 역사적인 장면 등을 조각한 聖유물 조각 작품 기술이 절정에 달했다. 콘스탄티노플은 이 물품들을 서유럽에 팔아 막대한 무역 흑자를 기록했고, 바

콘스탄티노플 상아 조각품. 왼편은 강가에 있는 예언자 에제키엘(Ezekiel)의 앞에 나타난 성령의 모습이고, 오른편은 예루살렘에 입성하는 예수 그리스도의 모습. 위 제품 모두 아프리카 상아로 만들어서 가격이 매우 비쌌고, 기독교 국가들 위주였던 서유럽으로부터 수요 또한 많았다. 서유럽 사람들은 이 상아 조각으로 책의 표지를 장식하거나, 몸에 지니고 다녔다. 콘스탄티노플은 이 제품의 수출을 통해서 서유럽에 대해 막대한 무역 흑자를 기록했다. 이처럼 콘스탄티노플의 금화인 솔리더스(혹은 베잔트)가 600년 동안 기축통화로서 지속되었던 이유는 콘스탄티노플의 무역 패권 때문이었다. 콘스탄티노플의 이 기술자들은 후에 베네치아의 도제인 엔리코 단돌로가 4차 십자군 전쟁에서 승리하면서 모두 베네치아로 데려가, 베네치아 자신들만의 독자적인 유리 세공품 기술을 발전시키는 토대가 되기도 한다. 베네치아의 유리 세공 기술은 후일 프랑스의 꼴베르 재상이 베네치아 기술자들을 빼내면서 프랑스로 전파된다. 900~1000년경, 콘스탄티노플 출토. 영국박물관 소장

로 이 때문에 솔리더스나 베잔트 금화의 신뢰성이 600년 동안이나 유지될 수 있었다. 서두에서 지적한 대로 통화 패권은 기술 및 산업 패권과 무역 패권이 있어야만 유지되는 것이다.

(3) 솔리더스, 금본위제의 모태

솔리더스의 명성은 유럽뿐 아니라 전 세계에 알려져, 동서유럽은 물론이고

이슬람, 멀리 아프리카까지 그 사용 범위가 확대었다. 중세 동서양의 교역을 중계했던 이슬람인들의 금화 디나르(dinar)는 솔리더스를 모델로 하여 만들어질 정도였다. 나아가 금화의 액면 가치와 실질 가치를 일치시켜야 한다는 솔리더스의 통화 철학은 13세기 제노바의 제노인(genoin), 피렌체의 플로린(florin), 베네치아의 듀카트(ducat)와 같은 새로운 금화가 탄생하는 데 가장 결정적인 이론적 바탕이 되었다. 순도가 높고 일정하게 유지되면서 신뢰성이 높은 솔리더스 금화나 베네치아 금화인 듀카트 등의 탄생은 이 지역을 중심으로 국제무역 또한 급격히 증가시켰다.

일례로 베네치아가 향신료 무역을 통해 엄청난 부를 축적할 수 있었던 가장 중요한 바탕은 바로 순도가 높은 금화인 듀카트를 베네치아가 유통하였기 때문이었다. 베네치아에 향신료를 팔면 100% 순도의 금화 듀카트를 받을 수 있으므로, 이슬람 상인들이 지리적으로도 가까운 베네치아와만 거래하려고 하는 것은 너무나 당연한 현상 아니었을까?

콘스탄티노플의 삼중 성벽. 이 성벽은 유럽에서 가장 튼튼한 성벽으로 콘스탄티노플을 난공불락의 도시로 만들었다. 콘스탄티노플이 함락된 사건은 단 2번인데, 한 번은 1204년 베네치아의 4차 십자군 전쟁 때이고, 마지막 한 번은 오스만 튀르크의 1453년 콘스탄티노플 점령 때이다. 이스탄불 소재

나아가 이와 같은 솔리더스의 통화 철학은 산업혁명 이후 급격히 확대된 국제무역 거래의 기본 통화로 금을 사용해야 한다는 금본위제 철학으로 진화했다. 이 금본위제 철학은 세계 대공황, 2차 세계 대전, 브레튼 우즈 체제 출범, 닉슨의 금 태환 거부, 2008년 금융위기 등 세계 경제의 새로운 지평을 연 대형 사건들의 가장 결정적인 단초가 되기도 했다. 이 점에서 솔리더스가 오늘날 세계 무역과 화폐 경제에 끼친 영향력은 결코 무시할 수 없는 것이다.

하여튼 콘스탄티누스 황제의 금본위제 시행으로 동로마의 화폐 제도는 급속히 안정되었다. 확보된 금으로 순금 솔리더스를 주조하고, 주조된 솔리더스는 세금을 통해 동로마 황실로 다시 돌아왔기 때문이다. 나아가 콘스탄티노플은 인도와 유럽 사이의 국제교역을 중간에서 독점하였다. 특히 콘스탄티노플은 베네치아가 부상하기 전인 1,000년 전후까지 인도에서 수입한 향신료를 유럽 각지로 나누어 주는 허브 무역항의 역할을 하면서 막대한 양의 황금이 자연스럽게 축적되었다. 이 황금으로 다시 솔리더스의 화폐가치가 안정되면서 전형적인 선순환 경제 구조가 확립되었다. 즉, "국제무역 활성화 → 동로마 황금 축적 → 황실 재정 풍부·솔리더스 순도 유지 → 국제무역 활성화"의 선순환이 확립된 것이다. 이를 바탕으로 6세기 유스티니아누스 황제는 과거 로마 제국 전체의 영토를 거의 회복하면서, 동로마 최고의 전성기를 누리기도 했다.[11] 진정 솔리더스야말로 동로마가 콘스탄티노플 황제 이후 천년 동안 제국의 명맥을 유지한 가장 원초적인 바탕이었다.

불행히도 솔리더스의 화폐 가치 안정 효과는 서로마가 아니라 동로마에만 적용되었다. 서로마 화폐 데나리우스는 이미 걷잡을 수 없는 상태의 혼돈 상태에 빠져 있었고, 금화 솔리더스를 주조하기 위한 황금도 거의 없었다. 이에 따라 서로마는 화폐 붕괴에 이어 서로마 제국 자체가 붕괴되었다. 동로마에도 긍정적인 영향만 미친 것은 아니었다. 소액의 은화만을 믿고 거래하고 있던 중류층과 하류층은 보유하고 있던 금이 없었으므로, 금본위제로 인해 어느 날 갑자기 빈털터리가 되었다. 극심한 양극화가 진행되면서 농민들의 생활 또한 극도로 궁핍해졌다. 유스티니아누스 황제 이후 동로마의 영향력이 미치는 영역 또한 향신료 등의 국제교역으로 인해 황금이 집중된 콘스탄티노플, 발칸 반도와 맞은편 소아시

11　　　하지만 유스티니아누스 황제는 지나치게 제국의 영역을 확대함으로써, 솔리더스를 바탕으로 한 동로마 제국 경제가 유지할 수 있는 한계를 넘어서 버렸다. 특히 국제교역에 참여하지 않는 농민들의 궁핍화는 금본위제 도입의 부작용이었다. 특히 유스티니아누스 황제 시절인 5~6세기 지중해 유역에서는 처음으로 페스트가 만연했다. 한 기록에 따르면 542년 이스탄불에서만 하루에 1만 명의 사람들이 페스트로 죽어 나갔다고 한다. 나아가 동로마는 6세기 내도록 아나톨리아 반도 유역에서 페르시아와 소모적인 전쟁을 끊임없이 계속했다. 이로 인한 동로마 제국의 패권 약화는 전술한 대로 7세기 이슬람 세력 부흥의 결정적 계기가 된다.

아 지역 등으로 급격히 위축되었다.

콘스탄티누스 황제가 도입한 금본위제의 어두운 면이 바로 이것이다. 즉, 경제 활동과 국제무역 활동이 확산하기 위해서는 금화의 원료인 금이 끊임없이 새로 공급되어야 하는데, 금이 부족하면 금화의 유통이 저하되면서 실물거래와 국제교역의 흐름이 멈추게 된다는 것이다.

이와 같은 금본위제의 어두운 면이 최고조로 달한 시기가 바로 2차 대전 직전의 세계 경제였다. 즉, 1차 대전 직후 세계 각국이 금본위제를 시행하면서, 각국이 금을 확보하기 위한 경쟁에 돌입하자 금이 부족해졌던 것이다. 금 확보 경쟁으로 국제무역 결제를 위한 금이 부족해지면서 서구 열강들 교역 상호 간 무역 결제가 불가능했다. 이는 식민지 블록 간 국제무역이 단절되는 철의 장벽을 쌓는 결과가 되었다. 이에 따라 히틀러는 독일과의 국제교역 결제 수단으로 "아스키 마르크(Aski Mark)"를 채택했다. 아스키 마르크는 오직 독일제 상품만 구매할 수 있는 통화였다. 더 나아가 해외에서 중요한 원자재를 수입할 때 히틀러는 화폐가 아니라 그 나라가 필요한 독일 물자를 제공했다. 이는 실질적으로 히틀러가 국제교역을 독일 상품과 외국 상품의 물물교환 체제로 수행했다는 뜻이다.

영국, 프랑스, 미국도 자신의 교역권 내에서 통용되는 화폐를 오로지 자국의 화폐인 파운드, 프랑, 달러로만 한정하였다. 이는 필연적으로 주요 블록 간 글로벌 무역 결제를 거의 완벽하게 차단했다. 결국 세계 경제는 국제무역에서 금본위제가 가진 본질적인 딜레마를 끝내 해결하지 못하고, 상대 무역 블록을 차지하기 위해 물리적 폭력을 동원했다. 결과는 최소 6천만 명에 이르는 엄청난 사상자를 낸 역사상 최악의 전쟁인 2차 세계 대전이었다.

Pax Romana의 뱅킹 3
방카리의 등장과 로마 제국의 운명

14

라벤나 산비탈레 대성당 내부, 라벤나 소재

(1) 운키아룸 파에무스(Unciarum Faemus)

로마의 뱅킹 활동은 그리스의 상업 식민지가 위치해 있었던 남부 이탈리아부터 먼저 시작되었다. 동전 제조 기술 또한 남부 이탈리아에 있던 그리스 식민지를 거쳐 로마로 전파된 것이다. 따라서 로마 시대의 뱅킹은 사실상 그리스로부터 학습한 것이다. 특히 이탈리아 반도에 먼저 정착한 에트루리아인들은 동전 잉곳을 처음으로 제조했던 리디아 출신으로, 상업 활동과 뱅킹 활동에 상당히 전문적인 지식을 보유하고 있었을 것으로 추정된다. 공화정 이전 왕정 시대 로마 농민에 대한 가혹한 대출은 왕정이 붕괴되는 결정적 원인이었는데, 이 대출 활동은 그리스인들이나 에트루리아인들이 수행하였을 가능성이 높다.

로마 시대의 뱅킹은 그리스 시대보다 매우 활발했다. 이는 제국의 영토가 그리스보다 비교 불가능할 정도로 훨씬 넓었기 때문이다. 초기에는 대출 활동이 소비를 위한 것이었으나, 나중에는 점차적으로 생산 활동에도 대출이 나름 활발하게 전개되었다.[1] 로마인들은 공화정 수립 이후 표면적으로 고리 대금업을 매우 나쁘게 평가했다. 공화정 말기의 로마 철학자 카토^(Cato the Younger, BC 95~46)는 "농업보다 해상무역이나 고리대금이 수익이 더 많다. 하지만 해상무역은 위험하

---

1 Peter Temin, 『*Financial Intermediation in the Early Roman Empire*』, The Journal of Economic History, 2004, Vol.64(3), p. 719

고 고리대금업은 불명예스럽다."라고 고리대금업을 비판했다.[2] 심지어 카토는 고리대금업을 살인과 같은 중범죄로 간주했다. 카토 이외에도 키케로(Cicero), 세네카(Seneca) 모두 고리대금업을 비난한 대표적인 로마의 지식인들이었다.

하지만 실상은 달랐다. 우선 고대 로마는 채무불이행에 대해 매우 엄격한 벌칙을 부과했다. 채무를 이행하지 못하면 노예로 삼을 수도 있었다. 이는 채권, 채무 관계가 활발했고, 이를 매우 중시했다는 뜻이다. 나아가 카토 역시 표면적으로는 고리 대금업을 비판했지만, 「플루타르크 영웅전」으로 잘 알려진 플루타르크(Plutarch, 46~c.119)는 카토가 암암리에 고리대금업을 영위했다고 비난하기도 했다. 이는 로마에서 뱅킹 활동이 사실상은 상당한 정도로 활발했다는 반증이다.

BC 451~BC 450 (혹은 BC 443) 사이에 제정된 12표법(Duodecim Tabluae, Twelve Tables)에도 제3표(Table III)에 부채 전반에 대한 규정이 있다.[3] 이 규정에 따르면 채무자는 법정에서 채권자에게 자신이 부채를 지고 있다고 인정한 이후 30일 이내에 부채를 갚아야 한다. 부채를 갚지 못하면 채권자는 채무자에게 족쇄를 채워 법정에 강제로 데려갈 수 있었다. 이 2차 법정에서 부채상환 선고 후 60일이 지나도 부채를 갚지 못하면, 노예로 삼아 팔 수도 있었다.

키케로. 그는 귀족 가문 출신이 아니라, 신진 가문(Novus Homo) 출신이다. 언변과 글솜씨가 매우 뛰어난 변호사로 31세의 나이에 재무관이 되어 원로원에 진출했으며, 시라쿠사에서 아르키메데네스의 무덤을 발견하기도 한다. 카이사르의 반란이 일어났을 때 폼페이우스 편에 서서 카이사르의 반대편에 섰으나, 카이사르는 그를 죽이지 않고 용서해 준다. 2차 삼두정치 때는 오히려 옥타비아누스 편에 서서 안토니우스를 신랄하게 비난하였는데, 이 때문에 나중에 살생부 명단에 올라 결국 처형된다. 작자 미상. 프라도 미술관 소장. 출처: Wikimedia. Public Domain

---

2 시드니 호머, 리처드 실라, 앞의 책, p. 91

3 www.constitution.org/sps/sps01_1.htm

12표법은 "운키아룸 파에무스^(Unciarum Faemus)"라는 최고 이자율도 규정하고 있었다. 이 최고 이자율이 얼마인지에 대해서는 설이 분분한데 어떤 이는 파운드^(12온스) 당 1온스, 즉 연 8.33%^(1/12)라고 해석하는 이도 있고, 어떤 이는 연 10%라고 주장하기도 한다. 10%라고 주장하는 이들은 12표법의 이자율 규정이 다소 모호하다고 주장하는데, 필자가 보기에는 8.33%가 합리적인 해석이라고 본다. 왜냐하면 운키아룸^(unciarum)이라는 라틴어 자체가 1/12이라는 뜻이기 때문이다. 아울러 최고 이자율보다 높은 이자율을 적용하는 이는 지급받은 이자의 4배를 벌금으로 내야 했다.

하지만 연 8.33%라는 이자율이 엄밀하게 지켜졌는지는 의문이다. 로마인들이 8.33%로 최고 이자율을 다시 정하거나 아예 폐지하는 사례가 종종 발견되는데, 이는 실제로는 8.33%보다 높은 이자율로 대출하는 관행이 성행했다는 뜻이다. 가장 대표적으로 BC 367년에 제정된 역사적인 리키니우스-섹스티우스^(Lex Licinae Sextiae) 법에는 전국적으로 부채를 탕감하는 내용이 포함되어 있다.[4] 이 법은 지급한 이자를 원금에서 차감하는 방식으로 부채를 탕감하였다. 사실상 이자 자체를 불법화한 조치였다. BC 352년까지는 전쟁에서 승리한 후 발생한 전리품을 바탕으로 조성한 국가 공공기금에서 개인의 부채를 대신 상환하는 조치를 취하기도 했다. BC 347년에는 법정 이자율을 기존의 8.33%의 절반인 4.17%로 인하했다. 심지어 BC 342년에는 대출 이자 부과를 아예 금지했다.[5] 이는 고리대금업에 따른 평민들의 피해가 상당히 심각했음을 의미하는 것이다.

하지만 포에니 전쟁을 계기로 대출 관행은 급격한 변화를 겪는다. 왜냐하면 포에니 전쟁으로 로마의 대외 교역망은 지중해 전역으로 급격히 확대되었기 때문이다. 특히 포에니 전쟁 이후에는 교역용 선박에 대한 대출이나 투자가 유행

---

4 리키니우스-섹스티우스 법은 크게 세 가지로 구성되어 있다. 첫째, 집정관에 평민이 진출할 수 있다. 둘째, 이자는 원금에서 차감하고 나머지 원금은 3년 분할 상환한다. 셋째, 공유지의 선점 한도를 500 유게라(125 헥타르)로 제한한다.

5 시드니 호머, 리처드 실라, *앞의 책*, p. 93. 이자 부과 금지는 시행 후 얼마 못 가서 폐지된다. 아무도 대출을 하려고 하지 않았기 때문이다.

처럼 번졌다.[6] 주목할 부분은 교역용 선박에 대한 대출은 최고 이자율의 적용을 받지 않았다는 점이다. 클라우디아 법[Lex Claudia]조차도 교역용 선박 대출에 대한 이자율 상한은 설정하지 않았다. 이는 교역용 선박 대출이나 투자가 소비자 금융이 아니라 산업 금융의 성격을 가지고 있었기 때문이다. 해외 무역 활동에 이자율 상한을 적용하지 않는 이 전통은 수메르를 거쳐 페니키아, 바빌로니아 시대까지 지켜진 전통이기도 하다. 로마 역시 이 전통을 계승하였던 것이다.

나아가 교역용 선박은 대출이나 투자 실패의 위험도가 매우 높았다. 이 때문에 최고 이자율을 적용하면 해외 무역에 대한 대출이나 투자가 제대로 이루어지지 않았을 것이다. 로마 시대 선박 대출에 대한 이자율 혹은 투자에 대한 초과 수익은 원금의 20%였다. 20% rule은 수메르에서 비롯되었고, 이를 계승한 페니키아와 바빌로니아인들의 상거래 관행을 로마가 그대로 답습한 것이다.

20% rule은 로마인들이 전 유럽으로 확산시키면서 오늘날까지도 유지된다. 예컨대 오늘날 사모투자펀드[PEF]에서는 초과 수익의 20%를 펀드 운용사가 가져간다. 헤지펀드의 성과보수도 전 월 수익의 20%를 기준으로 이를 넘으면 초과 수익으로 간주하고 운용사가 가져간다.[7] 이 20% rule은 수메르인이 처음 만든 것이고, 이를 페니키아인과 바빌로니아인이 계승하였으며, 로마인들이 전 유럽으로 확산시킨 원칙이다.[8] 선박 대출 이외의 소비자 금융에 대한 로마의 최고 이자율은 술라 황제 이후 12%로 다시 바뀐다. 이는 실제 8.33%라는 최고 이자율이 시장에서 제대로 준수되지 않았다는 뜻이기도 하다.[9]

개인 간 이자율에 대한 통상적인 대출 이자율이 12%라는 일화는 아래와 같다. "차입자 율리어스 알렉산더는 60 데나리[denarii]의 은화를 빌렸고 이를 갚을

---

6 고대 로마에는 대출이나 투자의 개념이 구분되어 있지 않았을 것이다. 이 장에서는 대출과 투자라는 용어를 혼용해서 사용할 것이다.

7 이를 "High Water Mark Rule"이라고 부른다. 헤지펀드 초과수익에 상세 내용은 『대체투자 파헤치기(상)-헤지펀드』編 참조

8 PEF 초과 수익에 대한 상세 내용은 『대체투자 파헤치기(중)-PEF 성과배분 방식』編 참조

9 Peter Temin, *앞의 논문*, p. 720

책 읽는 어린 키케로(Marcus Tullius Cicero, BC 106~43)의 모습. 키케로는 고리대를 비난한 대표적인 로마의 변호사, 정치인이자 지식인이다. 그는 귀족 출신이 아닌 평민 출신으로, 수사학과 법학을 통해 정계에 입문했다. 안토니우스의 반대편인 옥타비아누스와 손을 잡지만, 결국 그 때문에 안토니우스가 보낸 호민관과 백부장에게 처형당한다. 위 사진은 밀라노에 있던 메디치 은행의 벽에 그려진 벽화인데, 고리대를 비난한 키케로를 메디치 가문이 숭상했다는 것이 왠지 아이러니해 보인다. 밀라노 메디치 은행 벽화. 15세기경. 왈라스 컬렉션 소장

것을 진심으로 약속한다. 대출자 알렉산더는 상기 60 데나리에 대한 이자를 월 1%로 할 것을 진심으로 약속한다."[10] 더구나 정복 활동이 계속되어 전리품과 물자가 로마 제국으로 유입되자 실질 이자율은 더욱 하락하였다. 로마 시대 최고

---

10 "Julius Alexander, the lender, required a promise in good faith that the loan of 60 denarii of genuine and sound coin would be duly settled on the day he requested it. Alexander, son of Cariccious, the borrower, promised in good faith that it would be so settled, and declared that he had received the sixty denarii mentioned above, in cash, as a loan, and that he owed them. Julius Alexander required a promise in good faith that the interest on this principal from this day would be one percent per thirty days and would be paid to Julius Alexander or to whomever it might in the future concern. Alexander, son of Cariccius, promised in good faith that it would be so paid. Titius Primitius stood surety for the due and proper payment of the principal mentioned above and of the interest. Transacted at Alburnus Maior, October 20, in the consulship of Rusticus (his second consulship) and Aquilinus." Peter Temin, 앞의 논문, p. 720

의 문장가인 키케로^(Cicero)는 "옥타비아누스가 이집트를 정복하여 전리품을 로마에 들여오기 시작하자 이자율이 60% 정도 하락했다."라고 기록하기도 했다.[11] 이때가 기원전 1세기경이다.

하지만 이자율이 12%보다 낮거나 높은 경우도 종종 발견된다. 특히 12%보다 높은 이자는 로마법이 적용되지 않는 외국인에 대한 대출에서 종종 발견된다. 12%보다 높은 이자율이 적용된 가장 유명한 사례는 카이사르 암살을 주도한 브루투스 사례이다. 즉 BC 44년, 마르쿠스 유니우스 브루투스 (Marcus Junius Brutus, BC 85 ~ BC 42)가 오늘날 튀르키예 지방에 있는 카파도키아 왕에게 연 48%의 이자율로 대출을 했다는 기록이 있다. 하지만 당시 법정 이자율은 12%였다. 이보다 4배나 높은 고리 대출을 한 것이다. 추정컨대 대출을 받아간 이가 외국인이었으므로 이와 같은 거래가 금지되지는 않았을 것으로 본다.

특이한 것은 로마인들은 이와 같은 금융 활동을 자신들이 직접 수행하지

카이사르를 암살한 브루투스의 흉상. 이 작품은 로렌초 메디치의 증손자인 알레산드로 메디치(Alessandro de' Medici, 1510~1537)의 암살 사건을 모티브로 제작된 것이다. 알레산드로를 암살한 이는 치열한 권력 다툼을 벌이던 메디치 가문 중의 로렌치노(Lorenzino de' Medici, 본명 Lorenzo di Pierfrancesco de' Medici, 1514~1548)였다. 로렌치노는 알레산드로를 암살한 후 베네치아로 도피했는데, 로렌치노는 자신이 마치 카이사르를 암살한 브루투스라고 공공연히 떠들고 다녔다고 한다. (알레산드로 암살 이후 로렌초 메디치의 직계 가문이 단절되고, 방계 가문 출신이던 코시모 1세가 피렌체를 통치한다.) 이 흉상은 미켈란젤로가 메디치 가문을 반대하던 리돌피(Niccolò Ridolfi, 1501~155) 추기경으로부터 의뢰받아 제작한 미완성 조각품이다. 한편 로렌치노는 베네치아에서 11년 후 암살되는 데, 이 암살의 배후에 알레산드로를 사위로 둔 신성로마제국 황제 카를 5세가 있다는 설이 있다. 피렌체 바젤로 미술관 소장

---

11   Peter Temin, *Ibid*, p. 720

않았다는 점이다. 금융업과 상업을 천대하는 풍조가 있었고, 당시에는 뱅킹 활동이 겉으로만 보면 누가 보아도 고귀한 직업은 아니었기 때문이다. 예컨대 로마 시대에는 세금 징수를 담당하는 세금 징수원이 따로 있었다. 로마는 일종의 입찰을 거쳐 가장 많은 세금을 거둘 수 있다고 약속한 세금 징수원을 고용해서 세금을 징수했다. 그렇다고 로마인들이 금융업과 상업을 완전히 무시한 것은 아니었다. 대외 전쟁이나 농업에 주력하면서도, 금융업이나 상업 활동을 일정 수준 향유하고 있었다. 다만 로마인들은 금융이나 상업 활동을 직접 수행하지 않고, 주로 대리인이나 외국인을 통해서 금융업과 상업 활동을 향유했다.

(2) 멘사리(Mensarii) 혹은 방카리(Bancarii)의 등장

로마에서 금융 업무를 수행하였던 대리인들을 멘사리(mensarii) 혹은 방카리(bancarii)라고 불렀다. 이들이 금융 업무를 주로 수행하였던 테이블이나 벤치가 라틴어로 멘사(mensa) 혹은 방카(banca)였기 때문이다. 이 방카리가 오늘날 뱅커의 어원이 된다. 특히 로마 시대에 환전 업무에 집중하던 은행가들은 누물라리(nummularii, coin dealer) 혹은 아르겐타리(argentarii, silversmiths)라는 별도의 호칭도 가지고 있었다. 추정컨대 멘사리, 방카리나 아르겐타리는 대부분 그리스인, 유대인 혹은 에트루리아인이었을 것으로 본다. 왜냐하면 로마인들은 금융업을 직접 수행하지 않았고, 이들 그리스인, 유대인과 에트루리아인 모두 로마가 이탈리아 반도를 통일하기 훨씬 이전부터 상업과 금융 활동에 종사하고 있었기 때문이다.

멘사리와 방카리의 주요 업무는 환전이었다. 이는 그리스의 트라페지테 역할과 같다. 이들이 환전 업무를 수행한 장소는 주로 광장(forum)이었다. 광장에서 테이블이나 벤치를 놓고 호객행위를 한 것이다. 로마 제국에서 가장 큰 광장인 포로 로마노(Foro Romano)는 이들의 가장 큰 영업 무대였다. 왜냐하면 로마의 개방정책에 따라 포로 로마노에는 수많은 외국 상인들이 모여들었기 때문이다.

이 외국인들은 각 지역의 화폐를 가지고 로마의 화폐로 교환하기 위해 너도

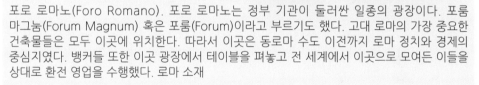

포로 로마노(Foro Romano). 포로 로마노는 정부 기관이 둘러싼 일종의 광장이다. 포룸 마그눔(Forum Magnum) 혹은 포룸(Forum)이라고 부르기도 했다. 고대 로마의 가장 중요한 건축물들은 모두 이곳에 위치한다. 따라서 이곳은 동로마 수도 이전까지 로마 정치와 경제의 중심지였다. 뱅커들 또한 이곳 광장에서 테이블을 펴놓고 전 세계에서 이곳으로 모여든 이들을 상대로 환전 영업을 수행했다. 로마 소재

나도 방카리를 찾았을 것이다. 전성기 때 최소한 100만의 인구가 거주하던 로마는 아마도 당시 전 세계에서 가장 큰 금융 중심지가 아니었을까? 다만, 상상컨대 거대한 광장 한가운데서 테이블이나 벤치를 펼쳐 놓고 외국 상인들을 상대로 환전하는 방카리는 누가 봐도 로마 원로원이나 귀족들이 담당할 수 있는 고귀한 직업은 아니었으리라.

환전 업무 외에도 멘사리와 방카리는 귀족들이나 부유한 평민들로부터 자금을 위탁받아 보관하였다. 방카리는 이 보관된 돈을 "디포지팀(depositum)"이라고 불렀다.[12] 이것이 오늘날 영어로 "디파짓(deposit)"이라 부르는 예금의 시초이다. 하지

---

12 Jacobine G. Oudshoorn, 『The Relationship between Roman and Local Law in the Babatha and Salome Komiase Archives』, Leiden·Boston, 2007, p. 134

만 현재의 은행이 고객 돈으로 자신들 마음대로 대출하는 것과 달리 고대 로마의 방카리들은 디포지텀에 대한 소유권이 없었다. 따라서 디포지텀은 방카리 마음대로 처분할 수 없었다. 디포지텀은 탤리(Tally)라는 인장을 붙여 별도로 보관하였다. 방카리는 보관된 은화 데나리의 무게와 순도를 언제, 누가 측정하였는지 탤리에 기록하고는 보관

로마 시대 방카리가 디포지텀에 사용했던 인장 탤리(Tally), 가장 왼쪽 ①은 기원전 70년 7월(Quintilius) 1일에 방카리였던 필로다무스(Pilodamus)가 데나리의 무게, 수량, 순도를 확인하고 기록했다는 탤리이다. 두 번째 ②는 AD 10년경 탤리인데, 기록 날짜가 기존의 7월을 의미하는 퀸틸리우스(Quintilius)에서 카이사르의 생월인 7월을 기념하는 이름인 쥴리우스(Julius)로 바뀌어 있다. 세 번째 ③은 기원전 85년 10월 5일, 코케로(Cocero)라는 방카리가 이를 확인했다는 탤리이다. 네 번째 ④는 기원전 46년 11월 13일 기록된 탤리로, 뒷면에는 방카리 이름이 G(aius) IUL(ius) AEM(ilius Lepidus)라고 새겨져 있다. 영국박물관 소장

된 데나리 자루에 끈으로 묶어 부착하였다. 탤리로 묶여진 자금은 소유자가 요구하면 언제든지 돌려주어야 했다. 그 대가로 탤리가 부착된 자금은 이자를 지급하지 않았다.

디포지텀과는 달리 동일한 동전이 아니라, 동일한 가치를 지닌 금액으로 반환할 수 있는 예금을 "디포지텀 이레귤라레(depositum irregulare)"라고 불렀다. 이 예금은 탤리와 같은 인장으로 별도 구분하지 않았고, 방카리는 자기가 보관한 다른 동전과 섞어서 사용했다. 방카리는 이 예금을 재원으로 다른 이들에게 대출을 할 수도 있었다. 왜냐하면 이 자금의 소유권은 방카리에게 있었기 때문이다. 방카리는 이 자금에 대해서는 이자를 지급했다.[13] 혹시라도 멘사리나 방카리가 파산을 하게 되면 이자가 지급되지 않는 예금이 우선적으로 보호되는 예금자 보

13   Peter Temin, 『The Economy of the Early Roman Empire』, Journal of Economic Perspectives, 2006, Vol.20(1), p. 145

호법 체계도 갖추어져 있었다.[14]

로마 시대 뱅커 중 가장 잘 알려진 이는 폼페이 市에 살았던 루시우스 카실리우스 유쿤두스(Lucius Caecilius Jucundus, c.14~c.62)이다. 79년에 폭발한 베수비우스 화산 때문에 와인 도시 폼페이 시의 유물이 온전히 보전되면서, 그의 뱅킹 활동에 대한 기록이 온전히 보전되었기 때문이다. 그는 상인들로부터 상품 보관을 위탁받고 이를 대신 판매한 후, 판매 대금을 상인들에게 지급하였다. 나아가 필요할 경우에는 일반인들로부터의 예금을 바탕으로 상인들에게 대출 활동도 동시에 수행했다. 유쿤두스가 예금을 받고 대출을 수행했다는 사실은 폼페이에서 발견된 진흙 판 태블릿(tablet)을 통해서 알려졌다.[15]

이처럼 로마의 방카리가 국내외 상업 활동의 결제를 활발히 중개하면서 환어음까지도 발행했다. 환어음은 오늘날 국제무역 거래과정에서의 신용장의 개념과 운용 방식이 완전히 같다. 이와 같은 환어음을 발행하고 결제하기 위해서는 방카리의 지점이 로마 제국 전역에 설치되어 있어야 한다. 실제로 로마의 방카리들이 서로 다른 지역이나 식민지 국가에 지점을 설치했다는 증거는 셀 수 없이 많이 찾아볼 수 있다.

예컨대 기원전 4세기경부터 포로 로마노(Foro Romano)에는 뱅커들이 이미 자리를 잡고 환전 업무, 예금 업무, 이체 업무 등 활발한 뱅킹 활동을 수행하고 있었다. 한 일화에 따르면, 기원전 224년에 플라우투스(Plautus)가 포르미오(Phormio)에게 포로 로마노에 가서 일정 금액을 자신의 계좌에 입금하라고 하자, 포르미오가 이미 그 돈을 자신의 채권자에게 수표로 발행해 주었다고 한다.[16]

로마 시대 가장 뛰어난 문호였던 키케로(Cicero) 역시 그의 아들이 아테네로 갔을 때, 키케로의 친구인 아티쿠스(Atticus)에게 편지를 써서 그의 아들에게 직접 돈

14 디포지텀과 디포지텀 이레귤라레와 같은 은행법은 6세기 유스티니아누스 황제 때 더욱 더 정교하게 정비된다.

15 Peter Temin, 앞의 논문, p. 145

16 Henry Dunning McLeod, 『Theory and Practice of Banking』, Third Edition, Volume I, Longmans, Green, Reader, and Dyer, 1875, p. 258

을 줘야 하는지, 아니면 아테네 은행에서 돈으로 환전할 수 있는 증서를 줘야 하는지 물어보는 편지가 있다. 이는 계좌 이체와 여러 곳에 지점을 운영하면서 결제 환어음을 처리하는 뱅킹 활동이 로마에 매우 보편적으로 전개되고 있었다는 뜻이다.

특히 키케로는 은행업을 영위하는 루키우스 에그나티우스^(Lucius Egnatius)를 자신의 친구 중에 가장 친한 사람이라고 밝히기도 했는데, 에그나티우스는 아시아에서 은행업을 영위하고 있었다.[17] 로마 시대의 아시아는 오늘날 튀르키예 지방을 가리킨다. 이를 통해 보건대 로마 시대 방카리들은 그리스, 튀르키예 등 로마 제국 전역에 걸친 여러 지점을 통해 매우 광범위한 범위에서 영업활동을 영위했음을 알 수 있다.

로마 제국 전역에 걸친 영업활동 덕분인지 몰라도 로마의 귀족들은 은행업을 영위하는 이들로부터 수시로 자금을 빌렸다. 특히 집정관에 선출되기 위해서는 원로원을 대상으로 한 집중 로비가 필요했는데, 이 과정에서 엄청난 자금이 필요했다. 따라서 집정관에 오른 이들 중에는 대규모 부채에 시달리는 사례가 많았다. 가장 대표적인 인물이 카이사르이다. 카이사르는 천재 군인이었지만, 재물 욕심은 별로 없어서 항상 많은 빚을 지고 있었다. 카이사르의 인물 됨됨이를 보고 적극적으로 돈을 빌려준 이가 바로 폼페이우스와 함께 삼두정치를 이끈 크라수스^(Marcus Licinius Crassus, BC c.115~ 53)이다.

크라수스는 독재관 지위를 통해 정적을 무자비하게 제거한 술라^(Lucius Cornelius Sulla Felix, BC 138 ~ 78)의 공포정치를 이용해 갖가지 편법을 동원해 막대한 재산을 모은 로마 제국 최대의 부호였다. 일설에 따르면 BC 67년경 로마 공화정의 예산이 2억 세스테리우스였는데, 크라수스의 재산이 이에 육박하는 1.7억 세스테리우스였다고 한다. 크라수스는 2008년 포브스가 선정한 역사상 가장 부유한 인물

---

17 Cicero, 『Epistulae ad Familiares』, Cic. Fam. 13.46. "Lucius Egnatius is my most intimate friend among the Roman knights. I commend to you his slave Anchialus and his banking business in Asia as earnestly as if I were commending my own business."

에서도 현가 1,698억 불의 자산가로 8위를 기록
하기도 하였다. 하여튼 크라수스는 자신이 보
유한 막대한 부를 활용하여 원로원 귀족들
에게 대출함으로써 정치적 영향력을 키운 인
물이다. 근대 뱅커의 대명사 로쉴드 가문보다
1,800여 년 전에 뱅킹을 통해 정치적 힘을 키운
것이다. 하지만 크라수스는 카이사르보다 훨씬 명
망이 높았던 당대 최고의 군인인 폼페이우스
(Gnaeus Pompeius, BC106~48)와는 사이가 별로 좋지
않았는데, 이는 카이사르와 달리 폼페이우스
는 크라수스에게 돈을 빌린 적이 없기 때문이었
다.[18]

역사상 가장 유명한 여왕인 클레오
파트라 7세의 부친인 프톨레마이오스
12세(Ptolemy XII Auletes, c.BC 117~51)의 권력 다
툼에도 로마의 뱅커들이 등장한다. 우
선 프톨레마이오스 12세는 전임 파라
오인 프톨레마이오스 11세가 공동통치
자인 왕비를 살해하자 분노한 시민들

크라수스. 부친이 집정관까지 지낸 전통
로마 귀족 가문 출신이다. 술라 내전 기간 중
부친과 다른 형제를 잃으면서 풍비박산이
났으나, 술라 편에 서서 큰 공을 세우면서
승승장구한다. 술라가 정적을 제거할 때
앞장서서 이를 실행했으며, 이 과정에서
수단과 방법을 가리지 않고 재산을 긁어모아
로마 최고의 갑부가 되었다. 하지만 정치적
평판은 폼페이우스에게 비교가 안 될 정도로
초라했고, 이를 만회하기 위해 파르티아
원정길에 올랐다가 사망한다. 사진: Diagram
Lajard, 출처: Wikimedia, Public Domain

의 반란으로 사망하자, 전임 파라오의 적자가 아님에도 불구하고 그의 뒤를 이어
파라오가 된 인물이다. 이처럼 파라오 즉위의 정당성이 부족했던 그는 자신의 파

---

18   카이사르는 폼페이우스보다 명망이 낮아 이를 만회하고자 자신의 딸로서 젊고 아름다운 율리아(Julia Casesaris,
BC c.76~54)를 폼페이우스에게 시집 보냈다. 하지만 율리아는 출산 후 산욕열로 20대의 젊은 나이에 허망하게 사망한
다. 산욕열은 손씻기 보편화와 소독약이 개발된 19세기 중반 이전까지는 동서양의 임신부 거의 모두에게 어느 정도는 흔한
질병이었다. 대표적으로 석가모니의 모친 마하마야(Mahamaya, BC ? ~563), 헨리 8세의 유일한 외동아들(에드워드 6
세)을 출산한 제인 시모어(Jane Seymour, 1508~1537), 무굴 제국 샤 자한의 부인인 뭄타즈 마할(Mumtâz Mahall,
1593~1631) 등이 산욕열로 사망했다. 하여튼 딸의 산욕열 사망을 계기로 카이사르와 폼페이우스는 적대적 관계로 바뀌게
되고, 폼페이우스는 카이사르를 피해 도주한 이집트에서 허망하게 죽는다.

라오 지위를 공고히 하기 위해, 당시 로마에서 가장 명망이 높았던 장수인 폼페이우스에게 황금관을 뇌물로 주거나 그의 용병 고용에 필요한 자금을 제공했다. 이것도 모자라 프톨레마이오스 12세는 BC 60년 당시 삼두정치를 하고 있던 로마로 직접 건너가 이집트 정부 1년 세수에 해당하는 6,000 탈란트를 갖다 바쳤다. 그 결과 BC 59년, 로마 원로원은 이집트를 우호국이자 동맹국(amici et socii populi Roman)으로 인정했다.

하지만 로마는 이집트 속령이던 키프로스를 바로 그다음 해에 점령해 버렸고, 로마와 프톨레마이오스 12세에게 배신당했다고 느낀 알렉산드리아 시민들의 분노는 하늘을 찔렀다. 파라오 자리는 물론이고 목숨까지 위협을 느낀 프톨레마이오스 12세는 알렉산드리아를 탈출하여 로마로 가서 재기의 기회를 노린다. 이때 등장하는 것이 로마의 뱅커들이다. 즉, 프톨레마이오스 12세는 그곳에서 가이우스 라비리우스(Gaius Rabirius Postumus)를 비롯한 다수의 로마 뱅커들로부터 무려 10,000 탈란트의 돈을 빌린 후, BC 55년에 로마 장수 아

프톨레마이오스 12세. 그는 전임 파라오인 프톨레마이오스 11세가 공동통치자인 왕비를 살해하면서 분노한 시민들의 반란으로 사망하자, 그의 뒤를 이어 파라오가 되었다. 그는 자신의 파라오 지위를 공고히 하기 위해 로마, 특히 폼페이우스 장군에게 엄청난 외교적 공을 들이게 된다. 한편 알렉산드리아를 재점령하고 나서 프톨레마이오스 12세는 로마의 내정 간섭이나 혼란한 국정에 아무런 관심은 없고 태평스럽게 피리만 불었다고 해서, 사람들은 그를 아울레테스(Auletes), 즉 피리 부는 사람이라고 불렀다. 그는 사망할 때 클레오파트라 7세와 프톨레마이오스 13세의 공동 통치를 유언으로 남겼다. BC 1세기경 대리석 두상, 루브르 박물관 소장. Public Domain (사진: 프랑스 사진 작가 Marie-Lan Nguyen)

울루스 가비니우스(Aulus Gabinius, c.BC 101~c.BC 48)에게 이 돈을 뇌물로 갖다 바쳤다. 가비니우스는 이 돈을 받고 이집트 침공을 감행했고, 프톨레마이오스 12세는 다시 권력을 되찾게 된다. 이 당시 이집트 알렉산드리아 황실의 1년 세수가 6,000 탈란트였으니, 그가 로마 뱅커들에게 빌린 1만 탈란트가 얼마나 엄청난 규모인지

가늠이 될 것이다.

하여튼 로마 뱅커들에게 빌린 돈을 갚을 길이 없던 프톨레마이오스 12세는 가이우스를 알렉산드리아의 재무관^(dioiketes)으로 임명하고, 알렉산드리아의 모든 재정을 그에게 아예 맡겨 버렸다. 가이우스는 로마의 뱅커들을 대신하여 빌려준 돈을 받기 위해 알렉산드리아의 세금을 계속해서 올렸다. 알렉산드리아 시민들의 불만이 극에 달하자, 궁지에 몰린 프톨레마이오스 12세는 로마 뱅커 가이우스를 감옥에 가두어 버렸다. 빌린 돈을 상환할 다른 방법을 찾지 못하던 프톨레마이오스 12세에 남은 옵션은 하나였다. 즉 자국의 통화 가치를 떨어뜨려 빚을 갚은 것이다. 그 결과 그의 임기 말 알렉산드리아의 통화 가치는 그가 파라오를 시작했을 때보다 대략 50%나 하락한 상태였다고 한다.

다만 로마의 뱅킹 활동은 근대 이후 엄청난 규모로 성장한 뱅커들과 달리 규모가 작았다. 로마의 지배 계층이 뱅킹 활동에 주도적으로 참여한 적은 거의 없었고, 그리스인이나 에트루리아인, 유대인과 같은 외국인에게 뱅킹 활동을 거의 전적으로 맡겼기 때문이다. 프톨레마이오스 12세에게 1만 탈란트라는 거액의 자금을 빌려준 로마의 뱅커들도 소수의 뱅커가 대규모 자금을 빌려주었다기보다는, 다수의 여러 뱅커들이 소액의 자금을 모아서 빌려주었을 가능성이 높다. 로마는 법과 제도 측면에서 세계 최고의 안정성을 갖추고 있었으므로, 이렇게 해도 채무 상환에는 크게 문제가 없었을 것으로 필자는 생각한다. 나아가 뱅킹 활동에 대한 사회적 인식도 그렇게 우호적이지 않았다. 키케로나 세네카 같은 로마의 대표적 지식인들은 이자를 죄악으로 간주하기까지 했다. 로마 최대의 부호 크라수스도 원로원에서 정치적 영향력은 막강했을지 몰라도, 로마인들에게는 평판이 그리 좋지 않았다. 그는 로마인들로부터 우호적인 평판을 얻기 위해 시리아 총독으로서 전투 경험도 거의 없는 상태에서 무리하게 파르티아와 전투를 수행하다 결국 전사했다.

(3) 뱅킹의 유럽 전파와 정착

결론적으로 로마의 뱅킹 활동은 이전의 그 어느 시대보다 활발했었다. 뱅킹 활동은 메소포타미아에 출발하여 페니키아, 리디아, 페르시아, 그리스로 전해졌지만 로마만큼 활발한 뱅킹 활동을 전개한 곳은 없었다. 뱅커라는 어원 자체도 로마의 방카리에서 유래한 것이니, 로마에서 근대와 현대 뱅킹의 모태가 형성되었다고 평가해도 결코 과장된 것은 아니다. 특히 로마는 활발한 뱅킹 활동은 물론이고 뱅킹 활동을 뒷받침하는 법적, 제도적 환경까지도 세세하게 매우 잘 구비되어 있었다.

『뱅킹의 이론과 실제』*(Theory and Practice of Banking)* 를 저술한 스코틀랜드 경제학자 헨리 멕레드*(Henry Dunning McLeod, 1821~1902)* 는 이와 같은 점을 근거로 뱅킹 영업은 로마인이 발명했다고까지 평가했다.[19] 필자가 보기에 그의 주장은 다소 과장된 측면이 있다. 왜냐하면 로마보다 훨씬 앞선 메소포타미아의 에기비 가문*(House of Egibi)*이나 그리스의 트라페지테도 로마의 방카리와 유사한 뱅킹 업무를 수행하고 있었기 때문이다.

다만 메소포타미아의 에기비 가문이나 그리스의 트라페지테는 영업을 수행한 지리적 범위가 로마와 비교가 안 될 정도로 좁았고, 그리스는 로마처럼 뱅킹 관련 규정을 법으로 명문화해서 제국 전체에 통일하여 시행한 적이 없었다. 로마가 뱅킹 활동을 발명했다는 헨리의 평가는 실제 경제 활동의 측면보다는 이를 보완하는 법률 규정을 로마가 광범위하고 세세하게 처음으로 만들었다는 점에서 어느 정도는 일리가 있는 평가라고 본다. 무엇보다도 로마가 뱅킹의 개념과 활동을 유럽 전역으로 전파하여 확실히 정착시켰는데, 이 점에 비추어 볼 때 헨리의 평가가 아주 틀린 것은 아니다.

헨리 멕레드는 한 걸음 더 나아가 로마가 소국에서 제국으로 발전한 가장 큰

---

19 Henry McLeod, 『*Theory and Practice of Banking*』, Longmans, Green, Reader & Dyer, p. 282

이유 중의 하나가 뱅킹 산업의 발전이라고 단언했다. 필자는 이 평가에는 전적으로 동의한다. 우선 로마가 제국으로 부상한 가장 결정적인 계기는 포에니 전쟁이었다. 하지만 포에니 전쟁 때 로마는 전쟁을 수행할 재정이 매우 부족했다. 물론 용맹성으로 투철히 무장한 무시무시한 애국심이라는 로마 시민 특유의 정신력이 바탕에 깔려 있었다. 하지만 전쟁은 정신력으로만 하는 것이 아니다. 반드시 물자 보급이 있어야 한다. 2차 대전 때 일본인이 인도의 영국군을 상대로 개전한 임팔(Imphal) 전투는 보급로를 철저히 무시하고 정신력만을 강조하는 전투가 얼마나 허망한 결과를 가져오는지 보여 준 대표적 사례이다. [Fun Fun 상식]

로마는 이 점을 잘 인식하고 있었다. 따라서 자금조달을 통한 전쟁물자 확보에 최선을 기울였다. 부족한 정부 재정 하에서 전쟁물자 확보를 위한 수단으로 로마가 선택한 것은 바로 상인들의 뱅킹 영업을 활용하는 것이었다. 로마 정부가 돈이 없었으니 상인들을 브로커로 활용하여 민간의 자금을 빌린 것이다. 이는 중세·근대 서유럽 왕들과 1, 2차 대전에서 서유럽 국가들이나 일본의 전쟁 수행 방식에도 그대로 사용되었다.

예컨대 일본은 러·일 전쟁을 수행하는데 필요한 자금을 조달하기 위해 영국과 미국에서 일본 국채를 발행하여 자금을 조달하였다. 후일 일본 중앙은행 총재가 되었던 다까하시 고레키요(高橋 是清, 1854~1936)가 런던과 뉴욕에서

다카하시 고레키오. 1869년에 만들어진 일본 근대의 귀족인 화족 출신으로, 20대 내각 총리대신을 지냈다. 13세 때 미국으로 건너가 공부한 후, 문부성, 농상무성 등에 근무하였고 나중에는 일본은행 총재까지 된다. 이후 삼국간섭 때 일본을 저지했던 러시아와의 전쟁을 준비할 때, 런던과 뉴욕에서 국채 발행을 주도하여 전쟁 비용 마련에 성공하였다. 1927년 쇼와 금융공황 때는 이를 처리하기 위해 대장성을 책임졌고, 이후 세계적 대공황이 발생하자 인플레이션을 억제하기 위해 군부 예산을 축소하려다가 일본 군부와 정면충돌 하였다. 결국 1936년 2월, 일본의 청년 장교가 그를 암살하면서 일본 군국주의는 통제력을 잃고 제국주의의 길을 걷게 된다. 출처: 근세명사진집(近世名士写真其, 1934~1935 발간). 출처: Wikimedia, Public Domain

국채를 발행하는 뱅킹 활동이 없었다면, 일본은 당시 GDP 규모가 일본의 10배나 되는 대국 러시아를 상대로 한 전쟁에서 승리하기는커녕 아예 개전을 생각할 엄두조차 못 내었을 것이다.

1차 세계 대전에 늦게 참전한 미국도 마찬가지였다. 미국은 당시 산업화를 통해 경제가 극도의 활황세를 시현하여 재정 여력이 부족하진 않았지만, 전비 조달을 위해 국채를 발행해 민간에 매각해서 전비를 조달했다. 이 국채 이름이 이른바 "자유 채권(Liberty Bonds)"이다. 미국 정부는 자유 채권을 민간에 팔기 위해 영화배우 찰리 채플린까지 동원하여 마케팅에 열을 올렸다.

국채 발행이 일본이나 미국처럼 항상 성공

김옥균. 공주 출신으로 어린 나이에 과거에 급제하여 관료로서 승승장구한다. 어릴 때부터 포부가 대단하여 "저 달은 비록 작지만, 온세상을 다 비추는구나."라는 유명한 말을 남겼다. 일본 수신사 임무를 통해 직접 체험한 일본 근대화에 큰 감명을 받고, 서구 문물 유입에 적극적인 철저한 개화파로 변신한다. 일본으로부터 17만 원의 차관을 빌려, 한국 최초의 근대적 신문인 한성순보 창간에 간여하기도 했다. 그는 일본이 영국식 모델을 도입한 것과 달리 프랑스식 근대화 모델을 주장했는데, 그는 프랑스식 근대화 모델 도입을 위해 일본으로 건너가 국채 발행을 통해 300만 원에 이르는 차관 도입을 시도했다. 하지만 결국 실패했고, 개혁 동력 확보에 실패한 김옥균은 일본과의 사전 교감 하에 1884년 12월 4일, 우정국 낙성식 날에 갑신정변을 일으켜 정권을 잡았다. 그러나 단 3일 만에 명성황후의 요청을 받은 위안스카이 군에게 진압된다. 김옥균은 일본으로 도피했지만, 그의 부모와 동생은 갖은 옥고를 치른 후 모두 사망한다. 김옥균 그도 일본에서 떠돌이 생활을 하다가 청나라로 도피한 후 상하이에서 홍종우에게 권총으로 암살당한다. 시체가 한국으로 압송된 후에는 시신을 대상으로 거열형에 처해지고, 목이 성문에 효수되는 극형을 받게 된다. 일설에 따르면 김옥균 시신의 몸통은 바다에, 머리는 경기도 죽산(竹山)에, 손발 일부는 경상도에, 기타 시신은 함경도에 버려졌다고 한다. 이 당시 김옥균과 각별한 사이였던 일본인 후쿠자와 유키치(福澤諭吉, 1835-1901)는 그의 머리털과 의복을 수습하여 "고균(김옥균의 호)에게서 따뜻한 향기가 난다."라는 뜻의 고균원석온향(古筠院釋溫香)이라는 법명을 붙이고 도쿄의 신죠지(眞淨寺)의 주지승(寺田福壽)에게 부탁해서 그의 머리카락을 이 절에 안치했다. 그의 또 다른 묘는 도쿄 아오야마(靑山) 공원에도 있다. 아오야마 공원의 김옥균 비석에는 "비상한 재능을 가지고 태어나, 비상한 시대를 살았으나, 비상한 공을 세우지 못하고, 비상한 죽음만 맞이했다."라고 쓰여 있다.(嗚呼, 抱非常之才. 遇非常之時, 無非常之功, 有非常之死) 아산시에도 아오야마에 묻혀 있던 그의 머리카락과 의복 일부를 가져와 합장한 김옥균의 가묘가 있다. Licensed under the Creative Commons Attribution-Share Alike 3.0 Unported license. https://commons.wikimedia.org/wiki/File:Okkyun.jpg

하는 것은 아니다. 구한말 개화파의 수장인 김옥균 (1851~1894)은 고종 황제로부터 3백만 원의 자금을 조달하라는 밀명을 받고, 이를 위해 일본에서 대한제국의 국채 발행을 시도했다. 대한제국의 국가 신용도가 매우 낮았으므로 울릉도와 제주도의 어업권이 담보로 제공되었다. 하지만 일본의 방해 공작으로 결국 실패했고, 김옥균은 빈손으로 귀국했다. 왜 김옥균은 런던이 아니라 하필 적대국인 일본에서 대한제국의 국채 발행을 시도했을까? 자금조달에 실패한 김옥균의 선택은 하나, 갑신정변이라는 혁명뿐이었다. 만약 김옥균이 국채 발행에 성공했다면 우리나라의 역사는 완전히 달라졌을지도 모른다.

1917년 2차 자유 채권(Liberty Bond) 판매 포스터. 이 포스터는 1917년 10월에 표면 금리 4%의 자유 채권 38억 불을 모집하기 위해 미국 정부가 제작한 것이다. 그림에는 자유의 여신상을 배경으로 자유를 찾아 미국에 도착하는 이민자들의 모습을 그렸다. 즉 이 채권은 미국이 수호하는 자유를 쟁취하기 위한 전쟁 자금 마련을 위한 것이었다. 미 의회 도서관 소장. 출처: Wikimedia, Public Domain

하여튼 로마 제국은 일본과 미국보다 무려 2,000년이나 앞서 전시 국채를 발행해 전비를 조달했다. 즉, 포에니 전쟁 최대의 분수령이었던 2차 포에니 전쟁 때 로마가 전시 국채를 발행하여 상인들, 귀족들과 로마 시민들로부터 자금을 모집하여 전비를 마련한 것이다. 당시 발행된 전시 국채의 만기나 이자율에 대한 기록은 없으나, 귀족과 부유한 평민을 상대로 강제로 할당하다시피 국채를 매각한 것은 역사적 사실이다. 한니발이 이탈리아 전역을 초토화하는 상황에서 만약 국채 발행과 이를 매각하여 자금을 조달한 뱅킹 활동이 없었다면, 로마는 한니발의 항복 권고를 받아들일 수밖에 없었을 것이고 제국으로 부상은커녕 한니발의 코끼리 군대가 로마시 전체를 틀림없이 쑥대밭으로 만들었을 것이다. 이렇게 본다면 로마 제국의 운명은 바로 뱅킹 활동을 통해 결정된 것이라고 해도 결코 과장된 평가는 아니지 않을까?

나아가 국채를 통해 마련된 전비로 수행한 포에니 전쟁 후 로마는 금과 은을 전리품으로 획득했다. 나아가 황금과 은이 풍부하게 매장된 스페인의 라스 메둘라스 금광까지 확보했다. 라스 메둘라스 금광은 포에니 전쟁의 전리품에 비할 수 없을 정도로 엄청난 규모의 황금과 은을 로마에 공급했다. 이 황금과 은을 바탕으로 화폐 제도를 정비하고 이를 뱅킹 활동과 연계하면서, 로마는 지중해 전역을 제패한 세계 제국으로 부상할 수 있었다. 만약 뱅킹 활동이 없었다면 과연 로마가 포에니 전쟁에서 승리하여 유럽 전역을 천 년 동안 호령한 제국으로 부상할 수 있었을까? 필자나 헨리 멕레드나 대답은 단연코 "No"이다!!!

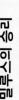

카밀루스의 승리

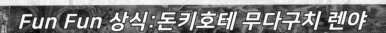
Fun Fun 상식 : 돈키호테 무다구치 렌야

임팔 작전을 주도했던 무다구치 렌야^{(牟田口廉也,} ^{1888~1966)}는 중일전쟁을 일으킨 노구교 사건의 장본인이기도 하다. 즉 그는 1937년 7월 7일, 야간 훈련 중 소집된 병사 한 명이 나오지 않자, 이 병사를 찾기 위해 중국군에게 근처 완핑 마을로 진입할 것을 요청했다. 중국군은 당연히 이를 거절했고, 무다구치 렌야는 이를 빌미로 노구교 근처의 중국군에 공격 명령을 내렸다. 그는 당시 전쟁 개시 명령권이 없는 일개 연대장에 불과했다. 사라졌던 병사는 중국군과의 전쟁 중에 부대로 복귀하였다. 소집에 응하지 않은 병사는 사실 용변 때문에 소집에 늦은 것이었다.

무다구치 렌야. 본문에서 기술한 것 이상의 설명이 필요 없는 2차 대전 당시 일본군 최악의 군인. 어떤 인물도 무다구치 렌야만큼 일본군에 해악을 미친 군인은 없다. 2차 대전 후 전범 재판에서조차 연합군에 엄청난 이득을 준 이라 해서 무죄로 방면될 정도였으니까. 심지어 한국에서는 무다구치 렌야를 한국 광복군이 일본군에 심은 스파이라는 비아냥도 있다. 이런 무능한 인물을 3성 장군까지 시킨 일본군이 패망한 것은 너무나 당연한 것이다. 출처: Wikimedia, Public Domain

도쿄의 참모본부는 진상을 파악하고는 무다구치 렌야를 징계하는 선에서 마무리하려고 하였다. 특히 아무르강에서 일본이 소련과 무력 충돌하는 상황에서, 중국 국민당 정부와 전쟁을 치르며 전선을 확대하는 데 엄청난 부담이 있었다. 그러나 문제는 장제스의 반응이었다. 장제스는 이 사건을 계기로 일본에 대해 강경방침으로 선회하였다. 도쿄의 참모본부는 중국의 강경방침 선회에 따라 무다구치 렌야가 속한 관동군이 전선을 확대하려는 의도를 적절히 통제하지 못했고, 오히려 중국인의 분노를 과소평가하면서 속

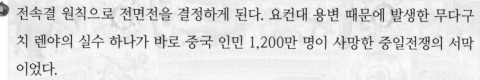

전속결 원칙으로 전면전을 결정하게 된다. 요컨대 용변 때문에 발생한 무다구치 렌야의 실수 하나가 바로 중국 인민 1,200만 명이 사망한 중일전쟁의 서막이었다.

하여튼 중일전쟁 후 그는 승승장구하여 7년 뒤인 1944년 중장 계급을 달고 15군 사령관으로 진급한다. 이때 일본은 인도차이나를 점령하고 있었고, 무다구치 렌야는 중국의 장개석 측에 물자를 보급하던 것으로 추정되던 인도의 임팔(Imphal) 공격을 건의한다. 미얀마와 인도 접경 지역인 임팔에는 영국군 군사기지가 있었다. 하지만 문제는 10만에 이르는 대군이 울창한 아라칸(Arakan) 정글 숲을 지나야 한다는 것이었다. 아라칸 정글은 전 세계에서 가장 비가 많이 오는 곳 중의 하나이기도 했다. 따라서 보급에 문제가 있다고 작전회의에서 여러 번 언급되었다. 하지만 현지 사정을 가장 잘 알고 있는 이가 무다구치 렌야라는 이유로 그의 임팔 공격 주장은 결국 관철되었다.

작전회의에서 그는 "보급은 원래 적의 것을 취하는 법"이라는 칭기즈칸식 보급 계획을 주장했다.[20] 나아가 "일본인은 원래 초식이므로, 보급이 안 되면 풀을 뜯어 먹으면 된다. 정글에 널린 것이 풀인데 무엇이 문제인가?"라는 논리를 내세웠다. 그의 마지막 말은 더욱 걸작이었다. 즉, "총탄이 떨어지면 주먹과 발로 싸우라! 이것이 야마토 정신이다." 정글에서의 전쟁물자 운반을 위해 할 수 없이 물소가 동원되었고, 물소가 쓰러지자 이번에는 일본군이 물소를 운반하는 「개그 콘서트」가 정글 한가운데에서 벌어졌다. 결국 일본군은 전사자 3만여 명, 아사자 4만여 명이라는 황당한 기록을 남기고 임팔 전투에서 패하였다. 전사자보다 아사자가 더 많은 황당무계한 전투로, 태평양 전쟁 중 임팔 전투는 일본군 최악의 전투로 기록되었다.

결국 임팔 전투로 인해 일본군은 동남아시아에서 완전히 수세로 몰려 결

---

20 세계의 지배자라는 뜻의 칭기즈 칸의 원래 이름은 보르지긴 테무진(Borjigin Temüjin, 1162~1227)인데, 테무진은 대장장이라는 뜻이다. 그는 부족 배경이나 지도자와의 친분보다는 철저히 능력과 충성심을 인물 발탁의 기준으로 삼았다.

국 패망에 이르렀다. 무다구치 렌야는 전후 전범 재판에서도 임팔 작전을 주도하여 연합군에 결정적 승리를 안겨 준 군인이라는 판결을 받아 "무죄"를 선고받았다. 중일전쟁을 시작하게 만든 이가 무죄라고? 우리나라에서는 「여명의 눈동자」라는 드라마에서 이 임팔작전이 등장한다. 극 중에 최재성이 살아있는 뱀을 뜯어 먹는 장면이 있는데, 이는 황당무계한 공상이 아니라 사실에 기반한 처절한 장면이다.

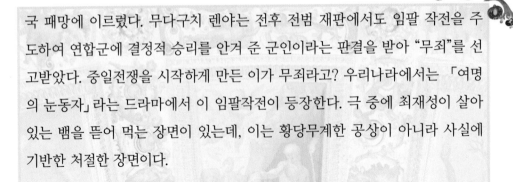

이어서『황금, 설탕, 이자 - 성전기사단의 비밀 編〔上 - 1〕券』으로 이어집니다.

이 원 희 지음